GO REMOTE! für Kreative und Texter –
Ab jetzt ortsunabhängig arbeiten und selbstbestimmt leben.
Mit Interviews und praktischen Anleitungen zu über 30 Berufen.

Bea Uhlenberg und Jan C. Ollig

I0030608

BEA UHLENBERG &
JAN C. OLLIG

GO REMOTE!

FÜR KREATIVE UND TEXTER

AB JETZT
ORTSUNABHÄNGIG ARBEITEN UND
SELBSTBESTIMMT LEBEN.

1. Auflage 2018
erschienen im Wenn Nicht Jetzt-Verlag
Copyright © 2018 by Bea Uhlenberg und Jan C. Ollig GbR, Schwanengraben 13,
14624 Dallgow-Döberitz
Lektorat & Korrektorat: Silbentaucher | Ramona Krieger (www.silbentaucher.de)
Cover & Satz: Wolkenart | Marie-Katharina Wölk (www.wolkenart.com)
Druck: Amazon Media EU S.à r.l., 5 Rue Plaetis, L-2338, Luxembourg
ISBN Print: 978-3-947824-20-5
ISBN E-Book: 978-3-947824-21-2

Für Fragen und Anregungen:
info@new-work-life.com
www.new-work-life.com
Informationen zu diesem und zu weiteren Büchern aus dem
Wenn Nicht Jetzt-Verlag findest du unter www.wnj-verlag.de

Dieses Buch ist für unsere Eltern.
Ihr habt uns großgezogen.
Ihr habt uns ernährt.
Ihr habt an uns geglaubt.
Ihr habt uns unterstützt - von allen Welten aus.
Danke!

INHALTSVERZEICHNIS

DISCLAIMER

Bevor du das Buch liest, möchten wir dir einige allgemeine Hinweise mit an die Hand geben, die im weiteren Verlauf relevant werden:

1. Die Informationen zum Ausbildungswesen und Verbandssystem beziehen sich ausschließlich auf Deutschland. Stammst du aus einem anderen Land, erkundige dich bitte nach den lokalen Möglichkeiten und Gegebenheiten. Indem wir das sagen, meinen wir nicht, dass dieses Buch für Menschen aus anderen Ländern wie z. B. Österreich oder der Schweiz uninteressant ist. Ganz im Gegenteil. Es finden sich abseits der Punkte Ausbildungswesen und Verbandssystem jede Menge andere nützliche und inspirierende Inhalte im Buch, die universal anwendbar sind und die du nicht verpassen solltest.

2. Bei den Tools und Ressourcen, die wir im Kontext der einzelnen Berufsbilder in unserem Buch und auf unserem Blog https://new-work-life.com nennen, handelt es sich gemeinhin um Lösungen und Anbieter, die wir als Autoren als praktisch und sinnvoll erachten. Sie machen Arbeitsprozesse entweder einfacher und effizienter, oder sie dienen der Vermarktung der eigenen Leistung bzw. der eigenen Produkte. Einige der von uns genannten Tools und Ressourcen werden in bestimmten Ländern rechtlich mitunter kritisch betrachtet. Unter anderem möchten wir hier auf die Datenschutz-Grundverordnung (DSGVO) hinweisen, die am 25.05.2018 in Europa in Kraft getreten ist. Die gesetzlichen Regelungen sind komplex und kompliziert und die Rechtmäßigkeit der eingesetzten Tools und Ressourcen hängt stark davon ab, für welche Zwecke und Anwendungsgebiete sie im konkreten Falle genutzt werden. Da diese Parameter von Person zu Person und von Business zu Business sehr individuell ausfallen können, ist es uns an dieser Stelle nicht möglich, allgemeingültige Empfehlungen auszusprechen. Vielmehr möchten wir dich als Leser dazu auffordern, die von uns im weiteren Verlaufe des Buches und auf unserem Blog genannten Tools und Ressourcen immer im Hinblick auf deine Bedürfnisse und die rechtliche Gesetzeslage in deinem Land zu prüfen.

3. Aus Gründen der besseren Lesbarkeit haben wir in diesem Buch a) auf die gleichzeitige Verwendung männlicher und weiblicher Sprachformen verzichtet (sämtliche Personenbezeichnungen gelten

gleichermaßen für beide Geschlechter), und b) leichte Anpassungen im Sprachstil der Interviews vorgenommen.

4. Abschließend noch ein Hinweis zum Thema Internetquellen: Wir nennen in diesem Buch zahlreiche Tools, Ressourcen, Websites und anderweitige Internetressourcen, die dir helfen sollen, den Einstieg in einen Beruf zu finden und mit ihm ortsunabhängig Geld zu verdienen. Teilweise geben wir dafür die entsprechenden Internetquellen an, damit du einfach und schnell auf die Inhalte zugreifen kannst. Wir als Autoren bemühen uns sehr, die Links so aktuell und korrekt wie möglich zu halten. Allerdings ist das Internet ein lebendiger Ort und kein starres Gebilde. Aus diesem Grund kann es vorkommen, dass Links veralten und ungültig werden. Wir bitten entsprechend um Nachsicht, solltest du diese Erfahrung machen. Gleichzeitig freuen wir uns über einen kurzen Hinweis auf den defekten Link an: info@ new-work-life.com. Auf diese Weise hilfst du mit, das Buch fortlaufend aktuell zu halten, so dass nachfolgende Leser davon profitieren. VIELEN DANK! :)

1. INTRO

„Wer zu lesen versteht, besitzt den Schlüssel zu großen Taten, zu unerträumten Möglichkeiten. " – Aldous Huxley

„Nach einer Schüssel Müsli und einer Tasse Kaffee zog ich einen dunkelblauen Anzug, ein hellblaues Hemd und eine schicke Krawatte an und machte mich auf den Weg. Nach einem sehr kalten zehnminütigen Marsch stand ich am Zuggleis. Da begegnete ich Thomas. Er nickte mir freundlich zu und fragte mich: „Ist heute ein guter Museumstag?"[1]

In seinem Buch *The Big Five for Life: Was wirklich zählt im Leben* präsentiert John Strelecky das Konzept des „Museumstages". Gemeint ist damit nicht ein Tag, der gut dafür geeignet ist, ein Museum zu besuchen, sondern ein Tag, der es wert ist, in einem Museum über das eigene Leben ausgestellt zu werden. Tage, die einen erfüllen und das Leben lebenswert machen.

Insbesondere im Hinblick auf die eigene Arbeit stellt sich oft die Frage: Handelt es sich um einen „Museumstag"? Oft sind Sinn und Zweck nicht immer erkennbar. Die Arbeit und die Umgebung gleichen einer endlosen Wiederholung. Und dabei verändert sich die Welt gerade rasant. Alles wird digital. Nur, so scheint es, die Arbeit nicht. Tagein tagaus gehen wir immer noch in dieselben Büros wie vor 20 Jahren. Der graue Teppichboden und die immergrünen Büropflanzen sind auch noch die gleichen. Der Unterschied zu damals: Es gibt kostenlose Getränke und gelegentlich einen Tischkicker. Wenn es richtig gut läuft, bekommt man auch gleich noch ein All-inclusive-Angebot und muss sich weder um sein Frühstück noch um sein Abendessen kümmern, weil alles wohl rationiert an den Arbeitsplatz geliefert wird.

Warum kümmert sich unser Arbeitgeber so gut um uns? Aus reiner Nächstenliebe sicherlich nicht. Wir sollen einfach mehr Zeit im Büro verbringen. Länger arbeiten und dadurch hoffentlich mehr bewirken. Wenn die Räume keine Fenster mehr hätten und nur noch mit künstlichem Licht erhellt würden, könnte man sogar den Schlafrhythmus steuern und die Belegschaft alle vier Stunden ein 20-minütiges Nickerchen machen lassen,

---

1 John Strelecky: The Big Five for Life: Was wirklich zählt im Leben, S. 19.

um so ihre Leistungsfähigkeit zu erhöhen.[2] Man könnte sozusagen menschliche Legebatterien schaffen. Alles im Sinne der Produktivität.

Dabei bietet die moderne Arbeitswelt durch Digitalisierung und Technologie so viel mehr Optionen. Für sehr viele Berufe muss man heute eben nicht mehr zwingend ins Büro. Viele Aufgaben können heute von zu Hause oder einem beliebigen anderen Ort erledigt werden. Technologie hilft uns dabei, Orte irrelevant werden zu lassen. Wir treffen uns gemeinsam in virtuellen Chaträumen, diskutieren Ideen auf digitalen Whiteboards über das Internet und geben Präsentationen per Videokonferenz. Technologie erlaubt es, dass wir vollkommen ortsunabhängig arbeiten können, wenn wir es wollen.

Die Digitalisierung ist folglich keine Gefährdung für den Arbeitsplatz, sondern vielmehr eine Befreiung und Chance. Durch sie wird es möglich, dass wir unserer Arbeit von einem Ort unserer Wahl nachgehen. Einem Ort, der uns gefällt, der uns motiviert und der uns inspiriert.

---

2 Vgl. Definition *Polyphasischer Schlaf* auf Wikipedia: https://de.wikipedia.org/wiki/Polyphasischer_Schlaf, abgerufen am 06.09.2018.

1.1 WORUM GEHT ES IN DIESEM BUCH UND WAS BRINGT ES DIR?

Du bist ein kreativer Kopf oder jonglierst gerne mit Worten und suchst nach einem Beruf, der dich erfüllt und es dir erlaubt, deiner Arbeit ortsunabhängig nachzugehen? Weil du mehr Flexibilität und Freiheit in deinem Leben wünschst? Weil du deinen Wohnort verändern, reisen oder mehr Zeit mit deiner Familie verbringen möchtest? – Dann ist dieses Buch für dich. Hier findest du eine Auswahl von 37 verschiedenen Berufsbildern speziell für Kreative und Texter, die sich perfekt für ortsunabhängiges Arbeiten eignen (auch als „remote" bezeichnet).

Du stehst bereits seit einigen Jahren im Arbeitsleben, sehnst dich aber nach einer Veränderung? – Finde hier neue Impulse, wie du deine Erfahrungen und Fähigkeiten in deinem Beruf online umsetzen oder gar etwas ganz Neues beginnen kannst. Mit und ohne Studium oder formelle Ausbildung, in Selbständigkeit oder im Anstellungsverhältnis. Du kommst frisch von der Schule und weißt noch nicht, was du machen willst? – Dann findest du hier zahlreiche Anregungen für ortsunabhängige Jobs, die deinen Talenten und Interessen entsprechen.

Wir geben dir nützliche Tools und Ressourcen für den Einstieg in einen Beruf und Ideen an die Hand, wie du damit Geld verdienen kannst. Lass dich von zahlreichen Beispielen und Personen inspirieren, die den Schritt in die Ortsunabhängigkeit bereits gegangen sind und werde Teil dieser wachsenden Gemeinschaft. Remote-Arbeit ist keine Utopie von gestern, sondern gelebte Realität. Zahlreiche Unternehmen, die mehrere Milliarden Euro wert sind, arbeiten mit ortsunabhängigen Teams. Man muss heute nicht mehr in einem Büro sitzen, um erfolgreich zu sein.

Um dir mit diesem Buch den größtmöglichen Nutzen zu liefern, haben wir viel recherchiert. Wir haben alle im Buch genannten Berufsbilder sorgfältig auf ihren Remote-Faktor hin überprüft und nach strengen Kriterien ausgewählt. Zudem stellen wir zu jedem Berufsbild eine Person vor, die diesen Job erfolgreich ortsunabhängig ausübt und davon leben kann. Wir nennen diese Personen *Rolemodels*. Um dir einen noch tieferen und persönlicheren Eindruck zu vermitteln, haben wir mit vielen von ihnen Interviews geführt. Das ausführliche Interview findest du jeweils in einer Berufsbeschreibung. Unsere Interviewpartner haben wir bewusst international ausgewählt; sie kommen sowohl aus Deutschland als auch aus den USA, Polen, Italien,

Australien, Österreich, Israel, Russland, Schweden und einigen anderen Ländern. Unsere Rolemodels zeigen, wie die Welt zum Thema ortsunabhängiges Arbeiten, auch bezeichnet als Remote-Arbeit, Telearbeit, Telecommuting oder Remote Work, steht.

1.2 WER SOLLTE DIESES BUCH LESEN UND WER NICHT?

Für wen ist dieses Buch geeignet?

Das Buch ist für all diejenigen geeignet, die auf der Suche nach einem Job sind, der es ihnen erlaubt, ortsunabhängig Geld zu verdienen. Sei es im Angestelltenverhältnis oder als Selbständiger, in Vollzeit oder Teilzeit, von zuhause aus, von unterwegs auf Reisen oder von einem anderen Land auf dieser Welt aus. Das Buch richtet sich an Schüler, Hochschulabsolventen und Menschen, die nach einer beruflichen Veränderung suchen bzw. ihren erlernten Beruf ortsunabhängig ausüben wollen. Sie alle eint der Wunsch nach mehr Freiheit und Selbstbestimmtheit in ihrem (Arbeits-)Leben.

Für wen ist dieses Buch NICHT geeignet?

Das Buch eignet sich NICHT für diejenigen, die nach einem Job suchen, der sie schnell reich macht. Wir erklären in diesem Buch NICHT, wie du innerhalb von sechs Monaten einen sechsstelligen Betrag verdienst oder es schaffst, nur noch eine oder zwei Stunden am Tag arbeiten zu müssen und dabei so viel Geld zu verdienen, dass du die restliche Zeit Cocktails schlürfend in einer Hängematte am Strand verbringen kannst. Das mag für ein paar wenige Ausnahmen funktionieren, für den Rest der Welt ist dieses glückliche Gefüge allerdings so wahrscheinlich wie der berühmte Sechser im Lotto.

Wir sind grundsätzlich der Auffassung, dass es ein gutes Stück harte Arbeit kostet und eine gewisse Zeit dauert, um sich ein solides ortsunabhängiges Einkommen aufzubauen. Im weiteren Verlauf werden viele unserer Rolemodels Einblick gewähren, wie lange sie gebraucht haben, um Geld in ihrem Remote-Job zu verdienen. Hartnäckigkeit und Durchhaltevermögen sind an der Tagesordnung und sollten nicht unterschätzt werden. Das gilt insbesondere dann, wenn du dich selbständig machen möchtest.
Wenn das nicht dem entspricht, was du dir von diesem Buch erhoffst, dann solltest du es besser beiseitelegen bzw. es gar nicht erst kaufen. War das Buch ein Geschenk, würde sich jemand anderes bestimmt freuen, wenn du es an ihn oder sie weitergibst. In diesem Fall tust du sowohl dir als auch der anderen Person einen Gefallen und das Buch wurde nicht umsonst gefertigt.

Stellst du jedoch fest, dass das Buch mit deinen Vorstellungen übereinstimmt, heißen wir dich herzlich willkommen und wünschen dir viel Spaß bei der Lektüre. Wir hoffen, dass du hier auf die eine oder andere Idee stößt, die du umsetzen möchtest und dadurch den ersten Schritt in Richtung Ortsunabhängigkeit gehst.

1.3 WER SIND DIE AUTOREN?

Hi, wir sind Bea und Jan aus Deutschland. Wir freuen uns sehr, dass du entschieden hast, unser Buch zu lesen und dich für das Konzept des ortsunabhängigen Arbeitens interessierst. Wir selbst sind große Fans davon, dort zu arbeiten, wo es uns gefällt und sind der Überzeugung, dass der Remote-(Zusammen-)Arbeit die Zukunft gehört.

Wer wir sind und warum wir dieser Meinung sind, erfährst du im weiteren Verlauf.

Wer ist BEA und warum findet sie Remote-Arbeit gut?

Bea stammt aus der Nähe von Osnabrück in Niedersachsen. Hier studierte sie BWL. Ihre ersten Erfahrungen im Berufsleben sammelte sie als Finanzlerin in einem Konzern in Süddeutschland. Als „Kind vom Land" liebt sie die Natur und geht leidenschaftlich gern wandern. Mit dem Konzept des ortsunabhängigen Arbeitens ist sie vergleichsweise spät in Berührung gekommen. Während und nach ihrem Studium hatte sie immer klassische vor-Ort-Jobs, für die sie täglich ins Büro ging und in der Regel bis spät abends dort blieb. Im Rahmen eines Karrierewechsels tat sich für sie die Chance auf, im Online-Marketing für ein Unternehmen remote zu arbei-ten. Bea ergriff die Möglichkeit und lernte eine komplett neue Arbeitswelt kennen: Die Arbeitswelt als Remote Worker.

Das war Mitte 2016 und seither sieht Bea Büros nur noch von außen. Stattdessen arbeitet sie dort, wo es ihr gerade gefällt: von zuhause, von einem Coworking Space, von einem Café oder aus einer Bibliothek. Sie hat keinen Anfahrtsweg zur Arbeit mehr und sie gibt auch kein Geld mehr für Kleidung aus, die sie nicht auch in ihrer Freizeit tragen kann. Sie konnte sogar ihr Auto verkaufen und dadurch ihrem Geldbeutel und der Umwelt etwas Gutes tun. Ganz entscheidend für Bea ist jedoch die Freiheit, die mit Remote-Arbeit einhergeht. Alles, was sie für ihre Arbeit braucht, sind Laptop und Internetanschluss.

Wer ist JAN und warum findet er Remote-Arbeit gut?

Das Thema „ortsunabhängiges Arbeiten" hat Jan persönlich schon immer fasziniert und begleitet ihn seit ca. zwölf Jahren, mal mehr, mal weniger intensiv. Als er noch in seiner Wahlheimat Kiel studierte, hatte Jan einen Nebenjob als Datenpfleger für ein Start-up, das ein Börseninformationsportal betreibt und erhielt dort zum ersten Mal die Gelegenheit, ortsunabhängig zu arbeiten. Als er 2006 im Rahmen eines Auslandssemesters ins spanische Valencia zog, durfte er seinen Job mitnehmen und von dort aus weiterführen.

Nach dem Studium arbeitete Jan als Unternehmensberater und im E-Commerce Bereich. 2015 gründete er, zusammen mit einem Partner, eine eigene Beratungsfirma, die sich auf Preissetzung für E-Commerce Unternehmen spezialisiert hatte. Von Anfang an war klar, dass die Firma remote aufgestellt sein würde. Die Mitarbeiter konnten dort wohnen, wo sie gerne sein wollten und mussten wegen der Arbeit nicht umziehen. Ein Konstrukt, das sehr gut aufging und alle zufriedenstellte. Jan und sein Team haben ganze Projekte zu großen Teilen remote ausgeführt. So haben sie beispielsweise das Pricing einer Multichannel Handelskette in Russland von Deutschland aus aufgebaut. Natürlich kamen sie über gelegentliche Vor-Ort-Besuche beim Kunden nicht herum, allerdings wurde der Großteil des Projektes remote bewältigt.

Heute arbeitet Jan noch immer als selbständiger Pricing Berater. Zusammen mit Bea verfolgt er daneben verschiedene andere Projekte, die sie – wie soll es anders sein – ortsunabhängig steuern und vorantreiben.

1.4 WARUM HABEN WIR DIESES BUCH GESCHRIEBEN?

Den zündenden Gedanken für das Buch hatten wir im Herbst 2017 während einer 6-monatigen Weltreise. Wir brachen mit einem One-Way-Ticket gen Thailand auf und besuchten im Verlauf unserer Reise Vietnam, Australien, Neuseeland und Südafrika.

Während wir unterwegs waren, haben wir uns intensiv mit den Themen digitales Nomadentum und ortsunabhängiges Arbeiten beschäftigt. Nicht wenige Menschen, die wir unterwegs kennenlernten, wünschten sich mehr Freiheit in ihrem Leben und hatten den Wunsch, ortsunabhängig Geld zu verdienen. Gleiches fanden wir im Rahmen unserer Internetrecherchen heraus. Wir stießen auf zahlreiche Foren und Gruppen im Netz, die sich mit dem Thema ortsunabhängiges Arbeiten beschäftigen. Eine der am häufigsten gestellten Fragen lautete: „Womit verdienst du Geld?" Wir fanden heraus, dass viele Menschen zwar den Traum haben, remote zu arbeiten, ihnen jedoch oftmals die nötige Vorstellungskraft fehlt, diesen Traum zu realisieren, da sie nicht wissen, wie und womit sie ortsunabhängig Geld verdienen können.

Du magst nun vielleicht denken: „Alter Hut. Zu diesem Thema gibt es doch bereits jede Menge Blogs, Vlogs, Bücher, Coachings, Workshops, etc. Dazu braucht es doch nicht noch ein Buch." Ja, das wissen wir und das sehen wir auch so. Wir sehen allerdings auch, dass die zahlreichen Blogs, Vlogs, Bücher, Coachings und Workshops oft nur die „klassischen" Online-Jobs als Möglichkeit für eine ortsunabhängige Tätigkeit nennen (z. B. Web Developer, Grafikdesigner, Virtual Assistant, etc.). Das empfinden wir als zu kurz gedacht. Was würde passieren, wenn alle Menschen, die remote arbeiten wollen, die gleichen zehn klassischen Online-Berufe hätten? Richtig, irgendwann würde es ein Überangebot auf dem Markt geben, mit der Folge, dass nicht genug Arbeit für alle da wäre.

Abgesehen davon will vielleicht auch nicht jeder in einem „klassischen" Online-Beruf arbeiten, weil er andere Interessen hat. Zudem gibt es vermutlich jede Menge Menschen da draußen, die ihren Beruf an sich gut finden und lediglich nach einer Möglichkeit suchen, diesen zu digitalisieren (z. B. Architekten, Anwälte, Steuerberater etc.).

Auf Basis dieser Überlegungen haben wir uns ans Werk gemacht und angefangen Berufsbilder zu suchen, die keine „klassischen" Online-Jobs sind, sich grundsätzlich aber gut für eine Remote-Tätigkeit eignen. Mehr als zwei Wochen lang brainstormten, recherchierten und diskutierten wir und beförderten so eine Liste mit ca. 250 potenziell remote-fähigen Berufen zu Tage. Von diesen stellen wir dir in diesem Buch 37 Berufsbilder vor, die wir guten Gewissens empfehlen können, da wir Menschen gefunden haben, die damit ihr Geld verdienen – unsere *Rolemodels*.
In Ländern wie den USA ist Remote-Arbeit in vielen Berufen schon lange gängige Praxis.[3] Andere Länder tun sich schwerer mit dieser Form des modernen Arbeitens. Remote-Arbeit scheint hier eher unkonventionell zu sein und befindet sich noch in den Kinderschuhen. Während unserer Recherchen für das Buch haben wir festgestellt, dass viel Fortschritt im

---

3 Vgl. Gallup Studie: State of the American Workplace, aus dem Jahr 2017 unter: https://news.gallup.com/reports/199961/7.aspx, S. 150, abgerufen am 19.08.2018.

Hinblick auf Remote-Arbeit aus dem englischsprachigen Raum kommt. Nicht selten waren wir überrascht über die Vielfalt an Ideen für ortsunabhängige Geschäftsmodelle und Tätigkeitsfelder. Aus diesem Grund ist letztlich die große Mehrheit der aufgeführten Rolemodels englischsprachig.

Da Deutschland vergleichsweise noch in den Startlöchern steht,[4] kannst du dich von den internationalen Vorbildern inspirieren lassen und dir Ideen holen, wie du deine eigene Ortsunabhängigkeit gestaltest. Vieles, was z. B. in den USA funktioniert, wird schließlich früher oder später oft auch in Deutschland populär.

Während wir dir in diesem Buch aufzeigen, welche Möglichkeiten du hast, ortsunabhängig zu arbeiten, ob als Angestellter in einer der immer zahlreicher werdenden Remote-Firmen oder als Selbständiger, haben wir parallel einen Blog und eine Facebook-Gruppe gestartet, wo wir das Thema weiterverfolgen und dich über aktuelle Entwicklungen und Möglichkeiten informieren. Außerdem findest du auf dem Blog einen detaillierten Überblick über die zahlreichen, im Buch genannten, Tools und Ressourcen, inklusive entsprechender Verlinkung. Besuch unseren Blog unter https://www.new-work-life.com.

In der exklusiven Facebook-Gruppe triffst du auf Gleichgesinnte und erhältst Antworten auf deine Fragen rund ums Thema Remote-Work, Berufsfindung und Geld verdienen. Zudem planen wir eine Interviewserie mit weiteren inspirierenden Remote-Arbeitern. Also: Tritt ein und sei gespannt. :-)
Hier der Link zur FB-Gruppe:
https://www.facebook.com/groups/409001326302676.

1.5 WIE LIEST DU DIESES BUCH?

Eigentlich ist es einfach ein Buch zu lesen. Man schlägt es auf und liest los. Wenn es gut läuft, zieht das Buch einen in seinen Bann und man verschlingt es innerhalb kürzester Zeit von der ersten bis zur letzten Seite. Bei diesem Buch verhält es sich aller Wahrscheinlichkeit nach anders. Das liegt nicht nur daran, dass es kein Roman ist, sondern auch daran, dass es sehr viele Informationen aus unterschiedlichen Bereichen enthält. Aus diesem Grund möchten wir dir eine Art „Bedienungsanleitung" an die Hand geben, die dir hilft, das Beste aus dem Buch für dich herauszuholen. Los geht's!

---

4 Dyfed Loesche: Wenige Deutsche arbeiten im Homeoffice, auf Statista.de am 26.01.2018: https://de.statista.com/infografik/12699/wenige-deutsche-arbeiten-im-homeoffice, abgerufen am 22.08.2018.

In den ersten Kapiteln bereiten wir das Thema ortsunabhängiges Arbeiten auf, in dem wir dir einerseits zeigen, wo die Idee herkommt und welche Vorteile diese Arbeitsform für dich und deinen Arbeitgeber hat (sofern du dich nicht ohnehin selbständig machen möchtest).

Zudem zeigen wir dir eine Reihe von Formaten/Möglichkeiten, wie du ortsunabhängig Geld verdienen kannst. Dieser Abschnitt ist besonders wichtig, weil er einige Grundlagen enthält, auf die wir im Herzstück unseres Buches eingehen. Womit wir nun beim Kern des Buches angekommen wären: Den Berufsbildern. In Kapitel 4 „Ortsunabhängige Berufe für Kreative und Texter" findest du 37 Berufe, die es dir erlauben auf einem Gebiet, das du liebst, ortsunabhängig zu arbeiten und Geld zu verdienen. Damit du eine bessere Vorstellung davon bekommst, was dich im jeweiligen Beruf erwartet, werden mögliche Aufgabenbereiche, benötigte Fähigkeiten und - falls erforderlich - die notwendige Ausbildung genannt. Da diese Informationen naturgemäß recht theoretisch sind, tauchen wir im nächsten Schritt in das Leben einer Person ein, die im jeweiligen Beruf erfolgreich ortsunabhängig arbeitet. Wir nennen diese Person Rolemodel. Viele der Rolemodels haben uns im Rahmen von Interviews tiefe Einblicke in ihren Arbeits- und Lebensalltag gewährt. Sie offenbaren, wie sie ihre Ortsunabhängigkeit begonnen haben und welche Hürden sie genommen haben. Die Interviews berichten aus dem echten Leben von Praktikern und enthüllen zahlreiche Insights, Tipps und Tricks.

Nachdem du gesehen hast, wie andere deinen Traumberuf leben, inspirieren wir dich im folgenden Abschnitt mit konkreten Ideen zum ortsunabhängigen Geldverdienen. Alles, was du zum Loslegen benötigst, findest du zudem in einem Starter Toolkit. Hier haben wir spezielle Softwarelösungen, Tools und Ressourcen für dich zusammengetragen, die du benötigst, um den ersten Schritt in Richtung Ortsunabhängigkeit zu gehen. Nun musst du nur noch anfangen. Viel Spaß bei der Lektüre und viel Erfolg beim Start in dein ortsunabhängiges Arbeitsleben!

2. ORTSUNABHÄNGIGES ARBEITEN – WAS STECKT DAHINTER?

„Für Wunder muss man beten, für Veränderungen aber arbeiten.“ – Thomas von Aquin

2.1 ORTSUNABHÄNGIGES ARBEITEN – NUR EIN TREND?

Einem breiteren Publikum erschloss sich das Konzept des ortsunabhängigen Arbeitens erst durch das von Timothy Ferriss im Jahr 2007 veröffentlichte Buch „The 4-Hour Workweek". Darin beschreibt Ferriss, wie er seine Arbeitszeit drastisch reduziert und sich sogenannte „Mini Ruhestände" in Form längerer Auslandsreisen gönnt. Er beschreibt sehr anschaulich, wie er tägliche Aufgaben, die ihn unnötig beschäftigen, an indische Dienstleister delegiert und mittels Fokussierung auf die entscheidenden Dinge in seinem Job, Freizeit gewinnt. Zudem automatisiert er die Prozesse seines Unternehmens weitest möglich und kommuniziert mit seinem Team vornehmlich via E-Mail oder gelegentlich per Telefon anstatt in Persona. Er richtet alles darauf aus, dass seine physische Präsenz für den geschäftlichen Erfolg nicht erforderlich ist.[5]

In den vergangenen Jahren wurde das von Ferriss beschriebene Konzept weiterentwickelt und gipfelt derzeit in der Form des digitalen Nomadentums. Diesem Trend widmen sich zahlreiche Blogs, Podcasts und Veranstaltungen. So gibt es mehrere, jährlich stattfindende Konferenzen, wie die DNX (Digital Nomad Expo) oder virtuelle Clubs, wie den Citizen Circle. Digitale Nomaden sind Menschen, die ortsunabhängig, zumeist digital über das Internet arbeiten und währenddessen reisen. Viele von ihnen haben keinen festen Wohnsitz, sondern ziehen mit ihrem Laptop im Gepäck von einem Ort zum nächsten, nicht selten quer über den ganzen Globus.[6]

Das Konzept von Telearbeit an sich reicht in die 1970er Jahre zurück, als sich Jack Nilles, Raketenwissenschaftler bei der US Air Force, mit der

---

5 Vgl. Timothy Ferriss: Die 4-Stunden Woche: Mehr Zeit, mehr Geld, mehr Leben, 2008.
6 Vgl. Definition Digitaler Nomade auf Wikipedia: https://de.wikipedia.org/wiki/Digitaler_Nomade, abgerufen am 23.08.2018.

Thematik beschäftigte.[7] Nilles verbrachte damals viel Zeit in Staus auf dem Weg zu und von der Arbeit und das gab ihm den Anstoß zu der Überlegung, wie er von zuhause aus arbeiten könnte.[8] Als Pionier in Sachen Telearbeit ist Nilles heute der Meinung, dass in der Vergangenheit zwar gute Fortschritte in Sachen Remote-Arbeit erzielt wurden, dass die Arbeitswelt jedoch weit hinter ihren Möglichkeiten zurückbleibe.

„It has always been the case from the very beginning that more people have location independent jobs than managers who will let them do it. So we're always well below the point where everyone who can do [telework] does."[9] – Jack Nilles im Interview mit dem BizTech Magazine.

1997 veröffentlichten Tsugio Makimoto und David Manners ihr Buch „Digital Nomad". Sie skizzierten darin bereits den Lifestyle des „mobile professional", der durch Einsatz moderner Telekommunikationsmöglichkeiten und Dank einer vernetzten Welt ein „nomadic business life" leben kann.[10] Sie sahen in der Verbreitung von kleinen und tragbaren technischen Geräten, die sich jedermann leisten kann, den größten Wandel im menschlichen Lebensstil seit 10.000 Jahren. Sie gingen bereits vor mehr als 20 Jahren davon aus, dass bald eine ganz normale Menschheitsfrage sein würde „Am I a Nomad or a Settler?"[11]

In der damaligen Zeit müssen den Lesern die Aussagen der Autoren wie Teile aus „Star Trek" vorgekommen sein, wenn man bedenkt, dass Faxe und Mobiltelefone so groß wie Ziegelsteine als herausragende Innovationen galten. Doch Makimoto und Manners entwickelten den Gedanken weiter und sahen Menschen unabhängig von Büros oder ihrem Zuhause arbeiten. Sie vertraten schon damals die Ansicht, Menschen könnten alle Geräte, die sie zum Arbeiten benötigen, in einer Tasche mit sich tragen und damit beliebig umherziehen.

„Within the next decade, for the first time for 10.000 years, most people will find that the geographic tie is dissolving. It will happen

---

7 Vgl. Biografie von Jack Nilles auf: https://www.jala.com/jnmbio.php, abgerufen am 18.08.2018.
8 Vgl. Ricky Ribeiro: Fathers of Technology: 10 Men Who Invented and Innovated in Tech, 14.06.2012: https://biztechmagazine.com/article/2012/06/fathers-technology-10-men-who-invented-and-innovated-tech, abgerufen am 18.08.2018.
9 Vgl. ebd.
10 Tsugio Makimoto und David Manners in: Digital Nomad, 1997, S. 27.
11 Ebd., S. 3.

gradually and people will be slow to realise that a revolution is occurring, but by the end of those ten years, most people in the developed world will find themselves free to live where they want and travel as much as they want."[12] – Tsugio Makimoto und David Manners.

Ganz so schnell wie die Autoren es vorhergesagt hatten ist diese Entwicklung dann doch nicht eingetreten. Obwohl bereits seit längerer Zeit die notwendige Technologie für Telearbeit zur Verfügung steht und heutzutage fast jeder problemlos virtuell mit anderen in Kontakt treten und theoretisch mit ihnen über das Netz kollaborieren kann, blieben Unternehmen lange Zeit skeptisch. Sie befürchteten, dass Remote-Arbeit zu einem Mangel an Kontrolle und damit einhergehenden Ineffizienzen und Unproduktivität führe.[13]

Nur langsam hat sich die Unternehmenswelt der Telearbeit geöffnet. Nicht zuletzt deswegen, weil die derzeit auf den Arbeitsmarkt drängende Generation der Millenials einen selbstbestimmteren Arbeitsalltag fordert.[14] Eine *Gallup* Studie für den amerikanischen Markt fand 2017 heraus, dass die Anzahl derjenigen, die remote arbeiten, von 39 Prozent im Jahr 2012 um vier Prozentpunkte auf 43 Prozent im Jahr 2016 angestiegen ist.[15] Die Studie stellt die Bedeutung von flexiblen Arbeitsmodellen, sowohl in Bezug auf die Arbeitszeit als auch in Bezug auf den Arbeitsort heraus. So können sich beispielsweise 37 Prozent der Befragten vorstellen, ihren Job zu wechseln, sollten sie eine Alternative angeboten bekommen, bei der sie nicht permanent im Büro sein müssten.[16] Fast jeder zweite Millenial (47 Prozent) möchte sich aussuchen, wann und wo er arbeitet, verglichen mit 31 Prozent der Arbeitnehmer aus der Generation X und den Baby Boomern.[17]

Einige Länder begegnen dem Wunsch nach mehr Flexibilität im Arbeitsleben offensiv und führen Gesetze für Telearbeit ein. Ganz vorne mit dabei sind die Niederlande, in denen es seit dem Jahr 2015 ein gesetzlich verankertes

---

12 Ebd., S. 2 f.

13 Vgl. Juliane Petrich und Bastian Pauly in: Jedes dritte Unternehmen bietet Arbeit im Homeoffice an, vom 02.02.2017 unter: https://www.bitkom.org/Presse/Presseinformation/Jedes-dritte-Untershynehmen-bietet-Arbeit-im-Homeshyoffice-an.html, abgerufen am 20.08.2018.

14 Vgl. Eugen Epp in: Generation Y und Arbeit: Geld und Karriere? Wir wollen Zeit!, vom 02.08.2017 unter: https://www.stern.de/neon/generation-y--wir-wollen-nicht-geld-und-karriere--wir-wollen-zeit--7562658.html, abgerufen am 20.08.2018.

15 Vgl. Gallup Studie: State of the American Workplace, aus dem Jahr 2017 unter: https://news.gallup.com/reports/199961/7.aspx, S. 150, abgerufen am 19.08.2018.

16 Vgl. ebd., S. 27.

17 Vgl. ebd., S. 48.

Recht auf Telearbeit gibt. Seit dem 1. Januar 2016 darf in den Niederlanden jeder, wann immer er möchte, von zu Hause aus arbeiten. Es bedarf zwar der vorherigen Abstimmung mit dem Arbeitgeber, jedoch ist es nicht so, dass ein Arbeitnehmer den Arbeitgeber um Erlaubnis fragen muss. Vielmehr verfügt der Arbeitgeber lediglich über ein Vetorecht, das er nutzen kann, wenn die Nichtanwesenheit eines Angestellten einen negativen Effekt auf das Geschäft hat. Gemeint sind damit schwere Sicherheitsrisiken, unlösbare Probleme in der Dienstplanung oder untragbare finanzielle Schäden. In diesen Fällen kann der Arbeitgeber dem Angestellten die Heimarbeit verwehren. Allerdings muss er die genannten Auswirkungen glaubhaft nachweisen. Vermeintliche Ängste der Arbeitgeber, dass Remote-Arbeit zu Ineffektivität und Prokrastination führe, haben sich in den Niederlanden nicht bestätigt. Ganz im Gegenteil. Man fand heraus, dass Telearbeiter mindestens genauso produktiv wie ihre büro-ansässigen Kollegen sind, in vielen Fällen sogar produktiver.[18]

Anfang Mai 2018 forderte auch eine deutsche Institution, nämlich der Deutsche Gewerkschaftsbund (DGB), ein Recht auf Arbeit von zuhause für Angestellte. Der DGB begründet seine Forderung damit, dass die Arbeitswelt immer flexibler und digitaler werde und sich viele Arbeiten problemlos außerhalb des Büros erledigen ließen.[19]

Zusammenfassend lässt sich sagen, dass Telearbeit weltweit auf dem Vormarsch und nicht bloß eine kurzfristige Trenderscheinung ist. Dies gilt sowohl für Selbständige als auch für Unternehmen und Beschäftigte. Laut eines Artikels der *Wirtschaftswoche* wünschen sich mehr als ein Drittel der Arbeitnehmer die Möglichkeit vom Home-Office aus zu arbeiten. Der Artikel verweist z. B. darauf, dass Japan mit Blick auf die Olympischen Spiele 2020 zunehmend Telearbeit einführt, um das Verkehrssystem zu entlasten. In den skandinavischen Ländern, in Luxemburg und der Schweiz arbeitet aktuell schon jeder Fünfte von zuhause aus. Deutschland liegt im Vergleich noch immer im Rückstand, jedoch mit positiver Tendenz. Im Mai 2017 arbeiteten neun Prozent der Beschäftigten remote.[20]

---

18 Vgl. Benjamin Dürr: Neues Gesetz in den Niederlanden: Ich will Heimarbeit - du darfst, auf Spiegel Online am 14.04.2015: http://www.spiegel.de/karriere/home-office-niederlande-garantieren-heimarbeit-per-gesetz-a-1028521.html, abgerufen am 29.03.2018.
19 Vgl. Tina Groll: DGB fordert Recht auf Arbeit von zu Hause, auf Zeit Online am 30.04.2018: https://www.zeit.de/wirtschaft/2018-04/homeoffice-arbeitnehmer-recht-dgb-annelie-buntenbach, abgerufen am 17.08.2018.
20 Vgl. Louisa Lagé: Telearbeit - Das Home-Office macht nicht nur produktiv, auf Wirtschafts Woche Online am 16.05.2017, unter: https://www.wiwo.de/erfolg/telearbeit-das-home-office-macht-nicht-nur-produktiv/19808462.html, abgerufen am 20.08.2018.

2.2 WELCHE VORTEILE BIETET DIESE FORM DER ARBEIT?

Ortsunabhängiges Arbeiten birgt viele Vorteile – sowohl für dich als Individuum als auch für die Unternehmenswelt. In diesem Abschnitt erfährst du, welche. Fangen wir mit den Vorteilen an, die dir zugutekommen, wenn du als Person ortsunabhängig arbeitest.

DEINE VORTEILE

1. Du kannst arbeiten und leben, wo du dich wohlfühlst

Das kann daheim bei deiner Familie, auf Reisen unterwegs oder im Rahmen verlängerter Aufenthalte an anderen Orten oder in anderen Ländern dieser Welt sein.

Ein Beispiel: Manche Menschen lieben den Winter und laufen gerne Ski, andere bevorzugen einen endlosen Sommer und möchten lieber der Sonne hinterherreisen.

Genau hier setzt der Vorteil ein, wenn du ortsunabhängig bist. Du kannst deinen Aufenthalts- und Arbeitsort frei wählen. Bist du ein Winter-Fan, kannst du in die Berge zum Skilaufen fahren. Liebst du die Sonne, kannst du den Winter überspringen und ihn in einem warmen Land wie Australien, Südafrika, Brasilien oder Thailand verbringen. Gefällt es dir in deiner Heimat gut, du wünschst dir jedoch mehr Zeit mit deiner Familie, bietet sich Home-Office ebenfalls an.

2. Du hast geringere Kosten

Indem du deinen Arbeits- und Aufenthaltsort bei ortsunabhängiger Arbeit selbst bestimmst, kannst du entscheiden, wie viel Geld du für deine Miete und deinen Lebensunterhalt im Monat ausgibst. Viele Menschen wohnen z. B. in der Stadt, weil hier die Büros der Firmen sind, für die sie arbeiten. Mieten in Städten sind jedoch in der Regel höher als auf dem Land. Indem du entscheidest, auf dem Land statt in der Stadt zu wohnen, stehen die Chancen gut, dass du bei der Miete Geld sparst.

Ein weiterer Punkt, bei dem sich leicht Kosten reduzieren lassen, ist das Essen. Weil im Büro nur selten die Möglichkeit besteht zu kochen, greift man häufig auf auswärtiges Essen (z. B. Café, Restaurant, Take-Away, etc.) oder die Kantine zurück, wenn der Hunger kommt. Das geht auf Dauer ins Geld, denn fertiges Essen ist in der Regel teurer, als wenn man selbst etwas zubereitet. Abgesehen davon ist letztere Variante zudem oftmals gesünder.

Entscheidest du dich dafür, deinen Arbeits- und Aufenthaltsort in ein anderes Land zu verlagern, profitierst du unter Umständen von sogenannter Geo-Arbitrage. Geo-Arbitrage bedeutet, Geld in einer „harten" Währung wie beispielsweise Euro oder US-Dollar zu erwirtschaften und es in Ländern mit einer schwächeren Währung auszugeben. Die Miete für ein Zimmer kostet dann z. B. nicht mehr 1.000 Euro pro Monat, sondern nur noch 300 Euro, wenn du die lokale Währung in deine Währung umrechnest. Eine Person kann in Thailand (in der Stadt Chiang Mai) z. B. schon für knapp 1.000 US-Dollar im Monat ein gutes Leben führen. Diese Kosten basieren auf einer Kurzfrist-Unterkunft (bis zu 3 Monate) in einem Hotel mit privatem Zimmer in der Stadtmitte und drei auswärtigen Mahlzeiten am Tag.[21]

Möchtest du wissen, wie sich die Situation in anderen Ländern und Städten verhält, schau auf der Website Nomadlist.com nach. Hier findest du Informationen zu Kosten, (Arbeits-)Infrastruktur, Unterkünften und vieles mehr, was du wissen solltest, wenn du deinen Arbeitsort in ein anderes Land bzw. eine andere Stadt verlegst.

3. Du bist flexibler in deiner Tagesgestaltung

Ortsunabhängig zu arbeiten bedeutet nicht unbedingt auch zeitunabhängig zu arbeiten. Jedoch bedingt sich beides oftmals. Allein der Umstand, ortsunabhängig zu arbeiten, verschafft dir bereits mehr Flexibilität und Freiheit. Arbeitest du z. B. aus dem Home-Office heraus, musst du private Termine nicht zwangsläufig auf Uhrzeiten vor oder nach der Arbeit legen, sondern kannst sie oft auch während deiner Arbeitszeit wahrnehmen. Das gilt insbesondere dann, wenn du selbständig bist.

Auch als Angestellter kannst du verschiedene Arten privater Termine in deinen Arbeitsalltag einbauen. Denk z. B. an Handwerker, die vorbeikommen, um ein defektes Gerät bei dir zuhause auszubessern oder an Paketlieferungen, die für einen bestimmten Zeitpunkt terminiert sind. Termine wie diese kannst du ohne Probleme während deiner Arbeit wahrnehmen, weil sie nicht viel Zeit kosten, aber deine Präsenz vor Ort erfordern. Außerdem kannst du auch viel leichter deine Familie organisieren und bspw. deine Kinder zur Schule bringen und abholen.

21 Vgl. Sebastian Kühn: Was Geo-Arbitrage ist und wie du es für dich nutzen kannst, auf Wirelesslife.de am 23.12.2016: https://wirelesslife.de/geo-arbitrage, abgerufen am 28.04.2018.

4. Du bist produktiver

Verschiedene Untersuchungen belegen, dass die Arbeitsweise Auswirkungen auf die Produktivität hat. Das Management Magazin *Harvard Business Review* hat bspw. eine Studie mit Call Center Mitarbeitern eines Internet-Reiseportals in China durchgeführt. Ausgewählte Mitarbeiter des Call Centers haben neun Monate lang aus dem Home-Office gearbeitet. Zur Validierung der Studienergebnisse hat die gleiche Anzahl Mitarbeiter weiterhin aus dem Büro des Call Centers gearbeitet. Ergebnis der Studie ist, dass die Mitarbeiter im Home-Office 13,5 Prozent mehr Anrufe entgegennahmen als die büro-basierte Kontrollgruppe. Das entspricht in etwa einem vollen Arbeitstag mehr pro Woche.[22]

Eine Studie des Markt- und Meinungsforschungsinstituts *Gallup* hatte zum Ergebnis, dass Remote-Arbeiter ein höheres Engagement als ihre office-basierten Kollegen zeigen. Arbeiteten Mitarbeiter drei bis vier Tage in der Woche von zuhause aus, stieg das Engagement, das sie für ihre Arbeit zeigten, um 33 Prozent im Vergleich zur Kontrollgruppe, an.[23] Wichtig zu erwähnen in diesem Kontext ist, dass das Engagement von Mitarbeitern eng mit ihrer Produktivität verknüpft ist. Steigt das Engagement für die eigene Arbeit, so steigt auch das Produktivitätslevel und umgekehrt.

5. Du bist seltener krank

Remote Worker sind erwiesenermaßen seltener krank als Büroarbeiter. Das hat verschiedene Gründe: einer davon findet sich im Verhalten von Büroarbeitern im Krankheitsfall wieder. Viele Büroarbeiter gehen trotz Krankheit ins Büro. Nicht selten aus sozialem Zwang („Was soll nur der Chef denken, wenn ich (schon wieder) krank bin?") oder schlechtem Gewissen („Ohne mich müssen meine Kollegen Überstunden machen!"). Der Gang ins Büro scheint jedoch nur vordergründig das Richtige zu sein, denn er erhöht die Ansteckungsgefahr. Ein Nieser und die Keime werden im ganzen Büro verteilt und stecken weitere Kollegen an. Als Remote-Arbeiter passiert dir das nicht. Du kannst dir dein Arbeitsumfeld aussuchen und dafür Sorge tragen, dich ausschließlich mit gesunden Menschen zu umgeben.[24]

---

22 Vgl. Nicholas Bloom: To Raise Productivity, Let More Employees Work from Home, in Havard Business Review (Januar-Februar Ausgabe 2014): https://stayinthegame.net/wp-content/uploads/2018/04/HBR-To-Raise-Productivity-Let-More-Employees-Work-from-Home.pdf, abgerufen am 16.08.2018.

23 Vgl. Gallup-Studie: State of the American Workplace - Employee Engagement Insights For U.S. Business Leaders: http://www.gallup.com/file/services/176708/State_of_the_American_Workplace_20Report_202013.pdf, abgerufen am 16.08.2018.

24 Vgl. Artikel: Is Remote Working Healthier? auf der Seite Remote: https://remote.com/learn/is-remote-working-healthier, abgerufen am 16.08.2018.

Als jemand, der ortsunabhängig arbeitet, bist du zudem weniger Stressfaktoren ausgesetzt als es Büroarbeiter im Normalfall sind. Ein Beispiel dafür ist der Anfahrtsweg zur Arbeit. Als Remote Worker im Home-Office entfällt dieser. Möchtest du mal nicht von zuhause aus arbeiten, suchst du dir einfach einen anderen Ort in deiner Nähe. Befindet sich dein Arbeitsplatz hingegen an einem festen Ort, kommst du um das Pendeln nicht herum. Je nachdem, wie weit dein Büro entfernt liegt, kann es sein, dass du mehrere Stunden am Tag für Hin- und Rückfahrt einplanen musst. Studien weisen nach, dass Pendeln die Gesundheit beeinträchtigt. Probanden berichten von Nacken- und Rückenproblemen, hohen Cholesterinwerten und Fettleibigkeit.[25] Weitere Stressfaktoren sind wenig Schlaf, mangelnde Bewegung und schlechte Ernährung. Auch diesbezüglich liegen Remote Worker gegenüber Büroarbeitern vorne. Eine Umfrage des *Inititiative Committee of Sponsoring Organizations of the Treadway Commission (CoSo)* unter Mitarbeitern verschiedener Unternehmen zeigt, dass Remote Worker 45 Prozent mehr Schlaf und 35 Prozent mehr Bewegung als ihre büro-basierten Kollegen bekommen, 42 Prozent ernähren sich zudem gesünder.[26]

6. Du trägst aktiv zum Umweltschutz bei

Der Klimawandel ist da und er ist unverkennbar. Höchste Zeit, selbst aktiv zu werden, und sei es nur durch das Verringern deines ökologischen Fußabdrucks. Wie bereits zuvor angesprochen, pendeln jeden Tag Milliarden von Menschen überall auf der Welt zur Arbeit ins Büro. Viele von ihnen mit dem (eigenen) Auto, andere mit öffentlichen Verkehrsmitteln und einige wenige zu Fuß oder mit dem Rad. In der Spitze ergeben sich für manche Pendler Pendelzeiten von mehreren Stunden täglich, was ökologisch gesehen gravierende Folgen nach sich zieht.

Laut dem Bayerischen Rundfunk pendeln allein in die bayrische Landeshauptstadt München jeden Tag ca. 400.000 Autos zur Arbeit. Jedes Auto legt dabei durchschnittlich 34 Kilometer pro Strecke zurück. Multipliziert man diese Zahlen miteinander, ergeben sich daraus mehrere Millionen gefahrene Kilometer, die durch Remote-Arbeit eingespart werden könnten

---

25 Vgl. Steve Crabtree: Well-Being Lower Among Workers With Long Commutes - Back pain, fatigue, worry all increase with time spent commuting, am 30.08.2010 auf Gallup.com: https://news.gallup.com/poll/142142/wellbeing-lower-among-workers-long-commutes.aspx, abgerufen am 16.08.2018.
26 Vgl. Umfrage "CoSo Cloud survey" von Committee of Sponsoring Organizations of the Treadway Commission (CoSo): https://www.cosocloud.com/press-release/connectsolutions-survey-shows-working-remotely-benefits-employers-and-employees, abgerufen am 16.08.2018.

und somit zur Reduktion von CO2, Feinstaub und Stickoxiden beitragen würden.[27]

Auch in den USA gibt es verschiedene Studien zum Thema. So fand die US-amerikanische Non-Profit Organisation *Telework Coalition* heraus, dass 74 Millionen Gallonen Benzin (umgerechnet ca. 280 Millionen Liter) eingespart werden könnten, wenn 32 Millionen Amerikaner von zuhause aus arbeiten würden. Dies entspricht einer Menge, die es erlauben würde, 51.000 Mal den Globus zu umkreisen. Eine weitere Studie kommt von der US-basierten *Consumer Electronics Association*, die aufzeigt, dass eine Umstellung auf Remote Work den Energieverbrauch der USA um 9 bis 14 Milliarden Kilowattstunden pro Jahr senken könnte.[28] Gute Gründe, um noch heute deinen Teil beizutragen.

VORTEILE FÜR UNTERNEHMEN

1. Geringere Infrastrukturkosten
Wenn ein Unternehmen einen Mitarbeiter einstellt, benötigt der einen Arbeitsplatz mit Schreibtisch, Stuhl und Büromaterial. Diese Dinge bereitzustellen, kostet Geld. Außerdem fallen noch ganz allgemein Kosten für die Büromiete, die Mietnebenkosten, Parkplätze etc. sowie für das Beheizen, Kühlen und Reinigen der Büros an. Das alles zusammen sind sogenannte Infrastrukturkosten. Diese fallen 365 Tage im Jahr an, also auch, wenn du nicht im Büro bist. Arbeitest du als Mitarbeiter remote, spart dein Arbeitgeber dementsprechend sehr viel Geld ein.

2. Geringere Mitarbeiterfluktuation und bessere Einstellungsmöglichkeiten
Die Kosten für Mitarbeiterfluktuation sind weitaus höher als man zunächst annehmen mag. Die Suche nach passendem Ersatz ist für Unternehmen äußerst kostspielig und nicht selten mit Kosten in Höhe kompletter Jahresgehälter verbunden. Darin enthalten ist die Recherche nach potenziellen Jobkandidaten, der Rekrutierungs- und Einstellungsprozess sowie die

---

27 Vgl. Tobias Chmura: Schadstoffe vermeiden - Homeoffice statt Pendeln, in Bayerischer Rundfunk am 26.02.2018: https://www.br.de/nachrichten/schadstoffe-vermeiden-homeoffice-statt-pendeln-100.html, abgerufen am 23.03.2018.

28 Vgl. Melanie Pinola: Save the Environment by Working from Home, auf Lifewire. com am 25.05.2018: https://www.lifewire.com/how-telecommuting-is-good-for-the-environment-2378101, abgerufen am 16.08.2018.

Einarbeitung in den Job.[29] Aufgrund der hohen Kosten ist Unternehmen sehr daran gelegen, Mitarbeiter möglichst lange zu halten.

Forschungsergebnisse zeigen, dass Remote-Arbeit der Mitarbeiterfluktuation entgegenwirkt. So fand die bereits oben zitierte Studie des *Harvard Business Review Magazines* mit chinesischen Call Center Mitarbeitern heraus, dass die home-office-basierten Mitarbeiter eine wesentlich höhere Jobzufriedenheit aufwiesen und während der neunmonatigen Studienzeit nur halb so viele von ihnen kündigten als bei der büro-basierten Kontrollgruppe.

Weiterhin gehen Wissenschaftler davon aus, dass Remote-Arbeit den Rekrutierungsprozess für Unternehmen erleichtert und damit die Einstellungsmöglichkeiten neuer Talente verbessert. Die Aussage stützt sich auf eine 2018 durchgeführte Studie der Universität Akron, die nachweist, dass 41 Prozent der befragten Uni-Absolventen, lieber digital über das Internet kommuniziert als klassisch vor Ort in Persona oder über das Telefon.[30]

3. Geringere Personalkosten

Personalkosten gehören zu den größten Kostenblöcken in Unternehmen. Bei kleinen Unternehmen und Start-ups machen sie nicht selten rund 30 Prozent des Umsatzes aus.[31] Unternehmen ist daher sehr daran gelegen, die Personalkosten so gering wie möglich zu halten. Remote Work ist insofern eine günstigere Alternative zu einem konventionellen Arbeitsmodell, da Arbeitnehmer bereit sind, bis zu 8 Prozent weniger zu verdienen, da sie Kosten, die durchs Pendeln anfallen, einsparen.[32] Zudem können sie sich aussuchen, wo sie leben und wohnen möchten, wodurch sie ihre Fixkosten möglicherweise reduzieren können (z. B. bei Aufenthalt in ländlichen

---

29 Vgl. Heather Boushey unnd Sarah Jane Glynn: There Are Significant Business Costs to Replacing Employees, Center for American Progress am 16.11.2012: https://www.americanprogress.org/wp-content/uploads/2012/11/CostofTurnover.pdf, abgerufen am 16.08.2018.
30 Vgl. Mandy Kaur, Kaleb Oney, Joseph Chadbourne, Kayli Bookman und Benjamin Beckman: An Analysis of the Factors which Effectively Attract College Graduates, The University of Akron, Frühjahr 2018: http://ideaexchange.uakron.edu/cgi/viewcontent.cgi?article=1581&context=honors_research_projects, abgerufen am 16.08.2018.
31 Vgl. Amber Keefer: What Percentage of Expenses Should Payroll Be?, auf Chron.com: https://smallbusiness.chron.com/percentage-expenses-should-payroll-be-30772.html, abgerufen am 16.08.2018.
32 Vgl. Alexander Mas und Amanda Pallais: Valuing Alternative Work Arrangements, in American Economic Review 2017, 107(12): https://pubs.aeaweb.org/doi/pdfplus/10.1257/aer.20161500, abgerufen am 16.08.2018.

Gebieten oder in Ländern mit grundsätzlich niedrigeren Lebenshaltungskosten).

4. Produktivität, Effizienzsteigerung, Umweltschutz

Viele der Vorteile für dich als Person sind gleichzeitig auch ein Vorteil für dein Unternehmen: Eine höhere Mitarbeiterproduktivität führt zu Effizienzsteigerung und Kostenersparnis im Unternehmen, da in kürzerer Zeit mehr Output erreicht wird. Eine geringere Krankheitsrate sorgt für mehr Ergebnisse und kostet ein Unternehmen keine unnötigen Krankheitstage.

Der dritte Punkt „Umweltschutz" trägt eine ethische Komponente in sich. Umweltschutz appelliert an das „grüne Gewissen" eines Unternehmens. In Zeiten des Klimawandels ist es aus Unternehmenssicht schick und mancherorts sogar gesetzlich vorgeschrieben, etwas für die Umwelt zu tun und sich ökologisch fortschrittlich zu verhalten.

Du siehst, eigentlich handelt es sich bei Remote Work um eine Win-Win-Situation und dein Arbeitgeber sollte sich überlegen, ob er daran nicht teilhaben will.

2.3 WELCHE FÄHIGKEITEN BENÖTIGST DU, UM ORTSUN-ABHÄNGIG ZU ARBEITEN?

Ortsunabhängig zu arbeiten ist ein Traum für Viele. Wenn morgens der Wecker klingelt (wenn er denn überhaupt klingelt), erstmal entspannt aufstehen und dann mit einer Tasse Kaffee gemütlich zum Schreibtisch schlurfen. Keine Hetze, kein Berufsverkehr und keine mies gelaunten Kollegen. Dafür: selbstbestimmtes, effizientes und produktives Arbeiten. Klingt gut, oder?

Was sich so paradiesisch anhört, bringt in der Realität jedoch einige Herausforderungen mit sich. Irgendwann fehlen die Kollegen für den kurzen Smalltalk zwischendurch oder man schafft es nicht mehr aus dem Schlafanzug heraus, weil es keine Notwendigkeit gibt, sich anzuziehen.

Um langfristig erfolgreich remote arbeiten zu können, braucht es bestimmte Fähigkeiten. Eigenschaften, die dich als Remote-Arbeiter qualifizieren. Wie diese im Detail aussehen, erfährst du in diesem Kapitel.

1. Rausgehen und Leute kennenlernen

Wenn du remote arbeitest, genießt du den Luxus, deinen Arbeitsort selbst auswählen zu können. Viele entscheiden sich fürs Home-Office. Das ist bequem und bietet neben vielen anderen Dingen den Vorteil, dass man das Haus nicht verlassen muss. Hast du Hunger, kochst du dir etwas oder bestellst was beim Lieferdienst. Abends dann ein bisschen lesen oder einen Film auf dem heimischen TV schauen. Wie schön!

Diese zunächst großartig klingende Lebensweise ist auf Dauer nicht ganz so großartig, denn sie birgt das Risiko von Vereinsamung. Menschen sind soziale Wesen und benötigen regelmäßig Interaktion mit anderen Menschen, damit es ihnen gut geht. Wenn du allerdings das Haus nicht verlässt, kommst du nur unter bestimmten Umständen mit anderen Menschen in Kontakt.

Das gilt selbst für Menschen mit Familie. Denn irgendwann kommt der Zeitpunkt, an dem man einen Lagerkoller bekommt und sich nach weiteren sozialen Kontakten sehnt, so gut das Verhältnis zur eigenen Familie oder dem Partner auch sein mag. Um Einsamkeit und sozialer Isolation vorzubeugen, haben wir im Folgenden ein paar Tipps für dich zusammengestellt.

TIPP 1: Verabrede dich regelmäßig mit anderen Menschen zum Mittagessen. Du machst während deiner Arbeit irgendwann sicherlich eine Mittagspause. Solltest du jedenfalls. Wie wäre es, wenn du deine Mittagspause nicht allein, sondern mit einem Freund, Bekannten oder Kollegen verbringst? Essen musst du ohnehin. Warum nicht Essen mit ein wenig sozialer Interaktion verbinden?

TIPP 2: Plane eine soziale Aktivität für die Zeit nach der Arbeit. Du könntest dich z. B. einer Sportgruppe anschließen, einem Lauftreff etc. Auf diesem Wege kommst du leicht mit anderen in Kontakt und tust nebenbei deiner Gesundheit etwas Gutes.
Bist du kein Lauf-Fan, gibt es jede Menge andere Sporttreffs, aus denen du auswählen kannst. Schau dafür am besten mal in den Veranstaltungsrubriken verschiedener Social-Media-Kanäle nach, z. B. auf Facebook Veranstaltungen. Natürlich kannst du dich auch so mit einem Freund oder Bekannten für eine Runde Sport nach der Arbeit verabreden oder dir eine anderweitige soziale Aktivität, wie ein gemeinsames Abendessen vornehmen.

TIPP 3: Geh zum Arbeiten an einen Ort, an dem du andere Remote-Arbeiter triffst. Dies kann ein Coworking Space oder ein Café sein. Während das Internet in Coworking Spaces in der Regel gut ist, gilt das für Cafés nicht immer. Um hier vor Frustration bewahrt zu sein, recherchiere zuvor nach Cafés mit guter Internetverbindung. Für viele Städte gibt es dezidierte Blogposts, die sich mit dem Thema befassen und dir wertvolle Tipps in Bezug auf die Caféwahl geben. Während wir diese Zeilen schreiben, sitzen wir z. B. in einem Coworking Space in Kapstadt, Südafrika.

TIPP 4: Vernetze dich virtuell mit anderen Menschen, um dich mit ihnen austauschen und ggf. gegenseitig unterstützen zu können. Zugegebenermaßen ist virtuelle Vernetzung nicht das Gleiche wie eine Vernetzung in Persona, jedoch ist erstere definitiv ein Schritt in die richtige Richtung und tut dir aus sozialer Sicht gut. Für manche Menschen mag virtuelle Vernetzung gar die präferierte Wahl sozialer Interaktion sein. Um dich virtuell zu vernetzen, hast du zahlreiche Möglichkeiten. Besonders gut eignen sich unserer Ansicht nach spezialisierte Facebook-Gruppen. Schau einfach mal nach Gruppen zu Schlagwörtern wie „Remote Work", „Home-Office", „Telearbeit", „Telecommute", „Digital Nomad", „DNX", etc.

2. Eigenmotivation

Eigenmotivation spielt bei Remote-Arbeit eine zentrale Rolle. Dadurch, dass du für Kollegen, Chefs (sofern du einen hast) und Kunden nicht im direkten Zugriff bist, liegt es an dir, ob und wann du morgens aus dem Bett kommst, um es überspitzt zu formulieren. Du musst dich selbst tagein tagaus für deinen Job motivieren können, denn nur wenn du das schaffst, wirst du letztlich produktiv sein und deine Arbeit als erfüllt ansehen. Fehlt dir hingegen das notwendige Maß an Motivation, läufst du Gefahr zu faulenzen oder Dinge aufzuschieben (im Fachjargon auch „prokrastinieren" genannt). Fensterputzen oder den Speicher entrümpeln werden hier schnell zu „unaufschiebbaren" Tätigkeiten. Damit du nicht in Versuchung kommst, hier ein paar Tipps für den täglichen Motivations-Boost.

TIPP 1: Stell sicher, dass du einem Job nachgehst, der dir Spaß macht. Hast du einen Job, der dir keinen Spaß macht, wirst du es nur unter widrigen Umständen schaffen, die nötige Eigenmotivation an den Tag zu legen, um ihn remote ausüben zu können. Dinge, die wir gern tun und für die wir uns begeistern, fallen uns in der Regel leicht, denn wir haben ein natürliches Interesse an ihnen. Die Motivation kommt bei diesen Dingen von ganz allein und muss nicht forciert oder künstlich beigebracht werden. Um langfristig motiviert zu bleiben, ist daher fundamental wichtig, einen Job zu haben, der dich interessiert und der dir gefällt.

TIPP 2: Belohne dich für geleistete Arbeit, z. B. wenn du gewisse Aufgaben abgeschlossen oder Ziele erreicht hast. Schreibe am Morgen auf, was du im Laufe eines Tages alles erledigen möchtest. Wichtig ist, dass du realistisch planst: Setz dir erreichbare Ziele und schätze die Zeit zur Erreichung der Ziele realistisch ein. Arbeite lieber mit einem Puffer von 50 Prozent als zu ambitioniert ans Werk zu gehen. So verhinderst du Frustrationen.

Wir Menschen neigen dazu, uns zu überschätzen und uns auf kurze Sicht zu viel vorzunehmen. Wir verkennen, dass ein Tag nur 24 Stunden hat und die meisten von uns nicht länger als 8 oder 9 Stunden pro Tag arbeiten können. Behalte dies im Hinterkopf und berücksichtige es bei deiner Planung. Wenn du festgelegt hast, was du erledigen möchtest, kannst du dir überlegen, in welcher Form du dich für das Erreichte belohnen möchtest. Was bereitet dir Freude? Abends eine Runde laufen? Mit Freunden ein leckeres Abendessen genießen? Oder ins Kino gehen? Was immer es ist, nimm es wahr, wenn du deine Aufgaben erledigt hast. Zusätzlich kannst du kleine „Mini-Belohnungen" in deinen Arbeitsalltag einbauen und dich dadurch kurzfristig motivieren. Wie wäre es z. B. mit einer kurzen Pause, einem frisch aufgebrühten Kaffee, einem leckeren Stück Obst oder einem (virtuellen) Schwatz mit einem Coworker, wenn du erfolgreich eine Aufgabe abgeschlossen hast?[33]

TIPP 3: Gliedere deine tägliche Arbeit in zeitliche Pakete. Schnüre deine Aufgaben für den Tag z. B. so, dass sich mehrere 90-Minuten-Arbeitspakete ergeben. Nach jedem Arbeitspaket legst du eine fünfzehnminütige Pause ein. Indem du so vorgehst, stellst du sicher, dass du dich nicht zu lange mit einzelnen Aufgaben aufhältst und nicht den Überblick verlierst. Alle Aufgaben haben eine konkrete Deadline, die es einzuhalten gilt. Erledigst du die Pakete innerhalb der vorgegebenen Frist, generierst du so über den Arbeitstag verteilt kleine Erfolgsmomente für dich.[34]

3. Disziplin und Selbstverantwortung

Im Büroalltag hat man einen festen Arbeitsrhythmus und -rahmen, innerhalb dessen man sich bewegt. Man hat geregelte Anfangs- und Feierabendzeiten, man hat Termine mit Kollegen und Mitarbeitern, die man wahrnimmt und der Chef guckt einem zwischendurch auf die Finger. In

---

33 Vgl. Bettina Levecke: Sieben Tricks für mehr Elan bei der Arbeit, auf Welt.de am 18.05.2015: https://www.welt.de/gesundheit/psychologie/article141062193/Sieben-Tricks-fuer-mehr-Elan-bei-der-Arbeit.html, abgerufen am 06.04.2018.
34 Vgl. ebd.

diesem Rahmen fällt ein Mangel an Disziplin schnell auf, was dazu führt, dass es hier tendenziell leichter fällt, diszipliniert die anfallenden Dinge zu erledigen.

Bei Remote-Arbeit hast du weniger geregelte Arbeitszeiten und Kontrollmechanismen sind durch deine physische Abwesenheit nur begrenzt möglich. Du stehst weniger stark im Fokus und verfällst schnell dem Glauben, dass du für deine Arbeit ein „unendliches" Zeitkontingent zur Verfügung hast. Warum also die Eile? Warum diszipliniertes Abarbeiten von Aufgaben? Ganz einfach: Weil du sonst dein Tagessoll nicht erfüllst oder alternativ kein Ende bei der Arbeit findest.
Während erstgenanntes einen Mangel an Output und Produktivität nach sich zieht, führt das andere auf Dauer zu Unzufriedenheit, Erschöpfung und Burn-Out. Beides gilt es zu vermeiden, willst du ein erfülltes Leben führen.

Hier ein paar Tipps, die dir helfen, dein Tagessoll zu erfüllen und Überstunden zu vermeiden.

TIPP 1: Wende das Parkinsonsche Gesetz auf deine Arbeit an. Das Parkinsonsche Gesetz hat nichts mit der Nervenzellenkrankheit, dem Parkinson-Syndrom, gemein. Es führt zurück auf den britischen Soziologen und Historiker Cyril Northcote Parkinson, der in den 1950er Jahren seine Beobachtungen zur Arbeit und zur Verwaltungslehre äußerst zugespitzt formulierte. Seine vermutlich bekannteste Aussage bezieht sich auf die Zeit, die einer Person zur Erledigung einer Aufgabe zur Verfügung steht:

„Work expands so as to fill the time available for its completion."[35]

Demnach verwendet man so viel Zeit für eine Aufgabe, wie einem zur Verfügung steht. Soll heißen: Hast du viel Zeit, brauchst du viel Zeit; hast du wenig Zeit, geht's auch schneller.

Zeitverknappung ist daher ein probates Mittel, um am Ende des Tages nicht ohne Output dazustehen, sondern all die Dinge abgearbeitet zu haben, die für den Tag vorgesehen waren.

Setz dir für die zu erledigenden Aufgaben eines Tages ein klares Zeitbudget und weiche nicht davon ab. Halte es bewusst knapp, so dass dir keine

---

35 Wikipedia: https://de.wikipedia.org/wiki/Parkinsonsche_Gesetze, abgerufen am 04.04.2018.

Möglichkeit bleibt, unnötig Zeit zu vergeuden. Hast du Schwierigkeiten, die von dir vorgegebenen Zeiten einzuhalten, weil du dich durch andere Dinge ablenken lässt, kannst du von verschiedenen internetbasierten Diensten Gebrauch machen. Diese üben zusätzlichen Druck von außen auf dich aus. Es handelt sich hierbei um Websites, auf denen du dein Vorhaben inklusive anvisiertem Zeithorizont einträgst. Weichst du von deinem Zeitbudget ab oder erfüllst deine Aufgaben nicht, wirst du sanktioniert. Beispiele für derartige Websites sind *Go fucking do it* (gofuckingdoit.com) und *Boss as a service* (bossasaservice.life).

TIPP 2: Folge deinem Biorhythmus und arbeite, sofern möglich, wenn du produktive Phasen hast, um deine Energie sinnvoll einzusetzen und keine Zeit zu vergeuden.[36] Die meisten von uns sind über die Jahre an einen bestimmten Tagesrhythmus gewöhnt worden: Aufstehen, zur Schule/Uni/Arbeit fahren, bis abends lernen oder arbeiten, dann nach Hause fahren, Haushalt, ein bisschen Fernsehen, Sport oder mit Freunden treffen, schlafen. Nur weil dieser Rhythmus sich weitläufig etabliert hat, heißt das nicht, dass er für jeden von uns optimal ist. Ganz im Gegenteil, einige Aspekte sind sogar eher kontraproduktiv. Im normalen Büroalltag wird nach einer einstündigen Mittagspause nahtlos mit der Arbeit weitergemacht. Dabei ist es erwiesen, dass Konzentration und Produktivität nach dem Mittagessen rapide abfallen und viele erst wieder am späten Nachmittag zur vollen Leistungsfähigkeit auflaufen.[37] Die Stunden zwischen 13 Uhr und 16 Uhr sind oftmals „verlorene" Stunden, in denen unser Körper eher mit der Verdauung des Mittagessens beschäftigt ist, als Denkarbeit bewältigen kann. Warum also nicht in diesem Zeitraum einer anderen Form von Beschäftigung nachgehen? Wie wäre es mit einem Mittagsschläfchen oder einem Spaziergang in der Natur? Alternativ könntest du dich in dieser Zeit auch ein paar Arbeiten im Haushalt widmen oder einkaufen gehen, damit du nach getaner Arbeit mehr Freizeit hast. Finde heraus, wann deine produktiven Phasen sind und schneidere dir darauf basierend deinen Arbeitsalltag zurecht. Hilfestellung zum Thema produktive Zeiten entdecken findest du auf der Seite der Universität Duisburg-Essen unter https://www.uni-due.de/edit/selbstmanagement/uebungen/ue3_6.html oder über das Gesundheitsportal *Onmeda* unter https://www.onmeda.de/selbsttests/eule_oder_lerche.html.

---

36 Vgl. Isabell Prophet: Homeoffice: 8 Tipps für mehr Produktivität, auf t3n am 26.05.2017: https://t3n.de/news/homeoffice-8-tipps-produktivitaet-824442, abgerufen am 07.04.2018.
37 Vgl. Artikel: Von wegen Schlafmangel - Warum Sie in ein Mittagstief fallen und was Sie dagegen tun können, auf Focus Online am 04.08.2017: https://www.focus.de/gesundheit/videos/von-wegen-schlafmangel-warum-sie-in-ein-mittagstief-fallen-und-was-sie-dagegen-tun-koennen_id_7436385.html, abgerufen am 23.08.2018.

Musst du als Remote-Arbeiter dieselben Zeiten wie deine Bürokollegen einhalten, kannst du deinem Biorhythmus nicht hundertprozentig folgen. Was du jedoch tun kannst, um deinen Arbeitsalltag zu optimieren und weniger Zeit zu verschwenden, ist, ein paar kleinere private Tätigkeiten während der Arbeit zu erledigen, wenn du z. B. eine Pause brauchst oder gerade ein Produktivitätstief hast. Das kann z. B. Wäschewaschen, Staubsaugen, Einkaufen oder Kochen sein. Indem du Tätigkeiten wie diese in deinen Arbeitsalltag integrierst, verschwendest du nicht nur keine Zeit, du fühlst dich im Nachgang durch die Bewegung, die du erhältst, aller Wahrscheinlichkeit nach revitalisierter und leistungsstärker. Plus, dir steht nach Feierabend mehr Zeit zur Verfügung.

TIPP 3: Vermeide Ablenkung bzw. versuche sie auf ein Minimum zu reduzieren. Grundsätzlich solltest du bei jedweder Arbeit darauf achten, dich so wenig wie möglich ablenken zu lassen, um fokussiert deiner Beschäftigung nachgehen zu können. Das ist in der Regel leichter gesagt als getan. Im Büro warten jede Menge Meetings und Kollegen auf dich, die auf einen kurzen Schwatz vorbeikommen oder Fragen stellen. Aber auch wenn du remote arbeitest, bist du vor Ablenkung nicht gefeit. Gerade im Home-Office kann es vorkommen, dass Familienmitglieder dich während der Arbeit ansprechen und dich ablenken. Um die Anzahl solcher Unterbrechungen so gering wie möglich zu halten, ist klare Kommunikation notwendig. Teile deiner Familie und allen weiteren Personen, mit denen du dich während der Arbeit umgibst, mit, wann du arbeitest und wann du Pausen bzw. Feierabend machst. Im Büro sind diese Sachverhalte meist offensichtlich, bei Telearbeit verlaufen die Grenzen jedoch fließend. Durch klare Kommunikation vermeidest du Missverständnisse und sorgst dafür, dass dich niemand ablenkt oder stört und du so keine Probleme hast, dein Tagespensum zu erfüllen.

Neben Familienmitgliedern und Freunden sind virtuelle (Push-)Benachrichtigungen durch E-Mail-Programme und Social Media ein echter Ablenkungsfaktor. Sie reißen dich aus deiner Arbeit und fordern durch audiovisuelle Signale deine Aufmerksamkeit ein. Dies ist besonders ärgerlich, wenn du gerade in eine Aufgabe vertieft bist, die viel Konzentration verlangt. Meist ist es nicht erforderlich, sofort auf eingehende E-Mails oder Benachrichtigungen zu reagieren. Um dich nicht unnötig ablenken zu lassen, solltest du dir angewöhnen, die Benachrichtigungsfunktion auf dem Smartphone, PC und sonstigen Endgeräten, die du nutzt, zu deaktivieren.[38] Dies gilt

---

38 Barry Kim: Top 27 Productivity Hacks of 2018, auf Inc.com am 30.11.2017: https://www. inc.com/larry-kim/these-24-productivity-tips-will-help-you-start-off-2018-right.html, abgerufen am 07.04.2018.

sowohl für den Eingang von E-Mails als auch für Social-Media-Benachrichtigungen und anderweitige Apps. Wenn du nicht gerade im Kundenservice arbeitest, wo eine sofortige Antwort oft vorausgesetzt wird, solltest du zur Bearbeitung deiner E-Mails und Benachrichtigungen bestimmte Zeiträume am Tag definieren und alles in einem Schwung erledigen.

4. Organisation und Strukturiertheit

Organisation und Strukturiertheit sind wichtig, um am Ende eines Arbeitstages alle Aufgaben erledigt zu haben und pünktlich Feierabend machen zu können und Überstunden in Grenzen zu halten. Das Gegenteil von Organisation und Strukturiertheit ist Unordnung. Anders ausgedrückt: Chaos. Ohne ein bisschen Organisationstalent und Struktur, wirst du es als Remote-Arbeiter schwer haben. Du musst deinen Tag weitestgehend selbst einteilen und planen. Du musst dafür Sorge tragen, dass du weißt, was wann zu tun ist und welche Fristen du einhalten musst. Bist du unterwegs auf Reisen und hast ein wechselndes Arbeitsumfeld, musst du sicherstellen, dass du zu den gewünschten Zeiten online bist (Stichwort Zeitzonen-Unterschiede) und ein ruhiges Plätzchen mit guter Internetverbindung zum Arbeiten findest. All das erfordert Organisation und Strukturiertheit. Während du im Büro „mal eben" informell den Chef (sofern du einen hast) nach der Agenda für den Tag fragen, oder dich schnell vom benachbarten Kollegen auf den aktuellen Stand der Dinge bringen lassen kannst, ist das remote nicht so einfach möglich, denn du bist nicht vor Ort. Um organisiert und strukturiert in deinem Arbeitsalltag handeln zu können, hier ein paar Tipps für dich.

TIPP 1: Mach Gebrauch von Organisationssoftware und führe tägliche To-Do-Listen. Als Organisationssoftware haben sich die Anbieter Wunderlist.com und Trello.com für uns bewährt. Beide Tools bieten die Erstellung und Nachhaltung von Checklisten und To-Do-Listen an. Aufgaben können auf Termin gelegt, bei Erledigung abgehakt und im Anschluss zur besseren Nachvollziehbarkeit archiviert werden. Zudem bieten beide Tools eine Kollaborationsfunktion an, über die du Informationen mit anderen teilen und Aufgaben Dritten zuweisen kannst.

TIPP 2: Erstelle am Vorabend eine Planung für den nächsten Arbeitstag. Welche Aufgaben musst du erledigen? Wem musst du was zuarbeiten? In welcher Reihenfolge möchtest du die anfallenden Tätigkeiten abarbeiten? Wie viel Zeit möchtest du jeweils pro Aufgabe einplanen bzw. wie viel Zeit kannst du maximal einplanen, um dein Tagessoll nicht zu gefährden?

Erfasse die Parameter deiner Planung in einer Organisationssoftware. Starte den nächsten Arbeitstag, indem du, vor allen anderen Dingen, deine Planung aufrufst und sie systematisch abarbeitest. Wenn du es am Vortag nicht schaffen solltest, eine Planung für den Folgetag zu erstellen, solltest du dies zur ersten Aufgabe eines Tages machen.

TIPP 3: Baue eine Routine für deinen Arbeitsalltag auf und lebe danach. Setze einen harten Start- und End-Zeitpunkt für deine Arbeit und definiere Pausen, die du über den Tag verteilt in Anspruch nimmst. Versuche, so wenig wie möglich, von den definierten Zeiten abzuweichen, sondern sie ernst zu nehmen. Baue die Routine so auf, dass sie einfach für dich einzuhalten ist und dir und deinem Körper Balance verschafft. Starte den Tag z. B. mit ein bisschen Sport oder einem Spaziergang durch die Natur, bevor du dich hinter den Computer setzt. Arbeite anschließend ein paar Stunden konzentriert und verlasse dann deinen Arbeitsplatz, um zu Mittag zu essen, z. B. zusammen mit Freunden im Café um die Ecke, oder in deinen eigenen vier Wänden, mit deinem Partner bzw. deiner Familie. Tätige im Anschluss ans Mittagessen (während des Mittagstiefs) z. B. Einkäufe und Erledigungen und setze dich am Nachmittag für ein paar weitere Stunden hin, um zu arbeiten. Wenn du abends Feierabend machst, unternimm etwas Schönes. Versuche deine tägliche Routine so aufzubauen, dass sowohl dein Geist, als auch dein Körper und dein Herz davon profitieren und du dich, auch nach einem anstrengenden Arbeitstag, zufrieden und ausgeglichen fühlst. Nur wenn du das schaffst, wird es dir leichtfallen, auf Dauer deine tägliche Routine einzuhalten.

TIPP 4: Erledige dringende Aufgaben zuerst und gib ihnen oberste Priorität. Differenziere zwischen Aufgaben, die dringend taggleich erledigt werden müssen und Aufgaben, die weniger dringlich sind. Hast du alle Aufgaben eines Tages sortiert, beginne den Tag damit, zuerst die dringlichen Aufgaben abzuarbeiten. Das sind deine Must-Dos für den Tag. Dieses Konzept folgt übrigens dem sogenannten Eisenhower-Prinzip.[39]
Wenngleich diese Vorgehensweise auf der Hand zu liegen scheint, neigen viele Menschen bei ihrer Arbeit dazu, mit Aufgaben zu beginnen, die weder dringlich noch wichtig, dafür aber einfach sind. Die meisten Menschen wollen den schnellen Erfolg und der wird durch das Gefühl, eine Aufgabe erledigt zu haben, vermittelt. Wenn du zu Beginn eines Tages mehrere Stunden damit verbringst, Aufgaben zu erledigen, die weder dringlich noch wichtig sind und erst am Nachmittag anfängst, die harten

---

39 Vgl. Wikipedia: https://de.wikipedia.org/wiki/Eisenhower-Prinzip, abgerufen am 21.08.2018.

Nüsse zu knacken, wirst du mit hoher Wahrscheinlichkeit länger arbeiten als du wolltest, weil du geistig nicht mehr so frisch bist und mehr Zeit für die Aufgaben brauchen wirst. Gewöhne dir daher an, die dringlichen Aufgaben an den Anfang eines Tages zu legen.

5. Kommunikationsstärke

Die Fähigkeit, aktiv zu kommunizieren, ist bei Remote-Arbeit fundamental. Da du ortsunabhängig arbeitest, siehst du Kollegen, Kunden und den Chef (wenn du einen hast) nicht von Angesicht zu Angesicht. Du kannst nicht sehen, mit was sie beschäftigt sind, woran sie arbeiten und wie die Stimmung ist. Im Gegenzug bist auch du physisch unsichtbar für deine Kollegen. Augen nehmen mehr wahr, als man denkt, und der spontane „Schnack" zwischendurch – sei es mit Kollegen, Kunden oder dem Chef – ist wichtiger, als du annimmst. Situationsbedingt offenbaren sich Informationen, die dir als Remote-Arbeiter aufgrund deiner physischen Abwesenheit nicht zuteilwerden. Dieses Defizit musst du durch aktive Kommunikation wieder ausgleichen. Tritt mit deinen Kollegen, Kunden und deinem Chef regelmäßig aktiv in Kontakt. Frage nach dem aktuellen Stand der Dinge, nach Entwicklungen und der Stimmung im Büro und erzähle ihnen im Gegenzug von deiner Arbeit, so dass sie sich ebenfalls „abgeholt" fühlen. Gerade in Firmen, in denen der Großteil der Mitarbeiter in einem Büro sitzt und nur die Minderheit remote arbeitet, läufst du Gefahr, als Mitarbeiter „vergessen" zu werden. Kommuniziere aktiv und berichte regelmäßig von deiner Arbeit und den Fortschritten, die du erzielst. Versuche, alle Involvierten permanent auf dem Laufenden zu halten. Nachfolgend ein paar Tipps für die Kommunikation:

TIPP 1: Definiere zusammen mit deinem Chef messbare Ziele für deine Arbeit und vereinbare mit ihm, diese zur Beurteilung deiner Leistung heranzuziehen. Ihr könnt Ziele auf Wochen-, Monats-, Quartals- und/oder Jahresebene festsetzen. Deine Performance wird anhand der Zielerreichung gemessen. Erreichst du Ziele innerhalb der vereinbarten Frist, sieht dein Chef, dass du gute Arbeit leistest und kann sich guten Gewissens „zurücklehnen". Ziele sind vor allen Dingen deshalb ein gutes Steuerungsinstrument, weil sie losgelöst von Arbeitszeiten funktionieren. Remote-Arbeit lässt sich nur schwer zeitlich messen. Daher besteht auch die Gefahr von Misstrauen. Indem du über Ziele gesteuert wirst, ist die investierte Arbeitszeit egal, denn im Fokus steht die Erreichung deiner Ziele innerhalb der vorgegebenen Frist.
Bist du als Freiberufler selbständig und hast keinen Chef, sondern nur

Kunden, kannst du analog vorgehen. Definiere zusammen mit deinen Kunden Ziele für deine Arbeit, die innerhalb einer gewissen Frist erreicht werden müssen und setze alles daran, die definierte Zielvorgabe zu erfüllen.

TIPP 2: Schlage deinen Kollegen und deinem Chef vor, ein wöchentliches Team-Meeting als Videokonferenz einzuführen. In diesem berichtet jedes Teammitglied kurz über den Fortschritt seiner Arbeit, so dass nach dem Call alle Beteiligten auf dem aktuellen Stand sind. Als Videokonferenz-Tools eignen sich z. B. Zoom, Appear oder Skype. Das Schöne an Videokonferenzen ist, dass du nicht nur die Stimme der anderen hörst, sondern die Personen, mit denen du sprichst, auch siehst. Du siehst ihren Gesichtsausdruck, ihre Mimik und nimmst ihre Körpersprache wahr.

TIPP 3: Schick deinem Chef und beteiligten Kollegen einmal pro Woche ein etwas detaillierteres schriftliches Status-Update deiner Arbeit zu. Informiere sie über Fortschritte, erreichte Ziele, Herausforderungen, Risiken, Chancen und Ähnliches. Baue dir dafür eine Vorlage (z. B. ein E-Mail Template, eine Präsentation, etc.), die du mehrfach verwenden kannst und nur um aktuelle Informationen ergänzen musst und versende deinen Bericht als E-Mail oder über anderweitige Kollaborationssoftware.

6. Technikaffinität und Problemlösungskompetenz

Technikaffinität und Problemlösungskompetenz gehen im Kontext von Telearbeit miteinander einher und sind ungemein wichtige Eigenschaften, wenn du eine Remote-Karriere anstrebst. Denn: Technik ist die Basis, auf der Telearbeit fußt. Ohne Technik keine Telearbeit. Um remote arbeiten zu können, benötigst du einen Computer, eine Internetverbindung, verschiedene Softwareprogramme, ein Smartphone und ggf. weiteres technisches Equipment wie Kopfhörer, Mikrofon, Kamera, etc. Nur wenn du die zugrundeliegende Technik eigenständig bedienen kannst, bist du remote-fähig. Das setzt voraus, dass du eine gewisse Technikaffinität besitzt. Was ist, wenn technische Probleme auftreten? Was ist, wenn du Updates auf deinem PC durchführen musst? Was ist, wenn du ein neues Programm herunterladen und installieren und dann den Umgang mit dem Programm erlernen musst? Während du im Büro spontan einen Kollegen, der sich auskennt, fragen kannst, oder der IT-Support mit Rat und Tat zur Seite steht, ist das außerhalb des Büros nicht der Fall. Als Remote-Arbeiter, gerade wenn du selbständig bist, musst du mit diesen Dingen oftmals allein fertig werden. Neben einer allgemeinen Technikaffinität spielt daher auch Problemlösungskompetenz eine bedeutende Rolle. Du hast nicht ewig Zeit, um technische Probleme zu lösen. Schließlich ist die Technik nicht der Kern deiner Arbeit, nicht das, womit du Geld verdienst, sondern lediglich Mittel zum Zweck (außer du bist ITler). Steht z. B. eine Videokonferenz mit deinem Team an und dir ist es aufgrund von technischen Problemen nicht möglich, dich einzuwählen, musst du schnell eine Lösung finden, um pünktlich an der Konferenz teilnehmen zu können. Brauchst du zu lange, findet die Konferenz ohne dich statt und du hast vermeintlich wichtige Informationen verpasst. Im Folgenden findest du zwei Tipps, die dir in dieser Hinsicht weiterhelfen können.

TIPP 1: Tritt ein Problem auf, distanziere dich von ihm und nimm die Vogelperspektive ein. So kannst du das Problem aus größerer Entfernung betrachten. Vermutlich stellst du schnell fest, dass das Problem gar nicht so groß ist, wie es auf den ersten Blick aussieht. Stell dir vor, das Problem betrifft nicht dich, sondern jemand anderen. Einen Kollegen. Einen Freund. Oder einen Bekannten. Dieser bittet dich um Hilfe, weil er glaubt, dass du das Problem für ihn lösen kannst. Denk positiv und mach dich ans Werk. Du bist in diesem Stadium nicht mehr emotional involviert und lässt dich nicht von deinen Gefühlen leiten. Vielmehr gehst du sachlich und „mit kühlem Kopf" an die Sache heran und suchst rational nach einer Lösung des Problems.

TIPP 2: Google! Über die Google-Suche lässt sich vieles herausfinden. Streikt dein PC, hast du Probleme mit einer Software, App oder Internetseite, gib den Sachverhalt in die Google-Suchmaske ein und suche im Internet nach Lösungen. Versuche dabei den Sachverhalt klar und verständlich mithilfe passender Suchbegriffe zu formulieren. In der Regel erscheint auf dem Bildschirm deines PCs oder Smartphones eine Fehlermeldung, wenn Probleme auftreten. Kopiere diese und füge sie in die Suchmaske ein. Häufig haben sich bereits vor dir Menschen mit der Problematik beschäftigt und Lösungswege aufgezeigt, die du im Internet einsehen kannst. Gleiches gilt für neue Software, die du erlernen musst oder willst. Es gibt für alle möglichen Softwareprogramme Schritt-für-Schritt-Anleitungen und Tutorials im Internet. Viele sind kostenlos verfügbar, aber auch kostenpflichtiges Material ist oftmals für wenig Geld erhältlich. Schaue z. B. auf dem Social-Media-Kanal YouTube oder auf Lernplattformen wie Udemy oder Lynda nach.

3. ORTSUNABHÄNGIG GELD VERDIENEN

„Was man sucht – es lässt sich finden, was man unbeachtet lässt – entflieht." – Sophokles

Geld verdient man für gewöhnlich mit Produkten und Dienstleistungen. Dies gilt gleichermaßen für die Offline- wie für die Online-Welt. Produkte und Dienstleistungen können dabei sehr vielfältig ausfallen und unterschiedliche Formate haben.

3.1 VERKAUFE DEIN WISSEN

Jeder Mensch verfügt über gewisse Interessen, seien sie beruflicher oder privater Natur. Manche interessieren sich für Sport, andere fürs Heimwerken und wieder andere für Unternehmertum. Frage dich, wo deine Interessen liegen. Denn wenn du dich für etwas interessierst, baust du in diesem Bereich schnell Wissen auf. Du beschäftigst dich gerne mit der Thematik und informierst dich. Aller Wahrscheinlichkeit nach verfügst du auf einem bestimmten Gebiet bereits über einen reichen Wissensschatz. Denk nach und finde es heraus! Denn mit deinem Wissen kannst du auf unterschiedliche Weise ortsunabhängig Geld verdienen.

Eine Möglichkeit mit deinem Expertenwissen Geld zu verdienen, ist, ein eigenes **Buch** zu schreiben und es online zu verkaufen. Du könntest wahlweise ein eBook oder ein Print on Demand-Buch (d. h. ein Buch, das erst bei Bestellung gedruckt wird) verfassen und es über eine eigene Website sowie einen Online-Marktplatz wie Amazon vermarkten.

Eine weitere Option sind **Online-Kurse**. Erstelle einen Online-Kurs zu einem Thema, das dich interessiert und über das du Bescheid weißt. Wie bei allem, solltest du auch hier im Vorfeld prüfen, ob an dem von dir angedachten Thema Interesse bei anderen Menschen besteht (Stichwort Marktforschung). Gleichzeitig kannst du auch schauen, welche Aspekte deines Themas möglicherweise noch nicht betrachtet wurden bzw. wo du einen Mehrwert liefern kannst. Wenn dein Kurs fertig ist, kannst du ihn über eine eigene Website oder über Online-Plattformen wie Udemy.com, Lynda.com oder Skillshare.com vermarkten.
Auch Seminare, Vorträge und Konferenzen lassen sich über das Internet abhalten. **Online-Seminare** sind Seminare, die virtuell stattfinden und nicht

an einen Ort gebunden sind. Sie haben ein fixes Start- und Enddatum und sind in der Regel für mehrere Teilnehmer buchbar. Die Kommunikation zwischen den Teilnehmern untereinander und der Seminarleitung findet über internetbasierte Software statt. Diese weist zumeist eine Instant Messaging Funktion, eine Videostreaming- und Videotelefonie-Funktion sowie eine Desktop-Sharing-Funktion auf. Vermarkte Online-Seminare über eine eigene Website und/oder über eine Plattform für Online-Seminare wie z. B. Edudip.com.

Online-Vorträge kannst du mithilfe bestimmter Software über das Internet durchführen. Zuschauer sehen dich und deinen Vortrag über einen Monitor oder über eine Projektion auf Leinwand. Nutze für die technische Umsetzung deines Online-Vortrages z. B. Skype (Business) oder die Live-Webinar Software von Edudip.com.

Führe eine **virtuelle Konferenz** zu einem Thema deiner Wahl durch oder biete externen Auftraggebern an (z. B. Remote-Unternehmen), eine virtuelle Konferenz für sie zu organisieren. Eine virtuelle Konferenz findet nicht physisch statt. Während die Teilnehmer einer physischen Konferenz alle am selben Ort sind, können die Teilnehmer einer virtuellen Konferenz auf dem ganzen Erdball verstreut sein. Virtuelle Konferenzen sind dann sinnvoll, wenn Teilnehmer keine Möglichkeit (z. B. kein Geld und/oder keine Zeit) für eine „vor-Ort-Konferenz" haben.

Nutze internetbasierte Technik zur Durchführung der Konferenz. Vermarkte sie über eine eigene Website und über Online-Plattformen wie z. B. Edudip.com. Achte bei der Auswahl der Konferenz-Speaker darauf, dass sie ein großes Netzwerk bzw. eine große Reichweite haben und mach dir diese für die Vermarktung der Konferenz zunutze. Ermutige die Speaker z. B. dazu, ihren Auftritt auf deiner Konferenz in ihrem Netzwerk zu promoten. Weitergehende Informationen zur Veranstaltung einer virtuellen Konferenz findest du in diesem Artikel: https://wirelesslife.de/virtuelle-konferenz.

Möchtest du Menschen in deinem Fachgebiet ausbilden, kannst du eine **Online Academy** gründen und Lerninhalte über das Web vermitteln. In deiner Online Academy gibst du den Teilnehmern das nötige Rüstzeug an die Hand, damit sie nach ihrer Ausbildung erfolgreich im jeweiligen Fachgebiet durchstarten können. Zur Wissensvermittlung kannst du z. B. Video-Tutorials, Live-Webinare und Download-Material verwenden. Richte für deine Schüler einen virtuellen Chatraum für die Dauer der Academy ein, in dem sie sich über ihre Fortschritte, Herausforderungen, Erfolge, etc.

austauschen können. Nach erfolgreichem Abschluss der Academy kannst du deinen Schülern ein Zertifikat ausstellen. Das ergibt insbesondere für Berufe ohne offiziellen Ausbildungsweg Sinn. Für die technische Umsetzung eignen sich virtuelle Lernplattformen und Klassenräume wie z. B.:

- Moodle
- ProProfs
- LearnWorlds
- Coggno
- Google Classroom.

Darüber hinaus kannst du ein **Online-Programm** anbieten. Das ist ein Programm zu einem bestimmten Thema, das über einen gewissen Zeitraum läuft und ausschließlich online angeboten wird. Dafür zahlen die Teilnehmer eine Programm-Gebühr an dich. Die Programmteilnehmer können sich während des Programmes untereinander in Online-Gruppen austauschen sowie Fragen stellen (an dich und untereinander). Zur Umsetzung des Online-Programmes kannst du z. B. folgende Tools verwenden: Geheime Facebook-Gruppen für die Kommunikation der Programmteilnehmer untereinander, E-Mail Newsletter Dienste (z. B. MailChimp), um den Programmteilnehmern regelmäßig frische Inhalte zukommen zu lassen, (Instant) Chatdienste (z. B. Skype), über die du mit Programmteilnehmern in Kontakt treten und live Fragen beantworten kannst. Optional kannst du auch einen Mitgliederbereich auf deiner Website einrichten, über den Programmteilnehmer Informationen, Dokumente, Videos, Blog-Artikel, etc. ansehen und herunterladen können.

Eine weitere Möglichkeit, dein Wissen online zu verkaufen, besteht darin **Trainingsmaterial und Templates** zu entwickeln und diese Produkte anderen Professionals in deiner Sparte und/oder Unternehmen zur Verfügung zu stellen. Vermarkte deine Materialien und Templates über eine eigene Website und/oder über Online-Marktplätze wie z. B. Digistore24. com und biete sie hier zum Download gegen Gebühr an. Du könntest z. B. E-Mail Vorlagen, Fragebögen, Checklisten, Lernmaterialien, etc. anbieten. Gestalte deine Materialien und Vorlagen so, dass sie vom Nutzer bei Bedarf flexibel angepasst werden können.

Neben der Möglichkeit, dein Wissen rein virtuell zu vermitteln, gibt es einige interessante Offline-Formate, die du nutzen kannst, um dein Wissen an andere weiterzugeben. Diese finden zwar vor Ort und in Persona statt, ermöglichen dir jedoch ein hohes Maß an Freiheit bzgl. der Wahl des Veranstaltungsortes. Eines dieser Formate sind sog. **Retreats.** Retreat bedeutet ins Deutsche übersetzt Rückzug und wird heutzutage oft mit einer Auszeit in Verbindung gebracht. Gemeint ist eine Auszeit vom (Berufs-) Alltag und von klassischen Tagesroutinen. Ein Retreat bietet ein Umfeld der Ruhe und Besinnung, das Reflexion und Erkenntnisgewinn bei den Teilnehmern herbeiführt. Typische Merkmale sind z. B.: Konzentration auf ein festes Thema, Erarbeitung des Themas mithilfe bestimmter Übungen, Kombination aus geistiger, körperlicher (z. B. Sport) und spiritueller Arbeit (z. B. Meditation), eine feste Tagesstruktur sowie Führung und Begleitung durch dich als Lehrer. Wähle für dein Retreat einen Ort aus, der Ruhe und Besinnlichkeit vermittelt und Teilnehmer aus ihrem Alltag aussteigen lässt. Wie wäre z. B. eine Destination in einem anderen Land, das du gern bereist oder eine Location im Inland, die etwas abgelegen ist und dir gefällt? Lade Teilnehmer für ein paar Tage dorthin ein, sorge für Übernachtungsmöglichkeiten und Verpflegung und entwirf ein Programm mit passenden Inhalten. Biete das Retreat als Paketpreis an und vermarkte es über eine eigene Website und Social-Media-Kanäle.

Ein weiteres Offline-Format, das dir sehr viel Freiheit und Flexibilität ermöglicht, sind **Entdeckungen.** Zielgruppe sind Menschen, die sich an deinem aktuellen Aufenthaltsort (auf Reisen oder Zuhause) befinden. Vermarkte dein Angebot über Airbnb, einer der führenden Plattformen für Kurzzeit-Unterkünfte. Airbnb führt neben der Rubrik „Unterkünfte" auch eine Rubrik „Entdeckungen". Dort bieten Experten besondere Erlebnisse bzw. Entdeckungen an. Das kann z. B. ein „Schnupper"-Malkurs im Grünen sein, eine Stunde Yoga im Park, eine Wanderung in einem nahegelegenen Naturschutzgebiet, ein Privatkonzert in den eigenen vier Wänden oder einem kleinen Club um die Ecke, eine Fotoentdeckungstour, die Menschen die besten Foto-Spots einer Stadt zeigt, etc. Neben einer Vermarktung über Airbnb kannst du dein Angebot auch über Facebook publik machen. Suche dafür nach Facebook-Gruppen zu Events deines aktuellen Aufenthaltsortes und poste dort dein Angebot als Veranstaltung, für die sich Interessierte eintragen können.

3.2 VERKAUFE DEINE ARBEITSKRAFT

Falls du dich derzeit in einem Vor-Ort-**Anstellungsverhältnis** befindest und du dir keinen neuen Arbeitgeber suchen möchtest, für den du remote arbeiten kannst, suche das Gespräch mit deinem aktuellen Chef. Oft lassen sich bestimmte **Kerntätigkeiten** deiner Arbeit virtuell abbilden und erfordern keine Präsenz vor Ort. Erkläre deinem Vorgesetzten, welche deiner Aufgaben du ortsunabhängig erledigen kannst. Vielleicht kannst du dich auf diese Aufgaben in deiner Tätigkeit spezialisieren und deinen Job dadurch vollständig ortsunabhängig ausüben? Falls dies nicht möglich sein sollte, frage deinen Vorgesetzten, ob du z. B. an drei von fünf Tagen der Woche ortsunabhängig arbeiten darfst. Erkläre ihm deine Beweggründe und schlage ihm eine Testphase vor (z. B. vier Wochen lang an drei von fünf Tagen in der Woche ortsunabhängiges Arbeiten). Nach Ende der Testphase soll dein Vorgesetzter entscheiden, ob du das ortsunabhängige Arbeiten fortführen darfst oder nicht.

Versuche während der Testphase deine erbrachten Leistungen zu messen (erzielte Ergebnisse, erreichte Meilensteine, etc.) und nutze die Ergebnisse deiner Messung als Argumentationsgrundlage für eine Verlängerung deiner ortsunabhängigen Tätigkeit nach Ablauf der Testphase.

Empfehlenswert ist, während der Testphase eine deutlich höhere Produktivität zu erzielen als im normalen Büroalltag und das entsprechend zu dokumentieren und zu belegen. Ist die Testphase zu Ende, legst du deinem Vorgesetzten die Ergebnisse vor und bittest ihn um Verlängerung. Aus dieser Situation heraus dürfte es ihm schwerfallen Argumente gegen eine Verlängerung zu finden.

Du kannst auch auf **Freelancer**-Basis ortsunabhängig für ein Unternehmen tätig werden und es mit deinem Wissen im operativen Tagesgeschäft unterstützen. Du übernimmst konkrete Aufgaben und führst sie für das Unternehmen aus. Das können je nach Expertise z. B. Aufgaben wie

- Korrespondenz, Terminorganisation und Dokumentation,
- Marketing und Design,
- Buchhaltung,
- Dateneingabe,
- Datenanalyse,
- Controlling, etc. sein.

Virtuelle Kommunikation und virtuell erbrachte Leistungen sind für viele Menschen noch immer etwas Ungewöhnliches. Aus diesem Grund besteht eine gewisse Scheu ihnen gegenüber. Indem du (potenziellen) Auftraggebern (z. B. auf einer Website) die zahlreichen Vorteile von virtueller Kommunikation und virtuellen Leistungen deutlich machst, wirkst du der bestehenden Scheu entgegen und sorgst für höhere Akzeptanz. Du könntest z. B. folgende Argumente für virtuelle Kommunikation und virtuelle Leistungen anführen: Zeitersparnis aufgrund wegfallender Anfahrtswege, Kostenersparnis aufgrund wegfallender Fahrt- und Parkkosten, mehr Komfort, da Leistungen bequem von zuhause aus wahrgenommen werden können, etc.

Auch Tätigkeiten als **virtueller Berater, virtueller Coach** und **virtueller Trainer** sind mögliche Formate, mit denen sich online Geld verdienen lässt. Dabei bietest du wahlweise deine Expertise in Form von Beratung, Coaching oder Training an, z. B. im 1:1-Format über Videotelefonie, Chat und/oder E-Mail.

Wenn du etwas sehr gut kannst und zudem pädagogisches Talent hast, kannst du auch **(Nachhilfe-)Unterricht** anbieten. Vermarkte deinen (Nachhilfe-)Unterricht über eine eigene Website und/oder finde Schüler über Online-Vermittlungsportale/-Marktplätze. Sofern die von dir ausgewählten Online-Vermittlungsportale keine Infrastruktur für virtuellen Nachhilfeunterricht bereitstellen oder du deinen Unterricht über eine eigene Website anbietest, nutze virtuelle Klassenräume und Online-Lernplattformen wie z. B. Moodle.org, ProProfs.com, LearnWorlds.com, Coggno.com und/oder Google Classroom für deinen Unterricht.

3.3 VERKAUFE EIGENE PRODUKTE OHNE ZUGRUNDELIEGENDE BEAUFTRAGUNG

Mit eigenen Produkten sind **digitale und physische Produkte** gemeint, die entstehen, wenn ein Beruf in klassischer Weise ausgeübt wird. Nicht gemeint sind Wissensprodukte, die entstehen, wenn du dein Wissen als Produkt verpackst und verkaufst. Als Fotograf machst du bspw. Fotos und als Programmierer entwickelst du Software. Meistens machst du das basierend auf einem Auftrag, du kannst es aber auch „einfach so" machen und die Ergebnisse deiner Arbeit verkaufen. Im Internet gibt es zahlreiche Marktplätze, Plattformen und Börsen, über die du Produkte, die du im

Rahmen deiner klassischen Tätigkeit erstellt hast, vermarkten und verkaufen kannst:

- Amazon, Ebay und Etsy für physische Produkte,
- Adobe Stock, iStock und Shutterstock für Fotos, Grafikdesigns und Videos,
- Digistore24 für digitale Produkte aller Art,
- Codester für Software,
- TurboSquid für 3D-Modelle und KVR Audio für Audio- und Musikprodukte.

Ein Fotograf, der auf diese Weise schon seit längerem Geld verdient, ist beispielsweise Alan. Alan kommt eigentlich aus Kapstadt, ist dort jedoch nur noch selten anzutreffen, da er um die ganze Welt reist. Immer auf der Suche nach dem perfekten Fotomotiv. Alan hat durch seine Arbeit als Fotograf vor einigen Jahren erkannt, dass Automobilhersteller bestimmte Motiv-Hintergründe für die visuelle Inszenierung ihrer Fahrzeuge benötigen. Da er bereits seit langem im Automobilbereich unterwegs ist, hat er damit begonnen, verschiedene Landschaften zu fotografieren, die sich für ein Auto-Shooting anbieten. Seine bearbeiteten Bilder lädt Alan auf Online-Marktplätzen für Bilder hoch, wo sie von Marketingmitarbeitern der Autofirmen gekauft und heruntergeladen werden können. Das funktioniert für ihn so gut, dass er nun nicht mehr darauf angewiesen ist, jeden Tag in seinem Studio sein zu müssen.

Frage dich mal, welchen Output du im Rahmen deiner normalen Arbeit generierst und recherchiere dann Möglichkeiten, diesen online zu verkaufen.

3.4 VERKAUFE NEBENPRODUKTE

Dieser Punkt bezieht sich auf den Vorangegangenen: Wenn du dabei bist, ein neues Produkt anzufertigen, fallen oftmals Nebenprodukte an. Nebenprodukte sind „Abfälle", die bei der Herstellung des eigentlichen Produkts anfallen. Wenn du beispielsweise Computerspiele entwickelst, fertigst du u. a. Illustrationen (z. B. von Spielewelten), Animationen (z. B. von Spielfiguren) und Codes an, die letztlich nicht alle für das fertige Spiel zum Tragen kommen. Du erstellst im Normalfall eine Reihe von Entwürfen, die in sich zwar eine gute Qualität haben, jedoch für das fertige Spiel, aus welchen Gründen auch immer, nicht genutzt werden. Diese Nebenprodukte solltest du nicht achtlos im Nirvana verschwinden lassen, sondern zu Geld machen.

Recherchiere im Internet nach Möglichkeiten, wo du sie verkaufen kannst. Oftmals sind auch hier Online-Marktplätze eine gute Adresse. In diesem konkreten Fall könntest du deine Illustrationen, Animationen und Codes auf Plattformen wie Adobe Stock, Fantero und Codester hochladen und zum Verkauf anbieten. Wenn du also das nächste Mal an einem Projekt arbeitest, verwahre die Teile, die du für das Endresultat nicht benötigst und biete sie anderen zum Kauf an. Exemplarische Nebenprodukte sind z. B. Bilder, Grafiken, kleine PC- oder Handyspiele, Zeichnungen, Illustrationen, Templates/Vorlagen, Codes, Vorlagen und Arbeitsmaterialien, Dokumentation etc.

3.5 VERKAUFE EIGENE PRODUKTE ODER DIE VON DRITTEN

Neben selbst erstellten Produkten und Nebenprodukten kannst du auch Produkte von Dritten über deine Vertriebskanäle verkaufen. Das betrifft sowohl physische als auch digitale Produkte. Bist du z. B. Ernährungsberater, hast du neben deiner Beratungstätigkeit die Möglichkeit, Nahrungsergänzungsmittel, Diätkuren, Fasten-Retreats, Ernährungsratgeber, etc. von Dritten zu verkaufen. Das kannst du z. B. über einen eigenen Webshop wie Shopify oder über Online-Marktplätze wie Amazon oder Ebay tun. Wichtig dabei ist, wähle zum Verkauf ausschließlich Produkte aus, von denen du zu hundert Prozent überzeugt bist und die du ohne Vorbehalte empfehlen kannst.

Wenn du **eigene Produkte** verkaufst und ortsunabhängig sein möchtest, solltest du den Lagerhaltungs- und Versandprozess an einen externen Dienstleister auslagern oder deine Produkte als Download anbieten (z. B. MP3).

Wenn du eigene physische Produkte verkaufen möchtest, solltest du den Lagerhaltungs- und Versandprozess an einen externen Dienstleister auslagern. Das funktioniert z. B. mit **Amazon FBA**. Ama-zon FBA funktioniert, wenn es einmal aufgesetzt ist, zu hundert Prozent ortsunabhängig. Du kümmerst dich als Händler ausschließlich um den Vertrieb und den Einkauf deiner Produkte. Um die Lagerhaltung, den Versand und den Retourenprozess kümmert sich Amazon autonom. Für das Set-up von Amazon FBA bietet sich übergangsweise eine feste Adresse an, denn bevor du Produkte in großen Mengen von einem Produzenten oder

Großhändler einkaufst, solltest du dir zunächst Muster zur Begutachtung schicken lassen und sicherstellen, dass das Produkt absolut deinen Vorstellungen entspricht. Für mehr Informationen zum Thema Amazon FBA und zur Funktionsweise dieser Monetarisierungsidee schau dir das Berufsbild „Amazon FBA Händler" an, das du in Band 3 der Go Remote! Bücherserie findest (Go Remote! für Technik, Zahlen und Organisationstalente).

Eine Alternative zu Amazon ist **Ebay.** Hierbei handelt es sich ebenfalls um ein hundertprozentig ortsunabhängiges Modell, denn Amazon übernimmt für Ebay das Fulfillment, d. h. die Lagerhaltung, den Versand und den Retourenprozess deiner Produkte. Indem du einen Ebay-Shop eröffnest, schaffst du einen zusätzlichen Vertriebskanal und sorgst für noch mehr Sichtbarkeit deiner Produkte. Ferner kannst du einen eigenen **Shopify** Webshop erstellen, auf dem du deine Amazon Produkte einbinden und das Fulfillment von Amazon erledigen lassen kannst.

Abseits des relativ klassischen Verkaufs von Produkten, gibt es noch die Möglichkeit des **Dropshippings.** Das funktioniert, wenn es einmal aufgesetzt ist, ebenfalls ortsunabhängig. Sobald ein Kunde ein Produkt in deinem Webshop (z. B. mit Shopify.com) bestellt, gibst du die Bestellung an deinen Lieferanten (Produzent der Ware oder Großhändler) weiter. Dein Lieferant kümmert sich um den Versand der Ware und stellt dir eine Rechnung. Du zahlst die Rechnung und gibst die dir entstandenen Kosten inklusive eines Gewinnaufschlages an deinen Kunden weiter. Für das Set-up eines Dropshipping Webshops bietet sich übergangsweise eine feste Adresse an, denn du solltest dir zunächst Muster der infrage kommenden Produkte zur Begutachtung zuschicken lassen und sicherstellen, dass ein Produkt zu hundert Prozent deinen Vorstellungen entspricht.

Amazon bietet dir als Dropshipper übrigens die Möglichkeit, Amazon als Vertriebsplattform für deine Produkte zu nutzen. So erreichst du mit deinen Produkten Millionen von Amazon Nutzern. Bestellt ein Kunde über Amazon dein Produkt, benachrichtigst du deinen Lieferanten und lässt die Ware direkt an den Kunden liefern, ohne dass du sie physisch anfassen musst.

Ein ähnliches Modell bietet dir auch Ebay. Theoretisch ist es sogar möglich, einen anderen Ebay Händler als Lieferanten zu nutzen. Dieses Konstrukt solltest du jedoch nur in Erwägung ziehen, wenn der Verkaufspreis deines Ebay Lieferanten unterhalb von deinem Verkaufspreis liegt. Beim **Ebay-to-Ebay-Modell** leitest du deine Kundenbestellungen an einen anderen Ebay Händler, der als dein Lieferant fungiert, weiter und lässt diesen deinen Kunden beliefern. Gleichermaßen kannst du einen Amazon Händler als Lieferanten heranziehen und diesen die Ware an deinen Kunden schicken lassen.

Hier könnte allerdings problematisch sein, dass die bestellte Ware in Amazon Verpackung (und nicht in Ebay Verpackung) zum Kunden kommt. Für mehr Informationen zum Thema Dropshipping schau dir das entsprechende Berufsbild „Dropshipper" an, das du in Band 3 der Go Remote! Bücherserie findest (Go Remote! für Technik, Zahlen und Organisationstalente).

Eine Variante, bei der du weniger mit dem Produkt zu tun hast, ist das **Affiliate Marketing.** Hierbei wirst du Affiliate eines Werbepartners (z. B. von Amazon), dessen Produkte du über deine Website oder deinen Blog vermarktest. Kaufen Interessenten die Affiliate-Produkte über deine Seite, werden sie zur Website deines Werbepartners weitergeleitet und du erhältst eine Vermittlungsprovision. Für mehr Informationen zum Thema Affiliate Marketing schau dir das Berufsprofil „Affiliate Marketer" an.

Falls der Verkauf von Fremdprodukten für dich infrage kommt, überlege dir, in welcher Nische dein Kerngeschäft liegt und welche nischen-bezogenen Produkte Dritter du häufig und gerne nutzt.

3.6 DENK UM DIE ECKE UND VERKAUFE ARTVERWANDTE LEISTUNGEN

Jeder Mensch besitzt ein bestimmtes Set an Fähigkeiten. Sie ermöglichen es ihm, bestimmte Berufe auszuüben. Hast du z. B. ein gutes Auge für Texte und bist wortgewandt, arbeitest du womöglich als Lektor. Als Lektor überprüfst du typischerweise Texte von Dritten auf Grammatik, Zeichensetzung, Kohärenz, Stil, Logik, etc. Was aber wäre, wenn du deine Fähigkeit für gute Texte in einen anderen logischen Kontext bringen würdest? Welche Möglichkeiten hättest du, damit Geld zu verdienen? – Du könntest z. B. selbst Texte schreiben. Dabei kannst du als Ghostwriter im Auftrag für Dritte handeln oder eigene Texte als Schriftsteller verfassen. Du kannst dich auf Bücher, Werbetexte, Blog-Artikel, SEO-Texte und vieles mehr spezialisieren. Vielleicht beherrschst du neben deiner Muttersprache eine weitere Sprache auf Muttersprachler-Niveau? In diesem Fall könntest du zusätzlich eine Übersetzung der lektorierten Texte anbieten.

Alle genannten Leistungen sind auf bestimmte Weise artverwandt, denn sie basieren auf deiner Fähigkeit zu schreiben. Mach dir Gedanken zu deinen Skills und filtere die heraus, die am wichtigsten für dich sind. Versuche dann auf Basis dieser primären Fähigkeiten, artverwandte Tätigkeitsfelder zu identifizieren, mit denen du ortsunabhängig Geld verdienen kannst. Manchmal musst du dazu ein wenig um die Ecke denken.

3.7 ERSCHAFFE EIN KOMPLETT NEUES PRODUKT VON GRUND AUF, DAS NICHT DEM KERN DEINER EIGENTLICHEN ARBEIT ENTSPRICHT

Hier geht es darum, ein Produkt von der Pike auf neu zu entwickeln. Das Produkt ist nicht das Ergebnis deines eigentlichen Berufs, sondern das Resultat außergewöhnlicher Maßnahmen. Dennoch liegt es thematisch in einem ähnlichen Bereich wie dein Kerngeschäft, so dass du deine Expertise in die Entwicklung einfließen lassen kannst. Je nach Produkt müssen ggf. externe Leistungen für die Entwicklung hinzugekauft werden. Da die Entwicklung eines neuen Produktes in der Regel mit Arbeit und Kosten verbunden ist, sollte das Produkt gut überlegt sein und eine solide Basis haben. Konkret bedeutet das, es muss eine ausreichende Nachfrage für das Produkt bestehen und der Wettbewerb muss sich in Grenzen halten. Bevor du ein Produkt entwickelst, solltest du dir folgende Fragen stellen:

- Welchen Mehrwert liefert mein Produkt? Löst mein Produkt ein bestehendes Problem?
- Wie groß wird die Nachfrage nach meinem Produkt sein? Mit wie vielen Kunden kann ich rechnen?
- Welche Alleinstellungsmerkmale hat mein Produkt und wie grenzt es sich vom Wettbewerb ab? Wie viele direkte Wettbewerber gibt es?
- Wie hoch sind die Entwicklungskosten für mein Produkt und wie schnell können diese wieder hereingeholt werden?
- Welche Kostenstruktur hat mein Produkt und mit welchen Umsätzen kann ich rechnen?

Einige Produkttypen eignen sich besonders gut, um mit ihnen online Geld zu verdienen und stellen eine gute Basis für die Entwicklung eines neuen Produktes dar. Wie wäre es z. B. mit der Entwicklung einer eigenen Softwarelösung (die z. B. bestimmte Prozesse automatisiert)? Oder mit der Programmierung eines Online-Marktplatzes, der Anbieter mit Kaufinteressenten auf einem gewissen Gebiet zusammenbringt? Oder vielleicht mit einer (mobilen) **App** (die über das Smartphone z. B. das Lernen neuer Inhalte ermöglicht)? Eine App kannst du z. B. über Google Play für Android

Apps oder Apple App Store für Apple Apps zum Verkauf anbieten. Schau zuvor im App Store nach, welche Apps es am Markt schon gibt, welche davon erfolgreich sind (hohe Download-Zahlen und gute Bewertungen) und wie viel Konkurrenz diese haben. Hol dir zur Entwicklung deiner App entweder einen Programmierer oder nutze spezielle App Baukästen, wie z. B. GoodBarber, Siberian CMS oder Swiftic. App Baukästen sind speziell für Laien entworfen und ermöglichen es dir, ohne Programmierkenntnisse oder besonderes technisches Know-how, deine eigene App zu entwickeln und zu vermarkten.

Nutze die genannten Produkttypen als „Hülle" für dein Produkt und überlege dir auf Basis der oben genannten Fragen, wie du die Hülle mit Leben, sprich Inhalt, füllen kannst.

Werde **Designer** und entwerfe Designs für T-Shirts, Hoodies, Tassen, Babystrampler, Handyhüllen etc. Die kannst du mithilfe von Print on Demand-Anbietern wie z. B. Spreadshirt, Shirtee und Merch by Amazon auf Kleidungsstücke und Accessoires drucken. Print on Demand-Anbieter stellen dir eine Plattform zur Verfügung, über die du Kleidung und Accessoires mit deinen Designs ausstatten, deine fertigen Produkte vermarkten und bei Bestellung produzieren lassen kannst. Die Produkte werden von den Druck on Demand-Anbietern hergestellt und nur auf Bestellung produziert. Du trägst daher keinerlei Risiko, auf deinem Lagerbestand „sitzen zu bleiben", wenn du deine Produkte nicht verkaufen solltest.

3.8 LASS DICH SUPPORTEN

Über Plattformen wie Patreon.com hast du die Möglichkeit finanzielle Anerkennung von deinen Fans / Followern zu erhalten. Patreon.com ist eine **Crowdfunding-Plattform** für (digitalen) künstlerischen Content wie z. B. Texte, Videos, Podcasts, Kunst, Tanz, Musik, Games, Designs, Fotos, etc. Gelistete Künstler können mit Patreon.com ihren Followern bzw. Fans die Möglichkeit geben, ihnen einfach und direkt regelmäßig einen selbstbestimmten Geldbetrag zu zahlen – entweder in Form eines Trinkgeldes, als Zeichen der Wertschätzung oder für exklusiven Zugang zu bis dato unveröffentlichtem Material.

Alternativ kannst du dir auch mittels **Livestream** bei deiner Arbeit über die Schulter schauen lassen. Du zeigst deinen Followern, was du so machst, bspw. wie ein Videospiel Schritt für Schritt entsteht, du Bilder bearbeitest oder Grafiken anfertigst. Gleichzeitig kannst du über eine Chat Funktion mit deinen Zuschauern interagieren und ggf. Fragen beantworten. Dafür zahlen diese einen Betrag an dich. Du kannst den Livestream entweder über eine eigene Website anbieten oder über spezialisierte Livestream Plattformen wie z. B. Twitch oder YouTube Gaming.

4. ORTSUNABHÄNGIGE BERUFE FÜR KREATIVE UND TEXTER

„Ein verfehlter Beruf verfolgt uns durch das ganze Leben. "
– Honoré de Balzac

Jetzt haben wir sie oft angesprochen und dich hoffentlich neugierig gemacht. Im Folgenden stellen wir dir nun unsere ausgewählten Berufsbilder im Einzelnen vor.

4.1 AFFILIATE MARKETER

Als Affiliate Marketer gibt es zahlreiche Möglichkeiten, Geld zu verdienen, sei es über einen Blog, einen Vlog, über dein Facebook- oder Instagram-Profil oder über eine spezielle Nischenseite. Grundsätzlich verdienst du dein Geld dadurch, dass du deine Reichweite nutzt, um deinen Freunden, Fans und Followern Produkte anzubieten, die sie im Bestfall kaufen, indem sie auf den von dir zur Verfügung gestellten Affiliate-Link klicken. Für jeden Kauf des beworbenen Produktes und alle weiteren Produkte, die in dem Kaufprozess erworben werden, erhältst du einen prozentualen Anteil des Kaufes als Provision.

WAS SIND MÖGLICHE AUFGABEN?
- Interessante Produkte und Nischen recherchieren
- Affiliate-Partner finden und Verträge abschließen
- Content-Seite (Blog, YouTube, Website, Social Media) aufbauen und pflegen
- Marketing-Aktivitäten planen und umsetzen
- Marketing-Aktivitäten kontrollieren und Berichte erstellen

WELCHE AUSBILDUNG BENÖTIGST DU?
Um als Affiliate Marketer dein Geld zu verdienen, benötigst du keine spezielle Ausbildung. Hier ist vor allem „learning by doing" gefragt.

WELCHE FÄHIGKEITEN SOLLTEST DU MITBRINGEN?

- Ausgeprägte Kommunikationsfähigkeiten
- Analytik
- Gespür für Marktlücken
- Kreativität
- Durchhaltevermögen

UNSER ROLEMODEL FÜR DEN BERUF DES AFFILIATE MARKETERS

Name: Peer Wandiger
Unternehmen: Selbständig im Netz
Homepage: https://www.selbstaendig-im-netz.de
Kontakt: Twitter: selbstaendig

Peer zählt zu den bekanntesten deutschen Internetgrößen. Mit seinem Blog „Selbständig im Netz" inspiriert und informiert er seit 2007 seine Leser über die Möglichkeiten, online Geld zu verdienen. Dabei hatte Peer seinen Blog erst nur als Nebenprojekt gestartet, zu einer Zeit, als er hauptsächlich Websites für seine Kunden baute.

Auf dem Weg in seine Selbständigkeit hat Peer 1998 einen Abschluss als Diplom-Kaufmann an der FH Merseburg erworben und sich anschließend ein Jahr im Bereich Online-Marketing weitergebildet. Danach hat er bis 2005 bei einem mittelständischen Unternehmen gearbeitet und dort die Websites betreut.

Seine Freunde und Familie bezeichnen Peer als netten und lustigen Typen, der gern feiert, komische Hobbys hat und manchmal etwas neunmalklug daherkommt. Zudem ist er recht zuverlässig und hilfsbereit, aber auch gern mal für sich allein.

Peer wohnt und arbeitet in Gräfenhainichen, wo er auch unser Interview beantwortet hat.

INTERVIEW MIT PEER WANDIGER VON SELBSTÄNDIG IM NETZ

Wie verdienst du dein Geld als Remote Worker?
Früher habe ich Websites für Kunden gebaut. Durch Werbung und Mund-zu-Mund-Propaganda haben meine Kunden ihren Weg zu mir gefunden. Mittlerweile lebe ich ausschließlich von meinen eigenen Blogs und Websites. Davon gibt es eine ganze Reihe und ein Großteil meiner Arbeit besteht heute darin, neue Inhalte zu erstellen. Auf meinen Blogs und Websites verdiene ich durch Werbung, Affiliate Marketing und ein eigenes eBook Geld.

Wie bist du auf die Ideen für deine Produkte gekommen? Hast du eine bestimmte Methodik verfolgt?
Ideen habe ich eine Menge, z. B. für neue Affiliate-Websites. Auf neue Ideen komme ich ständig: das können Leserfragen sein, eigene Erfahrungen, Gespräche mit anderen Bloggern oder Website-Betreibern. Dabei versuche ich immer von einem Bedürfnis oder einem Problem der potentiellen Käufer auszugehen. Wenn man für so etwas eine Lösung anbietet, die es idealerweise noch nicht gibt, dann sind die Erfolgschancen sehr groß. Gerade beim Affiliate-Marketing verdient man deutlich mehr, wenn man den Besuchern nicht „verkaufen" will, sondern wenn man deren Sorgen und Nöte thematisiert und Lösungen dafür bietet.

Wie lange hat es gedauert, bis du deine ersten 1.000 Euro an monatlichem Einkommen durch deine ortsunabhängige Arbeit generiert hast?
Ich habe 2007 nebenbei meinen ersten eigenen Blog gestartet. Das ging eher langsam los und in den ersten Monaten kam noch nicht so viel Geld rein. Nach und nach stiegen aber die Einnahmen und nach gut anderthalb Jahren habe ich das erste Mal mehr als 1.000 Euro im Monat, vor allem mit Affiliate Marketing, verdient.

Was war deine Motivation, ortsunabhängig zu arbeiten?
Als ich mich 2006 als Webdesigner selbständig gemacht habe, stand natürlich die Frage im Raum, wo ich arbeite. Als Webdesigner braucht man eigentlich nur einen Computer, weshalb ich schon damals flexibel arbeiten konnte. Erst im Heimbüro und dann in einem externen Büro. Im Urlaub oder je nach Lust und Laune, arbeite ich aber auch heute noch an anderen Orten. Diese Unabhängigkeit war nicht das primäre Ziel, hat sich aus der gewählten Tätigkeit aber so ergeben.

Wie sieht ein normaler Arbeitstag in deinem Leben als Remote Worker aus? Hast du eine tägliche Routine?

Ohne eine gewisse Routine hätte ich Schwierigkeiten etwas zu schaffen. Deshalb, und auch weil ich Kinder habe, die in die Schule müssen, läuft mein Arbeitstag jeden Tag relativ gleich ab. Morgens bringe ich eine meiner Töchter zur Schule beziehungsweise zum Bus und dann gehe ich an meinen Arbeitsplatz. Wie lange mein Arbeitstag ist, hängt sehr von den geplanten Aufgaben ab. Ich mag die Flexibilität sehr und mache gerne auch mal früher Feierabend.

Was sind die Vor- und Nachteile ortsunabhängiger Arbeit aus deiner Sicht?

Wenn man nur einen Computer oder ein Laptop benötigt, ist das natürlich eine schöne Sache. Ich könnte heute auswandern und irgendwo am Strand meine Blogs und Websites weiter betreiben. Okay, Internet sollte dort natürlich vorhanden sein. ;-) Auf jeden Fall kann ich spontan auch mal woanders arbeiten, auch wenn ich mich an meinem eigentlichen Arbeitsplatz sehr wohl fühle.

Einen Nachteil gibt es für mich aber schon. Ich habe mich sehr ans Arbeiten mit zwei Monitoren gewöhnt, was unterwegs so nicht möglich ist. Zudem schreibe ich natürlich viel und da brauche ich Ruhe. In Cafés oder ähnlichen Orten ist es mir persönlich zu unruhig.

WOMIT KANNST DU ORTSUNABHÄNGIG GELD VERDIENEN? – EINIGE IDEEN

Beschäftigungsformen: Du kannst entweder als Freelancer für verschiedene Auftraggeber arbeiten, Angestellter einer Firma sein, die es dir ermöglicht ortsunabhängig zu arbeiten (z. B. bei einem Anbieter von Affiliate Programmen), oder du wirst unternehmerisch tätig. In Kapitel 6 findest du verschiedene Jobportale, die sich auf ortsunabhängiges Arbeiten spezialisiert haben.

Die folgenden Zeilen geben dir ein paar Ideen an die Hand, wie du ortsunabhängig mit diesem Beruf Geld verdienst. Der Abschnitt ist bewusst kurzgehalten, da viele der Ideen bereits in Kapitel 3 angesprochen wurden. Solltest du an der ein oder anderen Stelle den Wunsch nach mehr Inhalt verspüren, blättere einfach nochmal zum Anfang zurück. Nähere Informationen, wie du Themen für Bücher und Online-Kurse findest, erhältst du in Kapitel 5. Schau außerdem gerne auf unserem Blog vorbei, für alle genannten Tools und Ressourcen im Überblick: https://new-work-life. com/portfolio/affiliate-marketer.

Erstelle deine eigene Preisvergleich-Website

Finde eine aussichtsreiche Nische, erstelle eine Preisvergeleich-Website und platziere darauf deine Affiliate Produkte. Eine Preisvergleich-Website listet Angebote unterschiedlicher Anbieter für dasselbe Produkt bzw. denselben Service, die sich hauptsächlich im Preis unterscheiden. Durch die Auflistung erhält der Besucher einen Überblick darüber, welcher Anbieter den besten Preis für das gesuchte Produkt anbietet (siehe z. B. Billiger.de und Idealo.de).

Erstelle eine Coupon- oder Rabatt-Website

Eine Coupon- / Rabatt-Website bietet den Nutzern eine Vergünstigung in Form eines Coupons oder Rabattes. Platziere auf deiner Coupon- / Rabatt-Website deine Affiliate Produkte.

Erstelle eine Produktbewertungs-Website

Wähle eine aussichtsreiche Nische aus und platziere deine Affiliate Produkte auf deiner Bewertungsseite. Eine Produktbewertungs-Website ist eine Website, auf der du deine Affiliate Produkte nach verschiedenen Kriterien wie z. B. Qualität, Langlebigkeit, Haptik, Preis, etc. bewertest und deine Meinung kundtust. Besuchern der Seite wird dadurch der Eindruck vermittelt, dass deine Produkte von Dritten für gut befunden wurden. Dies erhöht die Verkaufschancen.

Bewirb deine Affiliate Produkte auf deinem Blog oder deiner eigenen Website

Schreibe einen kleinen Artikel zu den Produkten, mit dem du über die Eigenschaften der Produkte, ihren Nutzen, ihre Handhabung, etc. aufklärst und deine persönlichen Erfahrungen mit den Produkten teilst. Achtung! Bewirb auf deinem Blog oder deiner Website nur Produkte, von denen du zu hundert Prozent überzeugt bist (weil du sie z. B. selbst in Benutzung oder zumindest getestet hast) und die zu deinem Markenauftritt passen.

Biete deine Leistungen externen Auftraggebern an

Kontaktiere z. B. Blogger, Vlogger, Podcaster oder Anbieter von Affiliate Programmen (Advertisern) und biete ihnen deine Hilfe an. Hilf ihnen z. B. dabei, ein Affiliate Marketing aufzubauen oder ihr Affiliate Marketing zu optimieren. Advertiser kannst du hingegen z. B. dabei unterstützen, ihre Affiliate Programme zu gestalten, zu vermarkten und weiterzuentwickeln.

Vermarkte deine Tätigkeit als Affiliate Marketer über eine eigene Website und/oder über Online-Marktplätze, wie z. B. Upwork.com, Freelancer. com, Twago.de und ggf. Fiverr.com.

Platziere Werbung für deine Affiliate Produkte auf Seiten von Dritten

Suche themenverwandte Seiten und platziere dort bspw. Bannerwerbung. Wenn ein Besucher auf deine Werbung klickt und dein Affiliate Produkt kauft, erhältst du automatisch eine Provision. Achtung! Behalte die Kosten für deine Werbung im Auge und stelle sicher, dass deine Affiliate Einnahmen deine Werbekosten übersteigen.

Platziere Werbung für deine Affiliate Produkte in Videos von Dritten

Lass dir von deinem Affiliate Anbieter einen kurzen Videoclip geben, der dein Affiliate Produkt bewirbt und binde den Videoclip in themenverwandte Videos auf YouTube mit hoher Sichtbarkeit ein. Den Affiliate Link für dein Produkt platzierst du unterhalb des Videos im Beschreibungstext (leider lässt YouTube keine im Video eingebetteten Links mehr zu). Kauft der YouTube Besucher über deinen platzierten Link dein Produkt, erhältst du eine Provision. Achtung! Achte auch hier darauf, dass deine Werbekosten deine Einnahmen nicht übersteigen.

Nutze Seiten von Dritten und bewirb dein Produkt kostenlos

Platziere dein Affiliate Produkt z. B. in themenverwandten Blogs und vor allem in Facebook-Gruppen und verdiene eine Provision, wenn Besucher der Drittseite bzw. Gruppe auf deinen Link klicken und das von dir beworbene Produkt kaufen. Diese Art von Affiliate Marketing ist für dich gratis. Um ein Produkt auf Blogs zu platzieren, solltest du zunächst einen Blog bzw. Artikel mit hoher Relevanz finden und dann einen Kommentar zu diesem schreiben. Im Kommentar platzierst du den Link zu deinem Produkt ziemlich am Ende. Zuvor gehst du auf den Blog-Artikel und vorherige Kommentare ein und erklärst, welches Problem dein Produkt löst bzw. warum Leser es kaufen sollten. Erst dann folgt der Affiliate Link. Wähle eine smarte Formulierung für deinen Kommentar und vermeide es, als Spammer wahrgenommen zu werden. Nur, wenn Leser das Gefühl haben, dass du ihnen wirklich weiterhilfst, werden sie auf deinen Link klicken und ggf. dein Produkt kaufen. Ähnliches gilt für Facebook-Gruppen. Recherchiere Beiträge in Facebook-Gruppen, die thematisch zu deinem Produkt passen. Wenn du fündig geworden bist, erstelle einen sinnvollen und nützlichen Kommentar, an dessen Ende du deinen Affiliate Link platzierst.

Entwickle und verkaufe Online-Kurse

Entwickle z. B. einen Kurs zum Thema „Affiliate Marketing für Beginner – Lerne, wie du deine eigene Nischenseite erstellst", oder du bietest einen Kurs an, in dem du Affiliate Marketing speziell für z. B. YouTube, Facebook, etc. erklärst.

STARTER TOOLKIT – DAS BRAUCHST DU, UM LOSZULEGEN

Notebook, Smartphone, Digistore24.com, Clickbank.com, AWIN (ehemals Zanox)

SOFTWARE:
- Office: z. B. Microsoft Office oder Google Docs
- Kommunikation: z. B. Skype, WhatsApp, Slack, Gmail
- Website / Webshop: z. B. WordPress oder Shopify
- Newsletter-Dienst: z. B. MailChimp
- Webanalyse: z. B. Google Analytics

BÜCHER UND TUTORIALS:
- Buch: „Affiliate Marketing für Anfänger: Wie Sie mit Affiliate Marketing ein passives Einkommen aufbauen und finanziell unabhängig werden. Der einfachste Weg Online Geld zu verdienen anschaulich erklärt", von Tom Sommer
- Buch: „Online Geld verdienen als Affiliate: Wie Sie mit den Produkten anderer seriös Geld im Internet verdienen. Das Handbuch für Affiliate-Einsteiger", von Yannick Twickler
- Buch: „Affiliate Marketing: Die ultimative Schritt für Schritt Anleitung – Online Geld verdienen", von Wilhelm Klaus
- Tutorial: „ClickBank Success – Affiliate Marketing Without A Website. Learn and model our proven system for success as a ClickBank affiliate. No hidden secrets – we reveal it all!", von KC Tan, auf Udemy
- Tutorial: „Learn how to Build High Quality Affiliate Websites. Learn affiliate marketing. Watch over my shoulder as I build a real, high quality affiliate site from scratch", von Andrew Williams, auf Udemy

Detaillierte Informationen zu Tools und Ressourcen, die dir helfen können, ein ortsunabhängiges Einkommen aufzubauen, findest du auf unserem Blog unter: https://new-work-life.com/portfolio/affiliate-marketer.

Deutscher Marketing Verband e.V. (DMV): http://www.marketingverband.de

4.2 ARCHITEKT

Als Architekt entwirfst du Neubauten, Erweiterungen oder Umbauten an bestehenden Gebäuden und/oder berätst bei der Sanierung und Konservierung von Altbauten. Je nach Themenschwerpunkt bist du mit der Planung einzelner Gebäude befasst oder wirkst bei großen Sanierungsmaßnahmen mit.

WAS SIND MÖGLICHE AUFGABEN?

- Ideen, Ziele, Anforderungen und Budget eines Bauprojektes mit den Projektverantwortlichen klären und festlegen
- Hilfestellung bei der Standortwahl geben
- Kunden hinsichtlich Zweckmäßigkeit seines Bauprojektes beraten
- Machbarkeitsanalysen durchführen und Designvorschläge ausarbeiten und dem Kunden präsentieren
- Auswirkungen des Bauprojektes auf die lokale Umwelt einschätzen und bewerten
- Detaillierte Architektenzeichnungen mit computergestützter Designsoftware (CAD) anfertigen und präsentieren
- Art und Qualität der benötigten Materialien bestimmen und mit dem Kunden abstimmen
- Ausschreibungsunterlagen anfertigen und an Bauunternehmen versenden
- Preisverhandlungen mit Bauunternehmen durchführen
- In Abstimmung mit dem Kunden das Bauprojekt vergeben
- Subunternehmer während der Bauphase steuern und Gewerke koordinieren
- Allgemeines Projektmanagement im Hinblick auf Zeit, Budget und Qualität
- Troubleshooting, wenn während der Bauphase Schwierigkeiten auftreten

WELCHE AUSBILDUNG BENÖTIGST DU?

Die Berufsbezeichnung Architekt ist gesetzlich geschützt. Um Architekt zu werden, musst du ein Architekturstudium absolvieren. Das Studium schließt mit einem Bachelor bzw. Master ab. Für den Bachelor benötigst du in der Regel zwischen sechs bis acht Semester; für den Master zwei bis vier Semester. Offiziell Architekt nennen darfst du dich, wenn du in der Architektenkammer eingetragen bist. Hierfür musst du mindestens zwei Jahre Berufserfahrung nachweisen.

WELCHE FÄHIGKEITEN SOLLTEST DU MITBRINGEN?

- Kreativität und Interesse an Gestaltung
- Sehr gutes räumliches Vorstellungsvermögen
- Detailgenauigkeit und analytische Kompetenz
- Hervorragendes Kommunikationsvermögen, sowohl schriftlich als auch mündlich
- Verhandlungsgeschick und Argumentationsstärke

UNSER ROLEMODEL FÜR DEN BERUF DES ARCHITEKTEN

Name: Eric Reinholdt
Unternehmen: 30x40 Design Workshop
Homepage: https://thirtybyforty.com

Eric ist selbständig als Architekt und leitet seit 2013 seine Firma *30x40 Design Workshop*. Nebenher ist er aktiver YouTuber und besitzt einen Architektur-Kanal mit über 160.000 Abonnenten. Auf seinem Kanal gibt er Zuschauern Architektur-Tipps, publiziert Produkt- und Buchreviews, hält Tutorials und beantwortet Architekturfragen. Vor der Gründung seiner Firma hat Eric Architektur auf Bachelor studiert und war dann als Mitarbeiter mehrere Jahre für ein Architekturbüro tätig, bevor er sich 2004 mit seiner ersten Firma *ARTIFACT.design* selbständig machte. Eric verdient als Architekt Geld online, indem er standardisierte Architektenpläne über seine Website https://thirtybyforty.com zum Kauf anbietet.[40]

WOMIT KANNST DU ORTSUNABHÄNGIG GELD VERDIENEN? – EINIGE IDEEN

Beschäftigungsformen: Du kannst entweder als Freelancer für verschiedene

---

40 Quelle: https://www.linkedin.com/in/eric-reinholdt-139ba71, abgerufen am 01.08.2018.

Auftraggeber arbeiten, Angestellter einer Firma sein, die es dir ermöglicht ortsunabhängig zu arbeiten, oder du wirst unternehmerisch tätig. In Kapitel 6 findest du verschiedene Jobportale, die sich auf ortsunabhängiges Arbeiten spezialisiert haben.

Die folgenden Zeilen geben dir ein paar Ideen an die Hand, wie du ortsunabhängig mit diesem Beruf Geld verdienst. Der Abschnitt ist bewusst kurzgehalten, da viele der Ideen bereits in Kapitel 3 angesprochen wurden. Solltest du an der ein oder anderen Stelle den Wunsch nach mehr Inhalt verspüren, blättere einfach nochmal zum Anfang zurück. Nähere Informationen, wie du Themen für Bücher und Online-Kurse findest, erhältst du in Kapitel 5. Schau außerdem gerne auf unserem Blog vorbei, für alle genannten Tools und Ressourcen im Überblick: https://new-work-life.com/portfolio/architekt.

Führe verschiedene Kernaufgaben ortsunabhängig aus

Sieh dir die typischen Aufgaben eines Architekten an und überlege dir, welche davon du ortsunabhängig ausüben kannst. Kannst du mit Kunden, Geschäftspartnern, Kollegen, etc. virtuell kommunizieren und sie beraten, indem du von Kommunikations- und Kollaborationsmedien wie Videotelefonie (z. B. Skype), Web-Konferenz (z. B. FreeConferenceCall), Desktop Sharing (z. B. Skype), Chat (Slack), E-Mail (z. B. Gmail) Gebrauch machst? Kannst du Ausschreibungen für Bauprojekte über das Internet (z. B. mithilfe von E-Mail) vornehmen? Kannst du ortsungebunden Architektenpläne anfertigen und Bauherren diese zur Verfügung stellen? Kannst du Bauanträge über das Internet bei der zuständigen Behörde einreichen? Vermarkte deine Leistungen über eine eigene Website und Social Media-Kanäle.

Entwickle standardisierte Architektenpläne

Erstelle Pläne für Bauherren und Bauunternehmen und biete sie online, gegen eine Gebühr, zum Download an. Du könntest z. B. unterschiedliche Versionen und Formate von Architekturplänen entwickeln, z. B. schematische Pläne zur Visualisierung für Bauherren und/oder Detailpläne als Vorlage für Bauunternehmen, zur Umsetzung eines Bauvorhabens. Entwirf z. B. auch Pläne mit unterschiedlichen Architekturstilen (modern, klassisch, Tiny House, etc.), Ausstattungsmerkmalen (Anzahl Zimmer, Größe Küche, Anzahl Bäder etc.), für unterschiedliche Budgets (Luxus-, Standard-, Budgethaus), etc. Vermarkte deine Pläne über eine eigene Website und/oder über Online-Marktplätze wie z. B. Houseplans.com.

Verkaufe Architekturbedarf über einen eigenen Webshop

Wähle zum Verkauf ausschließlich Produkte aus, von denen du zu hundert Prozent überzeugt bist und die du ohne Vorbehalte empfehlen kannst. Für den Verkauf von Produkten hast du verschiedene Möglichkeiten.

Fertige computergestützte Visualisierungen an

Erstelle CADs und verkaufe deine Visualisierungen über eine eigene Website und/oder über Stockplattformen, wie z. B. Shutterstock, Adobe Stock, iStock, Alamy, Envato Market, DesignCuts und 123rf. Stockplattformen sind Online-Marktplätze, auf denen verschiedene Anbieter Produkte wie Fotos, Bilder, Vektoren, Videos, Audiodateien, Computercode, etc. anbieten. Die erbrachten Produkte werden dabei „auf Lager" produziert, d. h. sie entstehen ohne Beauftragung. Die Produkte auf Stockplattformen können vom Käufer gegen Zahlung einer Lizenzgebühr für vielseitige Zwecke, z. B. für den Einsatz in Film, TV, Radio, etc. eingesetzt werden.

Schreibe ein eBook

Finde ein Thema, das dich interessiert, speziell in deiner Fachrichtung oder wähle ein allgemeineres Thema, wie z. B. „Wie 3D-Druck die Arbeit als Architekt verändert", oder „Erfolgreich Bauprojekte planen, steuern und überwachen", oder „Wie du eine Website erstellst, die die Art von Projekten anzieht, die du dir wünschst". Wie genau du Themen findest, kannst du im Kapitel 5 nachlesen.

Entwickle und verkaufe Online-Kurse

Wie wäre es z. B. mit einem Kurs zu Themen wie „CAD für Anfänger", „Grundlagen des Hochbaus: Materialien und Methoden" oder „Step-by-Step Gebäude zeichnen".

Bau eine webbasierte Plattform

Die Online Plattform könnte Bauinteressierte mit passenden Architekten zusammenbringen. Erstere geben auf der Plattform die Spezifika für ihr Bauprojekt ein (z. B. Stil, Design, Form, Größe, Budget, etc.) und erhalten darauf basierend Vorschläge für Architekten, die sich auf der Plattform registriert haben. Monetarisieren könntest du die Plattform, indem du z. B. eine Registrierungsgebühr oder fortlaufende Mitgliedsbeiträge von den gelisteten Architekten verlangst. Entwickler zur technischen Umsetzung der Plattform findest du z. B. auf Upwork.com, Freelancer.com oder Twago.de.

Fertige 3D-Inhalte für Virtual Reality (VR) Visualisierungen an

Diese kannst du dann auftragsbezogen und/oder über Online-Marktplätze für 3D- bzw. VR Content, wie z. B. über Adobe Stock, CGTrader und TurboSquid, verkaufen. VR ist stark im Kommen, daher wächst die Nachfrage nach VR Content.

STARTER TOOLKIT – DAS BRAUCHST DU, UM LOSZULEGEN

Notebook, Smartphone, Stifte, Zeichenpapier oder Sketchbuch, Kamera

SOFTWARE:
- Office: z. B. Microsoft Office oder Google Docs
- Kommunikation: z. B. Skype, WhatsApp, Slack, Gmail
- Website / Webshop: z. B. WordPress oder Shopify
- Projektmanagement: z. B. Trello
- Organisation: z. B. Evernote
- CAD Programm für 3D-Modellierung: z. B. Google SketchUp

BÜCHER UND TUTORIALS:
- Buch: „Architect and Entrepreneur: A Field Guide to Building, Branding, and Marketing Your Startup Design Business", von Eric Reinholdt
- Buch: „Architect and Entrepreneur: A How-to Guide for Innovating Practice: Tactics, Strategies, and Case Studies in Passive Income", von Eric Reinholdt
- Buch: „Introduction to Architecture", von Francis D. K. Ching und James F. Eckler

Detaillierte Informationen zu Tools und Ressourcen, die dir helfen können, ein ortsunabhängiges Einkommen aufzubauen, findest du auf unserem Blog unter: https://new-work-life.com/portfolio/architekt.

HIER FINDEST DU WEITERE INFORMATIONEN

Verband deutscher Architekten e.V.: http://vda-architekten.de
DAI Verband Deutscher Architekten- und Ingenieurvereine e.V.: https://bda-bund.de

4.3 AUDIODESIGNER

Als Audiodesigner komponierst du auf Basis unterschiedlicher Software Programme am Computer Musik, Sounds und Klänge für verschiedene Zwecke. Produkte deiner Tätigkeit können sein: Musik für Film, Radio, Werbung oder PC-Spiele, Jingles, Trailer, Transitions, Automobilsounddesign, wie z. B. Motorengeräusche oder Türschließeffekte. Zur Produktion deiner Sounds greifst du entweder selbst zum Aufnahmegerät und/oder du verwendest aufgezeichnetes Material von Dritten.

WAS SIND MÖGLICHE AUFGABEN?

- Auftraggeber beraten und Anforderungen aufnehmen
- Originelle Ideen für Musik, Sounds und Klänge entwickeln
- Soundkonzepte entwickeln
- Sounds und Klänge manipulieren und synthetisieren, mithilfe digitaler Signalverarbeitung
- Originelle Musik, Sounds, Klänge, etc. kreieren und aufzeichnen
- Zum Konzept passendes Material von Dritten recherchieren und in Produktion einbauen
- Aufnahmen mit Sampler, Synthesizer und Equalizer abmischen
- Musik- und Tonbibliothek aufbauen und führen

WELCHE AUSBILDUNG BENÖTIGST DU?

Um Audiodesigner zu werden, benötigst du eine entsprechende Ausbildung als Audiodesigner. Die schulische Ausbildung wird an unterschiedlichen Bildungseinrichtungen angeboten, wobei der Lehrplan intern geregelt ist. Somit weicht die Ausbildungsdauer stark voneinander ab (zwischen 1 und 2 Jahre). Alternativ oder ergänzend kannst du ein Studium im Bereich Audio- und Sounddesign absolvieren.

WELCHE FÄHIGKEITEN SOLLTEST DU MITBRINGEN?

- Kreativität und Sinn für Ästhetik
- Interesse an Sounds und Musik
- Handwerkliches Geschick
- Technisches Verständnis
- Gutes Kommunikationsvermögen

UNSERE ROLEMODELS FÜR DEN BERUF
DES AUDIODESIGNERS

Name: Thomas Joliet (Tom) und Franz Renger (Francois)
Unternehmen: Production Music Live
Homepage: https://www.productionmusiclive.com

Thomas und Franz sind selbständig und haben 2015 ein Online-Unternehmen gegründet, über das sie Musikinteressierten und Professionals Online-Kurse, Templates, Samples, Presets und virtuellen 1:1 Unterricht, rund um Audio Engineering und Sound Design anbieten. *Production Music Live* kommt gut an. Der YouTube Kanal des Unternehmens zählt mittlerweile über 50.000 Abonnenten. Hier werden Zuschauer regelmäßig mit frischem Content und Live Tutorials versorgt. Franz, der sich auch Francois nennt, hat nach Beendigung der Schule zunächst Wirtschaft auf Diplom studiert. Danach war er einige Jahre im Bereich Event-Organisation und Projektmanagement tätig. Neben seiner regulären Tätigkeit ist Francois bereits lange Zeit als Musikproduzent unterwegs. Seine große Leidenschaft gehört dem Sounddesign und Audio Engineering. Seine Musik hat er unter verschiedenen Plattenlabels veröffentlicht, darunter Universal Music, Parquet Recordings und Jannowitz Records. Bei seiner Firma *Production Music Live* kümmert er sich vorrangig um Online-Kurse, Produktion, Songwriting, Remakes und Tutorials.

Thomas, auch genannt Tom, ist ebenfalls ein großer Fan von Sounddesign und Audio Engineering. Bei *Production Music Live* ist er verantwortlich für Tutorials, Produktion, Engineering, Mixing und Kurse. Er gilt allgemein als Perfektionist. So dreht und schraubt er solange an Songs, bis diese absolut tadellos sind. Zudem hat er ein großes Interesse an technischen Details und kann Stunden damit zubringen, Plug-Ins und technisches Equipment zu studieren.[41]

---

41 Quellen: https://www.productionmusiclive.com/pages/about-us-pml und https://www.linkedin.com/in/franz-renger, abgerufen am 03.08.2018.

WOMIT KANNST DU ORTSUNABHÄNGIG GELD VERDIENEN? – EINIGE IDEEN

Beschäftigungsformen: Du kannst entweder als Freelancer für verschiedene Auftraggeber arbeiten, Angestellter einer Firma sein, die es dir ermöglicht ortsunabhängig zu arbeiten, oder du wirst unternehmerisch tätig. Mögliche Auftrag- /Arbeitgeber sind z. B. Unternehmen in der Filmbranche, Produktionsfirmen für Hörfunk und TV, Werbe- und Multimedia-Agenturen oder Verleger von Software und PC-Spielen. In Kapitel 6 findest du verschiedene Jobportale, die sich auf ortsunabhängiges Arbeiten spezialisiert haben.

Die folgenden Zeilen geben dir ein paar Ideen an die Hand, wie du ortsunabhängig mit diesem Beruf Geld verdienst. Der Abschnitt ist bewusst kurzgehalten, da viele der Ideen bereits in Kapitel 3 angesprochen wurden. Solltest du an der ein oder anderen Stelle den Wunsch nach mehr Inhalt verspüren, blättere einfach nochmal zum Anfang zurück. Nähere Informationen, wie du Themen für Bücher und Online-Kurse findest, erhältst du in Kapitel 5. Schau außerdem gerne auf unserem Blog vorbei, für alle genannten Tools und Ressourcen im Überblick: https://new-work-life. com/portfolio/audiodesigner.

Führe bestimmte Kernaufgaben ortsunabhängig aus

Sieh dir die typischen Aufgaben eines Audiodesigners an und überlege dir, welche davon du ortsunabhängig ausüben kannst. Kannst du mit Kunden, Geschäftspartnern, Kollegen, etc. virtuell kommunizieren und sie beraten, indem du von Kommunikations- und Kollaborationsmedien, wie Videotelefonie (z. B. Skype), Web-Konferenz (z. B. FreeConferenceCall), Desktop Sharing (z. B. Skype), Chat (z. B. Slack), E-Mail (z. B. Gmail) Gebrauch machst? Kannst du ortsungebunden Sounds und Audiodesigns erstellen und anderen z. B. als Download zur Verfügung stellen? Vermarkte deine Leistungen über eine eigene Website und/oder über Online-Marktplätze, wie z. B. Upwork.com, Freelancer.com, Twago.de und ggf. Fiverr.com.

Verkaufe deine Arbeit online

Komponiere Musik, Soundeffekte und Loops und biete sie über eine eigene Website und/oder über Stockplattformen wie z. B. Shutterstock, 123rf, Pond5, Sonniss.com und Fantero. Stockplattformen sind Online-Marktplätze, auf denen verschiedene Anbieter Produkte wie Fotos, Bilder, Vektoren, Videos, Audiodateien, Computercode, etc. anbieten. Die erbrachten Produkte werden dabei „auf Lager" produziert, d. h. sie entstehen ohne Beauftragung. Die Produkte auf Stockplattformen können vom Käufer gegen Zahlung einer Lizenzgebühr für vielseitige Zwecke, z. B. für den Einsatz in Film, TV, Radio, etc. eingesetzt werden.

Erstelle Sound-Vorlagen (Templates) und -Voreinstellungen (Presets)

Biete sie Audio-Professionals online zum Download über eine eigene Website und/oder über Online-Marktplätze für Soundproduktion wie z. B. Synthmob.com und KVR Audio an.

Biete Online-Seminare an

Mögliche Themen für Online-Seminare sind z. B.: „Game Sounddesign – lerne, wie du Sounds für PC-Spiele produzierst", oder „Startklar für die Game-Industrie – alles, was du als selbständiger Audiodesigner wissen musst, von Networking über Kundenakquise bis Vertragsgestaltung und Preissetzung."

Entwickle und verkaufe Online-Kurse

Wie wäre es z. B. mit Themen wie „Lerne, wie du Melodien schreibst", „Musikproduktion für Anfänger – Produziere einen Track von Anfang bis Ende" oder „Die Mixing und Mastering Meisterklasse"? Wenn du mehr als einen Kurs erstellst, kannst du deine Kurse als Abonnement anbieten. Fang z. B. mit einem „Audioproduktion für Anfänger"-Kurs an, in dem du deinen Schülern die Basics vermittelst, und fokussiere dich dann auf spezialisierte Themen, wie z. B. Produktion von Techno-, Rock- oder Popsongs oder Erklärung verschiedener Audiodesign Software Systeme.

Setz einen Livestream auf, der dich bei der Produktion deiner Audiodesigns zeigt

Über den Livestream können dir z. B. professionelle oder Hobby-Audiodesigner bei deiner Arbeit über die Schulter schauen und sich mit dir im Chat austauschen.

Leg ein Profil bei einer Crowdfunding-Plattform an

Lass dich von deinen Fans z. B. auf der Crowdfunding-Plattform Patreon.com finanziell unterstützen.

STARTER TOOLKIT – DAS BRAUCHST DU, UM LOSZULEGEN

Notebook, Smartphone, Rekorder, Mikrofon, Kopfhörer, Speicherplatz, Audio-Interface

SOFTWARE:

- Office: z. B. Microsoft Office oder Google Docs
- Kommunikation: z. B. Skype, WhatsApp, Slack, Gmail
- Website / Webshop: z. B. WordPress oder Shopify
- Cloudbasierte Datenspeicherung: z. B. Dropbox oder Google Drive
- Audiobearbeitung / Tonstudio: z. B. Audacity oder GarageBand

BÜCHER UND TUTORIALS:

- Buch: „Audio Engineering 101: A Beginner's Guide to Music Production", von Tim Dittmar
- Buch: „Home Recording For Musicians For Dummies (For Dummies Series)", von Jeff Strong
- Tutorial: „The Sound Kitchen - Great sound made easy - Sound Engineering course for musicians, volunteers, professionals. For both beginners and people with some knowledge", von Timoteo Alicino, auf Udemy
- Tutorial: „Music Production I und II", von Mitch Houston, auf Udemy

Detaillierte Informationen zu Tools und Ressourcen, die dir helfen können, ein ortsunabhängiges Einkommen aufzubauen, findest du auf unserem Blog unter: https://new-work-life.com/portfolio/audiodesigner.

HIER FINDEST DU WEITERE INFORMATIONEN

Verband Deutscher Tonmeister e.V.: https://www.tonmeister.de
Berufsvereinigung Filmton e. V.: http://www.bvft.de

4.4 BILDBEARBEITER (RETUSCHEUR)

Als Bildbearbeiter sorgst du dafür, dass Bilder und Fotos optimal zur Geltung kommen. Du bearbeitest digitale Bilder und Fotos mithilfe spezieller Bildbearbeitungsprogramme und korrigierst Bild- und Motivschwächen. Dies können z. B. schlechte Belichtung, Unschärfe, Hautunreinheiten des Bildmotives, unerwünschte Objekte auf dem Foto und viele andere Dinge sein.

WAS SIND MÖGLICHE AUFGABEN?

* Kundenanforderungen aufnehmen und gewünschte Resultate besprechen
* Bilder mithilfe von Spezialsoftware retuschieren
* Farbgebung im Bild korrigieren
* Kontrast- und Schärfeanpassungen vornehmen
* Bildfehler und ungewünschte Effekte wie z. B. Hautunreinheiten, Kratzer, etc. auf einem Bild entfernen
* Bildmotiv freistellen bzw. den Hintergrund auf einem Bild entfernen
* Fotomontagen entwerfen, wenn mehrere Bilder miteinander zu kombinieren sind
* Schatten- und Lichtreflexe im Bild anpassen
* Fotoentwürfe zur Annahme durch den Auftraggeber erstellen
* Selbstvermarktung und Werbung in eigener Sache betreiben

WELCHE AUSBILDUNG BENÖTIGST DU?

Die Berufsbezeichnung Bildbearbeiter oder Retuscheur ist gesetzlich nicht geschützt. Um Bildbearbeiter bzw. Retuscheur zu werden, musst du daher nicht zwingend eine Ausbildung durchlaufen. Ist dir jedoch an einer formellen Ausbildung gelegen, kannst du eine Ausbildung im Bereich Mediengestaltung absolvieren, z. B. als Mediengestalter Digital und Print. Alternativ kannst du auch Foto- oder Mediendesign studieren.

WELCHE FÄHIGKEITEN SOLLTEST DU MITBRINGEN?

* Gespür für fotografische Umsetzung
* Blick für Ästhetik, Farben, Formen und Konturen
* Handwerkliches Geschick
* Technisches Verständnis
* Liebe zum Detail

UNSER ROLEMODEL FÜR DEN BERUF DES BILBEARBEITERS

Name: Matthew Hamlyn
Unternehmen: MH Retouching
Homepage: mhretouching.com
Kontakt: matt@mhretouching.com

Matthew ist selbständiger Bildbearbeiter. Vor seiner Karriere als Bildbearbeiter hat er Finanzen und Wirtschaft auf Bachelor studiert, jedoch nach seinem Studium nicht lange in diesem Bereich gearbeitet. Er hat erste Berufserfahrung in den Bereichen Suchmaschinenmarketing, Finanzen- und Rechtsverwaltung, Feldarbeit und Schreiben gesammelt. Seine Freunde und Familie bezeichnen Matthew als Freigeist. Schließlich will er ihren gut gemeinten Rat (such dir einen ‚richtigen‘ Job!) partout nicht befolgen und lieber sein eigenes Ding durchziehen. Er wird in gewisser Hinsicht auch als Nomade und Einzelgänger gesehen, der nicht gerne lange an einem Ort bleibt und gut mit sich selbst allein sein kann. Zur Zeit des Interviews hält sich Matthew in Durban, Südafrika, auf, wo er Housesitting macht.

INTERVIEW MIT MATTHEW HAMLYN VON MH RETOUCHING

Wie verdienst du dein Geld als Remote Worker?
Ich retuschiere Bilder. Meine Aufträge kommen aus den Bereichen Mode, Hotels und Kunst.

Wie bist du auf die Idee für deinen Service gekommen? Hast du eine bestimmte Methodik verfolgt?
Meine Schwester ist Fotografin und wir haben eine Weile zusammengewohnt. Während dieser Zeit habe ich gelernt mit Adobe Photoshop zu arbeiten. Damals habe ich meinen Uniabschluss gemacht und einen Job in einem Büro angenommen. Ich habe schnell festgestellt, dass ich die Arbeit in einem Büro nicht ertragen konnte. Also habe ich angefangen, online Texte zu schreiben. Das lag mir jedoch auch nicht so sehr. Die Worte wollten einfach nicht kommen und ich brauchte viel zu viel Zeit für das, was ich am Ende zustande brachte. Den Zeitaufwand konnte ich nicht argumentieren und somit lohnte sich der Aufwand nicht. Stattdessen habe ich mit dem Retuschieren begonnen und das langsam ausgebaut. Es hat sich also einfach irgendwie ergeben und war nicht planmäßig.

Wie lange hat es gedauert, bis du deine ersten 1.000 Euro an monatlichem Einkommen durch deine ortsunabhängige Arbeit generiert hast?

Am Anfang war ich ziemlich faul, aber ich glaube, dass ich innerhalb von sechs Monaten 1.000 Euro im Monat verdient habe. Allerdings mit Schreiben und Retuschieren in Kombination.

Es ist immer noch ein Auf und Ab, aber ich bin seit einiger Zeit nicht mehr unter die Marke von 1.000 Euro im Monat gerutscht. Ich verdiene mein Geld nun ausschließlich mit Retuschier-Arbeit und muss nicht mehr schreiben.

Wie hast du deine ersten Kunden gefunden, mit denen du remote zusammengearbeitet hast?

Ich habe meine ersten Kunden über eine Online-Retuschier-Plattform gefunden. Ich habe einen der Nutzer direkt kontaktiert und er wurde zu meinem ersten Kunden. Danach hat mir meine Mutter einen Tipp für meinen nächsten Kunden gegeben, den ich heute noch habe und für den ich den größten Teil meiner Arbeit erledige.

Wie findest du neue Kunden?

Ich habe eine Website, einen Instagram-Account und eine Facebook-Seite. Ich hätte nie gedacht, dass eine Online-Präsenz (besonders, wenn sie so klein ist wie meine) wichtig sein kann, bis ich sie erstellt habe und sie mir mehrere Kunden gebracht hat.

Was war deine Motivation, ortsunabhängig zu arbeiten?

Ich wollte reisen. Aber mehr noch als das, hatte ich eine tiefe Abneigung dagegen, in einem Büro arbeiten zu müssen.

Wie hast du deine Remote-Karriere begonnen? Gab es irgendwelche Tools, die dir dabei geholfen haben, ortsunabhängig zu arbeiten?

Zunächst habe ich mir Tutorials auf Lynda.com, YouTube und Phlearn.com angeschaut, um Retuschetechniken und die technischen Details in Adobe Photoshop zu lernen. Meine Hardware war recht rudimentär: ich hatte einen billigen Laptop und eine Mouse. Das war meine ganze Ausstattung, ich hatte beispielsweise kein Grafik Tablet. Mit diesem Setup habe ich auch ein paar Jahre lang gearbeitet - ich hatte einfach keinen großen Bedarf für eine andere Ausstattung.

Zudem hatte ich auch eine Digitalkamera und fing zu dieser Zeit an zu fotografieren, wodurch ich viel über die Verarbeitung von Rohdaten gelernt habe.

Jetzt habe ich einen besseren Computer, ein Grafik Tablet, einen Monitor mit guter Farbwiedergabe und ein Farbmessgerät.

Welche drei Dinge würdest du vermeiden, wenn du die Zeit zurückspulen könntest?

Ich würde versuchen, eine schlechte Körperhaltung und schlechte Arbeitsbereiche zu vermeiden. Das Umgebungslicht muss richtig sein, um die Augenbelastung so gering wie möglich zu halten, und die Höhe des Schreibtischs, des Stuhls und des Monitors muss perfekt sein. Durch meine Arbeit habe ich mir meine Schulter verletzt. Ich habe einen sogenannten Maus-Arm (Repetitive-Strain-Injury-Syndrom (kurz RSI-Syndrom)). Die Verletzung wird zwar nie wieder vollständig heilen, aber ich kann sie durch Bewegung, Ernährung und gute Körperhaltung in den Griff bekommen.

Wie sieht ein normaler Arbeitstag in deinem Leben als Remote Worker aus? Hast du eine tägliche Routine?

Mein Tagesablauf hängt davon ab, wie viel Arbeit ich habe. Aber Kaffee kochen ist mein Ritual, um in den Tag zu starten, egal ob ich viel zu tun habe oder nicht.

Ich arbeite von zu Hause aus (zu Hause ist normalerweise ein Airbnb oder ein House-sit), bevor ich etwas frühstücke. Wenn ich eine besonders große Datenmenge hochladen muss, suche ich einen Ort mit gutem Wifi und gehe dort zum Mittagessen hin. Ich führe immer eine Liste mit Orten, die gutes WLAN haben, für Notfälle, wenn meine eigene Verbindung nicht ausreicht. Nachmittags mache ich gern ein Nickerchen, wenn ich müde bin oder meine Augen angespannt sind, oder ich gehe Laufen, oder ich erledige Besorgungen. Wenn ich weniger zu tun habe, kümmere ich mich um administrative Aufgaben und arbeite an anderen Dingen.

Was sind die Vor- und Nachteile ortsunabhängiger Arbeit aus deiner Sicht?

Ein großer Vorteil ist aus meiner Sicht, dass ich keinen Druck verspüre, „beschäftigt auszusehen". Es gibt außerdem keine Ablenkungen durch andere Menschen und ich kann in meinem Tempo und mit weniger Stress arbeiten. Ich kann essen, wann immer ich will. Und ich muss fast nie im Berufsverkehr fahren.

Grundsätzlich kann ich keine Nachteile darin sehen, ortsunabhängig zu arbeiten.

WOMIT KANNST DU ORTSUNABHÄNGIG GELD VERDIENEN? – EINIGE IDEEN

Beschäftigungsformen: Du kannst entweder als Freelancer für verschiedene Auftraggeber arbeiten, Angestellter einer Firma sein, die es dir ermöglicht ortsunabhängig zu arbeiten, oder du wirst unternehmerisch tätig. Mögliche Arbeit- / Auftraggeber sind z. B. Fotografen, Bildarchivdienste, Werbe-, Medien- und PR-Agenturen, Unternehmen in der Film- und Fernsehbranche und Privatpersonen. In Kapitel 6 findest du verschiedene Jobportale, die sich auf ortsunabhängiges Arbeiten spezialisiert haben.

Die folgenden Zeilen geben dir ein paar Ideen an die Hand, wie du ortsunabhängig mit diesem Beruf Geld verdienst. Der Abschnitt ist bewusst kurzgehalten, da viele der Ideen bereits in Kapitel 3 angesprochen wurden. Solltest du an der ein oder anderen Stelle den Wunsch nach mehr Inhalt verspüren, blättere einfach nochmal zum Anfang zurück. Nähere Informationen, wie du Themen für Bücher und Online-Kurse findest, erhältst du in Kapitel 5. Schau außerdem gerne auf unserem Blog vorbei, für alle genannten Tools und Ressourcen im Überblick: https://new-work-life. com/portfolio/bildbearbeiter.

Führe bestimmte Kernaufgaben ortsunabhängig aus

Sieh dir die typischen Aufgaben eines Bildbearbeiters an und überlege dir, welche davon du ortsunabhängig ausüben kannst. Kannst du mit Kunden, Geschäftspartnern, Kollegen, etc. virtuell kommunizieren, indem du von Kommunikations- und Kollaborationsmedien wie Videotelefonie (z. B. Skype), Web-Konferenz (z. B. FreeConferenceCall), Desktop Sharing (z. B. Skype), Chat (z. B. Slack), E-Mail (z. B. Gmail) Gebrauch machst? Kannst du Bilder ortsunabhängig bearbeiten und retuschieren und deinen Kunden die Resultate digital (z. B. über einen Clouddienst) zukommen lassen? Vermarkte deine Leistungen über eine eigene Website und über Online-Marktplätze wie z. B. Upwork.com, Freelance.de, Twago.de und ggf. Fiverr.com.

Erweitere dein Leistungsspektrum als Bildbearbeiter

Biete zusätzlich zu deiner typischen Bildbearbeitungstätigkeit einen Fotorestaurationsservice an. Fotorestauration bezeichnet das Retuschieren von alten und beschädigten Fotos. Die Fotos werden digitalisiert und dann visuell in ihren Originalzustand zurückversetzt. Auf Wusch kannst du auch anbieten, sie zu kolorieren, wenn es ursprünglich schwarz-weiß

Fotos waren. Achte darauf, dass du dein erweitertes Leistungsspektrum ortsunabhängig erfüllen kannst.

Entwickle und verkaufe Online-Kurse

Du könntest z. B. einen Kurs entwickeln, indem du angehenden Bildbearbeitern und/oder Laien Adobe Photoshop oder Gimp beibringst. Erkläre in deinem Kurs die Basics des Programmes und integriere Übungsaufgaben. Alternativ könntest du auch einen Kurs für Fortgeschrittene konzipieren, der Tipps und Tricks an die Hand gibt, um ihr Wissen weiter auszubauen.

Werde virtueller Adobe Photoshop- oder Gimp-Trainer

Berate (angehende) Bildbearbeiter, Fotografen, andere Professionals, die regelmäßig mit Adobe Photoshop oder Gimp zu tun haben, und/oder Laien zum Umgang mit Adobe Photoshop bzw. Gimp. Biete ihnen virtuelle 1:1 Sitzungen an, in denen du mit ihnen ihre Adobe Photoshop/Gimp Projekte besprichst, ihnen individuelle Hilfestellung gibst und Fragen beantwortest. Ebenfalls könntest du einen Review-Service für fertig bearbeitete Bilder anbieten, bei dem du die Werke deiner Kunden hinsichtlich Qualität prüfst und ihnen Feedback gibst. Nutze für deine virtuelle Beratung Kommunikations- und Kollaborationsmedien wie Videotelefonie (z. B. Skype), Remote Desktop Zugriff (z. B. TeamViewer), Chat (z. B. Slack), E-Mail (z. B. Gmail), etc. Vermarkte dein Angebot über eine eigene Website und/oder über Online-Plattformen, wie z. B. Linkedin.com, Upwork. com und Freelancer.com, etc.

Verkaufe ein Paket mit Adobe Photoshop-Aktionen

Eine Adobe Photoshop-Aktion ist eine bestimmte Abfolge von zuvor definierten Aufgaben in Adobe Photoshop, die automatisiert, ohne manuelles Dazutun vom Programm, ausgeführt werden. Aufgaben können Menübefehle, Bedienfeldoptionen oder Werkzeugaktionen sein. Aktionen verkürzen Arbeitsabläufe (gerade bei Routineaufgaben (z. B. Bildkomprimierung)) und schaffen zusätzliche kreative Möglichkeiten. Du kannst z. B. eine Aktion erstellen, um automatisiert bestimmte Effekte und Filter auf Bilder zu zaubern. Diese reichen von Hintergrundmustern über coole Styles für Texte und kreative Rahmen für Fotos bis hin zu praktischen Automatisierungen beliebter Bildeffekte. Überleg dir, welche Adobe Photoshop Automatisierungen für Professionals, die viel mit Adobe Photoshop zu tun haben (z. B. Fotografen), nützlich sind - entweder zur Zeitersparnis oder für zusätzlichen kreativen Input - und schnüre ein Aktionen-Paket daraus. Stell dein Aktionen-Paket online, gegen eine Gebühr zum Download zur Verfügung. Du könntest z. B. Aktionen für

3D-Effekte, Vintage-Effekte, Brillianz, Dramatik, Nebel, Schärfe und Sättigung, Bilderrahmen, Hintergründe, etc. entwickeln und verkaufen. Vermarkte deine Aktionen über eine eigene Website und/oder über einen Online-Marktplatz, wie z. B. Etsy.com, Graphicriver.net und Filtergrade. com.

Verkaufe ein Paket mit Adobe Photoshop Overlays und Texturen

Overlays bzw. Texturen können z. B. Schneeflocken, Blüten, Regen, Sonnenstrahlen, Schriftzüge, Grafiken oder verschiedene Oberflächen, wie Holz-, Metall-, Papier- oder Sandoberflächen sein. Overlays bzw. Texturen werden über ein Bild gelegt, wenn z. B. der Effekt erzielt werden soll, dass es auf dem Bild schneit oder dass die Sonne scheint. Erstelle Overlays bzw. Texturen z. B., indem du Farbe auf Papier aufträgst, das Papier anschließend einscannst, in Adobe Photoshop hochlädst und dort entsprechend abspeicherst. Für Schneeflocken könntest du z. B. ein Blatt mit Farbe bespritzen, einen Schriftzug kannst du auf ein Blatt aufmalen. Überleg dir, welche Overlays bzw. Texturen kreativ und nützlich sind und schnüre ein Paket daraus. Stell dein Paket online gegen eine Gebühr zum Download zur Verfügung und vermarkte es über eine eigene Website und/oder über einen Online-Marktplatz, wie z. B. Etsy.com oder Graphicriver.net. Für Inspiration such einfach mal nach Adobe Photoshop Overlays auf Etsy. com oder Graphicriver.net.

Setz einen Livestream auf, der dich beim Bearbeiten und Retuschieren von Bildern zeigt

Über den Livestream können Interessierte dir über die Schulter schauen und mit dir chatten. Du kannst ihnen zeigen, wie du beim Retuschieren vorgehst, welche Kniffe und Tricks es gibt und worauf zu achten ist.

STARTER TOOLKIT – DAS BRAUCHST DU, UM LOSZULEGEN

Notebook, Smartphone, ggf. Grafik-Tablet, ggf. Kolorimeter (= Farbmesser)

SOFTWARE:
- Office: z. B. Microsoft Office oder Google Docs
- Kommunikation: z. B. Skype, WhatsApp, Slack, Gmail
- Website / Webshop: z. B. WordPress oder Shopify
- Cloudbasierte Datenspeicherung: z. B. Dropbox oder Google Drive
- Bildbearbeitung: z. B. Adobe Adobe Photoshop oder Gimp (kostenlos)

BÜCHER UND TUTORIALS:

- Buch: „Adobe Adobe Photoshop CC: Schritt für Schritt zum perfekten Bild", von Markus Wäger
- Tutorial: „GIMP 2.10 & 2.8, Beginner + Advanced, Learn GIMP From a Pro - Learn GIMP 2.10 from a pro photographic designer. Everything you need to know in one course. Learn GIMP by doing", von Chris Parker, auf Udemy
- Tutorial: „GIMP Beginner - Advanced: Free Adobe Photoshop like Graphic Design - GIMP Beginner to Advanced: Free Adobe Photoshop like graphic design: Photo touch up, drawing & book covers for self-publishing", von Brian Jackson, auf Udemy
- Tutorial: „Adobe Adobe Photoshop CC Masterclass - Vom Einsteiger zum Profi - Entdecke was Adobe Photoshop dir bietet und meistere alle Funktionen. Kostenfreier Support und Tipps & Tricks für Adobe Photoshop CC", von Justus Zeemann, auf Udemy
- Tutorial: Die gelisteten Tutorial-Kurse auf der Online-Plattform PHLEARN (https://phlearn.com)

Detaillierte Informationen zu Tools und Ressourcen, die dir helfen können, ein ortsunabhängiges Einkommen aufzubauen, findest du auf unserem Blog unter: https://new-work-life.com/portfolio/bildbearbeiter.

4.5 BLOGGER

Als Blogger bist du Herausgeber und Schreiberling eines Blogs. Ein Blog ist eine Website mit regelmäßig neu erscheinenden Artikeln, die zumeist in einem persönlichen und informellen Stil verfasst sind. Blogger werden auch als Webautoren gesehen und können neben dem eigenen Blog auch Blog-Artikel für Seiten von Dritten erstellen. Blogkategorien können z. B. sein: Food, Reise, Fashion, Musik, Fotografie, etc.

WAS SIND MÖGLICHE AUFGABEN?

- Ideen für neue Blog-Artikel generieren
- Inhalte von Blog-Artikeln recherchieren
- Inhalte planen und Redaktionspläne erstellen
- Keyword-Analyse für Blogbeiträge durchführen und passende Keywords herausfiltern für Google SEO
- Blog-Artikel schreiben

- Bildmaterial bzw. Illustrationen für Blog-Artikel recherchieren
- Blog-Artikel auf der Blog-Website einstellen und veröffentlichen
- Blog publik machen und z. B. über Social Media Plattformen, Werbung, E-Mail-Marketing, etc. promoten und vermarkten
- Netzwerken mit anderen Bloggern, Interviewpartnern, Presse etc.
- Blogleser zu Interaktion mit dem Blog motivieren und auf Kommentare der Leser antworten

WELCHE AUSBILDUNG BENÖTIGST DU?

Die Berufsbezeichnung Blogger ist nicht geschützt. Um Blogger zu werden, benötigst du keine spezielle Ausbildung. Hilfreich ist u. U. eine Weiterbildung zum Blogger. Angebote für Weiterbildungen findest du z. B. hier: https://schreibclan.de, https://www.happyvisions.de und https://www.blog-camp.de.

WELCHE FÄHIGKEITEN SOLLTEST DU MITBRINGEN?

- Strukturierte Denkweise und Organisation
- Freude an Recherche und am Schreiben von Texten
- Kommunikatives Wesen
- Selbstdisziplin und Durchhaltevermögen
- Guter Netzwerker

UNSER ROLEMODEL FÜR DEN BERUF DES BLOGGERS

Name: Walter Epp
Unternehmen: Schreibsuchti UG
Homepage: https://www.schreibsuchti.de
Kontakt: walterepp@schreibsuchti.de

Walter ist selbständiger Blogger mit eigenem Unternehmen, der *Schreibsuchti UG*. Zum Zeitpunkt des Interviews befindet er sich im deutschen Duisburg, wo er mit seiner Familie lebt. Auf dem Papier ist Walter eigentlich Diplomjurist. Er hat 2013 seinen Uni-Abschluss gemacht und dann zunächst als freier Journalist und später als freier Berater und Autor gearbeitet. 2012 hat er seinen Blog https://www.schreibsuchti.de ins Leben gerufen, von dem er mittlerweile gut leben kann. Auf die Frage, wie Freunde und Familie ihn als Person beschreiben, entgegnet Walter, dass er sich diesbezüglich nicht sicher sei.

Er denke jedoch, dass er als zielstrebig und diszipliniert wahrgenommen werde.

INTERVIEW MIT WALTER EPP VON SCHREIBSUCHTI.DE

Wie verdienst du dein Geld als Remote Worker?
Meine Haupteinnahmequelle ist der Schreibclan.de. Das ist eine Mitgliederseite, die ich für (angehende) Blogger, die es ernst meinen, aufgebaut habe. Blogger lernen hier, wie sie besser schreiben, sich ein Publikum aufbauen und mit diesem Publikum Geld verdienen.

Wie bist du auf die Ideen für deine Produkte gekommen? Hast du eine bestimmte Methodik verfolgt?
Ich löse mit meinen Produkten die Probleme von Bloggern und Content Marketern. Da ich selbst einer bin, weiß ich, was sie brauchen und wollen. Deshalb ist die Produktentwicklung relativ einfach.

Wie lange hat es gedauert, bis du deine ersten 1.000 Euro an monatlichem Einkommen durch deine ortsunabhängige Arbeit generiert hast?
Man kann praktisch von Tag 1 locker remote 1.000 Euro pro Monat verdienen – durch Dienstleistung. Sei es Werbetexten, Coachings, Webdesign, Programmieren, etc.

Der schwierige Teil ist, von der Dienstleistung wegzukommen und ein lukratives Produkt zu entwickeln. Dann arbeitet man nicht nur ortsunabhängig, sondern auch noch zeitunabhängig.

Mein Rat ist, zu Beginn Zeit gegen Geld zu tauschen. Sprich: Dienstleistung. So kann man schnell ein Grundeinkommen verdienen. Einen Tag in der Woche sollte man sich frei nehmen und in die Entwicklung eines Produktes stecken. So verschiebt man das Gleichgewicht langsam aber sicher von Dienstleistung zu Produkt. Dadurch verdient man nicht nur mehr, sondern ist auch deutlich freier.

Heute lebe ich komplett von meinen Produkten und biete dementsprechend auch keine Dienstleistung mehr an. Doch bis hierhin war es ein weiter Weg. Meinen Blog habe ich 2012 gestartet. Seit Ende 2016 kann ich von meinen Produkten leben. Es hat somit gut 4 Jahre gedauert. Das liegt unter anderem daran, dass ich meinen Blog die ersten 2 Jahre nur aufgebaut und überhaupt nicht ans Monetarisieren gedacht habe. Erst 2015 kam mein erstes Produkt auf den Markt.

Wie hast du deine ersten Kunden gefunden, mit denen du remote zusammengearbeitet hast?

Relativ unspektakulär: Über Freunde und Bekannte.

Wie findest du neue Kunden?

Neue Kunden finde ich nicht – sie finden mich. Sie finden nämlich meinen Blog schreibsuchti.de und kommen über diesen auf meine Produkte und Kurse.

Was war deine Motivation, ortsunabhängig zu arbeiten?

Ich habe ein extrem großes Problem mit Zwang. Ich kann nur schwer Arbeit ausführen, die mir persönlich nicht gefällt. Der Gedanke „Hauptsache die Arbeit bezahlt die Brötchen" kam bei mir also nicht in Frage. Da ich merkte, dass die Juristerei genau das ist, habe ich mich von ihr entfernt.

Freiheit ist für mich einer der wichtigsten Werte. Damit meine ich nicht unbedingt die Freiheit reisen zu können, denn eigentlich bin ich kein Reise-Freak. Vielmehr liebe ich die Freiheit, das tun zu können, was mich erfüllt. Einen Job zu haben, der mir Spaß macht UND Geld bringt. Die Freiheit, montags nicht arbeiten zu müssen. Die Freiheit, der Herr über sein eigenes Schicksal zu sein, ist unbezahlbar.

Wie hast du deine Remote-Karriere begonnen? Gab es irgendwelche Tools, die dir geholfen haben, ortsunabhängig zu arbeiten?

Es war sehr viel „Learning by Doing". Ich denke, dass viele heutzutage viel zu viel planen und viel zu viele Ratgeber konsumieren. Egal, wie viele Schreibratgeber du liest, am Ende musst du den Text trotzdem selbst schreiben. Deshalb habe ich 2012 den Blog schreibsuchti.de gestartet. Es ging zunächst ums kreative Schreiben, dann auch ums Bloggen. Es war eine Evolution. Zu glauben, dass man alle Puzzleteile sofort zusammen hat, ist eine Illusion. Die Puzzle-Teile kommen mit der Zeit, wenn die Teile zusammengesetzt sind, die man schon hat. Wie Steve Jobs sagte: Du kannst die Punkte nur im Nachhinein verbinden.

Welche drei Dinge würdest du vermeiden, wenn du die Zeit zurückspulen könntest?

Ich kann im Rückblick gar nicht sagen, was ich anders machen würde. Habe ich Fehler gemacht? – Klar, aber das gehört zum Prozess. Vermeiden würde ich nichts. Denn es hat mich zu dem gemacht, der ich heute bin.

Was waren deine größten Herausforderungen, um ein Remote-Einkommen zu generieren und wie hast du diese bewältigt?

Ich denke, was mich sehr belastet hat, waren die Berichte von anderen im Stile: „Wie ich in 3 Monaten 15.000 Euro Umsatz gemacht habe". Man vergleicht sich automatisch mit solchen Menschen und versucht es nachzumachen. Das stresst sehr und man trifft falsche Entscheidungen, weil Geld niemals die Richtung vorgeben sollte.

Irgendwann habe ich mich entschieden, meinen eigenen Weg zu gehen und vor allem mein eigenes Tempo zu leben. Das war ein großer Schritt, der mich ziemlich befreit hat. Mittlerweile lese ich diese ganzen Berichte einfach nicht mehr und sage mir immer: Langsam, aber sicher. Ich will keine Online-Marketing-Eintagsfliege sein. Ich will ein Erbe hinterlassen. Ich gehe meinen Weg.

Wie sieht ein normaler Arbeitstag in deinem Leben als Remote Worker aus? Hast du eine tägliche Routine?

Ich folge meiner CCC-Formel. Sie hat sich als beste Formel erwiesen, um einen produktiven Tag als Remote Worker zu haben.

1. C = Create. Man sollte immer zuerst etwas erschaffen. Schreiben, filmen, produzieren, kreieren. Niemals den Tag mit E-Mails oder Input beginnen, sondern mit Output.
2. C = Connect. Neue Leute kennenlernen. E-Mails an Influencer schicken, Kontakte knüpfen.
3. C = Consume. Erst zum Ende des Arbeitstages kommt das Konsumieren von Mails, YouTube etc.

Meine Routine sieht so aus, dass ich um 5 Uhr aufstehe. Dann schreibe ich (oder schneide Videos). Ab 8 Uhr stehen meine Kinder auf, die ich dann bis 9 Uhr in den Kindergarten bringe. Um 9 bin ich an meinem Arbeitsplatz und arbeite meist bis mittags. Am Nachmittag habe ich in der Regel bereits den Feierabend eingeläutet.

Was sind die Vor- und Nachteile ortsunabhängiger Arbeit aus deiner Sicht?

Wie der Name schon sagt: Man ist unabhängig. Man muss nicht pendeln, man muss nicht im Stau stehen, man braucht kein Monatsticket bei der Bahn. Man kann morgens arbeiten und tagsüber in der Sonne liegen. Man kann am Wochenende arbeiten und montags ins Kino gehen, um den Saal für sich alleine zu haben.

Nachteile schafft man sich meist selbst: Mangelnde Disziplin und ein fehlender Prozess führen dazu, dass man sehr unproduktiv werden kann.

WOMIT KANNST DU ORTSUNABHÄNGIG GELD VERDIENEN? – EINIGE IDEEN

Beschäftigungsformen: Du kannst entweder deinen eigenen Blog führen oder als Angestellter bei einer Firma arbeiten, für die du einen Unternehmensblog führst, und die es dir ermöglicht, ortsunabhängig zu arbeiten. In Kapitel 6 findest du verschiedene Jobportale, die sich auf ortsunabhängiges Arbeiten spezialisiert haben.

Die folgenden Zeilen geben dir ein paar Ideen an die Hand, wie du ortsunabhängig mit diesem Beruf Geld verdienst. Der Abschnitt ist bewusst kurzgehalten, da viele der Ideen bereits in Kapitel 3 angesprochen wurden. Solltest du an der ein oder anderen Stelle den Wunsch nach mehr Inhalt verspüren, blättere einfach nochmal zum Anfang zurück. Nähere Informationen, wie du Themen für Bücher und Online-Kurse findest, erhältst du in Kapitel 5. Schau außerdem gerne auf unserem Blog vorbei, für alle genannten Tools und Ressourcen im Überblick: https://new-work-life. com/portfolio/blogger.

Suche Sponsoren und schreibe gesponserte Blogbeiträge

Gesponserte Blogbeiträge zeichnen sich dadurch aus, dass sie Werbung deines Sponsors bzw. deiner Sponsoren enthalten. Du solltest darauf achten, dass die Produkte und Services deines Sponsors zum Profil deines Blogs passen. Sponsoren können z. B. Hersteller von Produkten wie Kleidung, Elektronik, Restaurants, etc. sein. Du kannst entweder selbst nach Sponsoren suchen oder du beauftragst eine Sponsorship Agentur. Wenn du selbst nach einem geeigneten Sponsoren schaust, kannst du folgendermaßen vorgehen: 1. Schau nach, welche Produkte du für deinen Blog verwendest und sprich die Hersteller dieser Produkte bzgl. einer Sponsorentätigkeit an. 2. Forsche nach werbenden Unternehmen in deiner Nische. 3. Kauf dir Print-Magazine in deiner Nische und schau nach, welche Unternehmen in den Magazinen werben. Sprich diese Unternehmen bzgl. einer Sponsorentätigkeit an.

Schreibe für Andere

Biete anderen Blog-/Website-Betreibern an, für sie Blogbeiträge als Ghostwriter zu schreiben. Dies können einzelne Gastbeiträge sein, regelmäßige Posts oder auch das komplette Management eines Fremd-Blogs.

Binde Werbung in deinen Blog ein

Nutze z. B. Banner von Anbietern bestimmter Produkte oder Affiliate Werbung und verdiene damit Geld. Mögliche Werbesysteme sind z. B. Google Adsense für Displaywerbung (z. B. Banner) und AWIN (Zanox), Digistore24, etc. für Affiliate Werbung.

Richte einen Mitgliederbereich auf deinem Blog ein

Stell Mitgliedern (regelmäßig) exklusiven Content in deinem Fachgebiet zur Verfügung. Das können Tutorials, Erklär-Videos, Arbeitsmaterialien, Vorlagen, Checklisten, eBooks, Trendprognosen, Tricks, Tipps, etc. sein. Mitglieder zahlen im Gegenzug für die Nutzung der exklusiven Inhalte eine (regelmäßige) Gebühr an dich.

Schreibe ein eBook

Finde ein Thema, das dich interessiert und für das Nachfrage besteht. Du könntest beispielsweise eine Auswahl bestimmter Blogbeiträge von dir in einem eBook zusammenfassen und es verkaufen. Wie genau du Themen findest, kannst du im Kapitel 5 nachlesen.

Werde Online-Coach und biete virtuelle Coachingstunden an

Coache weniger erfahrene Blogger zu Themen wie z. B. Blogkonzept, Followerschaft und Reichweite aufbauen, Vermarktung und Werbung, Sponsoren, Affiliate, etc.

Leg ein Profil bei einer Crowdfunding-Plattform an

Lass dich von deinen Fans z. B. auf der Crowdfunding-Plattform Patreon. com finanziell unterstützen.

STARTER TOOLKIT – DAS BRAUCHST DU, UM LOSZULEGEN

Notebook, Smartphone

SOFTWARE:

- Office: z. B. Microsoft Office oder Google Docs
- Kommunikation: z. B. Skype, WhatsApp, Slack, Gmail
- Blog: z. B. WordPress
- Content planen und managen: z. B. Hootsuite oder Buffer
- Illustrationen und Grafiken erstellen: z. B. Canva.com
- Bildbearbeitung: z. B. Adobe Photoshop oder Gimp
- Newsletter Dienst: z. B. MailChimp

BÜCHER UND TUTORIALS:

- Buch: „Bloggen für Anfänger: Wie Sie einen erfolgreichen Blog erstellen, Reichweite bekommen und Online Geld verdienen", von Paul Kings
- Buch: „Bloggen leicht gemacht! Blogging für Anfänger Schritt-für-Schritt-Anleitung zum eigenen Blog Online Geld verdienen mit dem eigenen Blog So bloggst du richtig und effizient", von Jim Carter
- Tutorial: „Wie du einen erfolgreichen Blog aufbaust - Mehr Leser, mehr Fans, mehr Umsatz", von Walter Epp, auf: https://schreib-clan.de
- Tutorial: „2018 Blog Blueprint: How To Turn Blogging Into A Career. The A-Z Guide That Will Hold Your Hand To Making A Career Through Blogging And Building A Successful Online-Business", von Daniel Boehm, auf Udemy
- Tutorial: „Blog for a Living: Complete Blogging Training Level 1, 2 & 3. Make a full-time living or much more. In depth step-by-step blogging blueprint. Start on a very small budget", von Theo McArthur, auf Udemy

Detaillierte Informationen zu Tools und Ressourcen, die dir helfen können, ein ortsunabhängiges Einkommen aufzubauen, findest du auf unserem Blog unter: https://new-work-life.com/portfolio/blogger.

HIER FINDEST DU WEITERE INFORMATIONEN

Der Bloggerclub e.V.: https://www.bloggerclub.de

4.6 CHOREOGRAF

Als Choreograf erfindest du Bewegungen, die meist mit einem Tanz zusammenhängen. Sobald du die Choreografie entwickelt hast, studierst du sie mit den Tänzerinnen und Tänzern ein. Die fertige Choreografie wird dann auf der Bühne gezeigt. Als Choreograf bist du der kreative Gestalter, gleichzeitig Erfinder und Regisseur und repräsentierst somit, im Vergleich zum Schauspiel, gleichermaßen die Rolle von Autor und Regisseur.

WAS SIND MÖGLICHE AUFGABEN?

- Stoff (z. B. Buch, bestehende Choreografie) für Choreografie auswählen
- Evtl. Vorlagen studieren (Musik, schriftliche oder visuelle Aufzeichnungen)
- Konzept für Choreografie entwickeln
- Choreografie einstudieren
- Fehler in Choreografie beheben

WELCHE AUSBILDUNG BENÖTIGST DU?

Um als Choreograf zu arbeiten, ist eine formelle Ausbildung nicht immer notwendig. Im Idealfall hast du aber eine Tanzausbildung bzw. ein Studium im Bereich Choreografie. Dem gehen häufig eine Ausbildung als Bühnentänzer und mehrjährige Berufserfahrung voraus.

WELCHE FÄHIGKEITEN SOLLTEST DU MITBRINGEN?

- Körperliche Belastbarkeit
- Disziplin und Ausdauer
- Musikalisches Verständnis
- Tanzgeschichtliches Wissen
- Kreativität

UNSER ROLEMODEL FÜR DEN BERUF DES CHOREOGRAFEN

Name: Shate' L. Edwards
Unternehmen: The Working Dancer
Homepage: https://www.theworkingdancer.com
Kontakt: shate@theworkingdancer.com

Shate' arbeitet als selbständige Choreografin und befindet sich zum Zeitpunkt des Interviews in Atlanta, Georgia. Ursprünglich kommt sie aus Texas. Für ihre Arbeit reist sie viel umher; diesen Sommer verbrachte sie z. B. drei Wochen im Raum Texas und hat eine Produktion choreografiert. Vor ihrer Karriere als Choreografin hat Shate' einen Bachelor in Psychologie absolviert. Die Entscheidung für das Studium fällte sie, bevor ihr klar war, dass eigentlich Tanz und Choreografie das Richtige für sie sind. Nachdem sie ihr Psychologiestudium abgeschlossen hatte, entschied sie ihrer inneren Stimme und Leidenschaft zu folgen und zog nach Los Angeles, wo sie eine Tanzkarriere begann. Nachdem sie etwa fünf Jahre in Kalifornien gelebt und gearbeitet hatte, ist sie dann noch einmal zur Schule gegangen, um einen Master im Bereich Tanz zu machen. Auf die Frage, wie Freunde und Familie sie als Person beschreiben würden, lacht Shate' und gibt uns folgende Antwort: „Das ist eine gute Frage. Mal schauen, was mir dazu einfällt... Was ich am meisten von meiner Familie höre, ist, dass ich ein großes Herz und eine liebenswürdige Art habe. Ich glaube, sie würden sagen, dass ich lebenslustig und professionell bin. Was ich ebenfalls oft zu Ohren bekomme, ist, dass ich süß bin. Süß, das würden wohl die meisten Leute sagen."

INTERVIEW MIT SHATE' L. EDWARDS VON THE WORKING DANCER

Wie verdienst du dein Geld als Remote Worker?

Ich mache das meiste Geld mit Choreographie. Darüber hinaus schreibe ich auf freiberuflicher Basis Texte für Tanzpublikationen und gebe Tanzunterricht für Unternehmen und Tanzschulen. Das sind meine drei Haupteinkommensquellen. Abgesehen davon verdiene ich Geld mit dem Mentoring und Coaching von Tänzern. Ich helfe ihnen dabei, die Ziele, die sie für ihr Unternehmen gesteckt haben, zu erreichen. Allerdings verdiene ich keine Millionen, da Tänzern oft der Unternehmergeist fehlt.

Wie bist du auf die Ideen für deine Produkte und Services gekommen? Hast du eine bestimmte Methodik verfolgt?

Ich habe auf die Dinge geachtet, die mir Spaß machen und die ich gut kann. Alles, was ich heute tue, ist in irgendeiner Form auf Tanz bezogen. Abgesehen von meiner tänzerischen Neigung, habe ich schon immer gerne geschrieben. Ich habe immer gerne Bücher gelesen und eigene Texte verfasst. Das war eine Leidenschaft von mir. Meine Mitschüler sind auf mich zugekommen und haben mich um Rat gefragt. Weil ich generell viel beschäftigt war und wenig Zeit hatte, ihnen die Dinge persönlich zu erklären, habe ich damit begonnen, sie aufzuschreiben und online zu stellen. Ich habe ihnen dann geschrieben: „Hey, das ist die Antwort zu Frage XY. Sieh sie dir an, wenn du Zeit hast."

Meine Karriere als Autorin habe ich offiziell begonnen, als ich anfing meine Texte bei Tanzpublikationen und -magazinen zu pitchen. Am Anfang habe ich mehr oder weniger wahllos jedes reichweitenstarke Magazin kontaktiert, mit dem ich gerne in Verbindung gebracht werden wollte. Nachdem ich meine ersten Texte veröffentlicht und ein eigenes Portfolio aufgebaut hatte, habe ich begonnen, größere Magazine zu kontaktieren und meine Texte vor ihnen zu pitchen. Was Tanz und Choreografie anbelangt, bin ich stets meiner Intuition gefolgt. Ich habe seit meiner Kindheit immer getanzt. Ich habe mit dem Tanzen begonnen, kurz nachdem ich laufen konnte. Weil ich nie mit dem Tanzen aufgehört habe, habe ich es irgendwann kultiviert. Mit der Zeit ergaben sich dann Möglichkeiten für Tanz-, Performance- und Choreografie-Engagements.

Wie lange hat es gedauert, bis du deine ersten 1.000 Euro an monatlichem Einkommen durch deine ortsunabhängige Arbeit generiert hast?

Es hat ungefähr zwei Monate gedauert bis ich die ersten 1.000 Euro Umsatz gemacht habe. Ich muss jedoch dazu sagen, dass die Dauer stark davon abhängt, wie viel Arbeit du zuvor in dein Geschäft investiert hast, wie deine Sichtbarkeit im Netz ist und wie viele Follower du hast. Es ist falsch zu sagen „Nach ein paar Monaten wirst du garantiert 1.000 Euro online verdient haben".

Für Menschen, die online Geld verdienen, dreht sich alles um die Größe der eigenen Followerschaft. Wenn du bereits viele Follower hast, bevor du launchst, wirst du schneller Geld verdienen, als jemand, der sie nicht hat.

Wie hast du deine ersten Kunden gefunden, mit denen du remote zusammengearbeitet hast?

Ganz einfach: Ich war mitten unter ihnen. Meine ersten Kunden waren Schüler aus meinen Tanzkursen. Ich war fest in der Tanz-Community verankert und hatte einen guten Ruf. Die Leute aus der Community kamen auf mich zu und fragten nach meinem Service.

Ich glaube, dass es einfacher ist, Menschen in der realen Welt auf sich aufmerksam zu machen als online eine Followerschaft aufzubauen. Wenn ich zum Beispiel jemandem auf Instagram folge, bedeutet das noch lange nicht, dass ich sofort etwas von dieser Person kaufe. Vielmehr möchte ich der Person zunächst für eine Weile folgen und sehen, über welche Themen sie spricht und wie sie drauf ist. Ich möchte herausfinden, ob ich die Person mag und ihr vertrauen kann. Nur wenn das der Fall ist, entscheide ich mich nach einer gewissen Zeit gegebenenfalls dafür, ein Produkt oder eine Dienstleistung von ihr zu kaufen. Insgesamt dauert der Prozess viel länger, als wenn ich sie persönlich kennenlerne und mit ihr sprechen würde.

Wie findest du neue Kunden?

Die meisten Aufträge beziehe ich über mein Netzwerk. Als Choreografin kann ich nicht einfach eine Anzeige schalten und sagen „Hey, ich bin

Choreografin. Möchtest du mit mir zusammenarbeiten?" Es funktioniert vielmehr so, dass ich von ehemaligen Kunden weiterempfohlen werde. Das gilt auch fürs Schreiben. Gute Beziehungen und ein hohes Maß an Sichtbarkeit sind das A und O.

Was war deine Motivation, ortsunabhängig zu arbeiten?

Als ich aufwuchs war ich nie die Art von Kind, das bereits von klein auf wusste, was es später werden will. Ich habe immer das gemacht, was mir Spaß machte. Dazu gehört, dass ich Zeit meines Lebens getanzt habe.

Als es an der Zeit für mich war, Karrierepläne zu schmieden, musste ich zunächst herausfinden, was genau ich machen wollte. Damals war das Einzige, das von Anfang an feststand, der Wunsch meine Arbeit zu genießen und nicht jeden Tag an einen Ort zu müssen, den ich hasse. Dafür ist Arbeit einfach ein zu großer Teil des eigenen Lebens. Außerdem wusste ich, dass das Tanzen Teil meiner Arbeit sein sollte.

Zu jener Zeit gründeten mehr und mehr Menschen Geschäfte online und verkauften Dinge über das Internet. Das fand ich auch für mich interessant.

Wie hast du deine Remote-Karriere begonnen? Gab es irgendwelche Tools, die dir dabei geholfen haben, ortsunabhängig zu arbeiten?

Ich habe am Anfang einige Online-Kurse gemacht und zwei Online-Business-Coaches engagiert, die mir zeigen sollten, wie das Online-Geschäft im Allgemeinen funktioniert und welche Optionen mir im Bereich Tanz und Choreografie zur Verfügung stehen.

Nach kurzer Zeit habe ich allerdings erkannt, dass Coaches einem das beibringen, was sie selbst am besten können und nicht zwingend das lehren, was du in deiner speziellen Situation benötigst. Ich habe während meines ersten Coachings zwar ein paar Dinge gelernt, jedoch lange nicht so viel, wie ich wissen musste, um loslegen zu können. Das zweite Coaching war besser.

Wenn ich den Prozess noch einmal durchlaufen würde, würde ich sicherstellen, dass mir von Anfang an klar ist, was ich verkaufen möchte. Ich denke, es ist sehr wichtig, eine klare Vorstellung von seinem Vorhaben zu haben, bevor du einen Coach engagierst. Erst, wenn du weißt, was du willst, kann dir der Coach beim Aufbau und der Strukturierung eines Online-Business helfen.

Um mit deiner Online-Karriere loszulegen, ist es buchstäblich wichtig, einfach loszulegen. Viele Menschen verbringen Zeit damit, Vorbereitungsarbeiten zu erledigen. Sie denken: „Ich muss eine eigene Website erstellen", „Ich brauche Visitenkarten" oder „Ich brauche ein Logo". All diese Dinge sind jedoch eher oberflächlicher Natur. Sie sind nicht das Brot- und Buttergeschäft, mit dem du schlussendlich Geld verdienst. Es ist sehr wichtig, von Anfang an eine klare Vision davon zu haben, was du tun möchtest. Es ist in Ordnung, wenn sich deine Vision über die Zeit hinweg ändert. Du veränderst dich als Person schließlich auch weiter, da kann nicht erwartet werden, dass die Vision statisch bleibt.

Welche drei Dinge würdest du vermeiden, wenn du die Zeit zurückspulen könntest?

Ich würde vermeiden, Geld für Dinge auszugeben, die unnötig und oberflächlich sind. Angenommen, ihr benötigt Hilfe bei der Vermarktung eures aktuellen Buches. Ihr wollt z. B. einen Kurs kaufen, der euch beim Marketing für euer Buch weiterhilft, oder einen Coach engagieren, der euch unterstützt. Während eurer Recherche sticht euch ein Kurs zum Thema Logodesign ins Auge („Wie du ein besseres Logodesign erstellst"). Ihr entscheidet euch, den Kurs zu kaufen, obwohl und bevor ihr einen Marketingkurs für euer Buch gefunden habt. Dieser Effekt nennt sich auch das Shiny-Object-Syndrom. Ich selbst bin bereits einige Male darauf „hereingefallen". Marketer werben mit Aussagen wie: „Ich zeige dir, wie du ein sechsstelliges Einkommen mit dieser einen Sache aufbaust. Wenn du so erfolgreich werden willst wie ich, kauf diesen Kurs!" Du entscheidest dich dazu, den Kurs zu kaufen und merkst, dass er dir kein bisschen weiterhilft. Wenn ich die Zeit zurückspulen und mein Business noch einmal von vorne aufbauen könnte, würde ich definitiv einen weiten Bogen um „Shiny-Objects" machen.

Stattdessen würde ich mich auf das konzentrieren, was mein Business voranbringt und zwar unmittelbar. Ich würde versuchen, früher an meiner Sichtbarkeit zu arbeiten und Reichweite zu generieren. Ich habe viel Zeit damit verbracht, nervös, unsicher und verängstigt zu sein, wenn es um die Präsenz meiner Person im Internet ging. Ich hatte Angst, mich zu blamieren, sollte mein Plan nicht aufgehen. Wenn du ein Online-Business gründest und dich vermarktest, muss dir bewusst sein, dass du verwundbar und im Zweifelsfall den Menschen im Internet ausgesetzt bist. Es ist wichtig, dass du dich damit arrangierst und dich wohl damit fühlst. Als Künstlerin bin ich daran gewöhnt, dass meine Leistung fortlaufend von anderen Menschen beurteilt wird. Jedoch stehe ich in meiner Rolle als Choreografin nicht im Rampenlicht. Mein Job ist eher unterstützender Natur, d. h. ich helfe Tänzern dabei, gut zu performen. Ich befinde mich nicht in vorderster Front und mein Gesicht bleibt weitestgehend unerkannt. Mit einem eigenen Online-Business verhält es sich anders. Online positionierst du dich in vorderster Reihe und alle da draußen können sehen, wer du bist, was du tust und wie du dich fühlst. Alles, was du von dir gibst, ist sehr persönlich und bietet viel Angriffsfläche. Hiermit zurechtzukommen, ist nicht einfach. Wenn ich nochmal bei Null starten müsste, würde ich versuchen, schneller mit dieser Verwundbarkeit zurechtzukommen und sie für mich zu nutzen.

Was waren deine größten Herausforderungen, um ein Remote-Einkommen zu generieren und wie hast du diese bewältigt?

Es wäre schön, wenn ich sagen könnte, dass ich alle Herausforderungen bereits erfolgreich gemeistert hätte. De facto ist das jedoch nicht der Fall. Ich bin immer noch dabei, zu lernen und mich weiterzuentwickeln. Mittlerweile weiß ich recht gut, was funktioniert und was nicht.

Eine der ersten Herausforderungen war die Unkenntnis, was genau ich tun sollte. Ich hatte eine Menge Ideen für mein Geschäft, aber ich wusste nicht, wie ich sie klar strukturieren sollte. Mir fehlte eine klare Vision. Ich wusste, dass ich etwas machen wollte, aber mir war nicht klar, welche Schritte ich gehen musste. Ich wusste auch nicht, dass es einige Zeit brauchen würde, bis sich mein Markt gefunden hat. Ich wusste zwar, dass Tänzer in Tanzunterricht investieren, jedoch wusste ich nicht, wofür sie sonst noch bereit sind Geld auszugeben.

Eine weitere Herausforderung für mich war das schmale Budget, mit dem ich am Anfang meiner Online Karriere zurechtkommen musste. Andererseits: Wenn man nicht viel Geld hat, wird man kreativ und kommt auf neue Ideen. Das muss nicht unbedingt von Nachteil sein.

Die Angst, mit dem eigenen Online-Business im Rampenlicht der Öffentlichkeit zu stehen, ist eine weitere Herausforderung, der ich mich stellen musste. Ich bin jedoch der Meinung, dass alles so kommt, wie es kommen muss. Man lernt die Lektionen, die man lernen muss und macht Fortschritte. Ich habe immer noch Tage, an denen mir Herausforderungen begegnen, jedoch bin ich heute besser darauf vorbereitet und weiß, wie ich mit ihnen umgehen muss. Ich befinde mich immer noch im Lernprozess, aber ich weiß heute mehr als damals.

Wie sieht ein normaler Arbeitstag in deinem Leben als Remote Worker aus? Hast du eine tägliche Routine?

Wenn ich arbeite, versuche ich Ablenkung zu vermeiden. Es ist sehr einfach, in Gespräche verwickelt zu werden, die zwar nett sind, mich mit meiner Arbeit aber nicht weiterbringen. Wenn ich arbeite, möchte ich arbeiten. Coworking Spaces sind daher nicht wirklich ideal für mich. Insbesondere wenn es um Choreografie geht, muss ich einen Raum haben, in dem ich

Musik hören kann. Ich muss in der Lage sein, in mich zu gehen und darauf zu hören, welche Impulse mir mein Körper gibt. Dieser Schaffensprozess funktioniert nicht in einem Raum voller Leute. Ich arbeite daher fast immer von zuhause aus. Manchmal kommt es vor, dass ich das Gefühl habe, mal aus dem Haus zu müssen. In diesen Fällen gehe ich auch mal in ein Café. Das Karriere-Coaching für Tänzer biete ich für gewöhnlich von 9:00 Uhr bis 17:00 Uhr an. Bei meiner Arbeit im Bereich Choreographie, folge ich keinem festen Zeitplan. Ich arbeite dann, wenn ich mich durch etwas inspiriert fühle. Als kreativer Geist bin ich eine Nachteule. Ich ziehe es vor, bis spät in die Nacht aufzubleiben und am nächsten Morgen länger zu schlafen. Dieser Rhythmus entspricht meinem Naturell und ist gut für meine kreativen Schaffensprozesse.

Dinge, die ich regelmäßig tue, sind Meditieren, Affirmationen aufsagen und Beten. Gerne würde ich behaupten, dass ich das täglich tue. Das entspricht jedoch nicht der Wahrheit. Es gibt Wochen, in denen mache ich gar nichts davon. Dann gibt es wieder Wochen, in denen ich alles täglich tue. Ich versuche generell, so viel wie möglich zu machen. Ich folge meiner Intuition und Inspiration. Ich versuche stets achtsam zu sein und auf das zu hören, was mein Körper und Geist mir sagen. Neben den drei oben genannten Dingen sorge ich dafür, dass ich regelmäßig Bewegung bekomme. Vor meinem Haus gibt es einen schönen Weg, den ich gern entlanggehe. Manchmal meditiere ich dabei. Um meine Dosis Cardio-Exercise zu bekommen, tanze ich gern im Haus herum oder besuche eine Spinning-Klasse. Meine Routine ist daher wohl, ein bisschen von allem zu machen.

Was sind die Vor- und Nachteile ortsunabhängiger Arbeit aus deiner Sicht?

Definitiv ein Vorteil ist, dass ich die Arbeit machen kann, die ich liebe. Ich hasse zum Beispiel Verkehr. Indem ich meine Arbeit von zuhause aus erledigen kann, ist Verkehr für mich kein Thema. Ich muss meine Zeit nicht damit zubringen, im Stau zu stehen und nicht voranzukommen. Das ist fantastisch. Außerdem kann ich mir meine Arbeit selbst einteilen und arbeiten, wann immer es mir passt. Wenn zum Beispiel etwas Unerwartetes dazwischenkommt oder ich etwas abseits meiner eigentlichen Arbeit erledigen muss, kann ich das tun, ohne jemanden um Erlaubnis fragen zu müssen.

Ich werde nicht von anderen kontrolliert und muss nicht den ganzen Tag in einem Büro sitzen. Ich liebe diese Freiheit. Ich stelle jedoch fest, dass mir Kollegen bei der Arbeit fehlen. Zum Teil fühle ich mich isoliert. Kollegen werden oftmals zu engen Freunden. Das ist etwas sehr Schönes.

In meiner Situation ist es häufig so, dass ich Kollegen „auf Zeit" habe. Während der Entwicklung eines neuen Produktes, verbringe ich viel Zeit mit den Menschen, die an der Entwicklung beteiligt sind; nicht selten drei Wochen am Stück, für zehn bis zwölf Stunden am Tag. Die Zeit ist sehr intensiv und es entstehen schnell neue Freundschaften. Schwierig wird es allerdings, wenn das Produkt fertig ist und wir wieder auseinandergehen. Wir wohnen für gewöhnlich nicht am selben Ort, daher ist es schwierig, die Beziehung aufrechtzuerhalten. Dies ist definitiv ein Nachteil bei meiner Arbeit. Alles andere liebe ich.

Last but not least: Hast du noch weitere hilfreiche Tipps für unsere Leser?

Wichtig ist, dass du von Anfang an eine Vision für dein Online-Business hast. Stell sicher, dass du von Beginn an weißt, was du tun möchtest. Wenn dir zu Beginn noch nicht ganz klar ist, was du tun möchtest, frag dich, wie du dich künftig gern fühlen möchtest. Du solltest zumindest in der Lage sein, sagen zu können, dass du morgens mit einem guten Gefühl in Bezug auf deine Arbeit aufwachen möchtest. Wenn du ein klar umrissenes Bild davon hast, wie dein Leben künftig aussehen soll, ist es für gewöhnlich einfacher, die potenziellen Lücken zu füllen.

Mein Lebensmotto lautet: Glaube, lerne und fang an. Das bedeutet soviel wie: Glaube an das, was du tust, habe eine klare Vision von dem, was du tun möchtest und lerne die Dinge, die du wissen musst, um deine Vision in die Tat umzusetzen. Manchmal kann das bedeuten, einen Coach zu Rate zu ziehen, ein Buch zu lesen, einen Kurs zu belegen oder aber zu einem Networking Event zu gehen. Tu das, was du tun musst, um das Wissen zu erlangen, das du zur Umsetzung deiner Vision benötigst. Mit „fang an" meine ich soviel wie: „Mach dir nicht zu viele theoretische Gedanken, sondern komm in den Aktionsmodus".

Es kommt vor, dass Dinge nicht so laufen, wie man es sich vorgestellt hat, das heißt jedoch nicht, dass man versagt hat. Wenn die Dinge mal nicht so laufen, wie man es gerne hätte, steht das lediglich für die Lektionen, die man lernen musste, um vorwärts zu kommen. Hör nie auf, einen Schritt vor den anderen zu setzen und daraus zu lernen. Das sind meine Ratschläge an dich als Leser.

WOMIT KANNST DU ORTSUNABHÄNGIG GELD VERDIENEN? — EINIGE IDEEN

Beschäftigungsformen: Du kannst entweder als Freelancer für verschiedene Auftraggeber arbeiten, Angestellter einer Firma sein, die es dir ermöglicht ortsunabhängig zu arbeiten, oder du wirst unternehmerisch tätig. Mögliche Arbeit- / Auftraggeber sind z. B. Opernhäuser, Theater, Ballett- und Tanztheater, Showbühnen, Musicalproduktionsfirmen, Film und Fernsehen, Tanzsport- und Eiskunstlaufvereine sowie Ballett- und Tanzschulen. In Kapitel 6 findest du verschiedene Jobportale, die sich auf ortsunabhängiges Arbeiten spezialisiert haben.

Die folgenden Zeilen geben dir ein paar Ideen an die Hand, wie du ortsunabhängig mit diesem Beruf Geld verdienst. Der Abschnitt ist bewusst kurzgehalten, da viele der Ideen bereits in Kapitel 3 angesprochen wurden. Solltest du an der ein oder anderen Stelle den Wunsch nach mehr Inhalt verspüren, blättere einfach nochmal zum Anfang zurück. Nähere Informationen, wie du Themen für Bücher und Online-Kurse findest, erhältst du in Kapitel 5. Schau außerdem gerne auf unserem Blog vorbei, für alle genannten Tools und Ressourcen im Überblick: https://new-work-life.com/portfolio/choreograf.

Entwickle und verkaufe Online-Kurse

Wie wäre es z. B. mit einem Kurs, der angehenden Eheleuten eine Choreografie für ihren Hochzeitstanz beibringt? Oder du bietest einen Kurs speziell für Choreografen, Tanzlehrer und Tanzinteressierte an, in dem du erklärst, wie man Choreografien entwickelt und umsetzt.

Verkaufe Choreografien online

Du kannst sie z. B. als Download über deine eigene Website oder über Online-Marktplätze für Choreografien anbieten. Erstelle deine Choreografien z. B. im Videoformat, mit ergänzenden schriftlichen Anweisungen und Erklärungen. Die Anweisungen und Erklärungen können z. B. direkt im Video in Kommentarform untergebracht sein oder als begleitendes PDF-Dokument zur Verfügung gestellt werden. Neben vorgefertigten Choreografien (Stock-Choreografien) kannst du auch maßgeschneiderte Choreografien anbieten, die du nach Kundenwunsch entwickelst.

Entwickle eine (Mobile) App für Choreografie

Du könntest z. B. eine App kreieren, die Choreografen, Tanzlehrern und Tanzinteressierten hilft, schnell und effizient neue und originelle

Choreografien zu entwickeln. Die App kann z. B. als Baukastensystem funktionieren, mit dem aus verschiedenen Choreografie-Bauklötzen fertige Choreografien gebaut werden können. Die verschiedenen Bauklötze können vom Nutzer individuell ausgewählt und angeordnet werden.

Werde Agent

Bring suchende Tanzschulen mit qualifizierten Tanzlehrern / Choreografen (aus deinem Netzwerk) zusammen. Verlange dafür eine Provision vom suchenden Unternehmen und/oder dem vermittelten Tanzlehrer / Choreografen. Der Markt an Tanzlehrern / Choreografen ist groß und intransparent, so dass Tanzschulen oftmals nicht wissen, wie sie an geeignetes Personal kommen. Als vermittelnder Agent kannst du sicherstellen, dass eine suchende Tanzschule an einen qualifizierten Tanzlehrer / Choreografen gelangt.

Gründe eine Online Academy

Unterrichte Tanzinteressierte über das Internet. Du könntest z. B. ein Unterrichtsprogramm entwickeln, das Schülern der Academy auf virtuellem Wege, das Tanzen bestimmter Tänze beibringt. Pro Tanzstil könntest du ein eigenständiges Modul entwickeln und dieses jeweils in Beginner, intermediate und fortgeschritten einteilen. Kombiniere dabei Theorie mit praktischen Beispielen und Übungen.

Biete an deinem aktuellen Aufenthaltsort „Erlebnisse" an

Das können z. B. Tanzstunden und Tanzworkshops (im Park) sein.

Leg ein Profil bei einer Crowdfunding-Plattform an

Lass dich von deinen Fans z. B. auf der Crowdfunding-Plattform Patreon. com finanziell unterstützen.

STARTER TOOLKIT – DAS BRAUCHST DU, UM LOSZULEGEN

Notebook, Smartphone

SOFTWARE:

- Office: z. B. Microsoft Office oder Google Docs
- Kommunikation: z. B. Skype, WhatsApp, Slack, Gmail
- Website / Webshop: z. B. WordPress oder Shopify

BÜCHER UND TUTORIALS:

- Buch: „Choreographie - Handwerk und Vision", von Konstantin Tsakalidis

- Buch: „Dance Anatomie: Illustrierter Ratgeber für Beweglichkeit, Kraft und Muskelspannung im Tanz", von Jacqui Greene Haas

Detaillierte Informationen zu Tools und Ressourcen, die dir helfen können, ein ortsunabhängiges Einkommen aufzubauen, findest du auf unserem Blog unter: https://new-work-life.com/portfolio/choreograf.

HIER FINDEST DU WEITERE INFORMATIONEN

Dachverband Tanz Deutschland: http://dachverband-tanz.danceinfo.de

4.7 CONTENT MANAGER

Als Content Manager verantwortest du die Inhalte auf einer (Unternehmens-)Website. Du kümmerst dich darum, dass alle digitalen Inhalten von guter Qualität, zeitlich passend terminiert und an der richtigen Stelle auf der betreuten Website platziert sind. Um deine Aufgaben als Content Manager ohne Programmierkenntnisse wahrnehmen zu können, arbeitest du mit sog. Content-Management-Systemen (CMS), wie z. B. Wordpress, Typo3 oder Drupal. Hiermit kannst du Inhalte einpflegen, ohne dafür eine entsprechende Programmierung vornehmen zu müssen.

WAS SIND MÖGLICHE AUFGABEN?
- Content Strategien entwickeln
- Digitale Inhalte planen und terminieren
- Digitale Inhalte erstellen und in CMS einpflegen
- Inhalte auf Websites und Blogs verantworten
- Auf User-Kommentare zu Beiträgen und Artikeln antworten
- Bilder und Videos recherchieren, auswählen und für Beiträge verwenden
- Bildbearbeitung
- Digitalen Content überwachen
- Inhalte aktualisieren bzw. aktuell halten oder optimieren
- Content-bezogene Berichte erstellen, z. B. Berichte zur Interaktionsrate, zur Leadgewinnung, zu negativen Kommentaren / Bewertungen, etc.

WELCHE AUSBILDUNG BENÖTIGST DU?

Die Berufsbezeichnung Content Manager ist nicht geschützt. Um Content Manager zu werden, benötigst du keine spezielle Ausbildung. Von Vorteil ist eine vorherige Ausbildung in den Bereichen Journalismus, Online-Marketing oder Öffentlichkeitsarbeit. Weiterbildungsangebote zum Content Manager findest du z. B. bei der IHK oder ILS.

WELCHE FÄHIGKEITEN SOLLTEST DU MITBRINGEN?

- Kommunikationsstärke
- Kreativität
- Strukturierte Arbeitsweise
- Technische Affinität und Interesse an Internet-Technologien
- Analytisches Denken

UNSER ROLEMODEL FÜR DEN BERUF DES CONTENT MANAGERS

Name: Brittany Berger
Unternehmen: Work Brighter
Homepage: https://www.brittanyberger.com | http://workbrighter.co
Kontakt: https://www.brittanyberger.com/contact

Brittany arbeitet als selbständige Content Managerin und hilft in dieser Funktion ihren Auftraggebern nicht nur dabei, Inhalte zu kreieren, sondern berät sie auch hinsichtlich ihrer strategischen Ausrichtung.

Man kann sagen, dass Brittany Content im Blut hat, denn sie hat an der University of Delaware Massenkommunikation, professionelles Schreiben und interaktive Medien studiert. Sie selbst bezeichnet ihr 2012 abgeschlossenes Studium als Content Marketing Studium.

Nach dem College hat Brittany sich von der Social Media Praktikantin zur Content Marketing Managerin für eine Online-Werbe-Softwarefirma in Delaware hochgearbeitet. Im Jahr 2015 ist sie nach New York City gezogen, wo sie als Head of Content für ein bekanntes Software-as-a-Service-Startup gearbeitet hat. Dort hat sie sich in das Unternehmertum verliebt und sofort angefangen, verschiedene eigene Nebenprojekte auszuprobieren.

Im Jahr 2017 hat Brittany ihren Job aufgrund gesundheitlicher Probleme aufgegeben und begonnen, sich dem Auf- und Ausbau ihres eigenen Unternehmens zu widmen, das ihr die Flexibilität und den Raum gibt, ihre Selbstbehandlung durchzuführen.

Eines der ersten Dinge, die ihre Freunde und Familie über Brittany sagen würden, ist, dass sie ihnen immer ein Buch, eine Fernsehsendung oder einen Film empfehlen kann. Ihre Schwester bezeichnet sie als eine „Medien Pusherin". Sie selbst bezeichnet sich eher als eine natürliche Kuratorin. Wann immer sie etwas Cooles sieht, fragt sie sich, wen das auch interessieren könnte und erzählt diesen Personen dann ganz aufgeregt davon.

Brittany lebt und arbeitet an der Upper East Side in New York. Dort hat sie auch unsere Fragen beantwortet.

INTERVIEW MIT BRITTANY BERGER VON WORK BRIGHTER

Wie verdienst du dein Geld als Remote Worker?

Ich habe ein sehr diversifiziertes Geschäftsmodell, das ich bewusst so aufgebaut habe. Etwa 50 Prozent meines Einkommens stammen aus freiberuflicher Arbeit als Texterin beziehungsweise aus meinen Tätigkeiten als Content-Marketing- und Strategieberaterin. Die anderen 50 Prozent sind mehr passives Einkommen, aus einer Kombination von Kursen und Affiliate-Produkten. Da Content meine Stärke ist, fällt es mir leicht, inhaltsbasierte Produkte wie Kurse und stark konvertierende Inhalte für Affiliate-Produkte zu erstellen.

Wie bist du auf die Ideen für deinen Service und deine Produkte gekommen? Hast du eine bestimmte Methodik verfolgt?

Mit meinem Hintergrund im Content-Marketing bin ich für die Entwicklung von Produkten und Dienstleistungen immer der „Content-first-Methodik" gefolgt. Sobald ich den Bereich kenne, in dem ich Menschen helfen möchte, z. B. als ich angefangen habe, Produktivität und Automatisierung zu unterrichten, beginne ich damit, Inhalte zu erstellen und ein Publikum aufzubauen. Dann kann ich mit ihnen reden und sehen, wobei sie Hilfe brauchen und was sie von mir wollen.

Wie findest du neue Kunden?

Was die Selbstvermarktung betrifft, so habe ich schon seit langem konsequent Inhalte erstellt, die meinen verschiedenen Websites viel organischen Traffic bringen und die mir erlaubt haben, eine E-Mail-Liste aufzubauen. Ich bin auch ziemlich aktiv im Bereich Social Media, aber das ist weniger ein Direktmarketingkanal als vielmehr ein Instrument zum Aufbau von Beziehungen zu meinen Partnern und Kunden.

Was war deine Motivation, ortsunabhängig zu arbeiten?

Ein paar Jahre nachdem ich zu arbeiten begonnen hatte, entwickelten sich bei mir einige chronische Gesundheitsprobleme, die ich für eine Weile ignoriert habe. Aber sobald ich die Karriereleiter hochgeklettert war und noch mehr Stress hatte und auch noch eigene Nebenprojekte verfolgte, verschlechterte sich meine Gesundheit immer mehr. Da wurde mir klar, dass es für mich keine Option mehr war, während der „normalen" Arbeitszeiten in einem Büro zu arbeiten. Ein paar Monate nachdem ich meinen schlechtesten Gesundheitszustand erreicht hatte, entschied ich mich, all meine Energie in mein Online-Geschäft und eine Karriere zu investieren, die auf Flexibilität basiert, um mich gleichzeitig um meine Selbstheilung kümmern zu können.

Was waren deine größten Herausforderungen, um ein Remote-Einkommen zu generieren und wie hast du diese bewältigt?

Meine größte Herausforderung waren meine gesundheitlichen Probleme, also ganz allgemein die Art und Weise, wie mein Privatleben meine Arbeit beeinträchtigte. Als ich anfing, habe ich mich aufs Freelancing konzentriert, bevor ich erkannte, dass es zwar die vermeintlich einfachere Variante ist, Geld zu verdienen, aber nicht mit meinem Lebensstil in Einklang zu bringen ist. Ich muss meine Energie sorgfältig verwalten. Seitdem habe ich mich für Geschäftsmodelle entschieden, bei denen ich weniger Zeit gegen Geld tauschen muss, da ich nie weiß, wie fit ich bin und wie viel ich arbeiten kann.

Es ist wichtig, sicherzustellen, dass dein Geschäftsmodell zu deinem Lebensstil passt. Das ist entscheidend dafür, dass du dein Bestes geben kannst und das Beste aus deinen Möglichkeiten machst.

Wie sieht ein normaler Arbeitstag in deinem Leben als Remote Worker aus? Hast du eine tägliche Routine?

Meine Arbeitstage sehen jeden Tag anders aus, aber eines haben sie gemeinsam: Jeden Tag stelle ich meine Gesundheit und Selbstheilung an die erste

Stelle und mache mir dann erst Gedanken ums Geldverdienen. An einem Tag, an dem ich fitter bin, starte ich langsam in den Vormittag, schlafe und lese oder schaue ein wenig fern. Wenn ich erst einmal richtig wach bin, schreibe ich für eine Weile.

Wenn ich eine Pause vom Schreiben brauche, gehe ich spazieren oder verbringe meine Zeit mit etwas anderem, bei dem ich wieder Energie tanken kann. Den restlichen Nachmittag bringe ich mit leichter Arbeit oder Telefonaten zu. Abends verbringe ich Zeit mit meinem Freund oder gehe zum Tanzkurs. Danach konzentriere ich mich wieder aufs Schreiben. Das mache ich direkt vor dem Schlafengehen – als Nachteule ist das meine produktivste Zeit.

WOMIT KANNST DU ORTSUNABHÄNGIG GELD VERDIENEN? – EINIGE IDEEN

Beschäftigungsformen: Du kannst entweder als Freelancer für verschiedene Auftraggeber arbeiten, Angestellter einer Firma sein, die es dir ermöglicht ortsunabhängig zu arbeiten, oder du wirst unternehmerisch tätig. In Kapitel 6 findest du verschiedene Jobportale, die sich auf ortsunabhängiges Arbeiten spezialisiert haben.

Die folgenden Zeilen geben dir ein paar Ideen an die Hand, wie du ortsunabhängig mit diesem Beruf Geld verdienst. Der Abschnitt ist bewusst kurzgehalten, da viele der Ideen bereits in Kapitel 3 angesprochen wurden. Solltest du an der ein oder anderen Stelle den Wunsch nach mehr Inhalt verspüren, blättere einfach nochmal zum Anfang zurück. Nähere Informationen, wie du Themen für Bücher und Online-Kurse findest, erhältst du in Kapitel 5. Schau außerdem gerne auf unserem Blog vorbei, für alle genannten Tools und Ressourcen im Überblick: https://new-work-life. com/portfolio/content-manager.

Übe deine Kerntätigkeit aus
Du kannst deine Kerntätigkeit als Content Manager ohne Probleme ortsunabhängig ausüben, denn dein Berufsbild ist virtueller Natur. Vermarkte deine Leistungen über eine eigene Website und über Social Media.

Biete Online-Seminare an
Mögliche Themen für Online-Seminare sind z. B.: „Content Management

– von der Strategie über die Umsetzung bis zum Monitoring" oder „Drupal für Content Manager."

Werde Agent

Bring suchende Unternehmen mit qualifizierten Content Managern (aus deinem Netzwerk) zusammen. Verlange dafür eine Provision vom suchenden Unternehmen und/oder dem vermittelten Content Manager. Die digitale Welt ist für viele Unternehmen (gerade Mittelständler) immer noch neu. Dementsprechend fehlt diesen Unternehmen das Netzwerk an Branchenexperten. Der Beruf Content Manager ist nicht geschützt, daher kannst du als vermittelnder Agent sicherstellen, dass ein suchendes Unternehmen an einen qualifizierten Experten gelangt.

Entwickle Arbeitsvorlagen bzw. Templates für andere Content Manager und Unternehmer

Diese stellst du online gegen eine Gebühr zum Download zur Verfügung. Du könntest z. B. eine Vorlage für einen Content Marketing Plan erstellen, der anderen Content Managern und Unternehmern hilft, eine Content-Strategie für ihr Unternehmen zu entwickeln. Im Plan können z. B. Ziele (z. B. Umsatzsteigerung um X%), Messgrößen (z. B. Steigerung der Website-Besucher um XY %), Buyer Personas, Redaktionsinhalte und Veröffentlichungsfrequenzen definiert werden. Alternativ könntest du ein dezidiertes Template zur Entwicklung und Definition der Buyer Personas eines Unternehmens entwerfen oder eine Vorlage zur Planung von Redaktionsinhalten erstellen. (Eine Buyer Persona ist eine prototypische Gruppe von Kunden mit konkret ausgeprägten Eigenschaften (z. B. 24 Jahre alt, blond und Abiturient) und konkretem Nutzungsverhalten (z. B. geht 3x am Tag auf Facebook)). Gestalte deine Vorlagen so, dass sie vom Nutzer bei Bedarf flexibel angepasst werden können. Vermarkte deine Templates über eine eigene Website und/oder über einen Online-Marktplatz für digitale Produkte wie z. B. Digistore24.com.

Halte Online-Vorträge in deinem Fachgebiet

Deine Online-Vorträge können sich an Unternehmen (Mitarbeiter und/oder Management), Organisationen und/oder Privatpersonen richten. Ein Thema für einen Online-Vortrag könnte z. B. sein: „Der Einfluss von Content Marketing auf den Erfolg von Unternehmen."

STARTER TOOLKIT – DAS BRAUCHST DU, UM LOSZULEGEN

Notebook, Smartphone

SOFTWARE:
- Office: z. B. Microsoft Office oder Google Docs
- Kommunikation: z. B. Skype, WhatsApp, Slack, Gmail
- Website / Webshop: z. B. WordPress oder Shopify
- Projektmanagement: z. B. Trello
- Webanalyse: z. B. Google Analytics und BuzzSumo
- Content planen und managen: z. B. Hootsuite oder Buffer
- Illustrationen und Grafiken erstellen: z. B. Canva.com
- Bildbearbeitung: z. B. Adobe Photoshop oder Gimp

BÜCHER UND TUTORIALS:
- Buch: „Think Content!: Content-Strategie, Content-Marketing, Texten fürs Web", von Miriam Löffler
- Buch: „Content Marketing - Das Workbook: Schritt für Schritt zu erfolgreichem Content", von Ines Eschbacher
- Buch: „Social Media: Das Handbuch für Social Media Marketing auf Facebook, YouTube und Instagram für Einsteiger und Unternehmen", von Mike Kaulitz
- Tutorial: „Content Marketing Strategie: Mit System Ziele erreichen! Baue Vertrauen und Expertenstatus auf, steigere deine Reichweite und gewinne neue Kunden mit Content Marketing", von Ulrich Löser, auf Udemy

Detaillierte Informationen zu Tools und Ressourcen, die dir helfen können, ein ortsunabhängiges Einkommen aufzubauen, findest du auf unserem Blog unter: https://new-work-life.com/portfolio/content-manager.

HIER FINDEST DU WEITERE INFORMATIONEN

Bundesverband digitale Wirtschaft: https://www.bvdw.org
Bundesverband Community Management e.V. für digitale Kommunikation & Social Media: https://www.bvcm.org

4.8 CONTENT MODERATOR

Als Content Moderator besteht deine Aufgabe darin, die Online-Reputation eines Unternehmens zu überwachen. Dafür beobachtest du, was von Nutzern in Foren, auf Social-Media-Kanälen oder in Blogbeiträgen an Kommentaren (Text, Foto, Video) veröffentlicht wird und prüfst die Inhalte auf Basis der Content-Richtlinien deines Auftraggebers. Dein Ziel ist es, anstößige, diskriminierende und unerwünschte Inhalte zu verfolgen, zu markieren, zu bewerten und herauszufiltern, da sie Risiken für das von dir vertretene Unternehmen darstellen können.

WAS SIND MÖGLICHE AUFGABEN?
- Forumsrichtlinien erarbeiten
- Inhalte prüfen, freigeben, löschen
- Verweise und Sperren aussprechen

WELCHE AUSBILDUNG BENÖTIGST DU?
Um als Content Moderator dein Geld zu verdienen benötigst du keine spezielle Ausbildung. Wichtig ist hierbei, Erfahrung zu sammeln. Eine gute Möglichkeit, Moderationserfahrung zu sammeln, besteht darin, in einer Community oder einem Forum zu moderieren, das für dich von Interesse ist. Hier kannst du möglicherweise vorerst auf freiwilliger Basis moderieren, um so zu lernen, was die Rolle eines Moderators beinhaltet und wertvolle Erfahrungen aus erster Hand zu sammeln.

WELCHE FÄHIGKEITEN SOLLTEST DU MITBRINGEN?
- Ausgeprägte Kommunikationsfähigkeiten
- Einen starken Gerechtigkeitssinn
- Stressresistenz
- Durchsetzungsstärke
- Empathie

UNSER ROLEMODEL FÜR DEN BERUF DES CONTENT MODERATORS

Name: Lisa Craven
Unternehmen: Moderation Gateway
Homepage: https://moderationgateway.com

Lisa ist selbständig und leitet mit ihrer Firma Moderation Gateway ein Unternehmen, das ein Ausbildungsprogramm für angehende Moderatoren von User Generated Content (UGC) anbietet. Nach ihrer schulischen Ausbildung hat sie ihre Karriere beim Fernsehsender BBC im Bereich Organisation und Management Development begonnen und ist für ca. 9 Jahre geblieben. Lisa ist eine erfahrene Entrepreneurin. Vor der Gründung ihrer jetzigen Firma war sie bereits zweimal selbständig: Zunächst mit ihrer Firma Retail Chain, die darauf spezialisiert war, Marken- und Handelskonzepte für Unternehmen zu entwerfen, und dann mit einer Immobilienfirma, die den An- und Verkauf von Wohn- und Geschäftsimmobilien zum Unternehmenszweck hatte. Lisa verdient mit ihrer Firma Moderation Gateway Geld online, indem sie über ihre Website https://moderationgateway.com ein virtuelles Ausbildungsprogramm für angehende Content Moderatoren verkauft.[42]

WOMIT KANNST DU ORTSUNABHÄNGIG GELD VERDIENEN? – EINIGE IDEEN

Beschäftigungsformen: Du kannst entweder als Freelancer für verschiedene Auftraggeber arbeiten, Angestellter einer Firma sein, die es dir ermöglicht ortsunabhängig zu arbeiten, oder du wirst unternehmerisch tätig. Mögliche Arbeit- / Auftraggeber sind z. B. Social Media Unternehmen wie z. B. Facebook, etc., Unternehmen mit eigenen Social-Media-Kanälen und/oder einem Blog, etc. In Kapitel 6 findest du verschiedene Jobportale, die sich auf ortsunabhängiges Arbeiten spezialisiert haben.

Die folgenden Zeilen geben dir ein paar Ideen an die Hand, wie du ortsunabhängig mit diesem Beruf Geld verdienst. Der Abschnitt ist bewusst kurzgehalten, da viele der Ideen bereits in Kapitel 3 angesprochen wurden. Solltest du an der ein oder anderen Stelle den Wunsch nach mehr Inhalt verspüren, blättere einfach nochmal zum Anfang zurück. Nähere Informationen, wie du Themen für Bücher und Online-Kurse findest, erhältst du in Kapitel 5. Schau außerdem gerne auf unserem Blog vorbei, für alle genannten Tools und Ressourcen im Überblick: https://new-work-life.com/portfolio/content-moderator.

---

42 Quellen: https://moderationgateway.com/the-management-team-at-moderation-gateway und https://www.linkedin.com/in/lisacravenmoderationgateway, abgerufen am 02.08.2018.

Übe deine Kerntätigkeit aus

Du kannst deine Kerntätigkeit als Content Moderator ohne Probleme ortsunabhängig ausüben, denn dein Berufsbild ist virtueller Natur.

Entwickle Trainingsmaterial zur Ausbildung von Content Moderatoren

Mögliche Materialien könnten Richtlinien sein zu Themen wie: „Woran erkenne ich diskriminierende Inhalte?", „Wie finde ich unerwünschten Content?" oder „Wie gehe ich mit diffamierenden Usern um?" sein.

Entwickle maßgeschneiderte Content-Richtlinien für andere

Um Content Moderation betreiben zu können, befolgen Content Moderatoren eines Unternehmens bestimmte Richtlinien, die vom betreffenden Unternehmen herausgegeben werden. Die Erstellung einer Content-Richtlinie kann, gerade für kleine Unternehmen mit wenig Personal, mit relativ viel Aufwand verbunden sein oder es fehlt das entsprechende Knowhow im Unternehmen. Hilf Unternehmen wie diesen, indem du ihnen die Richtlinien-Erstellung abnimmst.

Schreibe ein eBook

Finde ein Thema, das dich interessiert und für das Nachfrage besteht. Du könntest z. B. ein Buch zum Thema „Content Moderation-Techniken für Social Media" schreiben. Wie genau du Themen findest, kannst du im Kapitel 5 nachlesen.

Gründe eine Online Academy

Bilde angehende Content Moderatoren aus, ggf. mit Zertifizierung nach erfolgreichem Abschluss der Academy. Die Zertifizierung könnte als eine Art Gütesiegel dienen, denn für den Beruf als Content Moderator gibt es keine offizielle Ausbildung. In der Academy gibst du deinen Schülern das nötige Rüstzeug an die Hand, damit sie nach ihrer Ausbildung erfolgreich als Content Moderator durchstarten und mit ihren neu erworbenen Kenntnissen Geld verdienen können. Inhalte der Online Ausbildung könnten z. B. sein: Einführung in die Content Moderation, Moderationstechniken, Beispiele und Fallstudien, Eskalationslevel, etc. Neben der Theorie könntest du auch ein Simulationstool entwickeln und in deinen Lehrgang integrieren. Das Simulationstool konfrontiert deine Schüler mit realistischen moderationsbedürftigen Szenarios. Durch Nutzung des Simulationstools gewinnen deine Schüler Praxiswissen, indem sie fallbedingt entscheiden müssen, wie sie mit der jeweiligen Situation umgehen. Dein Angebot kann sich an Privatpersonen und/oder an Unternehmen, die interne Content Moderatoren ausbilden wollen, richten. Mehr Inspiration zum Thema Online Academy für Content Moderation findest du beim Anbieter Moderation Gateway unter https://moderationgateway.com.

STARTER TOOLKIT – DAS BRAUCHST DU, UM LOSZULEGEN

Notebook, Smartphone

SOFTWARE:
- Office: z. B. Microsoft Office oder Google Docs
- Kommunikation: z. B. Skype, WhatsApp, Slack, Gmail
- Website / Webshop: z. B. WordPress oder Shopify
- Fachspezifische Software: abhängig von Auftraggeber

BÜCHER UND TUTORIALS:
Buch: „Online comment moderation: emerging best practices", unter: http://www.wan-ifra.org/reports/2013/10/04/online-comment-moderation-emerging-best-practices

Detaillierte Informationen zu Tools und Ressourcen, die dir helfen können, ein ortsunabhängiges Einkommen aufzubauen, findest du auf unserem Blog unter: https://new-work-life.com/portfolio/content-moderator.

4.9 DREHBUCHAUTOR

Als Drehbuchautor schreibst du Drehbücher für Film und Serien. Dein Drehbuch dient als Grundlage für die Produktion von Filmen und Serien. Es ist ein Buch, nach dem Regisseur, Produzent und Schauspieler einen Film oder eine Serie drehen. Die für Filme und Serien benötigten Handlungsabläufe, Figuren, Szenen und Dialoge entstehen in deinem Kopf und werden im Drehbuch „zu Papier gebracht".

WAS SIND MÖGLICHE AUFGABEN?
- Themen und Ideen brainstormen
- Hintergrundinformationen recherchieren
- Handlungsabläufe und Figuren entwickeln
- Exposé zum Drehbuch erstellen

- Drehbuch anhand von Exposé „pitchen" und Produzent zur Umsetzung suchen
- Feedback zum Drehbuch von Produzenten und anderen Drehbuchautoren entgegennehmen
- Drehbuch auf Basis von erhaltenem Feedback überarbeiten und anpassen
- Drehbuch an Produzent verkaufen und Honorar verhandeln
- Networking mit Produzenten und Agenten betreiben
- Werbung in eigener Sache betreiben

WELCHE AUSBILDUNG BENÖTIGST DU?

Die Berufsbezeichnung Drehbuchautor ist nicht geschützt. Um Drehbuchautor zu werden, benötigst du keine spezielle Ausbildung. Von Vorteil ist ggf. eine Weiterbildung zum Drehbuchautor, die du in Drehbuchwerkstätten und Filmhochschulen absolvieren kannst.

WELCHE FÄHIGKEITEN SOLLTEST DU MITBRINGEN?

- Liebe zur Sprache und sehr guter Schreibstil
- Kreativität und Vorstellungskraft
- Geschichtenerzähler mit Sinn für Dramatik
- Kritikfähigkeit und Ausdauer
- Guter Netzwerker und Verkaufssinn

UNSER ROLEMODEL FÜR DEN BERUF DES DREHBUCHAUTORS

Name: Katharina Kahler
Unternehmen: Drehbuch Kurse
Homepage: https://onlinedrehbuchkurse.blogspot.com
Kontakt: drehbuchkurse@gmail.com |
Facebook: DrehbuchS

Katharina ist seit ihrem Studium der visuellen Mediengestaltung, Film und Video, das sie 2001 mit dem Magister Artium abgeschlossen hat, selbständig. Während ihrer Zeit an der Uni hat sie bereits durch verschiedene selbständige Kurzfilmprojekte viel Produktionserfahrung im Film gesammelt. Nach dem Studium hat sie einige Jahre als Videoregisseurin für die Live-Produktion „Don Carlos" an der Wiener Staatsoper gearbeitet. Zudem hat sie Kinderbücher geschrieben und in der Erwachsenenbildung Regie und Drehbuch unterrichtet. Seit 2011 bietet Katharina Online-Drehbuch-Kurse mit der Cloud basierten Drehbuch Software Celtx an.

Bereits während ihres Studiums hat sie begonnen, selbständig als internationale Autorin an Drehbüchern für Film und Fernsehen in deutscher, englischer und französischer Sprache zu arbeiten. 2014 wurde ihr erstes französisches Kurzfilm-Drehbuch „Shopping Planet" von Paramonde Paris für Arte Creative verfilmt, das sie im Zuge eines Wettbewerbs geschrieben und im SACD Paris präsentiert hatte.

Freunde und Familie nehmen Katharina als eine kreative und unternehmungslustige Persönlichkeit wahr, die anderen Menschen gerne dabei hilft, ihre eigenen kreativen Ziele zu erreichen.

Unsere Interviewfragen hat Katharina am Attersee im Salzkammergut in Österreich beantwortet.

INTERVIEW MIT KATHARINA KAHLER VON DREHBUCH KURSE

Wie bist du auf die Ideen für deine Produkte gekommen? Hast du dabei eine bestimmte Methodik verfolgt?

Durch die Kurse in der Erwachsenenbildung vor Ort konnte ich feststellen, dass ein größerer Bedarf an persönlicher Beratung zu Drehbuch-Entwürfen besteht als an der reinen dramaturgischen Theorie. Mit der Online-Software Celtx konnte ich diesen Bedarf schnell und entsprechend effizient abdecken und Einzelkurse online anbieten.

Meine eigenen Drehbücher entwickle ich entweder aufgrund einer Vorgabe einer Wettbewerbsausschreibung, oder weil mich eine Idee inspiriert, eine Landschaft interessiert, ich ein Genre unbedingt ausprobieren will und ich mich mehrere Jahre gerne mit einem Thema auseinandersetzen will, das mich besonders interessiert und das mir Spaß macht, kreativ zu bearbeiten. Wie zum Beispiel die Modeszene in Paris, die Schlösser des Loire-Tals, das Weltkulturerbe Wachau, Frankreich während der Zeit Ludwig XIV., die Musketiere aus Gers, die Geschichte der Savoyer, eine Hotelserie in der Bretagne, eine Tango-Serie in Berlin und eine Hotelserie in Apulien, das sind lauter Stoffe, die mich interessieren und die ich sicher länger bearbeiten kann.

Wie hast du deine ersten Kunden gefunden, mit denen du remote zusammengearbeitet hast?

Da ich zuerst in der Erwachsenenbildung unterrichtet habe, konnte ich einen Kunden aus einem Kurs für den ersten Online-Kurs gewinnen. Später habe ich viel Werbung über soziale Medien gemacht und auch mit der Agentur für Arbeit in Deutschland zusammengearbeitet.

Was war deine Motivation, ortsunabhängig zu arbeiten?

Schon während meines Studiums wurde mir klar, dass Filmprojekte sich an verschiedenen Orten realisieren lassen und man projektgebundene Ortswechsel braucht. Das kommt meiner Mentalität sehr entgegen und ich habe eigentlich erst lange nach dem Studium damit angefangen meine Drehbuch-Kurse auch online anzubieten. Ich arbeite selbst gerne in der Natur an meinen eigenen Drehbüchern und hasse Büros und Büromöbel. Lieber sitze ich mit meinem Laptop unter einem Baum, oder im Kaffeehaus. Sich die Zeit selbst einzuteilen ist mir auch sehr wichtig, da ich so effizienter arbeiten kann.

Wie hast du deine Remote-Karriere begonnen? Gab es irgendwelche Tools, die dir geholfen haben, ortsunabhängig zu arbeiten?

Sehr hilfreich für meine Entscheidung war die Drehbuch-Software Celtx, die schon als Online Cloud System funktionierte. Ich habe anfangs noch die Desktop Version der Software verwendet, die ich auch noch benutze, aber es wurde schnell ein internationaler Service entwickelt, der von jedem Platz der Welt aus per Cloud abrufbar ist.

Zuerst bin ich viel in Internet Cafés gegangen, dann habe ich einen eigenen Laptop mit gutem Akku gekauft und seither kann ich auch ohne Stromanschluss meine Arbeit jederzeit an jedem Ort ausüben. Autoren brauchen ein stilles Plätzchen, und dort findet sich nicht immer ein Stromanschluss.

Welche drei Dinge würdest du vermeiden, wenn du die Zeit zurückspulen könntest?

Ich würde mir heute sofort einen besseren Computer kaufen und nicht so lange zögern, wenn ich es nochmal machen könnte. Für die Flexibilität des Aufenthaltes an verschiedenen Arbeitsplätzen ist auch ein gutes Online-Banking wichtig, das von jedem Ort aus funktioniert. Das habe ich sofort installiert und empfehle jedem, sich auch hier unabhängig von Öffnungszeiten zu machen.

Drehbuchschreiben ist ein langer Prozess und man lernt nie aus. Auch berufliches Networking ist wichtig. Eigene Weiterbildungen, in Form von Online-Kursen aus den USA, haben mir sehr geholfen, am Ball zu bleiben.

Die „International Screenwriter's Association" (ISA) bietet hier viele Kurse auf Englisch an und ich halte auch selbst dort Drehbuch-Kurse in Englisch ab, mit der Hilfe von Native-Speakern im wöchentlichen Chatroom.

Networking auf Facebook hilft mir, internationale Kontakte aufzubauen, und auch meine Gruppe „Drehbuch-Schreiben" auf Facebook ist ein Zentrum für den Austausch von Autoren in deutscher Sprache geworden.

Wie sieht ein normaler Arbeitstag in deinem Leben als Remote Worker aus? Hast du eine tägliche Routine?

Ich stehe auf und mache zuerst Yoga zuhause, im Wald oder am See, oder wo ich sonst gerade bin. Dann frühstücke ich lange und ausgiebig, dabei schaue ich manchmal französische Nachrichten, um meine Sprachkenntnisse zu verbessern, da ich auch auf Französisch schreibe.

Danach arbeite ich, je nach Projekt, an verschiedenen Drehbüchern. Im Sommer setze ich mich dafür unter eine alte Eiche am Attersee, wo ich völlig ungestört bin, oder in einen Garten-Pavillion, wenn ich in Wien bin, oder an einen ruhigen Ort in einem anderen Land. Mir fallen in der Natur oder in einer fremden Umgebung bessere Texte ein, ich konzentriere mich besser. Ich schreibe auf Französisch, Deutsch oder Englisch an meinen Drehbüchern.

Oft recherchiere ich auch Inhalte für Filme oder TV-Serien online. Ich fahre aber auch gerne zur Recherche an Plätze, an denen meine Filme und TV-Serien spielen und studiere die Orte genau, an denen gedreht werden kann. Besonders für meine TV-Serie „Models In Motion", die in Paris und St. Tropez spielt.

Ich liebe es, Drehbücher zu schreiben, die an Orten liegen, die mich besonders interessieren und die ausgesprochen schön sind. Hier spielt meine filmische Ausbildung hinein und ich stelle mir die Plätze sehr konkret vor, an denen gedreht werden soll, während ich schreibe, oder bin idealerweise auch dort schon gewesen.

An den Wochenenden nähe ich gerne, um meinen Kopf frei zu bekommen und entwerfe eigene Modekollektionen.

Im Moment reiche ich bei verschiedenen Drehbuch-Wettbewerben Projekte ein. Eines davon spielt in Apulien und ich schreibe die Folge 11 der Serie „Models In Motion" auf Französisch, die in St. Tropez spielt. Dazu werde ich nach St. Tropez fahren und habe einen Kontakt zu St. Tropez TV aufgebaut, um die Drehorte gut zu recherchieren.

Nach einigen Stunden Arbeit am Drehbuch oder an der Recherche, koche ich mir etwas Gesundes zu essen. Im Sommer gehe ich gerne schwimmen und arbeite erst am Abend weiter, um nicht während der schönsten Zeit des Tages hinter dem Computer zu sitzen.

Was sind die Vor- und Nachteile ortsunabhängiger Arbeit aus deiner Sicht?

Die Vorteile sind die freie Zeiteinteilung, die Flexibilität, sich an wechselnde Umstände anpassen zu können, die eigenen Interessen zu pflegen und sich selbständig um ein Weiterkommen zu bemühen, ohne in Routine zu verfallen.

Ein weiterer Vorteil ist die Offenheit für Neues, neue Erfahrungen, neue Projekte, neue Orte und neue Menschen, die man dort kennenlernt. Man ist nicht verpflichtet an einem Ort nur wegen der Arbeit zu bleiben und versäumt so nicht viele schöne Dinge in der Welt.

Man ist auch nicht in einem Büro mit unmenschlichen Möbeln eingesperrt, sondern kann sich den Umständen entsprechend immer neu einrichten. Man hat nur die wichtigsten Dinge vor sich bei der Arbeit und ist nicht abgelenkt durch eine Ansammlung von alten Erinnerungsstücken, sondern bestenfalls inspiriert durch die neue Umgebung.

Der Nachteil ist, dass ich oft aus dem Koffer lebe und nicht immer alle Schuhe und Kleider bei mir habe, die ich gerne anziehen würde.

WOMIT KANNST DU ORTSUNABHÄNGIG GELD VERDIENEN? – EINIGE IDEEN

Beschäftigungsformen: Du arbeitest in der Regel als Freelancer und verkaufst deine Drehbücher an Film- und Fernsehproduktionsfirmen, Rundfunkanstalten, Drehbuchagenturen, Hörbuchverlage, etc. oder du wirst unternehmerisch tätig.

Die folgenden Zeilen geben dir ein paar Ideen an die Hand, wie du ortsunabhängig mit diesem Beruf Geld verdienst. Der Abschnitt ist bewusst kurzgehalten, da viele der Ideen bereits in Kapitel 3 angesprochen wurden. Solltest du an der ein oder anderen Stelle den Wunsch nach mehr Inhalt verspüren, blättere einfach nochmal zum Anfang zurück. Nähere Informationen, wie du Themen für Bücher und Online-Kurse findest, erhältst du in Kapitel 5. Schau außerdem gerne auf unserem Blog vorbei, für alle genannten Tools und Ressourcen im Überblick: https://new-work-life. com/portfolio/drehbuchautor.

Biete deine Leistungen als Drehbuchautor externen Auftraggebern an

Brainstorme z. B. Ideen, Handlungsstränge und Figuren für andere Drehbuchautoren, schreibe Exposés für sie, lies ihre Drehbücher Korrektur, entwickle einen Pitch für sie oder schreibe ein ganzes Drehbuch als Ghostwriter für sie. Vermarkte deine Leistungen über eine eigene Website und über Online-Marktplätze wie z. B. Upwork.com, Freelancer.com, Twago. de und ggf. Fiverr.com.

Entwickle und verkaufe Online-Kurse

Wie wäre es z. B. mit einem Kurs für Laien zum Thema Drehbuch schreiben („Lerne ein Drehbuch zu schreiben – Eine Schritt für Schritt Anleitung für Anfänger")? Alternativ kannst du einen Kurs entwickeln, der anderen Drehbuchautoren dabei hilft, eine Filmidee zu generieren („Tipps, Tricks und Techniken zur Generierung einer Filmidee") oder das eigene Drehbuch zu vermarkten („Wie du Produzenten erfolgreich von deinem Drehbuch überzeugst").

Werde Online-Coach und biete virtuelle Coachingstunden an

Coache andere Drehbuchautoren zu Themen wie z. B. Brainstorming von Ideen für ein neues Drehbuch, Schreibblockaden überwinden, Drehbuchpitching und Drehbuchvermarktung, etc.

Gründe eine Online Academy

Bilde angehende Drehbuchautoren aus, ggf. mit Zertifizierung nach erfolgreichem Abschluss der Academy. Die Zertifizierung könnte als eine Art Gütesiegel dienen, denn für den Beruf als Drehbuchautor gibt es keine offizielle Ausbildung. In der Academy gibst du deinen Schülern das nötige Rüstzeug an die Hand, damit sie nach ihrer Ausbildung erfolgreich als Drehbuchautor durchstarten und mit ihren neu erworbenen Kenntnissen Geld verdienen können.

Leg ein Profil bei einer Crowdfunding-Plattform an

Lass dich von deinen Fans z. B. auf der Crowdfunding-Plattform Patreon. com finanziell unterstützen.

STARTER TOOLKIT – DAS BRAUCHST DU, UM LOSZULEGEN

Notebook, Smartphone

SOFTWARE:

- Office: z. B. Microsoft Office oder Google Docs
- Kommunikation: z. B. Skype, WhatsApp, Slack, Gmail
- Website / Webshop: z. B. WordPress oder Shopify
- Brainstorming: z. B. MindMeister
- Drehbucherstellung: z. B. Celtx oder Scrivener

BÜCHER UND TUTORIALS:

- Buch: „Schritt für Schritt zum erfolgreichen Drehbuch. Mit einem vollständigen, kommentierten Drehbuch", von Christopher Keane
- Buch: „Story: Die Prinzipien des Drehbuchschreibens", von Robert McKee
- Tutorial: „Screenwriting and Story Blueprint: The Hero's Two Journeys - Filmmaking is all about story", von Michael Hauge und Chris Vogler, auf Udemy
- Tutorial: „Screenwriting: Pitching Your Screenplay or Novel in 60 Secs - The Guaranteed Way to Get Your Screenplay or Novel Read", von Michael Hauge, auf Udemy

Detaillierte Informationen zu Tools und Ressourcen, die dir helfen können, ein ortsunabhängiges Einkommen aufzubauen, findest du auf unserem Blog unter: https://new-work-life.com/portfolio/drehbuchautor.

HIER FINDEST DU WEITERE INFORMATIONEN

Verband Deutscher Drehbuchautoren (VDD): http://www.drehbuchautoren.de

4.10 FOTOGRAF

Als Fotograf fotografierst du Personen, Objekte und Landschaften mithilfe einer Kamera. Du erstellst visuelle Bilder – entweder digital oder analog – für kreative, technische und/oder dokumentarische Zwecke. Je nach Aufgabenstellung können dies z. B. Fotografien von Hochzeiten, Familienfeiern, Babyshootings, Fotografien von Mode, Essen oder Architektur sein. Häufig spezialisieren sich Fotografen auf einen bestimmten Bereich wie z. B. Porträt-, Werbe-, Presse- oder Wissenschaftsfotografie.

WAS SIND MÖGLICHE AUFGABEN?

- Kundenanforderungen aufnehmen und gewünschte Resultate besprechen
- Ideen für ein Fotoshooting entwickeln
- Fotoobjekte und Möglichkeiten für Shootings recherchieren
- Fotoshooting planen und vorbereiten
- An verschiedenen Orten und unter verschiedenen Umständen fotografieren, um das optimale Bildergebnis zu erzielen
- Arbeit mit umfangreichem technischen Equipment wie z. B. mit Kameras, Objektiven, Licht und Spezialsoftware
- Fotografierte Models instruieren, ermutigen und Wohlfühlatmosphäre schaffen
- Fotoobjekte und Fotoszenen herrichten und arrangieren
- Fotoshootings durchführen
- Bilder mithilfe von Spezialsoftware bearbeiten und retuschieren
- Fotoentwürfe zur Abnahme durch den Auftraggeber erstellen
- Finale Fotos in gewünschten Formaten für verschiedene Wiedergabemöglichkeiten umwandeln und bereitstellen (z. B. als Fotoalbum, als Posterdruck, etc.)
- Bilderportfolios erstellen
- Selbstvermarktung und Werbung in eigener Sache betreiben
- Fotografien in Gallerien ausstellen

WELCHE AUSBILDUNG BENÖTIGST DU?

Die Berufsbezeichnung Fotograf ist gesetzlich nicht geschützt. Um Fotograf zu werden, musst du daher nicht zwingend eine Ausbildung durchlaufen. Ist dir jedoch an einer formellen Ausbildung gelegen, kannst du eine Ausbildung zum Fotografen absolvieren. Diese dauert i.d.R. drei Jahre und kann entweder handwerklich oder rein schulisch absolviert werden. Alternativ kannst du Fotografie auch studieren. Weiterbildungen im Bereich Fotografie finden sich z. B. bei ILS oder bei der Hamburger Akademie für Fernstudien (HAF).

WELCHE FÄHIGKEITEN SOLLTEST DU MITBRINGEN?

- Kreativität
- Gespür für Ästhetik
- Handwerkliches Geschick
- Gutes Kommunikationsvermögen
- Fähigkeit, sich selbst und seine Arbeit zu vermarkten

UNSER ROLEMODEL FÜR DEN BERUF DES FOTOGRAFEN

Name: Karin van Mierlo
Unternehmen: Photography Playground
Homepage: https://photography-playground.com
Kontakt: karin@photography-playground.com | Instagram: photography_playground

Karin ist selbständige Fotografin mit mehr als 25 Jahren Berufserfahrung in der Portrait-, Familien-, Tanz-, Dokumentar-, Reise- und Straßenfotografie. Sie besitzt einen Bachelor-Abschluss in Bildender Kunst und Fotografie von der ArtEZ University of the Arts in den Niederlanden. Während ihrer beruflichen Laufbahn hat sie mit (Online-)Magazinen, Künstlern, Entrepreneuren und Familien gearbeitet und sich zudem als Fotografin für verschiedene wohltätige Zwecke engagiert. Im Jahr 2017 launchte Karin ihr Unternehmen *Photography Playground. Dabei handelt es sich um* eine Online-Fotoplattform, die sich gezielt an Reisende richtet und diese dabei unterstützt kreative und geübte Fotografen zu werden.

Auf unsere Frage, was Familie und Freunde über Karin als Person sagen, zitiert Karin ihre Tochter Zoey mit den Worten: „Meine Mutter ist mein größtes Vorbild im Leben. Sie ist mutig, warm und liebevoll. Eine Kämpferin, die mit jeder neuen Herausforderung wächst. Sie geht dem nach, was sie will und hat keine Angst davor. Das ist das Schönste, was sie mich am Beispiel ihres eigenen Lebens gelehrt hat."

Unsere Interview-Fragen beantwortet Karin, die aktuell nomadisch lebt, aus Lissabon, Portugal.

INTERVIEW MIT KARIN VAN MIERLO VON PHOTOGRAPHY PLAYGROUND

Wie bist du auf die Ideen für deine Produkte gekommen? Hast du eine bestimmte Methodik verfolgt?

Als Fotografin mit einer Leidenschaft fürs Reisen war es für mich eine Selbstverständlichkeit, Reisefotografie zu unterrichten. Ich denke es ist wichtig, etwas zu lehren, wofür du brennst. Aber es ist genauso wichtig, zu verstehen, was potenzielle Kunden brauchen. Um die Nachfrage für meine

Idee, einen Smartphone-Kurs anzubieten, zu testen, habe ich eine Umfrage durchgeführt und einen kostenlosen Wettbewerb organisiert.

Im Moment arbeite ich an einem neuen Kurs: Reisefotografie mit normalen Kameras. Eine der Herausforderungen des Online-Unterrichts ist der Mangel an sofortigem Feedback von meinen Schülern. Aus diesem Grund habe ich beschlossen, zusätzlich offline zu unterrichten, um herauszufinden, welche Probleme meine Schüler beim Fotografieren haben. Ich habe vor kurzem einen sechswöchigen Kurs beendet und viele nützliche Informationen dadurch gesammelt, die ich in meinen nächsten Online-Kurs einfließen lassen werde.

Wie hast du deine ersten Kunden gefunden, mit denen du remote zusammengearbeitet hast?

Bevor ich meinen ersten Smartphone-Fotografiekurs angeboten habe, habe ich einen kostenlosen Smartphone-Fotografie-Wettbewerb organisiert, der sehr erfolgreich war. Nach der Challenge haben sich genügend begeisterte Teilnehmer in meinen Online-Kurs eingeschrieben, so dass ich genug Anreiz hatte, diesen tatsächlich zu erstellen und anzubieten.

Was war deine Motivation, ortsunabhängig zu arbeiten?

Seit ich denken kann, wollte ich reisen und die Welt sehen. Die Möglichkeiten, Reisen und Arbeiten als Fotografin miteinander kombinieren zu können, waren zu der Zeit, als ich studiert habe, sehr begrenzt (wir sprechen hier von unterschiedlichen Jahrhunderten ;-)).

Also habe ich einen anderen Weg eingeschlagen. Das habe ich von ganzem Herzen getan. Immer wissend, dass es noch einen weiteren Traum gab, dem ich folgen möchte, wenn die Zeit reif ist.

In den letzten zehn Jahren hat sich in der Fotografie-Branche und in der ganzen Welt viel verändert. Ich brauche keine Dunkelkammer mehr, um Bilder entwickeln zu können. Alles, was ich brauche sind eine Kamera und ein Laptop. Es hat eine Weile gedauert, bis ich den Schritt in die Ortsunabhängigkeit gewagt habe, aber jetzt ist in der Außen- und Innenwelt von mir alles darauf ausgerichtet, das zu verfolgen, was ich mir schon so lange gewünscht habe.

Wie hast du deine Remote-Karriere begonnen? Gab es irgendwelche Tools, die dir dabei geholfen haben, ortsunabhängig zu arbeiten?

Im Jahr 2016 habe ich an der Nomad Cruise teilgenommen und dort jeden Workshop und Vortrag besucht, von dem ich dachte, dass er für meine Entwicklung als ortsunabhängige Fotografin von Nutzen sein würde. Es war eine der inspirierendsten Erfahrungen in meinem Leben. Umgeben von Gleichgesinnten, die das Leben lebten, das ich leben wollte, oder die, genau wie ich, auf dem Weg zur Ortsunabhängigkeit waren, war alles, was ich brauchte, um den Sprung in mein neues Leben zu wagen.

Abgesehen davon, habe ich viel recherchiert, wie man ein Online-Business im Bereich Unterrichten/Lehre aufbauen kann und habe viel investiert, um mir das notwendige Online-Marketing Know-how anzueignen.

Zu Beginn hatte ich eine Übergangszeit von etwa einem Jahr, in der ich noch in den Niederlanden lebte, aber mehr und mehr begann zu reisen und dabei zu arbeiten. Während ich reiste, habe ich mein Haus vermietet, wodurch ich freier wurde. Dies war ein guter Weg, den nomadischen Lebensstil zu beschnuppern und um herauszufinden, ob dieser möglich und nachhaltig für mich sei. Mittlerweile habe ich mein Haus verkauft und lebe völlig ortsunabhängig.

Welche drei Dinge würdest du vermeiden, wenn du die Zeit zurückspulen könntest?

Ich bin jemand, der lernt, während er etwas tut. Also habe ich einfach angefangen und währenddessen herausgefunden, wie die Dinge, die ich brauchte, funktionieren. Sage ich damit, dass das der beste Weg ist, um ortsunabhängig zu werden? Die Antwort ist: Ich weiß es nicht. Klar habe ich im letzten Jahr Fehler gemacht. Wenn ich jedoch zurückblicke, sehe ich auch eine große Lernkurve. Das macht es schwierig, Dinge zu erkennen, die ich hätte anders machen können oder die ich hätte vermeiden können, wenn ich die Chance hätte, noch einmal von vorne zu beginnen. Ich habe durch jeden Schritt dazugelernt. Ich habe von den Schritten gelernt, die in die richtige Richtung gingen und ich habe wahrscheinlich noch mehr von den Schritten gelernt, die in die falsche Richtung gingen.

Wie sieht ein normaler Arbeitstag in deinem Leben als Remote Worker aus? Hast du eine tägliche Routine?

Ich würde sagen, ich habe einen flexiblen festen Zeitplan. Ich stehe immer um die gleiche Zeit auf und beginne den Tag mit Kaffee, Yoga und Meditation. Für mich ist das der beste Weg, um bewusst und konzentriert zu arbeiten.

Ich habe einen Jahresplan, der in monatliche Pläne und Ziele unterteilt ist. Zu Beginn jeder Woche wähle ich die Dinge mit der höchsten Priorität für die Woche aus. Nun, das ist natürlich der Idealfall. Es gibt immer wieder unerwartete Dinge, die meine sofortige Aufmerksamkeit erfordern. Aber dieses Vorgehen gibt mir Struktur für die vielen Dinge, die ich tun will und tun muss. Es hält mich am Boden, wenn ich mal wieder von meinem überaktiven Geist überwältigt werde. Als Arbeitsort wähle ich in der Regel mein jeweiliges Zuhause, denn das ist der Ort, an dem ich am produktivsten und konzentriertesten bin. Es sei denn, ich bin irgendwo draußen und fotografiere.

Was sind die Vor- und Nachteile ortsunabhängiger Arbeit aus deiner Sicht?

Als Fotografin, die Reisenden beibringt, wie sie schöne Erinnerungen an ihre Reisen kreieren, ist es für mich unerlässlich, selbst unterwegs zu sein. Ich sehe es nicht einmal als Vorteil an, sondern vielmehr als Voraussetzung. Ein weiterer großer Vorteil ist meiner Meinung nach der einfache und minimalistische Lebensstil, den ich pflege. Ich habe mein Haus, mein Auto und die meisten meiner Habseligkeiten 2017 verkauft und ich liebe das Gefühl, dieses ganze Zeug los zu sein. Ich habe für mich festgestellt, dass ich es nicht brauche, um glücklich zu sein. Sich nicht um Dinge kümmern zu müssen, spart viel Zeit. Zeit, die ich damit verbringen kann, an meinem Unternehmen zu arbeiten oder zu reisen und das Leben zu genießen.

Die Freiheit, die Orte auszuwählen, an denen ich mich auf meiner Reise am meisten inspiriert fühle, ist ebenfalls ein großer Vorteil.

Zu den Nachteilen. Für mich gibt es generell nur einen Nachteil beim ortsunabhängigen Arbeiten und dieser ist, dass mir meine Freunde und Familie in den Niederlanden fehlen.

Last but not least: Hast du noch weitere hilfreiche Tipps für unsere Leser?

Wenn du selbständig arbeiten willst, gibt es einige Tipps, die ich gerne mit dir teile. Diese sind:

- Halte deine Fixkosten wie bspw. die Kosten für deine Unterkunft so niedrig wie möglich, besonders zu Beginn deines Abenteuers. Auch wenn du Dienste von Drittanbietern nutzen möchtest, z. B. Hosting für deine Website, starte mit einem monatlichen Plan, um zu sehen, ob er zu dir passt. Sobald du sicher bist, dass der Dienst das ist, was du benötigst, kannst du auf einen Jahresvertrag umsteigen, der in der Regel günstiger ist.
- Wenn du Geld zum Investieren hast, investiere in dich selbst, um deine Kenntnisse und Fähigkeiten zu verbessern. Nimm an Kursen teil und lies Bücher über Unternehmertum, den Umgang mit Geld, digitales Marketing, persönliche Entwicklung etc.
- Halte dich fern von all den „Online-Gurus", die dir sagen, wie du ein 6-stelliges Business über Nacht aufbauen kannst. Das wird nicht passieren. Es bedarf deines konsequenten Einsatzes über einen längeren Zeitraum, um erfolgreich zu sein.

- Umgib dich mit anregenden, ermutigenden und gleichgesinnten Menschen und such dir eine Mastermind-Gruppe.
- Und vor allem: Genieße den Prozess!

WOMIT KANNST DU ORTSUNABHÄNGIG GELD VERDIENEN? – EINIGE IDEEN

Beschäftigungsformen: Du kannst entweder als Freelancer für verschiedene Auftraggeber arbeiten, Angestellter einer Firma sein, die es dir ermöglicht ortsunabhängig zu arbeiten, oder du wirst unternehmerisch tätig. Mögliche Arbeit- / Auftraggeber sind z. B. Zeitungsverlage, Pressedienste und -agenturen, Bildarchivdienste, Werbe-, Medien- und PR-Agenturen, Unternehmen in der Film- und Fernsehbranche und Privatpersonen. In Kapitel 6 findest du verschiedene Jobportale, die sich auf ortsunabhängiges Arbeiten spezialisiert haben.

Die folgenden Zeilen geben dir ein paar Ideen an die Hand, wie du ortsunabhängig mit diesem Beruf Geld verdienst. Der Abschnitt ist bewusst kurzgehalten, da viele der Ideen bereits in Kapitel 3 angesprochen wurden. Solltest du an der ein oder anderen Stelle den Wunsch nach mehr Inhalt verspüren, blättere einfach nochmal zum Anfang zurück. Nähere Informationen, wie du Themen für Bücher und Online-Kurse findest, erhältst du in Kapitel 5. Schau außerdem gerne auf unserem Blog vorbei, für alle genannten Tools und Ressourcen im Überblick: https://new-work-life.com/portfolio/fotograf.

Mache Fotos von Dingen, die aktuell angesagt sind
Schau als erstes, für welche Motive derzeit eine große Nachfrage am Markt besteht. Danach machst du z. B. Fotos von Landschaften, Menschen, Objekten, etc. und verkaufst sie online über eine eigene Website und über Stockplattformen wie z. B. Shutterstock, Adobe Stock, iStock, Alamy, Envato Market und 123rf. Stockplattformen sind Online-Marktplätze, auf denen verschiedene Anbieter Produkte wie Fotos, Bilder, Vektoren, Videos, Audiodateien, Computercode, etc. anbieten. Die erbrachten Produkte werden dabei „auf Lager" produziert, d. h. sie entstehen ohne Beauftragung. Die Produkte auf Stockplattformen können vom Käufer gegen Zahlung einer Lizenzgebühr für vielseitige Zwecke, z. B. für den Einsatz in Film, TV, Radio, etc. eingesetzt werden.

Entwirf Designs

Du kannst Designs für T-Shirts, Hoodies, Tassen, Babystrampler, Handyhüllen etc. entwerfen (ggf. auf Basis von Figuren, die du für ein Video Game erfunden hast). Verkaufe die von dir gestalteten Kleidungsstücke und Accessoires mithilfe von Druck on Demand-Anbietern wie z. B. Spreadshirt, Shirtee und Merch by Amazon. Druck on Demand-Anbieter stellen dir eine Plattform zur Verfügung, über die du Kleidung und Accessoires mit deinen Designs ausstatten, deine fertigen Produkte vermarkten und bei Bestellung produzieren lassen kannst. Die Produkte werden von den Druck on Demand-Anbietern hergestellt und nur auf Bestellung produziert. Du trägst daher keinerlei Risiko, auf deinem Lagerbestand „sitzen zu bleiben", wenn du deine Produkte nicht verkaufen solltest.

Erstelle Druckvorlagen aus deinen Bildern

Du könntest z. B. Druckvorlagen für Poster, Bilder, Kalender, (Post-)Karten, etc. anfertigen. Die Vorlagen kannst du über eine eigene Website und über Onlineshops wie z. B. Etsy, Amazon und Adobe Stock verkaufen.

Fertige fotobasierte Vorlagen an

Du kannst z. B. Bildmasken, Fotoeffekte, Fotocollagen, Foto-Mockups und/oder Texturen erstellen. Gestalte deine Vorlagen so, dass sie vom Nutzer bei Bedarf flexibel angepasst werden können. Verkaufe deine Vorlagen über eine eigene Website und über Online-Marktplätze wie z. B. Adobe Stock, DesignCuts und Creative Market. Deine Vorlagen können von anderen Professionals wie z. B. Grafikdesignern oder Onlineshop-Besitzern für Branding-, Marketing- und Produktdarstellungszwecke genutzt werden.

Biete einen Bildbearbeitungsservice an

Biete deinen Service z. B. für Fotografen, Website-Besitzern, Bloggern, Kreativen, etc. an und optimiere die dir zur Verfügung gestellten Bilder gemäß Kundenwunsch. Da Bildbearbeitung mit viel Zeitaufwand verbunden ist, source das Thema an einen Subunternehmer aus. Es gibt viele Anbieter von Bildbearbeitungsservices in Indien. Diese arbeiten für einen Bruchteil deines Stundensatzes, so dass dir die Differenz zwischen deinem Angebotspreis und den Outsourcing-Kosten als Gewinn bleibt. Achte beim Outsourcing darauf, dass die Qualität der Bildbearbeitung stimmt. Am besten forderst du vor Beginn der Zusammenarbeit eine Arbeitsprobe oder ein Sample vom Outsourcing-Partner an. Outsourcing Partner findest du z. B. auf Fiverr, Upwork oder, wenn du bei Google „Image retouching India" oder „Image editing India" eingibst.

Erstelle ein Fotobuch bzw. einen Fotobildband
Nimm dafür deine schönsten Fotografien oder erstelle einen Bildband zu einem nachgefragten Thema. Nutze zur Erstellung und Veröffentlichung deines Fotobuches einen spezialisierten Anbieter wie z. B. epubli. Diese Anbieter haben sich auf den Selbstverlag (Self-Publishing), d. h. die Veröffentlichung eines Buches durch den Autor selbst ohne Beteiligung eines Verlages spezialisiert und bieten sog. Druck on Demand an. Beim Druck on Demand-Verfahren wird dein Buch erst gedruckt, wenn es bestellt wird. Du trägst daher keinerlei Risiko, auf deinem Lagerbestand „sitzen zu bleiben", wenn du dein Buch nicht verkaufen solltest. Beide Anbieter kooperieren mit Amazon, so dass dein Buch eine Vielzahl potenzieller Käufer erreicht.

Stell deine Fotos in einer virtuellen Galerie aus
Biete deine Fotos über eine virtuelle Galerie zum Kauf an. Eine virtuelle Galerie ist eine Galerie, die die Kunst verschiedener Künstler virtuell in 3D über eine Galerie-Website ausstellt. Besucher der Website können sich die Werke verschiedener Künstler in der Galerie anschauen, Kontakt zu den Künstlern aufnehmen oder an Vernissagen von neuen Ausstellungen teilnehmen. Ein Beispiel für eine virtuelle Galerie ist die Virtual Gallery (https://www.virtualgallery.com).

Biete an deinem aktuellen Aufenthaltsort „Erlebnisse" an
Das kann z. B. eine Fotoentdeckungstour sein, die den Teilnehmern die besten Foto-Spots in einer Stadt zeigt.

Leg ein Profil bei einer Crowdfunding-Plattform an
Lass dich von deinen Fans z. B. auf der Crowdfunding-Plattform Patreon. com finanziell unterstützen.

STARTER TOOLKIT – DAS BRAUCHST DU, UM LOSZULEGEN

Notebook, Smartphone, Kamera, Speicherkarte, Objektive, Belichtung, Stativ

SOFTWARE:
- Office: z. B. Microsoft Office oder Google Docs
- Kommunikation: z. B. Skype, WhatsApp, Slack, Gmail
- Website / Webshop: z. B. WordPress oder Shopify
- Cloudbasierte Datenspeicherung: z. B. Dropbox oder Google Drive

- Bildbearbeitung: z. B. Adobe Adobe Photoshop, Adobe Adobe Photoshop Lightroom oder Gimp (kostenlos)

BÜCHER UND TUTORIALS:
- Buch: „Fotografie: Handbuch: Fotografieren lernen für Einsteiger", von Kim Brechtl
- Buch: „Der Fotokurs für Einsteiger: Die besten Bilder mit Spiegelreflex- und kompakten Systemkameras", von Chris Gatcum
- Buch: „Stockfotografie: Geld verdienen mit eigenen Fotos", von Robert Kneschke
- Buch: „In eigener Sache: Online-Marketing und Social Media für Kreative: Präsentieren Sie sich und Ihre Arbeiten im Web", von Sébastien Bonset
- Tutorial: „Grundlagen der digitalen Fotografie-Einsteiger - Fotografieren statt Knipsen!", von Stefan Radinger, auf Udemy

Detaillierte Informationen zu Tools und Ressourcen, die dir helfen können, ein ortsunabhängiges Einkommen aufzubauen, findest du auf unserem Blog unter: https://new-work-life.com/portfolio/fotograf.

HIER FINDEST DU WEITERE INFORMATIONEN

BFF Berufsverband Freie Fotografen und Filmgestalter e.V.: https://bff.de
Deutsche Gesellschaft für Photographie e.V.: https://www.dgph.de
Freelens e.V.: https://freelens.com

4.11 FOTOJOURNALIST

Als Fotojournalist fotografierst du nicht nur, sondern du erzählst mit deinen Fotos Geschichten. Was Gegenstand deiner Geschichten ist, ist dir überlassen. Es kann sich hierbei um politische, soziale oder private Geschichten handeln. Du kannst aber auch Ereignisse und Veranstaltungen begleiten und diese fotografisch dokumentieren.

WAS SIND MÖGLICHE AUFGABEN?
- Story konzipieren
- Bildmotive finden

- Motive zu einer Bildgeschichte zusammenfügen
- Bilder bearbeiten
- Bilder veröffentlichen

WELCHE AUSBILDUNG BENÖTIGST DU?

Um als Fotojournalist zu arbeiten, benötigst du nicht zwingend eine Ausbildung, solltest aber über fotografische Expertise verfügen und Bilder bearbeiten können. Eine Ausbildung zum Fotografen ist grundsätzlich eine solide Basis.

WELCHE FÄHIGKEITEN SOLLTEST DU MITBRINGEN?

- Kommunikation
- Kreativität
- Gutes Bildgefühl
- Flexibilität
- Offenheit (vor allem gegenüber fremden Kulturen)

UNSER ROLEMODEL FÜR DEN BERUF DES FOTOJOURNALISTEN

Name: Julius Schrank
Unternehmen: Julius Schrank
Homepage: http://www.juliusschrank.com

Julius ist selbständig als Fotojournalist und Mitgründer der Fotokollektive *Kollektiv25* (http://kollektiv25.de), die visuelle Berichterstattung aus aller Welt liefert. Er arbeitet als Freelancer für Nachrichtenagenturen sowie an eigenen Projekten. Seine eigenen Projekte stehen oft im Zusammenhang mit der menschlichen Spezies, der Umwelt und der Beziehung zwischen Mensch und Umwelt. Für seine Arbeit ist er viel unterwegs. Seit 2011 steht Südostasien im Fokus seiner Arbeit. Er hat Storys zu Thailand, Laos, Kambodscha, Birma und den Philippinen veröffentlicht. Vor seiner Arbeit als Fotojournalist hat Julius zunächst visuelle Kommunikation und Grafikdesign und später Fotojournalismus und dokumentarische Fotografie studiert. Er verdient ortsunabhängig Geld, indem er fotojournalistisch für verschiedene Nachrichtenseiten arbeitet. Mehr zu Julius erfährst du unter folgendem Link: http://www.juliusschrank.com/about.[43]

---

43 Quellen: http://www.juliusschrank.com/about und https://www.linkedin.com/in/juliusschrank-5276ab47, abgerufen am 05.08.2018.

WOMIT KANNST DU ORTSUNABHÄNGIG GELD VERDIENEN? – EINIGE IDEEN

Beschäftigungsformen: Du kannst entweder als Freelancer für verschiedene Auftraggeber arbeiten, Angestellter einer Firma sein, die es dir ermöglicht ortsunabhängig zu arbeiten, oder du wirst unternehmerisch tätig. Mögliche Arbeit- / Auftraggeber sind: Zeitungen, Magazine, das Fernsehen, Nachrichtenagenturen oder Pressestellen von Wirtschaftsunternehmen. In Kapitel 6 findest du verschiedene Jobportale, die sich auf ortsunabhängiges Arbeiten spezialisiert haben.

Die folgenden Zeilen geben dir ein paar Ideen an die Hand, wie du ortsunabhängig mit diesem Beruf Geld verdienst. Der Abschnitt ist bewusst kurzgehalten, da viele der Ideen bereits in Kapitel 3 angesprochen wurden. Solltest du an der ein oder anderen Stelle den Wunsch nach mehr Inhalt verspüren, blättere einfach nochmal zum Anfang zurück. Nähere Informationen, wie du Themen für Bücher und Online-Kurse findest, erhältst du in Kapitel 5. Schau außerdem gerne auf unserem Blog vorbei, für alle genannten Tools und Ressourcen im Überblick: https://new-work-life. com/portfolio/fotojournalist.

Biete deine Leistungen als Fotojournalist externen Auftraggebern an

Entwickle z. B. Konzepte für Fotoreportagen, oder unterstütze andere Fotojournalisten, indem du Bilder für sie bearbeitest. Vermarkte deine Leistungen über eine eigene Website und über Online-Marktplätze wie z. B. Upwork.com, Freelance.de, Twago.de und ggf. Fiverr.com.

Schieß (journalistische) Fotos zu aktuellen und nachgefragten Themen

Verkaufe deine Fotos über eine eigene Website und/oder über Stockplattformen wie z. B. Shutterstock, Adobe Stock, iStock, Alamy, Envato Market und 123rf. Neben Fotos kannst du über diese Stockplattformen auch (journalistische) Videos verkaufen. Stockplattformen sind Online-Marktplätze, auf denen verschiedene Anbieter Produkte wie Fotos, Bilder, Vektoren, Videos, Audiodateien, Computercode, etc. anbieten. Die erbrachten Produkte werden dabei „auf Lager" produziert, d. h. sie entstehen ohne Beauftragung. Die Produkte auf Stockplattformen können vom Käufer gegen Zahlung einer Lizenzgebühr für vielseitige Zwecke, z. B. für den Einsatz in Film, TV, Radio, etc. eingesetzt werden.

Erstelle ein Fotobuch zu einem bestimmten Ereignis
Das Ereignis kann sozialer, politischer oder auch privater Natur sein. Überleg dir, welche Ereignisse auch in Zukunft noch von Interesse sein werden und wähle darauf basierend das Thema für dein Fotobuch aus. Nutze zur Erstellung und Veröffentlichung deines Fotobuches einen spezialisierten Anbieter wie z. B. epubli. Diese Anbieter haben sich auf den Selbstverlag (Self-Publishing), d. h. die Veröffentlichung eines Buches durch den Autor selbst, ohne Beteiligung eines Verlages spezialisiert und bieten sog. Druck on Demand an. Beim Druck on Demand-Verfahren wird dein Buch erst gedruckt, wenn es bestellt wird. Du trägst daher keinerlei Risiko, auf deinem Lagerbestand „sitzen zu bleiben", wenn du dein Buch nicht verkaufen solltest. Beide Anbieter kooperieren mit Amazon, so dass dein Buch eine Vielzahl potenzieller Käufer erreicht.

Biete an deinem aktuellen Aufenthaltsort „Erlebnisse" an
Das kann z. B. eine Fotoentdeckungstour sein, die den Teilnehmern die besten Foto-Spots in der Stadt zeigt.

Stelle deine Fotos in einer virtuellen Galerie aus
Biete deine Fotos über eine virtuelle Galerie zum Kauf an. Eine virtuelle Galerie ist eine Galerie, die die Kunst verschiedener Künstler virtuell in 3D über eine Galerie-Website ausstellt. Besucher der Website können sich die Werke verschiedener Künstler in der Galerie anschauen, Kontakt zu den Künstlern aufnehmen oder an Vernissagen von neuen Ausstellungen teilnehmen. Ein Beispiel für eine virtuelle Galerie ist die Virtual Gallery (https://www.virtualgallery.com).

Entwickle und verkaufe Online-Kurse
Wie wäre es z. B. mit einem Kurs zum Thema Drohnenfotografie und -videografie („Fotografie und Videografie mithilfe einer Drohne") oder einem Kurs zu bestimmten Fotografensoftwareprogrammen wie z. B. Gimp („Gimp für Beginner – Lerne die Grundlagen" oder „Gimp für Hobbyfotografen – Wie du eine optimale Farbgebung erzielst, ohne dein Bild künstlich aussehen zu lassen")? Alternativ kannst du auch einen Kurs entwickeln, der angehenden Fotojournalisten beibringt, wie man Fotoreportagen erstellt.

Leg ein Profil bei einer Crowdfunding-Plattform an
Lass dich von deinen Fans z. B. auf der Crowdfunding-Plattform Patreon. com finanziell unterstützen.

Notebook, Smartphone, Digitalkamera

SOFTWARE:
- Office: z. B. Microsoft Office oder Google Docs
- Kommunikation: z. B. Skype, WhatsApp, Slack, Gmail
- Website / Webshop: z. B. WordPress oder Shopify
- Cloudbasierte Datenspeicherung: z. B. Dropbox oder Google Drive
- Bildbearbeitung: z. B. Adobe Adobe Photoshop, Adobe Adobe Photoshop Lightroom oder Gimp (kostenlos)

BÜCHER UND TUTORIALS:
- Buch: „Handbuch des Fotojournalismus: Geschichte, Ausdrucksformen, Einsatzgebiete und Praxis", von Lars Bauernschmitt und Michael Ebert
- Buch: „Fotojournalismus (Praktischer Journalismus)", von Julian J. Rossig
- Tutorial: „FOTOGRAFIE 1X1 - Der Fotografiekurs. Die beste Möglichkeit in die Welt der Fotografie einzutauchen mit vielen praktischen Beispielen, Tipps und Tricks", von Matthias Butz, auf Udemy
- Tutorial: „Die Basics der digitalen Fotografie. Lernen Sie Ihre Kamera kennen und beherrschen Sie alle Funktionen!", von Paul Cybulska, auf Udemy

Detaillierte Informationen zu Tools und Ressourcen, die dir helfen können, ein ortsunabhängiges Einkommen aufzubauen, findest du auf unserem Blog unter: https://new-work-life.com/portfolio/fotojournalist.

HIER FINDEST DU WEITERE INFORMATIONEN

DFJ - Deutscher Foto-Journalisten Verband: https://www.dfj-ev.de

4.12 GAME DESIGNER

Als Game Designer (oder auch Spieledesigner) entwickelst du Computerspiele. Du erarbeitest Spielkonzepte, planst die Narration und erschaffst virtuelle Welten mit lebendig wirkenden Charakteren. Du bist von der ersten Idee bis zur technisch kreativen Umsetzung an allen Entwicklungsschritten eines Spiels beteiligt. Diese Entwicklung kann sowohl im Team als auch durch dich alleine geschehen.

WAS SIND MÖGLICHE AUFGABEN?

- Spielkonzepte entwickeln
- Spiegelfiguren, Landschaften und Effekte entwerfen
- Geschichte und Spielablauf gestalten
- Spiel programmieren
- Fertiges Spiel testen und Fehler beheben
- Spiel weiterentwickeln

WELCHE AUSBILDUNG BENÖTIGST DU?

Um als Game Designer zu arbeiten, benötigst du grundsätzlich keine spezielle Ausbildung. Das liegt auch daran, weil der Beruf nicht geschützt ist. Entsprechend gibt es keine klassische, staatlich geregelte Ausbildung. An einigen Universitäten und Fachhochschulen gibt es Studiengänge, die dir das nötige Wissen vermitteln. Zusätzlich gibt es private Schulen, an denen du ein meist kostenpflichtiges Studium zum Game Designer absolvieren kannst, z. B. an der University of Applied Sciences Europe.

WELCHE FÄHIGKEITEN SOLLTEST DU MITBRINGEN?

- Kreativität
- Genauigkeit und Strukturiertheit
- Prozessuales Denken
- Technikaffinität
- Kommunikation (insbesondere, wenn du Spiele im Team entwickelst)

UNSER ROLEMODEL FÜR DEN BERUF DES GAME DESIGNERS

Name: Adriel Wallick
Unternehmen: Adriel Wallick – MsMinotaur
Homepage: https://msminotaur.com

Adriel ist eine selbständige Game Designerin für Indie-Games. Neben ihren Spielen ist sie bekannt für ihr jährliches Game Jam *Train Jam* und ihre Challenge *A game a week*, bei der sie jede Woche ein neues Spiel produziert und gelauncht hat. Aufgewachsen ist Adriel im ländlichen Pennsylvania in den USA. An der Boston University hat sie Elektrotechnik auf Bachelor studiert. Nach ihrem Studium arbeitete sie zunächst auf Angestelltenbasis für zwei Technologieunternehmen. Hier war sie an der Entwicklung von Satelliten beteiligt. Neben der Arbeit folgte sie ihrer Passion und brachte sich im Selbststudium Game Design bei. Als sie genug Wissen angesammelt hatte, wechselte sie die Branche und arbeitete fortan für bekannte Spielehersteller in der Gaming Industrie. Hier hat sie unter anderem am Spiel *Rock Bank Blitz* mitgewirkt. Nachdem sie einige Zeit in der Branche tätig war, entschied sie auszusteigen und ihren eigenen Weg als Indie Game Designer zu verfolgen. Adriel verdient ortsunabhängig Geld, indem sie online ihre Spiele verkauft und als Freelancer für externe Auftraggeber arbeitet.[44]

WOMIT KANNST DU ORTSUNABHÄNGIG GELD VERDIENEN? – EINIGE IDEEN

Beschäftigungsformen: Du kannst entweder als Freelancer für verschiedene Auftraggeber arbeiten, Angestellter einer Firma sein, die es dir ermöglicht ortsunabhängig zu arbeiten, oder du wirst unternehmerisch tätig. In Kapitel 6 findest du verschiedene Jobportale, die sich auf ortsunabhängiges Arbeiten spezialisiert haben.

Die folgenden Zeilen geben dir ein paar Ideen an die Hand, wie du ortsunabhängig mit diesem Beruf Geld verdienst. Der Abschnitt ist bewusst kurzgehalten, da viele der Ideen bereits in Kapitel 3 angesprochen wurden. Solltest du an der ein oder anderen Stelle den Wunsch nach mehr Inhalt verspüren, blättere einfach nochmal zum Anfang zurück. Nähere Informationen, wie du Themen für Bücher und Online-Kurse findest, erhältst du in Kapitel 5. Schau außerdem gerne auf unserem Blog vorbei, für alle genannten Tools und Ressourcen im Überblick: https://new-work-life. com/portfolio/game-designer.

Übe deine Kerntätigkeit aus

Du kannst deine Kerntätigkeit als Game Designer ohne Probleme ortsunabhängig ausüben, denn dein Berufsbild ist virtueller Natur.Biete deine Leistungen als Game Designer z. B. großen Entwicklungsstudios und Spieleherstellern an. Sofern du über passable Englischkenntnisse

---

44 Quellen: http://msminotaur.com/?page_id=782 und http://msminotaur.com/?page_id=871, abgerufen am 28.08.2018.

verfügst, ziehe auch den englischsprachigen Raum für potenzielle Jobs in Erwägung.

Programmiere eigene PC-Spiele

Vertreibe deine (finalen und/oder beta-stage) Games online über eine eigene Website und/oder über folgende Drittanbieter: Für Android Mobile Games nutze Android Appstores wie z. B. Google Play und Amazon Appstore, für Apple Games nutze den Apple Appstore (Apple App Store). Für PC Games kannst du Online-Plattformen wie z. B.: Steam (Store.steampowered.com), Itch.io, Game Jolt.com, etc. für die Vermarktung verwenden.

Entwickle eine Software für Professionals in der Videospieleindustrie

Die Software sollte ein Problem lösen, das z. B. häufig beim Planen, Konzipieren, Designen, Entwickeln, und/oder Testen von Videospielen auftritt. Nutze am besten deinen eigenen Erfahrungsschatz und frag dich, an welchen Stellen im Produktionsprozess am häufigsten Fehler auftreten, Zeit verschwendet wird oder Kosten entstehen. Vielleicht findest du darüber schon eine Idee für ein Tool. Vermarkte deine Software über eine eigene Website (z. B. mithilfe Elopage.com, einem Content Management System für digitale Produkte) und/oder über Online-Plattformen wie z. B. Steam, Fantero, Envato Market, Codester und Codeclerks. Du kannst deine Software entweder als Lizenzmodell vertreiben oder du entscheidest dich für den klassischen Verkauf, bei dem du alle Rechte an den Käufer abtrittst.

Gestalte (Video-)Animationen, Illustrationen, Grafiken und 3D-Inhalte

Orientiere dich bei der Gestaltung an deinen Vorlieben und gemäß der Nachfrage am Markt. Verkaufe deine Werke online über eine eigene Website und/oder über Stockplattformen wie z. B. Shutterstock, Adobe Stock, iStock, Alamy, DesignCuts und 123rf. Stockplattformen sind Online-Marktplätze, auf denen verschiedene Anbieter Produkte wie Fotos, Bilder, Vektoren, Videos, Audiodateien, Computercode, etc. anbieten. Die erbrachten Produkte werden dabei „auf Lager" produziert, d. h. sie entstehen ohne Beauftragung. Die Produkte auf Stockplattformen können vom Käufer gegen Zahlung einer Lizenzgebühr für vielseitige Zwecke, z. B. für den Einsatz in Film, TV, Radio, etc. eingesetzt werden.

Verkaufe die Nebenprodukte, die während der Produktion eines Videospieles anfallen

Das kann z. B. Quellcode für bestimmte Funktionen oder Anwendungen wie z. B. kleinere Spiele sein oder aber 2D-Bilder, 3D-Bilder, Animationen, etc. Verkaufe deine Nebenprodukte über entsprechende Online-Marktplätze wie z. B. Shutterstock, Adobe Stock, iStock, Alamy, DesignCuts, 123rf, Fantero, Envato Market, Codester oder Codeclerks.

Entwirf Designs

Du kannst Designs für T-Shirts, Hoodies, Tassen, Babystrampler, Handyhüllen etc. entwerfen (ggf. auf Basis von Figuren, die du für ein Video Game erfunden hast). Verkaufe die von dir gestalteten Kleidungsstücke und Accessoires mithilfe von Druck on Demand-Anbietern wie z. B. Spreadshirt, Shirtee und Merch by Amazon. Druck on Demand-Anbieter stellen dir eine Plattform zur Verfügung, über die du Kleidung und Accessoires mit deinen Designs ausstatten, deine fertigen Produkte vermarkten und bei Bestellung produzieren lassen kannst. Die Produkte werden von den Druck on Demand-Anbietern hergestellt und nur auf Bestellung produziert. Du trägst daher keinerlei Risiko, auf deinem Lagerbestand „sitzen zu bleiben", wenn du deine Produkte nicht verkaufen solltest.

Erstelle Druckvorlagen aus deinen Grafiken und Illustrationen

Biete die Vorlagen zum kostenpflichtigen Download an. Du könntest z. B. Druckvorlagen für Poster, Bilder, Einladungskarten, Dekoartikel, etc. anfertigen. Die Vorlagen kannst du über deine eigene Website und/oder über Onlineshops wie z. B. Etsy, Amazon und Adobe Stock verkaufen. Über einige der eShops kannst du auch personalisierte Druckvorlagen anbieten.

Entwickle und verkaufe Online-Kurse

Du könntest z. B. einen Kurs kreieren, der zeigt, wie man PC Spiele konzipiert, wie man Ideen findet, wie man Spielabläufe strukturiert, wie man Figuren und Handlungsabläufe erschafft, etc. Alternativ kannst du einen Kurs entwickeln, der kreativer Natur ist und dem Zuschauer erklärt, wie das grafische Layout eines Spiels entworfen wird, wie Figuren gezeichnet und animiert werden, wie visuelle Effekte erzielt werden, etc. Oder du machst einen Kurs, der sich explizit mit der technischen Umsetzung eines Spiels befasst. In diesem Kurs könntest du darstellen, wie das Spiel programmiert und getestet wird.

Gründe eine Online Academy

Bilde angehende Spieledesigner aus, ggf. mit Zertifizierung nach erfolgreichem Abschluss der Academy. Die Zertifizierung könnte als eine Art Gütesiegel dienen, denn für den Beruf als Spieledesigner gibt es keine offizielle Ausbildung. In der Academy gibst du deinen Schülern das nötige Rüstzeug an die Hand, damit sie nach ihrer Ausbildung erfolgreich als Spieledesigner durchstarten und mit ihren neu erworbenen Kenntnissen Geld verdienen können.

Leg ein Profil bei einer Crowdfunding-Plattform an

Lass dich von deinen Fans z. B. auf der Crowdfunding-Plattform Patreon. com finanziell unterstützen.

Setz einen Livestream auf, der dich bei der Produktion deiner Video Games zeigt

Über den Livestream können Interessierte dir z. B. Hobby-Spieledesigner, Videospielinteressierte oder andere Professionals bei deiner Arbeit über die Schulter schauen und sich mit dir im Chat austauschen.

STARTER TOOLKIT – DAS BRAUCHST DU, UM LOSZULEGEN

Notebook, Smartphone

SOFTWARE:
- Office: z. B. Microsoft Office oder Google Docs
- Kommunikation: z. B. Skype, WhatsApp, Slack, Gmail
- Website / Webshop: z. B. WordPress oder Shopify
- Projektmanagement: z. B. Trello
- 2D- und 3D-Designs erstellen: z. B. Google SketchUp
- 2D-Computerspiele entwickeln (Game Engine): z. B. Construct 2 (für Anfänger)
- 3D-Computerspiele entwickeln (Game Engine): z. B. Unreal Engine und/oder Godot Engine

BÜCHER UND TUTORIALS:
- Buch: „Die Kunst des Game Designs", von Jesse Schell
- Buch: „Design Patterns für die Spieleprogrammierung", von Robert Nystrom
- Tutorial: „Become a Game Designer the Complete Series Coding to Design Learn Unity, 3D game design, 2D game design, coding, C#, game development, 3D animation, game programming, Unity3D", von School of Game Design, auf Udemy
- Tutorial: „The Board Game Developer - Become A Game Design Ninja", von Yann Burrett, Rick Davidson, GameDev.tv by Ben Tristem, auf Udemy

Detaillierte Informationen zu Tools und Ressourcen, die dir helfen können, ein ortsunabhängiges Einkommen aufzubauen, findest du auf unserem Blog unter: https://new-work-life.com/portfolio/game-designer.

4.13 GHOSTWRITER

Als Ghostwriter schreibst du Texte für andere Personen nach deren Wahl und Angaben. Im Gegensatz zu einem Lektor oder Korrektor bearbeitest du jedoch keine in Teilen oder bereits komplett angefertigten Ausführungen deines Kunden, sondern erstellst die Texte von Grund auf selbst. Sobald das verfasste Werk fertig ist, überschreibst du sämtliche Rechte an deinen Auftraggeber – du wirst also als eigentlicher Verfasser der Schriften anonym bleiben und kannst nicht mehr ohne Weiteres ausfindig gemacht werden.

WAS SIND MÖGLICHE AUFGABEN?
- Wünsche des Auftraggebers aufnehmen
- Informationen zu Aufträgen recherchieren
- Texte schreiben, überarbeiten und überprüfen
- Anmerkungen und Kritik des Auftraggebers einarbeiten
- Informiert bleiben und relevante Blogs und Publikationen verfolgen

WELCHE AUSBILDUNG BENÖTIGST DU?
Um als Ghostwriter zu arbeiten, benötigst du keine spezielle Ausbildung. Entscheidend ist, in welchem Fachbereich du aktiv sein möchtest. Je mehr Wissen du in diesem Feld hast, desto besser. Um deine Dienste optimal zu vermarkten ist es hilfreich, wenn du eine entsprechende Reputation nachweisen kannst, sei es durch ein Studium oder durch Publikationen in eigenem Namen. Gute Grundlagen sind ein journalistisches Studium sowie fundiertes Grundwissen im technisch-wissenschaftlichen, wirtschaftlichen oder politischen Bereich. Gerade, wenn es um wissenschaftliche Abhandlungen geht, erwarten die Auftraggeber eine gewisse Vorbildung ihres Ghostwriters.

WELCHE FÄHIGKEITEN SOLLTEST DU MITBRINGEN?
- Sehr gute rhetorische Fähigkeiten (vor allem schriftlich)
- Verschwiegenheit
- Fundiertes Allgemeinwissen
- Schnelle Auffassungsgabe
- Strukturiertheit

UNSER ROLEMODEL FÜR DEN BERUF DES GHOSTWRITERS

Name: Annette Piechutta
Unternehmen: ghostwriterin.com
Homepage: https://ghostwriterin.com
Kontakt: ihre@ghostwriterin.com |
Xing: Annette_Piechutta2

Annette ist selbständige Ghostwriterin – und nein, sie hat nicht unser Buch geschrieben. ;-) Theoretisch hätte sie es aber tun können, da sie auch das Schreiben beziehungsweise die Unterstützung von Sachbüchern anbietet. Ihr Fokus liegt jedoch auf dem Schreiben von autobiografischen Romanen.

Bevor Annette den Weg in die Freiberuflichkeit eingeschlagen hat, hat sie viele Jahre in der Werbung gearbeitet. Ihre Schwerpunkte waren Marketing und PR sowie Kongressorganisation. Gleichzeitig war sie Ghostwriterin des Präsidenten einer mittelständischen Vereinigung und hat für ihn wirtschaftspolitische Reden geschrieben. Ihr Traum war jeher, vom Schreiben leben zu können. Diesen hat sie sich durch ihre freiberufliche Tätigkeit erfüllt.

Ihre Freunde und Familie sagen über Annette, dass sie zuverlässig und ehrgeizig sei (was sie lieber mit „zielorientiert" übersetzt). Zudem sei sie sehr ordentlich, ein Punkt, mit dem sie selbst manchmal hadert und sich bisweilen wünscht, lässiger zu sein.

Annette lebt und arbeitet in Petersberg bei Fulda und hat dort unsere Fragen aus dem Home-Office beantwortet.

INTERVIEW MIT ANNETTE PIECHUTTA VON GHOSTWRITERIN.COM

Wie verdienst du dein Geld als Remote Worker?

Meine Haupteinnahmequelle liegt im Schreiben von Biografien/Erfahrungsberichten für andere „Autoren". Sie geben mir ihr Wissen und ich mache daraus ein Manuskript, das sich authentisch, einfühlsam und spannend liest. Handelt es sich um ein Sachbuch in Form eines Ratgebers, versuche ich die Themen informativ und gut lesbar rüberzubringen.

Wie bist du auf die Ideen für deinen Service gekommen? Hast du dabei eine bestimmte Methodik verfolgt?

Die Inspiration bekam ich durch das Internet. Plötzlich tauchten Ghostwriter auf. Eine Kollegin in Berlin war eine der ersten, sehr erfolgreichen „Geisterschreiber", die für sich selbst den Begriff der „Biografikerin" prägte. An ihr orientierte ich mich, ging dann aber einen eigenen Weg, indem ich mich auf den autobiografischen Roman konzentrierte und den sogenannten Erfahrungsbericht.

Wie lange hat es gedauert, bis du deine ersten 1.000 Euro an monatlichem Einkommen durch deine ortsunabhängige Arbeit generiert hast?

Meine ersten 1.000 Euro konnte ich sogleich im ersten Monat meiner Selbständigkeit generieren. Ich fordere einen Teil meines Honorars im Voraus ein, weitere Abschläge folgen im Laufe der Zusammenarbeit. So vermeide ich finanzielle Engpässe.

Wie hast du deine ersten Kunden gefunden, mit denen du remote zusammengearbeitet hast?

Meine ersten Kunden fand ich durch Kleinanzeigen in überregionalen Tageszeitungen. Mittlerweile läuft alles über das Internet.

Wie findest du neue Kunden?

Meine Kunden finde ich über das Internet, das heißt, sie finden mich. Hier hilft mir mein Internetauftritt, den ich – gemeinsam mit Experten – versucht habe, schnörkellos und informativ zu gestalten.

Was war deine Motivation, ortsunabhängig zu arbeiten?

Meine Motivation war in erster Linie, vom Schreiben zu leben und unabhängig von einem Arbeitgeber zu sein. Vor 16 Jahren, als ich mich selbständig machte, war remote noch kein Thema, jedenfalls stand es noch nicht im Fokus der Öffentlichkeit. Ich arbeitete dank moderner Technik ganz selbstverständlich „mobil" und „ortsunabhängig" (Besuche beim Kunden, Übernachtungen in Hotels = Vorarbeit, Arbeit im ICE). Später erst gab es einen Namen dafür.

Was waren deine größten Herausforderungen, um ein Remote-Einkommen zu generieren und wie hast du diese bewältigt?

Die größte Herausforderung war das Marketing für mich als Person. Mich als „Marke" bekannt zu machen. Ich bin sehr extrovertiert, das half mir, denn man muss auf Menschen zugehen können.

Die zweite Herausforderung war, die festen Kosten, sprich Miete zu minimieren. Ich lebte in München! Die Mietpreise waren damals schon astronomisch. Da ich als Freiberufler mein Einkommen ausschließlich an meiner Leistung und nicht an meinen Kosten festmachen kann, zog ich um. Meine Heimat Petersberg bzw. Fulda (ich bin dort geboren) schien mir ideal, da in der Mitte Deutschlands gelegen, mit bezahlbarem Wohnraum und hohem Freizeitwert.

Wie sieht ein normaler Arbeitstag in deinem Leben als Remote Worker aus? Hast du eine tägliche Routine?
Ich arbeite sehr diszipliniert, habe feste Arbeits- und Ruhezeiten, das gilt auch für meine telefonische Erreichbarkeit. Mein Telefon ist oft aus und ich höre die eingegangenen Nachrichten zu bestimmten Zeiten ab.

Am liebsten schreibe ich in meinem Büro, im Dachgeschoss unseres Hauses und mit Blick über Fulda. Ich schätze die Ruhe, das „richtige" Licht, die „richtige" Arbeitsatmosphäre.

Was sind die Vor- und Nachteile ortsunabhängiger Arbeit aus deiner Sicht?
Ich sehe eigentlich nur Vorteile im ortsunabhängigen Arbeiten, vorausgesetzt, derjenige ist diszipliniert, arbeitet nach Jahresplan, Monatsplan, Wochenplan und Tagesplan. Gewisse Dinge müssen einfach erledigt sein, dann kann man auch guten Gewissens die Annehmlichkeiten seiner Umgebung oder das besonders schöne Wetter genießen.

Last but not least: Hast du noch weitere hilfreiche Tipps für unsere Leser?
Scheue dich nicht, zu Beginn der neuen Karriere über deine beruflichen Vorhaben zu reden, immer und überall. Es ist wichtig, seine Fähigkeiten ins rechte Licht zu rücken. Disziplin in den Vordergrund stellen, dann stimmt es finanziell und auch der Spaß kommt nicht zu kurz.

WOMIT KANNST DU ORTSUNABHÄNGIG GELD VERDIENEN? – EINIGE IDEEN

Beschäftigungsformen: Du bist in der Regel Freelancer und arbeitest für verschiedene Auftraggeber oder du bist unternehmerisch tätig. Mögliche Auftrag-/ Arbeitgeber sind z. B. Personen des öffentlichen Lebens, Blogger, Studenten, Hochschulprofessoren, wissenschaftliche Mitarbeiter, Unternehmer, Sportler, etc. In Kapitel 6 findest du verschiedene Jobportale, die sich auf ortsunabhängiges Arbeiten spezialisiert haben.

Die folgenden Zeilen geben dir ein paar Ideen an die Hand, wie du ortsunabhängig mit diesem Beruf Geld verdienst. Der Abschnitt ist bewusst kurzgehalten, da viele der Ideen bereits in Kapitel 3 angesprochen wurden. Solltest du an der ein oder anderen Stelle den Wunsch nach mehr Inhalt verspüren, blättere einfach nochmal zum Anfang zurück. Nähere Informationen, wie du Themen für Bücher und Online-Kurse findest, erhältst du in Kapitel 5. Schau außerdem gerne auf unserem Blog vorbei, für alle genannten Tools und Ressourcen im Überblick: https://new-work-life.com/portfolio/ghostwriter.

Führe bestimmte Kernaufgaben ortsunabhängig aus
Sieh dir die typischen Aufgaben eines Ghostwriters an und überlege dir, welche davon du ortsunabhängig ausüben kannst. Kannst du mit Kunden virtuell kommunizieren und sie beraten, indem du von Kommunikations- und Kollaborationsmedien wie Videotelefonie (z. B. Skype), Web-Konferenz (z. B. FreeConferenceCall), Desktop Sharing (z. B. Skype), Chat (z. B. Slack), E-Mail (z. B. Gmail) Gebrauch machst? Kannst du ortsunabhängig Bücher, wissenschaftliche Arbeiten, Blog-Artikel, etc. verfassen und deinen Kunden deine Werke digital (z. B. per E-Mail oder über Filesharing-Dienste) zukommen lassen? Vermarkte deine Leistungen über eine eigene Website und/oder über Online-Marktplätze wie z. B. Upwork.com, Freelance.de, Twago.de und ggf. Fiverr.com.

Schreibe (Blog-)Texte, Geschichten, Artikel, etc.
Such dir Themen, die dich als Person interessieren und für die ein Markt existiert. Verkaufe deine Texte über eine eigene Website und/oder auf Marktplätzen wie z. B. Textscout.de oder Contentworld.com.

Schreibe eigene Bücher
Veröffentliche deine Bücher mittels Self-Publishing. Verkaufe sie bei Anbietern wie z. B. Amazon, Thalia, Hugendubel, Mayersche, Osiandersche, buch.de, buecher.de, etc. Nutze zur Veröffentlichung deiner Werke Self-Publishing Dienste wie z. B. Amazon Kindle Direct Publishing (KDP), XinXii, BoD oder epubli. Mögliche Themen könnten z. B. sein: „Wie du erfolgreich als Ghostwriter durchstartest – Eine Schritt für Schritt Anleitung für Beginner" oder „Tipps und Tricks für etablierte Ghostwriter – Mehr Schreiben in kürzerer Zeit".

Gründe eine Online Academy
Bilde angehende Ghostwriter aus. In der Academy gibst du deinen Schülern

das nötige Rüstzeug an die Hand, damit sie nach ihrer Ausbildung erfolgreich als Ghostwriter durchstarten und mit ihren neu erworbenen Kenntnissen Geld verdienen können. Du kannst ihnen z. B. beibringen, wie Ghostwriting funktioniert, was beim Ghostwriting zu beachten ist, wie man den richtigen Schreibstil für verschiedene Typen von Auftraggebern findet, wie man Auftraggeber akquiriert, etc.

Entwickle und verkaufe Online-Kurse
Du könntest z. B. einen Kurs entwickeln, der anderen beibringt, wie man gute Texte schreibt oder ein Buch verfasst. Alternativ kannst du auch einen Kurs zum Thema Ghostwriting und/oder Kundenakquise kreieren. Wenn du mit spezieller (Schreib-)Software arbeitest, wäre eine weitere Möglichkeit die Entwicklung eines Kurses, der den Umgang mit der Software schult.

Erstelle Video-Tutorials im Auftrag für Dritte
Video-Tutorials sind ähnlich wie Buch-Ratgeber, nur dass das Endergebnis kein Buch, sondern ein Video ist. Potenzielle Auftraggeber eines Video-Tutorials können z. B. Softwareanbieter, Solopreneure oder Menschen, die sich einen Nebenverdienst aufbauen wollen, sein. Wenn du nicht weißt, wie du professionell aussehende Videos erstellst, fokussiere dich auf das Verfassen von Videoskripten und source die Produktion an einen Dienstleister aus. Videoskripte dienen als Grundlage für die Videoproduktion und sind daher wichtiger Bestandteil von Video-Tutorials.

STARTER TOOLKIT – DAS BRAUCHST DU, UM LOSZULEGEN

Notebook, Smartphone, Audiorekorder für Interviews mit Auftraggebern

SOFTWARE:
* Office: z. B. Microsoft Office oder Google Docs
* Kommunikation: z. B. Skype, WhatsApp, Slack, Gmail
* Website / Webshop: z. B. WordPress oder Shopify
* Ghostwriting: z. B. Scrivener oder Papyrus Autor
* Brainstorming: z. B. MindMeister
* Füllwörter im Text finden: z. B. Letter Factory
* „Heiße Luft" in Texten finden: z. B. BlaBlaMeter
* Rechtschreibung prüfen: z. B. Rechtschreibpruefung24
* Synonyme finden: z. B. Openthesaurus

BÜCHER UND TUTORIALS:

- Buch: „Goodbye Byline, Hello Big Bucks: Make Money Ghostwriting Books, Articles, Blogs and More", von Kelly James-Enger
- Buch: „Make Money As A Ghostwriter: How to Level Up Your Freelancing Writing Business and Land Clients You Love", von Sally Miller und Cruz Santana
- Buch: „Heute schon geschrieben? Gesamtedition/Set: bestehend aus Band 1 und Band 2 - Ein Schreibratgeber mit vielen Schreibtipps (Heute schon geschrieben? / Mit Profitipps zum Bucherfolg, Band 1 und 2)", von Diana Hillebrand
- Buch: „Vier Seiten für ein Halleluja: Schreibratgeber", von Hans Peter Roentgen
- Buch: „Die 50 Werkzeuge für gutes Schreiben: Handbuch für Autoren, Journalisten, Texter", von Roy Peter Clark

Detaillierte Informationen zu Tools und Ressourcen, die dir helfen können, ein ortsunabhängiges Einkommen aufzubauen, findest du auf unserem Blog unter: https://new-work-life.com/portfolio/ghostwriter.

HIER FINDEST DU WEITERE INFORMATIONEN

Verband deutscher Schriftstellerinnen und Schriftsteller https://vs.verdi.de

4.14 GRAFIKDESIGNER

Als Grafikdesigner gestaltest du visuelle Inhalte für verschiedene Medien und arbeitest in der Regel für Unternehmen. Du entwickelst kreative Ideen und Konzepte und wählst geeignete Medien zur Umsetzung aus. Exemplarische Medien sind Logos, Briefpapier, Prospekte, Kataloge, Werbeanzeigen, Produktverpackungen oder Websiteinhalte. Zur Erstellung deiner Grafiken nutzt du Zettel und Stift sowie moderne Softwareprogramme für Gestaltung und Bildbearbeitung.

WAS SIND MÖGLICHE AUFGABEN?

- Kundenanforderungen aufnehmen
- Kunden bzgl. Zielgruppen Targeting beraten, d. h. eine Strategie entwickeln, die aufzeigt, wie die Zielgruppe des Kunden am besten erreicht werden kann

- Gewünschte „Message" des Designs mit dem Kunden abstimmen
- Grafikentwürfe für gewünschte Produkte erstellen und dem Kunden präsentieren
- Feedback zu Entwürfen einholen und in Entwürfen verarbeiten
- Corporate Design Guidelines mit Unternehmensfarben, Schriftarten, Logo, Layouts, etc. für Kunden erstellen
- Fertige Grafikdesigns drucken und/oder in entsprechenden digitalen Formaten bereitstellen
- Selbstvermarktung und Networking

WELCHE AUSBILDUNG BENÖTIGST DU?

Die Berufsbezeichnung Grafikdesigner ist gesetzlich nicht geschützt. Um Grafikdesigner zu werden, empfiehlt es sich dennoch, die staatlich anerkannte Ausbildung zum Grafikdesigner oder Kommunikationsdesigner zu absolvieren. Die Ausbildung dauert i.d.R. drei Jahre und ist rein schulisch. Alternativ zur Ausbildung gibt es auch entsprechende Studiengänge.

WELCHE FÄHIGKEITEN SOLLTEST DU MITBRINGEN?

- Kreativität und Interesse an Design
- Gutes Kommunikationsvermögen
- Analytische Denkweise
- Fähigkeit, sich selbst und seine Arbeit zu vermarkten
- Detailgenauigkeit

UNSER ROLEMODEL FÜR DEN BERUF DES GRAFIKDESIGNERS

Name: Magdalena Theis
Unternehmen: Magdalena Theis Design
Homepage: http://www.magdalenatheis.com
Kontakt: hello@magdalenatheis.com

Magdalena (Maggi) ist als Grafikdesignerin selbständig und arbeitet parallel auf freiberuflicher Basis für eine Agentur in München. Die Verbindung zu der Agentur besteht bereits seit langem und gibt Maggi eine gewisse Stabilität im Freelancersein. Ein großer Vorteil dieser Zusammenarbeit ist, dass Maggi nicht bei der Agentur vor Ort sein muss, sondern von überall aus arbeiten kann. Das hat sie mit ihrem Auftraggeber vereinbart, denn sie wollte nicht gezwungen in München leben müssen, nur weil dort die Arbeit ist.

Maggi hat einen Abschluss in Grafikdesign und Kommunikationsmanagement in Innsbruck gemacht und einen Bachelor in Kunstgeschichte von der Ludwig-Maximilians-Universität München erworben. Bereits während ihres Studiums hat sie begonnen als freiberufliche Grafikdesignerin zu arbeiten und sich so ihr Studium zu finanzieren.

Bedingt durch ihren frühen Gang in die Selbständigkeit, hat Maggi noch nie als Angestellte für ein Unternehmen gearbeitet, außer gelegentlich für studiumsbegleitende Praktika.

Ihre Freunde und Familie bezeichnen Maggi als spontane, abenteuerlustige und ein bisschen verrückte Person. Wobei letzteres nicht auf ihren geistigen Zustand referenziert. Aber aus mancher Sichtweise sei es numal verrückt, wenn man heute ein Flugticket kauft und erklärt, dass man vier Tage später nach Bali fliegt. Oder wenn man sich einen Van kauft, um damit den Sommer über durch Europa zu reisen und von unterwegs aus zu arbeiten.

Während wir mit ihr sprechen hält sie sich in ihrer Heimatstadt Innsbruck auf, wo sie einen kurzen Zwischenstopp eingelegt hat, bevor sie mit einem Van auf einen Roadtrip kreuz und quer durch Spanien geht.

INTERVIEW MIT MAGDALENA THEIS VON MAGDALENA THEIS DESIGN

Wie verdienst du dein Geld als Remote-Worker?

Ich biete Grafikdesign, Webdesign und Branding für Social Media an.

Wie bist du auf die Ideen für deine Services gekommen? Hast du dabei eine bestimmte Methodik verfolgt?

Ich bin ausgebildete Grafikdesignerin und biete Leistungen an, die für eine Grafikdesignerin selbstverständlich sind. Ich habe mir keine großartigen Gedanken darüber gemacht, was ich verkaufen oder anbieten könnte, sondern einfach das angeboten, was ich kann. Irgendwann habe ich dann mein Portfolio um Webdesign erweitert, weil ich daran interessiert war und viel mit Webdesignern zusammengearbeitet habe. Mir erschien die Nachfrage nach Webdesign sehr hoch und deshalb habe ich angefangen, es auch anzubieten.

Wie hast du deine ersten Kunden gefunden, mit denen du remote zusammengearbeitet hast?

Meine ersten Kunden habe ich über Upwork.com und Freelancer.com gefunden.

Wie findest du neue Kunden?

Für mich besteht eigentlich keine Notwendigkeit, mich aktiv zu vermarkten, da ich die meisten meiner Jobs über mein Netzwerk bekomme. Über Facebook erhalte ich auch immer wieder Anfragen. Es ist eine gute Sache, in Facebook-Gruppen präsent zu sein. Es gibt immer Leute, die dort um Hilfe bitten. Sie fragen Dinge wie „Ich habe dieses Logo und ich weiß nicht, wie ich das Problem beheben kann. Kann mir jemand helfen?" Und wenn man darauf antwortet, nehmen einen die Leute als Experten wahr und kommen auf dich zu, wenn sie ein Projekt haben, für das sie Hilfe suchen. In diesem Fall bezahlen sie auch den Service.

Ich antworte immer auf Projektanfragen, die für mich interessant klingen, egal ob ich gerade an einem Projekt arbeite oder nicht. Es kann immer sein, dass ein Projekt früher endet als erwartet und dann ist man froh, ein Projekt in der Pipeline zu haben.

Was war deine Motivation, ortsunabhängig zu arbeiten?

Hauptsächlich ging es mir dabei um meine persönliche Freiheit. Aber es war nicht so, dass ich einem Büro entkommen wollte, wie es bei vielen anderen Leuten der Fall ist.

Nach dem Studium bin ich mit meinem Rucksack gereist und habe währenddessen viele neue Leute kennengelernt. Ich mochte diese Art zu leben. Es war viel Party und ich liebte es zu reisen. Ich erkannte, dass ich das öfter machen wollte. Es war nie mein Plan, es für zehn Monate zu machen und dann nach Hause zurückzukehren, einen Job anzunehmen und all das. Ich liebte das Abenteuer und ich wollte immer wieder und wieder losziehen. Also musste ich mir meinen Wunsch irgendwie ermöglichen. Ich wusste, dass ich Kunden finden musste, die in der Lage waren, remote zu arbeiten.

Es war nicht nur das ständige Reisen, das mich begeistert hat, sondern auch die persönliche Freiheit, die es mir erlaubt, den Ort auszusuchen, an dem ich sein möchte. Ich möchte spontan entscheiden können, wo ich beispielsweise das nächste Wochenende verbringen will.

Wie hast du deine Remote-Karriere begonnen? Gab es irgendwelche Tools, die dir dabei geholfen haben, ortsunabhängig zu arbeiten?

Zu Beginn habe ich mich bei Upwork angemeldet, um Jobs zu finden, die ich remote erledigen konnte. Das hat mir geholfen, ein Vollzeitgehalt zu verdienen, obwohl es nicht gut bezahlt war. Durch Upwork konnte ich meine ortsunabhängige Karriere starten und es war cool, dort anzufangen. Aber ich bin kein großer Fan der Plattform. Es ist wirklich schwierig, gute

Kritiken zu bekommen, und es gibt viele Leute dort, die ihre Dienstleistungen anbieten, so dass sehr großer Wettbewerb besteht.

Für mich war es interessanter, Facebook-Gruppen beizutreten. Jeden Tag habe ich alle Jobbörsen für Remote Arbeit und Digitale Nomaden auf Facebook durchsucht. Ich habe auch die Plattform Dribbble ausprobiert, was eine Art Designer-Online-Portfolio ist. Dort gibt es eine Jobrubrik, bei der man „Remote" auswählen kann, sodass man nur Remote-Jobs angezeigt bekommt. Eine andere Plattform, die ich benutzt habe, heißt Toptal. Sie ist auch für Designer.

Neben den Jobbörsen habe ich ein Netzwerk aufgebaut, indem ich beispielsweise an Events wie der Nomad Cruise teilgenommen und Zeit mit vielen digitalen Nomaden verbracht habe. Dadurch habe ich viele Freunde gefunden und Beziehungen geknüpft. Heute erhalte ich den Großteil meiner Arbeit über mein Netzwerk und durch Mund-zu-Mund-Propaganda.

Welche drei Dinge würdest du vermeiden, wenn du die Zeit zurückspulen könntest?

Ich denke, dass ich nicht viel anders machen würde. Vielleicht habe ich am Anfang ein paar Fehler gemacht, aber alles in allem bereue ich nichts. Ich habe zu Anfang z. B. nicht viel darüber nachgedacht, wie ich meine Firma gründe, in welchem Land ich sie am besten registriere und dass ich meine eigenen Versicherungsbeiträge zahlen muss, wenn ich selbstständig bin. Ich denke, Leute die älter als ich sind und mehr Berufserfahrung haben, denken sicherlich eher über diese Fragen nach. Ich hingegen habe das nicht getan. Sagen wir mal, dass das meine größten Fehler waren. Insgesamt war mein Start aber ziemlich gut.

Was waren deine größten Herausforderungen, um ein Remote-Einkommen zu generieren und wie hast du diese bewältigt?

Am Anfang war meine größte Herausforderung, Kunden zu finden. Es war schwer für mich, geduldig zu sein und nicht davon auszugehen, dass ich gleich im ersten Monat 50 Kunden haben werde. Ich musste lernen, dass es Zeit braucht und ich musste lernen, meine Ungeduld zu zähmen.

Ich habe auch viel für wenig Geld gearbeitet. Wenn man Upwork nutzt, bekommt man keine großen Aufträge. Am Anfang arbeitet man für die Bewertungen, weil eine gute Bewertung die Sichtbarkeit auf der Plattform fördert. Man muss sich im Vorfeld gut überlegen, ob man ein Jahr lang in seine Präsenz auf Upwork investieren will und währenddessen für wenig Geld arbeitet, bis man seine Preise erhöhen kann. Ich habe es am Anfang so gemacht, würde es aus heutiger Sicht aber wahrscheinlich kein zweites Mal machen. Es gibt bessere Möglichkeiten Kunden zu finden.

Wie sieht ein normaler Arbeitstag in deinem Leben als Remote-Worker aus? Hast du eine tägliche Routine?

Eigentlich arbeite ich viel. Ich bin nicht wirklich eine Frühaufsteherin, dafür arbeite ich gelegentlich nachts. Normalerweise mache ich nach dem Aufstehen Sport, gehe eine Runde Laufen oder mache etwas anderes.

Dann gehe ich in der Regel in einen Coworking Space oder an einen Ort, von dem ich weiß, dass ich dort für ein paar Stunden konzentriert arbeiten kann. Das kann auch das Büro bei meinen Eltern oder ein anderer Ort sein. Normalerweise arbeite ich sechs bis acht Stunden am Tag. Manchmal werden es zwölf Stunden und dann nehme ich mir einen anderen Tag frei. Ich habe keine festgeschriebenen Arbeitszeiten.

Was sind die Vor- und Nachteile ortsunabhängiger Arbeit aus deiner Sicht?

Mir fallen keine wirklichen Nachteile ein. Das Gute am ortsunabhängigen Arbeiten ist, dass man überall arbeiten kann und flexibel ist. Wenn man selbstständig ist, ist man sogar sein eigener Chef. Man kann seine eigenen Entscheidungen treffen und darüber entscheiden, welche Arbeit man machen möchte. Das gilt natürlich im Allgemeinen für eine freiberufliche Tätigkeit: man muss nicht das tun, was andere einem sagen. Man kann immer das Projekt auswählen, das einem gefällt und dessen dahinterliegende Idee man unterstützen möchte.

Ein Nachteil ist manchmal, dass man zu viel Freiheit hat. Das erlebe ich selbst gerade. Ich bin aktuell an einem Punkt, an dem ich weiß, dass es für mich wirklich funktioniert und dass ich wirklich remote arbeiten kann. Meine Kunden sind mit meinem Lebensstil einverstanden und ich verdiene genug Geld. Ich habe einen Van und denke, dass ich nicht an einen bestimmten Ort gebunden bin. Manchmal ist das zu viel Freiheit, weil ich überall hingehen kann und es so viele interessante Orte auf der Welt gibt, dass es schwierig ist sich zu entscheiden, wohin man als nächstes gehen möchte.

Last but not least: Hast du noch weitere hilfreiche Tipps für unsere Leser?

Man muss zu Beginn wirklich geduldig sein. Remote zu arbeiten, bedeutet nicht, dass man sein Portfolio online stellt und die Arbeit dann von sich aus kommt. Man muss losziehen und seine Kunden aktiv suchen.

Man wird auch nicht reich, wenn man für drei oder vier Monate online arbeitet. Man wird auch nach einem Jahr nicht reich. Aber man kann seinen eigenen Weg gehen und an Projekten arbeiten, die einem gefallen. Eine weitere Empfehlung ist, zu versuchen, einen zweiten Einkommensstrom aufzubauen. Man darf sich nicht nur auf seine freiberufliche Tätigkeit verlassen, was letztlich ein Tausch von Zeit gegen Geld ist. Man sollte versuchen, sich ein passives Einkommen aufzubauen.

Remote zu arbeiten bedeutet auch nicht, dass man die ganze Zeit am Strand abhängt. Manchmal muss man sogar mehr arbeiten als in einem anderen Job. Aber es macht Spaß und es geht mehr darum, seiner Leidenschaft zu folgen und zu tun, was man wirklich mag. Man weiß auch, für wen und wofür man arbeitet.

Manchmal ist es auch einfach total uncool und sehr anstrengend. Aber dann wiederum kann es sein, dass man mit Meerblick arbeitet und dann weißt du wieder, warum du das alles machst.

WOMIT KANNST DU ORTSUNABHÄNGIG GELD VERDIENEN? – EINIGE IDEEN

Beschäftigungsformen: Du kannst entweder als Freelancer für verschiedene Auftraggeber arbeiten, Angestellter einer Firma sein, die es dir ermöglicht ortsunabhängig zu arbeiten, oder du wirst unternehmerisch tätig. Mögliche Arbeit- / Auftraggeber sind z. B. Werbe-, Medien- oder PR-Agenturen, Büros für Grafikdesign, Verlage, größere Unternehmen oder größere Druckereien. In Kapitel 6 findest du verschiedene Jobportale, die sich auf ortsunabhängiges Arbeiten spezialisiert haben.

Die folgenden Zeilen geben dir ein paar Ideen an die Hand, wie du ortsunabhängig mit diesem Beruf Geld verdienst. Der Abschnitt ist bewusst kurzgehalten, da viele der Ideen bereits in Kapitel 3 angesprochen wurden. Solltest du an der ein oder anderen Stelle den Wunsch nach mehr Inhalt verspüren, blättere einfach nochmal zum Anfang zurück. Nähere Informationen, wie du Themen für Bücher und Online-Kurse findest, erhältst du in Kapitel 5. Schau außerdem gerne auf unserem Blog vorbei, für alle genannten Tools und Ressourcen im Überblick: https://new-work-life. com/portfolio/grafikdesigner.

Führe bestimmte Kernaufgaben ortsunabhängig aus
Sieh dir die typischen Aufgaben eines Grafikdesigners an und überlege dir, welche davon du ortsunabhängig ausüben kannst. Kannst du mit Kunden,

Geschäftspartnern, Kollegen, etc. virtuell kommunizieren und sie beraten, indem du von Kommunikations- und Kollaborationsmedien wie Videotelefonie (z. B. Skype), Web-Konferenz (z. B. FreeConferenceCall), Desktop Sharing (z. B. Skype), Chat (z. B. Slack), E-Mail (z. B. Gmail) Gebrauch machst? Kannst du ortsunabhängig Grafikdesigns entwickeln und deinen Kunden digital (z. B. über E-Mail oder Filesharing-Dienste) zukommen lassen? Vermarkte deine Leistungen über eine eigene Website und/oder über Online-Marktplätze wie z. B. Upwork.com, Freelance.de, Twago.de und ggf. Fiverr.com.

Gestalte Grafiken, Infografiken, Animationen, etc.

Verkaufe deine Werke online über eine eigene Website und/oder über Stockplattformen wie z. B. Shutterstock, Adobe Stock, iStock, Alamy, Envato Market, DesignCuts und 123rf. Stockplattformen sind Online-Marktplätze, auf denen verschiedene Anbieter Produkte wie Fotos, Bilder, Vektoren, Videos, Audiodateien, Computercode, etc. anbieten. Die erbrachten Produkte werden dabei „auf Lager" produziert, d. h. sie entstehen ohne Beauftragung. Die Produkte auf Stockplattformen können vom Käufer gegen Zahlung einer Lizenzgebühr für vielseitige Zwecke, z. B. für den Einsatz in Film, TV, Radio, etc. eingesetzt werden.

Entwirf Designs

Du kannst Designs für T-Shirts, Hoodies, Tassen, Babystrampler, Handyhüllen etc. entwerfen und sie mithilfe von Print on Demand-Anbietern wie z. B. Spreadshirt, Shirtee und Merch by Amazon auf Kleidungsstücke und Accessoires drucken. Print on Demand-Anbieter stellen dir eine Plattform zur Verfügung, über die du Kleidung und Accessoires mit deinen Designs ausstatten, deine fertigen Produkte vermarkten und bei Bestellung produzieren lassen kannst. Die Produkte werden von den Druck on Demand-Anbietern hergestellt und nur auf Bestellung produziert. Du trägst daher keinerlei Risiko, auf deinem Lagerbestand „sitzen zu bleiben", wenn du deine Produkte nicht verkaufen solltest.

Erstelle Druckvorlagen aus deinen Grafiken

Biete die Vorlagen zum kostenpflichtigen Download an. Du könntest z. B. Druckvorlagen für Einladungskarten, Dekoartikel zur Hochzeit oder zum Geburtstag, für Visitenkarten, Briefpapier, Flyer, etc. anfertigen. Die Vorlagen kannst du über deine eigene Website und/oder über Onlineshops wie z. B. Etsy, Amazon und Adobe Stock verkaufen. Über einige der eShops kannst du auch personalisierte Druckvorlagen anbieten.

Biete ein Online-Programm an

Unterstütze (Junior-)Grafikdesigner auf dem Weg in die Selbständigkeit. Inhalte deines Programmes könnten sein: Wie mache ich mich selbständig? Wie akquiriere ich meine ersten Kunden? Wie vermarkte ich mich und meine Leistungen? Wie binde ich Kunden langfristig an mich? Wie organisiere ich mein Tagesgeschäft? Wie betreibe ich erfolgreiches Networking? etc. Versorge Programmteilnehmer über die Dauer des Programmes regelmäßig mit Inhalten zu oben genannten Fragestellungen. Programmteilnehmer können sich während des Programmes untereinander in Online-Gruppen austauschen sowie Fragen stellen (an dich und untereinander).

Entwickle und verkaufe Online-Kurse

Wie wäre es z. B. mit einem Kurs zum Erlernen von spezieller Grafiksoftware wie Adobe Illustrator oder Adobe InDesign? Du könntest in einem solchen Kurs erklären, wie das jeweilige Programm funktioniert und wofür es benutzt wird. Weiterhin könntest du Aufgaben zum Üben in die Kurse integrieren, so dass bereits erste Erfahrungen im Umgang mit einem Programm gesammelt werden können.

Biete an deinem aktuellen Aufenthaltsort „Erlebnisse" an

Das kann z. B. Zeichenunterricht in einem Café sein.

Setz einen Livestream auf, der dich bei der Produktion deiner Grafikdesigns zeigt

Über den Livestream können dir Interessierte wie z. B. Hobby-Grafikdesigner oder andere Professionals bei deiner Arbeit über die Schulter schauen und sich mit dir im Chat austauschen.

Leg ein Profil bei einer Crowdfunding-Plattform an

Lass dich von deinen Fans z. B. auf der Crowdfunding-Plattform Patreon. com finanziell unterstützen.

STARTER TOOLKIT – DAS BRAUCHST DU, UM LOSZULEGEN

Notebook, Smartphone, Stifte, Zeichenpapier oder Sketchbuch

SOFTWARE:

- Office: z. B. Microsoft Office oder Google Docs
- Kommunikation: z. B. Skype, WhatsApp, Slack, Gmail
- Website / Webshop: z. B. WordPress oder Shopify

- Cloudbasierte Datenspeicherung: z. B. Dropbox oder Google Drive
- Bildbearbeitung: z. B. Adobe Photoshop oder Gimp (kostenlos)
- Illustrationen anfertigen: z. B. Adobe Illustrator
- Layout Design: z. B. Adobe InDesign
- 3D-Modellierung: z. B. Google SketchUp

BÜCHER UND TUTORIALS:

- Buch: „Gestaltung sehen und verstehen: Ihr schneller Überblick über alle Bereiche der Gestaltung – von den Designprinzipien bis zu Schrift und Farben", von Erika Vogl-Kis
- Buch: „Grafik und Gestaltung: Design und Mediengestaltung von A bis Z", von Markus Wäger
- Buch: „Wie Design wirkt: Prinzipien erfolgreicher Gestaltung – Werbe-Psychologie, visuelle Wahrnehmung, Kampagnen", von Monika Heimann und Michael Schütz
- Buch: „Get Graphic Design Clients: Pro-tips for Landing, Impressing & Keeping the Good Ones", von Wes McDowell
- Tutorial: „Graphic Design Bootcamp – Learn the essentials of Adobe Photoshop, Illustrator, and InDesign while designing real-world projects", von Derrick Mitchel, auf Udemy

Detaillierte Informationen zu Tools und Ressourcen, die dir helfen können, ein ortsunabhängiges Einkommen aufzubauen, findest du auf unserem Blog unter: https://new-work-life.com/portfolio/grafikdesigner.

HIER FINDEST DU WEITERE INFORMATIONEN

BDG Berufsverband der Deutschen Kommunikationsdesigner e.V.: http://bdg-designer.de

4.15 ILLUSTRATOR

Als Illustrator designst du Illustrationen unterschiedlicher Art wie z. B. Comics, Karikaturen, Animationen, Storyboards, Grafiken, visuelle Kampagnen, etc. Du erstellst deine Illustrationen entweder am Zeichentisch mit Stift und Papier oder digital am PC, mithilfe spezieller Softwareprogramme. Deine Stärke als Illustrator besteht darin, komplexe Sachverhalte mittels Illustration simpel und verständlich für Laien darzustellen. Hierfür beauftragen dich z. B. Zeitungen, Verlage und Medieninstitute.

WAS SIND MÖGLICHE AUFGABEN?

- Kundenanforderungen aufnehmen
- Gewünschte „Message" der Illustration mit dem Kunden abstimmen
- kreativ denken und Illustrationsideen brainstormen
- Skizzen anfertigen mit Zettel und Stift und am Computer mit Illustrationssoftware
- Entwürfe für gewünschte Produkte erstellen und dem Kunden präsentieren
- Feedback zu Entwürfen einholen und in Entwürfen verarbeiten
- Illustrationen an Zeitungen, Magazine, Verlage, etc. verkaufen
- Selbstvermarktung und Werbung in eigener Sache betreiben
- Illustrationen in Gallerien ausstellen

WELCHE AUSBILDUNG BENÖTIGST DU?

Die Berufsbezeichnung Illustrator ist gesetzlich nicht geschützt. Um Illustrator zu werden, benötigst du keine Ausbildung. Als begabter Autodidakt ist ein Quereinstieg möglich. Wer auf eine Ausbildung nicht verzichten möchte, wird bei Akademien wie z. B. der HTK in Hamburg oder der WAM in Dortmund fündig.

WELCHE FÄHIGKEITEN SOLLTEST DU MITBRINGEN?

- Kreativität und Witz
- Handwerkliches Geschick
- Kritikfähigkeit
- Gutes Kommunikationsvermögen
- Fähigkeit, sich selbst und seine Arbeit zu vermarkten

UNSER ROLEMODEL FÜR DEN BERUF DES ILLUSTRATORS

Name: Johanna Fritz
Unternehmen: Johanna Fritz – Kreative Rockstars
Homepage: https://byjohannafritz.de
Podcast: Kreative Rockstars
Kontakt: hallo@byjohannafritz.de | Instagram: byjohannafritz

Johanna ist selbständig. Eigentlich ist sie Illustratorin, hat sich aber mehr und mehr zu einem Business Coach für kreative Frauen entwickelt. Als solche bietet sie Coaching Sessions und einen Online-Kurs an. Im Jahr 2006 hat Johanna einen Abschluss als Kommunikationsdesignerin gemacht. In die Selbständigkeit als Illustratorin hat sie sich bereits während des Studiums im Jahr 2005 gewagt.

Freunde und Familie sagen über Johanna, dass sie immer gut gelaunt ist, positiv denkt und nur so vor Ideen sprudelt. Dabei weiß sie genau, was sie will und setzt es um. Man könnte auch sagen, sie ist ein kleiner Sturkopf.

Unsere Interview-Fragen beantwortet Johanna am äußersten Rande Stuttgarts, wo sie zuhause ist.

INTERVIEW MIT JOHANNA FRITZ VON JOHANNA FRITZ – KREATIVE ROCKSTARS

Wie verdienst du dein Geld als Remote Worker?

Ich verkaufe Onlinekurse, eBooks und habe ab Ende September 2018 eine Membership-Seite für kreative Frauen. Hinzu kommen Einnahmequellen aus Coaching, Affiliate Marketing, meinem Podcast und Influencer-Kampagnen. Illustrationen im eigentlichen Sinne mache ich mittlerweile kaum noch. Aus dem einfachen Grund, dass die Nachfrage nach meinem jetzigen Angebot so hoch ist, und weil ich nach dreizehn Jahren Illustrieren einfach mal etwas Neues brauchte.

Wie bist du auf die Ideen für deine Produkte und Services gekommen? Hast du dabei eine bestimmte Methodik verfolgt?

Meine Online-Kurse, die bisher sehr auf Illustratoren zugeschnitten waren, ergaben sich einfach aus der Nachfrage heraus. Das berühmte „gut zuhören" kam hier wohl zum Einsatz. Mir wurden so viele Fragen über die Livestreams zu meinem Beruf gestellt, dass mir schnell klar wurde, dass hier scheinbar Bedarf für mehr Informationen besteht. Daher war es auch sehr einfach diesen Kurs zu vermarkten und erste Käufer dafür zu gewinnen.

Mit der Membership-Seite ist es so, dass sie allgemein für starke Frauen ist, die ihr eigenes Business rocken wollen. Durch den Podcast habe ich gemerkt, wie sehr die Zielgruppe sich ausgeweitet hat und dass meine Inhalte längst nicht mehr nur für Illustratoren gelten.

Von daher: Es ist gar nicht so schwierig Produktideen zu generieren. Eigentlich muss ich nur gut hinhören, worüber meine Community sich unterhält, um zu wissen, wie ich ihnen helfen kann.

Wie lange hat es gedauert, bis du deine ersten 1.000 Euro an monatlichem Einkommen durch deine ortsunabhängige Arbeit generiert hast?

Das war damals meine erste Illustration, noch während des Studiums. Von daher könnte man sagen, ich hatte den ersten Auftrag ehe ich mich überhaupt offiziell angemeldet hatte. Zuerst habe ich mein Portfolio verschickt, dann kam der Auftrag und schwupps habe ich die Anmeldung fürs Finanzamt ausgefüllt. Ich glaube es ist ein toller Vorteil, wenn man sich bereits während des Studiums selbständig macht. So hat man nicht das berühmte schwarze Loch nach dem Abschluss, in das man fallen kann, wenn die Kunden nicht gleich Schlange stehen. Damals habe ich vom Wohnzimmertisch aus gearbeitet.

Wie hast du deine ersten Kunden gefunden, mit denen du remote zusammengearbeitet hast?

Ich habe damals einfach meine Illustrationen zu Verlagen geschickt und hatte dann das Glück, dass ich so einen Fuß in die Tür bekam.

Wie findest du neue Kunden?

Meine Kunden sind meist Teil meiner Community, die ich mir über die Jahre via Instagram, Facebook und Livestreams (angefangen noch mit Periscope) aufgebaut habe. Hinzu kommt seit 2017 mein Podcast „Kreative Rockstars" und das dadurch immer größer werdende Netzwerk. Ohne Netzwerk geht alles halb so langsam und macht nur halb so viel Spaß.

Was war deine Motivation, ortsunabhängig zu arbeiten?

Für mich war zuallererst wichtig, selbständig zu sein, weil ich keinen Chef im klassischen Sinne haben wollte. Dass ich durch meine damalige Berufswahl als Illustratorin und heute als Business Beraterin für kreative Frauen ortsunabhängig arbeiten kann, ist natürlich wunderbar.

Ich wusste schon während des Studiums, dass ich mal Kinder haben möchte. Durch das Remote Arbeiten, kann ich diese beiden Teile meines Lebens wunderbar miteinander kombinieren. Heute ist es so, dass ich es toll finde zu wissen, dass ich auch aus dem Urlaub heraus mal eine Stunde coachen kann, wenn es nicht anders passt oder dass der Onlinekurs auch läuft, obwohl ich gerade nicht selbst darin involviert bin.

Was waren deine größten Herausforderungen, um ein Remote-Einkommen zu generieren und wie hast du diese bewältigt?

Zu Beginn war es bestimmt der ganze Prozess einen Online-Kurs zu erstellen. Das Launchen mit allem, was dazugehört. Ich habe mir damals einen Coach aus den USA geholt, weil ich wusste, dass es auf diese Weise viel schneller und besser funktionieren wird. Ich hätte mir natürlich auch alles allein zusammensuchen können. Aber auf diese Weise hatte ich jemanden mit einer Anleitung an meiner Seite und wusste, dass ich ihr alle zwei Wochen bei unseren Calls etwas liefern wollte. Für mich war das eine perfekte Lösung und das Geld hat sich mit dem Launch des dadurch entstandenen Kurses mehrfach wieder eingespielt. Worüber sie sich mindestens genauso gefreut hat wie ich.

Wie sieht ein normaler Arbeitstag in deinem Leben als Remote Worker aus? Hast du eine tägliche Routine?
Ich habe tatsächlich zum Teil ganz klassische Arbeitszeiten von 9 Uhr bis 15.30 Uhr, weil da meine Kinder in Kindergarten und Schule sind. Manchmal arbeite ich noch abends ein wenig, mittlerweile aber seltener. Je nachdem wie das Wetter ist, arbeite ich an unterschiedlichen Orten. Wenn die Sonne lacht, arbeite ich sehr gerne einfach auf der Terrasse. Wenn es zu heiß wird, verkrieche ich mich in mein externes Büro, dass ich neben vielen anderen Kreativen in einem Gebäude habe. Wenn mir da die Decke auf den Kopf fällt, schnappe ich mir auch gerne den Laptop, hole mir einen Iced Latte und ziehe mich in den Schatten der Weinberge zurück.

WOMIT KANNST DU ORTSUNABHÄNGIG GELD VERDIENEN? – EINIGE IDEEN

Beschäftigungsformen: Du kannst entweder als Freelancer für verschiedene Auftraggeber arbeiten, Angestellter einer Firma sein, die es dir ermöglicht ortsunabhängig zu arbeiten, oder du wirst unternehmerisch tätig. Mögliche Auftrag- / Arbeitgeber sind z. B. Zeitungen, Magazine, Werbeagenturen, Designberatungen, Verlage für Kinderbücher, PC-Spielehersteller. In Kapitel 6 findest du verschiedene Jobportale, die sich auf ortsunabhängiges Arbeiten spezialisiert haben.

Die folgenden Zeilen geben dir ein paar Ideen an die Hand, wie du ortsunabhängig mit diesem Beruf Geld verdienst. Der Abschnitt ist bewusst kurzgehalten, da viele der Ideen bereits in Kapitel 3 angesprochen wurden. Solltest du an der ein oder anderen Stelle den Wunsch nach mehr Inhalt verspüren, blättere einfach nochmal zum Anfang zurück. Nähere Informationen, wie du Themen für Bücher und Online-Kurse findest, erhältst du in Kapitel 5. Schau außerdem gerne auf unserem Blog vorbei, für alle genannten Tools und Ressourcen im Überblick: https://new-work-life. com/portfolio/illustrator.

Führe bestimmte Kernaufgaben ortsunabhängig aus

Sieh dir die typischen Aufgaben eines Illustrators an und überlege dir, welche davon du ortsunabhängig ausüben kannst. Kannst du mit Kunden, Geschäftspartnern, Kollegen, etc. virtuell kommunizieren und sie beraten, indem du von Kommunikations- und Kollaborationsmedien wie Videotelefonie (z. B. Skype), Web-Konferenz (z. B. FreeConferenceCall), Desktop Sharing (z. B. Skype), Chat (z. B. Slack), E-Mail (z. B. Gmail) Gebrauch machst? Kannst du ortsunabhängig Illustrationen entwerfen und deinen Kunden digital (z. B. über E-Mail oder Filesharing-Dienste) zukommen lassen? Vermarkte deine Leistungen über eine eigene Website und über Online-Marktplätze wie z. B. Upwork.com, Freelance.de, Twago.de und ggf. Fiverr.com.

Gestalte Illustrationen, Animationen, Grafiken und Vorlagen

Verkaufe sie online über eine eigene Website und/oder über Stockplattformen wie z. B. Shutterstock, Adobe Stock, iStock, Alamy, DesignCuts und 123rf. Stockplattformen sind Online-Marktplätze, auf denen verschiedene Anbieter Produkte wie Fotos, Bilder, Vektoren, Videos, Audiodateien, Computercode, etc. anbieten. Die erbrachten Produkte werden dabei „auf Lager" produziert, d. h. sie entstehen ohne Beauftragung. Die Produkte auf Stockplattformen können vom Käufer gegen Zahlung einer Lizenzgebühr für vielseitige Zwecke, z. B. für den Einsatz in Film, TV, Radio, etc. eingesetzt werden.

Entwirf Designs

Du kannst Designs für T-Shirts, Hoodies, Tassen, Babystrampler, Handyhüllen etc. entwerfen und sie mithilfe von Print on Demand-Anbietern wie z. B. Spreadshirt, Shirtee und Merch by Amazon auf Kleidungsstücke und Accessoires drucken. Print on Demand-Anbieter stellen dir eine Plattform zur Verfügung, über die du Kleidung und Accessoires mit deinen Designs ausstatten, deine fertigen Produkte vermarkten und bei Bestellung produzieren lassen kannst. Die Produkte werden von den Druck on Demand-Anbietern hergestellt und nur auf Bestellung produziert. Du trägst daher keinerlei Risiko, auf deinem Lagerbestand „sitzen zu bleiben", wenn du deine Produkte nicht verkaufen solltest.

Erstelle Kinderbücher, Cartoons und Comics

Biete deine Kunstwerke im Amazon Bücher Shop oder auf dem Amazon

Handmade Marktplatz zum Verkauf an. Amazon Handmade ist ein Amazon Marktplatz speziell für Kunsthandwerk, auf dem ausgewählte Künstler und Designer ihre handgefertigten Produkte einem breiten Publikum offerieren können. Neben Amazon Handmade kannst du deine Produkte ebenfalls auf dem Marktplatz Etsy zum Verkauf einstellen. Wenn du deine Kinderbücher, Cartoons und Comics als eBook für Amazon Kindle veröffentlichen möchtest, nutze den Kindle Kids' Book Creator bzw. den Kindle Comic Creator von Amazon. Der Kindle Kids' Book Creator und der Kindle Comic Creator sind kostenlose Tools, mit denen du deine Kinderbücher, Comics und Cartoons auf einfache Art und Weise in Kindle eBooks verwandeln kannst.

Erstelle Druckvorlagen aus deinen Illustrationen

Biete sie zum kostenpflichtigen Download an. Du könntest z. B. Druckvorlagen für Poster, Bilder, Einladungskarten, Dekoartikel, etc. anfertigen. Die Vorlagen kannst du über deine eigene Website und/oder über Onlineshops wie z. B. Etsy, Amazon und Adobe Stock verkaufen. Über einige der eShops kannst du auch personalisierte Druckvorlagen anbieten.

Entwickle und verkaufe Online-Kurse

Wie wäre es z. B. mit einem Kurs zum Thema Comics zeichnen für Beginner („Comics für Anfänger – Lerne, wie du Comics zeichnest und colorierst"). Du könntest in einem solchen Kurs erklären, wie beim Zeichnen von Comics am besten vorzugehen ist und worauf man bei der Farbgebung achten sollte. Um deinen Kurs praxisnah zu gestalten, könntest du Aufgaben zum Üben integrieren.

Biete an deinem aktuellen Aufenthaltsort „Erlebnisse" an

Das kann z. B. Zeichenunterricht in einem Café sein.

Setz einen Livestream auf, der dich bei der Produktion deiner Illustrationen zeigt

Über den Livestream können dir Interessierte wie z. B. Hobby-Illustratoren oder andere Professionals bei deiner Arbeit über die Schulter schauen und sich mit dir im Chat austauschen.

Leg ein Profil bei einer Crowdfunding-Plattform an

Lass dich von deinen Fans z. B. auf der Crowdfunding-Plattform Patreon. com finanziell unterstützen.

STARTER TOOLKIT – DAS BRAUCHST DU, UM LOSZULEGEN

Notebook, Smartphone, Stifte, Zeichenpapier oder Sketchbuch, Grafiktablett

SOFTWARE:
- Office: z. B. Microsoft Office oder Google Docs
- Kommunikation: z. B. Skype, WhatsApp, Slack, Gmail
- Website / Webshop: z. B. Jimdo, Wix, WordPress
- Cloudbasierte Datenspeicherung: z. B. Dropbox oder Google Drive
- Illustrationen anfertigen: z. B. Adobe Photoshop, Adobe Illustrator
- Layout Design: z. B. Adobe InDesign
- 3D-Modellierung: z. B. Google SketchUp

BÜCHER UND TUTORIALS:
- Buch: „Die Kunst des Zeichnens: Die große Zeichenschule: praxisorientiert und gut erklärt", von Walter Foster Creative Team
- Tutorial: „Erfolgreich Illustrator werden", von Johanna Fritz, unter: https://byjohannafritz.de/illustrator-werden
- Tutorial: „Der komplette Zeichenkurs – ganz einfach Zeichnen lernen – Lerne alle notwendigen Grundlagen des Zeichnens", von Richard Mahlmann, auf Udemy

Detaillierte Informationen zu Tools und Ressourcen, die dir helfen können, ein ortsunabhängiges Einkommen aufzubauen, findest du auf unserem Blog unter: https://new-work-life.com/portfolio/illustrator.

HIER FINDEST DU WEITERE INFORMATIONEN

IO – Illustratoren Organisation e.V.: https://www.io-home.org

4.16 INNENARCHITEKT

Als Innenarchitekt gestaltest und renovierst du Innenräume. Dies können Wohngebäude oder Geschäftsräume sein. Du berätst deine Kunden zur Raumausstattung, Raumbeleuchtung, Farbgebung und zu strukturellen Veränderungen der Räumlichkeiten.

WAS SIND MÖGLICHE AUFGABEN?

- Erste Ideen entwickeln und wichtige Informationen zum Projekt einholen
- Anforderungen an das Projekt mit dem Kunden besprechen und Projektplan festlegen
- Bedürfnisse der Kunden verstehen, um Designkonzept entwickeln zu können
- Informationen und Fotos für das Projekt recherchieren und sammeln
- Entwürfe und Moodboards für den Kunden erstellen und präsentieren
- Passende Einrichtungsgegenstände besorgen (z. B. Möbel, Lampen, Deko, etc.) und dem Kunden zur Voransicht zur Verfügung stellen
- Detaillierte Zeichnungen (Entwürfe, Pläne, Modelle, etc.) unter Einsatz von Computer-Aided Design (CAD) Software anfertigen und dem Kunden vorstellen
- Arbeiten während der Realisationsphase überwachen und sicherstellen, dass alles nach Plan verläuft
- Über neue Entwicklungen in der Designbranche auf dem Laufenden bleiben

WELCHE AUSBILDUNG BENÖTIGST DU?

Die Berufsbezeichnung Innenarchitekt ist gesetzlich geschützt. Um Innenarchitekt zu werden, musst du Innenarchitektur studieren. Das Studium schließt mit einem Bachelor bzw. Master ab. Für den Bachelor benötigst du in der Regel zwischen sechs bis acht Semester; für den Master weitere zwei bis vier Semester. Offiziell Architekt nennen, darfst du dich, wenn du in der Architektenkammer eingetragen bist. Hierfür musst du mindestens zwei Jahre Berufserfahrung nachweisen. Falls dir ein Studium zu aufwendig ist, hast du die Möglichkeit, den Titel Interior Designer zu tragen. Die Berufsbezeichnung Interior Designer ist nicht geschützt und somit frei zugänglich. Im Unterschied zu Innenarchitekten bist du als Interior Designer weniger handwerklich tätig. Stattdessen liegt dein Fokus auf Ästhetik und Funktionalität. Du richtest für Kunden Räume ein, suchst Möbel aus, stellst Farbkombinationen zusammen, etc. Die Konzeption von Licht, Akustik und Raumklima liegt z. B. nicht in deinem Fokus.

WELCHE FÄHIGKEITEN SOLLTEST DU MITBRINGEN?

- Kreativität und Interesse an räumlichen Designs
- Sehr gutes räumliches Vorstellungsvermögen
- Detailgenauigkeit

- Hervorragendes Kommunikationsvermögen, sowohl schriftlich als auch mündlich
- Empathie und offenes Gemüt

UNSER ROLEMODEL FÜR DEN BERUF DES INNENARCHITEKTEN

Name: Chaney Widmer
Unternehmen: Mix & Match Design Company
Homepage: http://mixandmatchdesign.com

Chaney ist selbständig als Interior Designerin mit eigenem Unternehmen, das sie im Jahr 2015 gegründet hat. Der Fokus ihrer Firma *Mix & Match Design* liegt auf eDesign. eDesign bezeichnet Raumgestaltung und -design mithilfe von E-Mail und anderen Online-Tools. Je nach Budget und Kundenwunsch gestaltet Chaney einzelne Räume oder ganze Häuser neu. Sie entwirft Raumpläne und erstellt Einkaufslisten mit Einrichtungsgegenständen, die zur Neugestaltung benötigt werden. Neben ihren eDesigns bietet Chaney ein Online-Kursprogramm an. Mit diesem bringt sie angehenden Interior Designern bei, wie sie ein eigenes Interior Design Online-Business aufbauen können. Chaney ist Quereinsteigerin in ihrem aktuellen Beruf, denn sie ist offiziell keine Innenarchitektin. Nach der Schule hat sie zunächst Biomedizin auf Bachelor und dann Genetische Beratung (Genetic Counseling) auf Master studiert. Zum Interior Design kam sie über ihr Design Blog, das sie viele Jahre geschrieben hat und über Freunde und Familienmitglieder, für die sie auf Hobbybasis Räume neu entworfen hat. Wenn du mehr über Chaney und ihre Geschichte erfahren möchtest, schau auf ihrer Homepage vorbei: http://mixandmatchdesign.com/new-blog/2017/3/6/hello-its-me.[45]

WOMIT KANNST DU ORTSUNABHÄNGIG GELD VERDIENEN? – EINIGE IDEEN

Beschäftigungsformen: Du kannst entweder als Freelancer für verschiedene

---

[45] Quellen: http://mixandmatchdesign.com/about und https://www.linkedin.com/in/chaney-widmer-46a73a126, abgerufen am 03.08.2018.

Auftraggeber arbeiten, Angestellter einer Firma sein, die es dir ermöglicht ortsunabhängig zu arbeiten, oder du wirst unternehmerisch tätig. In Kapitel 6 findest du verschiedene Jobportale, die sich auf ortsunabhängiges Arbeiten spezialisiert haben.

Die folgenden Zeilen geben dir ein paar Ideen an die Hand, wie du ortsunabhängig mit diesem Beruf Geld verdienst. Der Abschnitt ist bewusst kurzgehalten, da viele der Ideen bereits in Kapitel 3 angesprochen wurden. Solltest du an der ein oder anderen Stelle den Wunsch nach mehr Inhalt verspüren, blättere einfach nochmal zum Anfang zurück. Nähere Informationen, wie du Themen für Bücher und Online-Kurse findest, erhältst du in Kapitel 5. Schau außerdem gerne auf unserem Blog vorbei, für alle genannten Tools und Ressourcen im Überblick: https://new-work-life.com/portfolio/innenarchitekt.

Führe bestimmte Kernaufgaben ortsunabhängig aus

Sieh dir die typischen Aufgaben eines Innenarchitekten an und überlege dir, welche davon du ortsunabhängig ausüben kannst. Kannst du mit Kunden, Geschäftspartnern, Kollegen, etc. virtuell kommunizieren und sie beraten, indem du von Kommunikations- und Kollaborationsmedien wie Videotelefonie (z. B. Skype), Web-Konferenz (z. B. FreeConferenceCall), Desktop Sharing (z. B. Skype), Chat (z. B. Slack), E-Mail (z. B. Gmail) Gebrauch machst? Kannst du Innenraumdesigns unabhängig von einem bestimmten Ort entwerfen und deinen Kunden per E-Mail oder als Download über deine Website zur Verfügung stellen? Kannst du ortsunabhängig Einkaufslisten für benötigte Möbelstücke, etc. anfertigen und die Produkte bei Bedarf online für deine Kunden einkaufen? Wenn du dir unsicher bist, wie du deine Leistungen als Innenarchitekt online anbieten kannst, schau dir folgende Websites als Inspiration zum Thema an: https://www.studio-mcgee.com/edesign, https://www.decorilla.com oder Etsy.com mit dem Suchbegriff „interior design services". Vermarkte deine Leistungen über eine eigene Website und Social Media.

Entwirf Innenraumdesigns

Stelle deine Designs über eine eigene Website und Pinterest anderen zur Verfügung und platziere darüber eigene Produkte und/oder Affiliate Produkte. Du benötigst dazu eine eigene Website oder du fertigst die Styles auftragsbezogen für externe Auftraggeber an. Für mehr Inspiration zum Thema schau dir die Website von Suzanne Kasler an (http://suzannekasler.com/press).

Fertige computergestützte Visualisierungen von Innenräumen bzw. Innenraumdesigns an

Verkaufe deine Visualisierungen über eine eigene Website und/oder über Stockplattformen wie z. B. Shutterstock, Adobe Stock, iStock, Alamy, Envato Market, DesignCuts und 123rf. Stockplattformen sind Online-Marktplätze, auf denen verschiedene Anbieter Produkte wie Fotos, Bilder, Vektoren, Videos, Audiodateien, Computercode, etc. anbieten. Die erbrachten Produkte werden dabei „auf Lager" produziert, d. h. sie entstehen ohne Beauftragung. Die Produkte auf Stockplattformen können vom Käufer gegen Zahlung einer Lizenzgebühr für vielseitige Zwecke, z. B. für den Einsatz in Film, TV, Radio, etc. eingesetzt werden.

Fertige 3D-Inhalte für Virtual Reality (VR)-Visualisierungen an
Verkaufe sie auftragsbezogen und/oder über Online-Marktplätze für 3D- bzw. VR-Content, z. B. über Adobe Stock, CGTrader und TurboSquid. VR ist stark im Kommen, daher wächst die Nachfrage nach VR-Content.

Fertige CAD-basierte 3D-Innenraumdesigns an
Erstelle daraus Mockups. Mockups sind Bildattrappen, die z. B. Designern und Shopbesitzern dazu dienen, ihre Marke oder ihr Produkt in einem fotorealistischen Setting zu präsentieren. Zum Beispiel kann ein Designer mithilfe eines Mockups die von ihm entworfene Tapete in einem möblierten Raum darstellen. Ihm wird dies ermöglicht, weil ein Mockup eine Vorlage ist, die an entsprechender Stelle (nämlich der Zimmerwand) die Möglichkeit bietet, frei wählbaren Inhalt einzufügen. Beispielhafte Mockups findest du auf https://stock.adobe.com, unter dem Suchbegriff „mockup", in der Kategorie Vorlagen. Verkaufe deine Mockups über Stockplattformen wie z. B. Adobe Stock, DesignCuts und Creative Market.

Erstelle Farbmuster und Farbpalletten mit Farbgebungsoptionen
Stell deine Produkte online als Download z. B. im PDF-Format gegen Gebühr zur Verfügung. Vermarkte deine Produkte über eine eigene Website und/oder über Online-Marktplätze wie z. B. Etsy, Amazon, etc. Mehr Inspiration zum Thema findest du auf Etsy.com im Shop von AlexanderInteriors (einfach das Wort „AlexanderInteriors" in die Etsy-Suche eingeben, um den Shop zu finden).

Schreibe ein eBook
Finde ein Thema, das dich interessiert und für das Nachfrage besteht. Wie wäre es z. B. mit einem Buch zum Thema zeitloses Design („Die 50 besten Farbtöne für zeitloses Design") oder zum Thema Do-it-yourself Inneneinrichtung („Der Weg zum professionellen Innenraumdesign für Laien")? Alternativ könntest du auch einen Kurzratgeber zum Thema Vermessung

von Vorhängen und Co. schreiben („Wie du deine Fenster für Vorhänge und Gardinen ausmisst"). Wie genau du Themen findest, kannst du im Kapitel 5 nachlesen.

Entwickle und verkaufe Online-Kurse

Wie wäre es z. B. mit einer Kursreihe zum Thema Design- und Dekorationstraining, das sich speziell an Laien richtet. Du könntest Kurse zum Einsatz verschiedener Materialien und Stilelemente kreieren. Du könntest Kurse entwickeln, die Einrichtungsoptionen für unterschiedliche Budgets, Familienverhältnisse, Jahreszeiten, etc. aufzeigen.

Leg ein Profil bei einer Crowdfunding-Plattform an

Lass dich von deinen Fans z. B. auf der Crowdfunding-Plattform Patreon. com finanziell unterstützen.

STARTER TOOLKIT – DAS BRAUCHST DU, UM LOSZULEGEN

Notebook, Smartphone, Stifte, Zeichenpapier oder Sketchbuch

SOFTWARE:
- Office: z. B. Microsoft Office oder Google Docs
- Kommunikation: z. B. Skype, WhatsApp, Slack, Gmail
- Website / Webshop: z. B. WordPress oder Shopify
- Projektmanagement: z. B. Trello
- Organisation: z. B. Evernote
- CAD Programm für 3D-Modellierung: z. B. Google SketchUp

BÜCHER UND TUTORIALS:
- Buch: „Interior Design Master Class: 100 Lessons from America's Finest Designers on the Art of Decoration", von Carl Dellatore
- Buch: „The Color Scheme Bible: Inspirational Palettes for Designing Home Interiors", von Anna Starmer
- Buch: „Interior Design Reference & Specification Book", von Chris Grimley
- Buch: „Interior Design Course: Principles, Practices, and Techniques for the Aspiring Designer", von Tomris Tangaz

Detaillierte Informationen zu Tools und Ressourcen, die dir helfen können, ein ortsunabhängiges Einkommen aufzubauen, findest du auf unserem Blog unter: https://new-work-life.com/portfolio/innenarchitekt.

Verband deutscher Architekten e.V.: http://vda-architekten.de
DAI Verband Deutscher Architekten- und Ingenieurvereine e.V.: https://bda-bund.de

4.17 INSTRUCTIONAL DESIGNER

Als Instructional Designer entwickelst du Lernumgebungen und Lernmaterialien für unterschiedliche Zwecke und Abnehmer. Deine Auftraggeber können z. B. Unternehmen und Bildungseinrichtungen wie Schulen sein, für die du (webbasierte) Lerninhalte designst. Die Vermittlung von Lerninhalten kann sprachlich erfolgen (über Text und Audio), über Bilder (z. B. Fotos, Diagramme, Modelle), dynamisch (über Animationen und Videos) und/oder interaktiv durch aktiven Einbezug des Lernenden. Angesichts der zunehmenden Popularität von E-Learning-Angeboten findet die Gestaltung von Lernmaterialien aus dem Internet immer mehr Berücksichtigung.

WAS SIND MÖGLICHE AUFGABEN?

- Anforderungen von Kunden aufnehmen
- Lernbedürfnisse und Lernziele ermitteln
- Lernkonzepte, Lernmaterialien und -systeme entwickeln
- Konzepte mit Kunden abstimmen
- Lernsysteme und Kurse entwickeln und testen
- Lernsysteme und Kurse bzgl. Lernerfolg evaluieren und ggf. verbessern
- Up-to-date bleiben bzgl. neuer eLearning-Systeme und -Formate

WELCHE AUSBILDUNG BENÖTIGST DU?

Der Beruf Instructional Designer ist nicht geschützt. Um als Instructional Designer zu arbeiten, benötigst du keine spezielle Ausbildung. Von Vorteil sind Erfahrungen und/oder ein Studium im Bereich Lehramt, Bildung, Pädagogik, Multimedia Design und/oder IT. Ein Weiterbildungsangebot zum Instructional Designer findest du z. B. an der Universität Erfurt.

WELCHE FÄHIGKEITEN SOLLTEST DU MITBRINGEN?

- Kommunikationsstärke (sowohl verbal als auch visuell)
- Kreativität

- Wissbegierde
- Detailgenauigkeit und Sorgfalt
- Strukturiertheit

UNSER ROLEMODEL FÜR DEN BERUF DES INSTRUCTIONAL DESIGNERS

Name: Esther Marie Inman
Unternehmen: The Content Bank | Virtual Assistant Internship
Homepage: http://contentbank.co | http://virtualassistantinternship.com
Kontakt: estherminman@gmail.com

Esther ist selbständig mit gleich zwei Unternehmen. Ihre Agentur *The Content Bank* bietet ihren Kunden alles zum Thema Instructional Design. Wenn du beispielsweise einen Online-Kurs erstellen möchtest, hast aber keine Zeit dafür oder dir fehlt das entsprechende Know-How, bist du hier an der richtigen Stelle. Esther und ihr Team klären mit dir ab, was du dir vorstellst und bauen dir einen Kurs von der Website über die Videos bis hin zu deiner Pitch-Präsentation.

Als zweites Standbein hat Esther das *Virtual Assistant Internship* aufgebaut. Hier kannst du alles zum Thema virtuelle Assistenz lernen. Esther hat ihr ortsunabhängiges Arbeitsleben selbst als virtuelle Assistentin begonnen und weiß daher genau, wovon sie spricht.

Bevor Esther angefangen hat, remote zu arbeiten, hat sie einen Bachelor-Abschluss in Liberal Studies gemacht. Das ist ein Fach, das man in den USA studiert, wenn man zum Beispiel Lehrer werden will. Als Beerufseinsteigerin hat Esther eine Zeit lang als Lehrerin im Ausland gearbeitet. Im Anschluss daran hat sie im Bereich Produktentwicklung bei einem Softwareunternehmen gearbeitet und Produktschulungen erstellt.

Freunde und Familie bezeichnen Esther als abenteuerlustig und aufgeschlossen. Manche behaupten auch, dass sie verrückt sei – im positiven Sinne. Sie sei einfach eine mutige Person, die bereit sei, Risiken einzugehen und ihren Weg zu gehen.

Während unseres Interviews war Esther in San Diego, Kalifornien, unterwegs. Normalerweise sind sie und ihr Sohn auf Bali anzutreffen.

INTERVIEW MIT ESTHER MARIE INMAN VON THE CONTENT BANK

Wie verdienst du dein Geld als Remote Worker?
Mein Team und ich helfen anderen dabei, ihr Wissen zu teilen. Wir erstellen Online-Kurse, Workshop-Formate und alles, was wichtig ist, damit unsere Kunden erfolgreich werden.

Angefangen ortsunabhängig zu arbeiten, habe als ich virtuelle Assistentin. Ich hatte eine Dame bei ihren täglichen Aufgaben unterstützt und dann für mich selbst gearbeitet. Mit der Zeit habe ich Anfragen für immer mehr Projekte bekommen. Das konnte ich allerdings nicht alleine bewerkstelligen. Also habe ich meine Preise erhöht, um die Spreu vom Weizen zu trennen und meine Einnahmen zu maximieren. Ich habe mein Preisniveau so weit ausgereizt, bis es nicht mehr weiter nach oben ging. Irgendwann erreichst du einfach den Punkt, an dem dir der Markt sagt, dass es nicht mehr weiter geht.

Da ich aber immer noch mehr Aufträge hatte, als ich selbst bearbeiten konnte und die Projekte anspruchsvoller wurden, habe ich mir Unterstützung gesucht. Ich habe dann für einige Zeit ein, zwei Personen auf Projektbasis angestellt. Und just in diesem Jahr (2018) habe ich begonnen, ein langfristiges Team aufzubauen und Teammitglieder eingestellt. Seitdem bin ich keine Einzelunternehmerin mehr, sondern habe eine Agentur, *The Content Bank*.

Dadurch hat sich meine Arbeit auch verändert. Nun ist es meine Aufgabe, Kunden zu akquirieren, ihre Anforderungen aufzunehmen und das Budget zu vereinbaren. Sobald das erledigt ist, übergebe ich die Aufgaben an mein Team. Natürlich schaue ich immer noch nach, ob alles läuft und diskutiere die Themen intern und kommuniziere mit unseren Kunden. Aber es ist nun grundsätzlich ein anderes Modell als vorher.

Wie bist du auf die Ideen für deine Produkte und Services gekommen? Hast du eine bestimmte Methodik verfolgt?
Ich habe mit der besagten Dame zusammengearbeitet und gemerkt, dass ihre Kunden meine Fähigkeiten schätzten und daraus hat sich alles ergeben.

Wenn ich unseren Kunden heute sage, was ich alles machen kann, sind sie immer sehr erstaunt, da sie nicht damit rechnen. Die Reaktion ist meistens: Was, du unterhältst dich einfach mit mir und basierend auf unserem Gespräch baust du einen ganzen Online-Kurs? Das sind nun mal Fähigkeiten, die es auf dem Markt selten gibt. Mir war das selbst nicht klar, da es für mich als Lehrerin und Instructional Designerin normal war.

Aber es gibt tatsächlich nicht viele Instructional Designer auf dem freien Markt. Es gibt zwar eine Menge Leute, die dir beibringen, wie du einen Online-Kurs erstellst. Aber es gibt nur wenige, die ihn für dich erstellen. Je nach Wunsch bieten wir unseren Kunden ein Full-Service-Paket. Wir setzen eine WordPress-Seite für sie auf und bauen den gesamten Kurs, von Website-Text über E-Mail Vorlagen bis hin zu Voice-Overs und Videoproduktion. Unsere Kunden müssen buchstäblich nichts tun, wenn sie wollen.

Wie lange hat es gedauert, bis du deine ersten 1.000 Euro an monatlichem Einkommen durch deine ortsunabhängige Arbeit generiert hast?

Das ging sehr schnell, da ich als virtuelle Assistentin 30 Stunden pro Woche gearbeitet hatte. Also hatte ich meine ersten 1.000 Euro innerhalb des ersten Monats verdient.

Im Bereich Instructional Design ist es schwieriger zu sagen, wie lange es genau gedauert hat, da es ein Projektgeschäft ist und man mit seiner Arbeit in Vorleistung geht. Nach Abschluss des ersten Projektes hatte ich aber auch hier das Geld verdient.

Wie hast du deine ersten Kunden gefunden, mit denen du remote zusammengearbeitet hast?

Ich habe für eine Frau gearbeitet, die ich kannte. Als sie aufgehört hat, mit Kunden zu arbeiten, habe ich übernommen.

Wie findest du neue Kunden?

Ich habe ziemlich schnell angefangen mit hochkarätigen Kunden zu arbeiten. Das kann ich nur empfehlen. Es macht wenig Sinn, mit Kunden zu arbeiten, die sich gerade auf den Weg begeben, ein Unternehmen aufzubauen. Die haben meistens leider kein Geld und daher eine geringe Zahlungsbereitschaft.

Du musst also Kunden finden, die Geld haben. Das ist im ersten Schritt vielleicht etwas schwieriger, langfristig aber sinnvoll, da du weniger Kunden benötigst und dadurch weniger Stress hast.

Ich selbst generiere meine Kunden hauptsächlich durch Empfehlungen Dritter und durch aktives Netzwerken. Gerade Netzwerken ist wichtig. Ich gehe zum Beispiel auf Veranstaltungen, von denen ich weiß, dass dort potentielle Kunden sein können. Natürlich muss ich dafür Geld ausgeben. Vor kurzem habe ich eine Konferenz besucht, für deren Teilnahme ich 1.000 US-Dollar bezahlt habe. Gleichzeitig habe ich dort 15 große Projekte akquirieren können. Das hat nur funktioniert, weil ich etwas investiert habe.

Was ich nun ausprobieren werde, ist einen Customer Funnel aufzusetzen, so dass potentielle Kunden mich über Online-Werbung finden können. Gleichzeitig sind Facebook-Gruppen eine tolle Möglichkeit, Auftraggeber zu finden, da man sich in den Gruppen gleich im Zielmarkt befindet.

Was war deine Motivation, ortsunabhängig zu arbeiten?

Meine Geschichte ist ein bisschen anders als die vieler anderer. Ich habe aus einer Notwendigkeit heraus angefangen, remote zu arbeiten.

Ich hatte eine wirklich gute Karriere als Software-Trainerin und mein Mann war im aktiven Militärdienst. Er war im Marine Corps in den USA und daher die meiste Zeit weg. In der Regel hat er nachts gearbeitet, also war ich den ganzen Tag eine alleinerziehende Mutter.

Außerdem konnte es immer sein, dass wir umziehen mussten oder er für acht Monate weg sein würde. Das haben wir immer erst einen Monat im Voraus erfahren.

Aber selbst wenn er zuhause war, war er es doch nicht, da er nachts gearbeitet und tagsüber geschlafen hat. Er hat unseren Sohn kaum gesehen, weil er einfach einen anderen Lebensrhythmus hatte als wir.

Zur gleichen Zeit war es für mich als Mutter sehr schwierig, Karriere zu machen. Als Frau ist es immer schwierig, als Mutter aber besonders. Ich war mit der Situation extrem unzufrieden. Es war furchtbar. Ich war deprimiert. Wenn wir unterwegs waren, habe ich die ganze Zeit in meinem Hotelzimmer gesessen und geweint. Ich liebte meinen Job und ich liebe meine Familie. Aber ich wollte nicht nur als Mutter zuhause bleiben. Das hat mich nicht erfüllt. Ich liebe mein Kind, ich habe eine tolle Zeit mit ihm, aber ich habe nicht verstanden, warum ich vor die Wahl gestellt wurde: Kind oder Karriere. Ich dachte, das kann nicht sein.

Also hatte ich beschlossen, herauszufinden, wie man online arbeiten kann. Zu der Zeit hatten wir zudem nur geringe Ersparnisse. Also habe ich es durchgezogen und angefangen, innerhalb von ein oder zwei Monaten online zu arbeiten.

Es war alles andere als glamourös oder cool. Ich habe einfach getan, was ich tun musste.

Wie hast du deine Remote-Karriere begonnen? Gab es irgendwelche Tools, die dir dabei geholfen haben, ortsunabhängig zu arbeiten?

Zuerst mal habe ich einfach angefangen. Jeder muss einfach anfangen, etwas zu tun, wenn er Geld verdienen will. Also habe ich angefangen, meine Fähigkeiten zu nutzen, die ich bereits hatte, um online Geld zu verdienen.

Ich wollte nicht sechs Monate damit zubringen, etwas zu lernen und es dann erst umsetzen. Ich wollte arbeiten und gleichzeitig meine Fähigkeiten erweitern.

Also habe ich als virtuelle Assistentin angefangen. Am Anfang habe ich nur 20 US-Dollar in der Stunde verdient, was für mich eine große Herabstufung war. Glücklicherweise konnte ich mein Kind aber aus der Kita nehmen und dadurch Geld sparen. Ich habe einfach meine Arbeit um meinen Tagesablauf gebaut und so am Ende mehr Geld zur Verfügung gehabt als vorher. Und ich war glücklicher als vorher.

Zu dieser Zeit habe ich als virtuelle Assistentin der bereits erwähnten Dame geholfen, Online-Kurse für ihre Kunden zu entwickeln. Irgendwann hat sie ihre Agentur aufgegeben und nur noch mit einem Kunden exklusiv zusammengearbeitet. Ich bin jedoch geblieben und habe weitergemacht. Ich hatte viel mehr Hintergrundwissen als ich als virtuelle Assistentin brauchte. Ich hatte genug Kenntnisse, um Online-Kurse für Kunden zu erstellen.

Die anderen Dinge, die mir geholfen haben, waren zum Beispiel die *Female Entrepreneur Association*. Dort findet man, gerade als Anfänger, tolle Inhalte. Außerdem gibt es viele kostenlose Informationen aus Unternehmensblogs, wie zum Beispiel der Blog von Buffer.

Man kann allein aus Blogs so viel über soziale Medien lernen. Das hat mir sehr geholfen.

Als ich merkte, dass ich die kostenlosen Ressourcen ausgeschöpft hatte, habe ich angefangen zu investieren, um den nächsten Schritt zu gehen. Ein Angebot, dass ich sehr gerne mag ist „Create your laptop life". Dort gibt es wirklich gute Kurse, wie man Facebook-Anzeigen macht und wie man High-End-Angebote erstellt und wie man E-Mails schreibt. Und wenn ich mehr Informationen oder Kurse brauche, kann ich sie dort finden. Das sind meine Lieblingsressourcen.

Welche drei Dinge würdest du vermeiden, wenn du die Zeit zurückspulen könntest?

Ich hätte meinen Kunden von Anfang an mehr berechnet. Ich dachte, ich könne nur 20 US-Dollar pro Stunde verlangen, weil ich gerade erst angefangen hatte, online zu arbeiten. Ich hätte mehr Geld verlangen sollen, weil ich in meiner Branche bereits viel Erfahrung gesammelt hatte, die ich in die virtuelle Welt übertragen konnte. Also hätte ich wahrscheinlich 40 US-Dollar oder mehr pro Stunde verlangen können, aber das wusste ich damals nicht. Das ist wahrscheinlich die größte Sache, die ich geändert hätte. Ich habe mich sehr lange selbst unterschätzt. Erst in den letzten zwei Jahren habe ich für meine Arbeit wirklich angemessene Preise genommen.

Es ist ein Lernprozess: Akzeptiere deine eigene Arbeit, deine Ausbildung und deine Erfahrung und lass sie dir nicht kleinreden. Die eigene Leistung und das eigene Wissen zählen immer, egal ob online oder nicht. Auch wenn es heißt, dass jemand mit zehn Jahren Online-Erfahrung gesucht wird, dein Wissen zählt. Ignorier das einfach. Denn am Ende des Tages kannst du dich in die Themen einarbeiten. Sicherlich wird es etwas dauern und du musst dazulernen, aber es geht.

Wenn du ein Angebot erstellen musst, mach es so, dass du dich wohl damit fühlst; das heißt nicht zu teuer, aber definitiv nicht unter Wert. Natürlich musst du wettbewerbsfähig sein, aber du musst deine Wettbewerber und deinen Markt auch kennen. Es bringt nichts, sich als Europäer in den Wettbewerb mit Personen zu stellen, die in Asien leben. Dort sind die Lebenshaltungskosten ganz andere als an deinem Standort. Zudem muss es egal sein, von wo aus du selbst arbeitest. Ich habe zum Beispiel immer die gleichen Preise, egal wo ich bin.

Was waren deine größten Herausforderungen, um ein Remote-Einkommen zu generieren und wie hast du diese bewältigt?

Meine größte Herausforderung war, zu verstehen, dass ich kein geregeltes Einkommen habe, sondern schwankende Einnahmen. Das ist immer noch eine Herausforderung, aber ich lerne damit umzugehen. Wenn ich es von vornherein gewusst hätte, hätte ich weniger Stress gehabt. Ich hätte einfach mehr zurückgelegt, wenn Geld eingegangen wäre und davon in den Monaten gelebt, wo nicht so viel kam. Das ist eine der größten Erkenntnisse für mich: wenn du Geld verdienst, lege etwas beiseite.

Zu Beginn meiner Selbständigkeit mussten wir aus unserem Haus ausziehen, weil ich nicht genug Geld verdient hatte, um die Miete zu bezahlen. Wir sind dann vorübergehend in ein viel kleineres Haus mit nur einem Schlafzimmer gezogen. Das war ein Desaster. Zudem musste ich mein Auto verkaufen, da wir uns das auch nicht mehr leisten konnten. Das sind harte Lektionen, die ich gerne verhindert hätte und von denen ich mir wünsche, dass sie niemand anders auf diese Weise lernen muss.

In der Zeit habe ich aber auch gelernt, dass man immer Arbeit finden kann, wenn man sich anstrengt. Geh raus und bitte deine Kunden um Weiterempfehlungen, schalte ein wenig Werbung, nimm an Veranstaltungen teil und du wirst Arbeit finden.

Wie sieht ein normaler Arbeitstag in deinem Leben als Remote Worker aus? Hast du eine tägliche Routine?

Normalerweise wache ich gegen sieben Uhr morgens auf, trinke Kaffee und erstelle meine Morning Pages. Darin schreibe ich alles auf, was mir im Kopf herumschwirrt. Oft wird es eine Einkaufsliste. Ich schreibe einfach alles auf, um meinen Kopf frei zu bekommen. Danach habe ich viel mehr Klarheit und geistige Freiheit für meine Arbeit. Meistens schreibe ich drei Seiten im Free Flow. Sobald mein Notizbuch voll ist, werfe ich es weg.

Als Unternehmer benötigst du deinen ganzen Hirnschmalz und wenn du all diese anderen Dinge in deinem Kopf hast, beeinflusst das alles. Im Idealfall meditiere ich danach und mache Yoga.

Gegen acht oder neun Uhr morgens beginne ich mit der Arbeit. Für gewöhnlich arbeite ich bis zum späten Nachmittag durch.

Manchmal arbeite ich von zu Hause aus, manchmal gehe ich in einen Coworking Space. Gelegentlich teile ich meinen Tag auf und verbringe die eine Hälfte zuhause und die andere in einem Coworking Space oder Café.

Wenn man reist, muss man berücksichtigen, dass man den Reisetag verliert und Teile des darauffolgenden Tages, weil man sich von der Reise erholen muss. Das habe ich gelernt, als wir in den letzten Monaten unterwegs waren. Normalerweise haben wir eine Basis in Bali und wenn wir reisen, sind wir für eine Woche unterwegs und kommen dann wieder zurück. In der Regel sind es kleine Ausflüge. Das sind meine Erfahrungen aus den letzten sechs Jahren.

Was sind die Vor- und Nachteile ortsunabhängiger Arbeit aus deiner Sicht?

Ich denke, es ist das Geld. Allerdings gibt es hier zwei Seiten. Einerseits verdiene ich viel mehr Geld, als ich jemals verdient hätte, wenn ich weiter im Unternehmens- oder im Bildungsbereich gearbeitet hätte. Andererseits mache ich in manchen Monaten 20.000 US-Dollar und in anderen Monaten nur 2.000 US-Dollar. Den Umgang mit diesen unterschiedlichen Einnahmen habe ich immer noch nicht gemeistert. Das ist für mich die nächste Phase. Bis jetzt habe ich herausgefunden, wie man Geld verdient, aber ich habe noch nicht herausgefunden, wie man es schafft, einen regelmäßigen Einkommensstrom zu bilden. Jetzt arbeite ich daran, mehr Konstanz zu schaffen. Das ist der schwierige Teil.

Was du auch berücksichtigen musst, gerade wenn du reist, ist, dass du Ersparnisse und eine Kreditkarte brauchst. Notfälle gibt es nämlich immer mal wieder: entweder weil man nach Hause fliegen muss oder weil man seine Unterkunft bezahlen muss, obwohl man in dem Monat kein Einkommen hatte.

Weitere Herausforderungen sind aus meiner Sicht auch die Themen Steuern und Krankenversicherung. Das ist anfänglich ziemlich kompliziert. Ich habe ein paar Jahre gebraucht, um das auf die Reihe zu bekommen. Nun ist es recht einfach.

Was man auch nicht unterschätzen darf, ist, dass du kein Tourist bist. Wenn du für zwei Wochen nach Vietnam reist, wirst du mindestens vier der sieben Tage pro Woche arbeiten müssen und dann hast du drei Tage Zeit für Sightseeing. Das kann wirklich frustrierend sein, wenn du ein begrenztes Budget hast. Du kannst nicht all die Dinge tun, die du gerne machen möchtest, weil dir Geld und Zeit fehlen. Schließlich arbeitest du und machst nicht einfach zwei Wochen Urlaub dort. Das fällt mir persönlich auch immer noch schwer. Wir sind sechs Wochen an einem Ort und können nicht all die Dinge tun, die wir gerne machen möchten. Wir können ein oder zwei Mal pro Woche etwas unternehmen, abhängig vom Budget und von der verfügbaren Zeit.

Aber das Schöne ist, du reist und siehst die Welt. Das ist immer noch faszinierend. Es ist immer noch wundervoll. Es ist fabelhaft.

Ich denke, die größte Botschaft, die ich geben kann, ist, dass alles machbar ist. Du wirst Herausforderungen haben, ganz egal, ob du zuhause bleibst oder unterwegs bist. Die Herausforderungen sind nur andere.

Last but not least: Hast du noch weitere hilfreiche Tipps für unsere Leser?

Streng dich an und geh raus, wenn es sein muss. Allerdings darfst du dich auch nicht 24 Stunden, sieben Tage die Woche stressen, ansonsten verlierst du dein Gleichgewicht. Aber gerade am Anfang gehört es dazu, sich zu stressen und hinter der Arbeit herzujagen.

Außerdem musst du dich darauf einstellen, dass dein Einkommen schwankt: es kann mal hoch und mal niedrig sein. Es kann auch sein, dass du monatelang nichts verdienst. Überlege dir, wie du damit umgehst und wie du dich darauf vorbereitest. Hast du passive Einkommensströme? Hast du einen wiederkehrenden Kunden, der dir monatlich einen bestimmten Betrag einbringt? Hast du Ersparnisse? Sei dir bewusst, dass es auf und ab geht. Das ist normal und das ist in Ordnung, aber stelle sicher, dass du darauf vorbereitet bist.

WOMIT KANNST DU ORTSUNABHÄNGIG GELD VERDIENEN? – EINIGE IDEEN

Beschäftigungsformen: Du kannst entweder als Freelancer für verschiedene Auftraggeber arbeiten, Angestellter einer Firma sein, die es dir ermöglicht ortsunabhängig zu arbeiten, oder du wirst unternehmerisch tätig. Mögliche Arbeit- / Auftraggeber sind z. B. große Unternehmen, PR

Beratungsunternehmen, staatliche Institutionen, etc. In Kapitel 6 findest du verschiedene Jobportale, die sich auf ortsunabhängiges Arbeiten spezialisiert haben.

Die folgenden Zeilen geben dir ein paar Ideen an die Hand, wie du ortsunabhängig mit diesem Beruf Geld verdienst. Der Abschnitt ist bewusst kurzgehalten, da viele der Ideen bereits in Kapitel 3 angesprochen wurden. Solltest du an der ein oder anderen Stelle den Wunsch nach mehr Inhalt verspüren, blättere einfach nochmal zum Anfang zurück. Nähere Informationen, wie du Themen für Bücher und Online-Kurse findest, erhältst du in Kapitel 5. Schau außerdem gerne auf unserem Blog vorbei, für alle genannten Tools und Ressourcen im Überblick: https://new-work-life.com/portfolio/instructional-designer.

Führe bestimmte Kernaufgaben ortsunabhängig aus

Sieh dir die typischen Aufgaben eines Instructional Designers an und überlege dir, welche davon du ortsunabhängig ausüben kannst. Kannst du mit Kunden, Geschäftspartnern, Kollegen, etc. virtuell kommunizieren und sie beraten, indem du von Kommunikations- und Kollaborationsmedien wie Videotelefonie (z. B. Skype), Web-Konferenz (z. B. FreeConferenceCall), Desktop Sharing (z. B. Skype), Chat (z. B. Slack), E-Mail (z. B. Gmail) Gebrauch machst? Kannst du ortsunabhängig Lernkonzepte, Lernmaterialien und -systeme entwickeln und deinen Kunden über das Internet zur Verfügung stellen, indem du Online-Lernplattformen wie z. B. Moodle. org, ProProfs.com, LearnWorlds.com, Coggno.com nutzt? Kannst du ortsungebunden Feedback zu deinen Lerninhalten abfragen (z. B. auf Basis von webbasierten Umfragen) und deine Inhalte darauf basierend verbessern? Vermarkte deine Leistungen über eine eigene Website und über Online-Marktplätze wie z. B. Upwork.com, Freelance.de, Twago.de und ggf. Fiverr.com.

Entwickle standardisierte eLearning Konzepte und eLearning Kurse

Themen könnten z. B. Führung, Verkauf, Selbstmanagement, Organisation, Prozess- und Projektmanagement, etc. sein. Verkaufe deine Produkte über eine eigene Website und/oder über Online-Marktplätze wie z. B. Digistore24.com, Coggno.com und Fiverr.com. Nutze z. B. folgende Anbieter für Online Lernplattenformen, um eLearning Kurse zu erstellen: Moodle.org, ProProfs.com oder LearnWorlds.com. Für mehr Inspiration zum Thema eLearning Konzepte und Kurse wirf einen Blick auf die Website der Pink University (https://www.pinkuniversity.de).

Entwickle und verkaufe Online-Kurse
Wie wäre es z. B. mit einem Kurs zum Thema „Instructional Design für eLearning"? Oder du kreierst einen Kurs, in dem du Best Practices für Instructional Design erklärst? Alternativ könntest du auch einen Kurs erstellen, in dem du erläuterst, wie man einen eLearning Kurs mit der Open Source Lernplattform Moodle (https://moodle.org) entwirft.

Entwickle eigene Lernmaterialien
Biete deine Materialien Lehrern in Schulen und Weiterbildungseinrichtungen sowie Nachhilfelehrern für den Unterricht an. Stelle deine Lernmaterialien online als Download gegen Gebühr zur Verfügung. Vermarkte dein Unterrichtsmaterial über eine eigene Website und/oder über Online-Marktplätze für Unterrichtsmaterialien wie z. B. Lehrermarktplatz.de und Lehrerheld.com. Du kannst Lernmaterialien z. B. in folgenden Formaten entwickeln und verkaufen: Arbeitsblätter, Bilder und Cliparts, Tests und Klausuren, Lernhilfen, Pinnwand und Plakate, Smartboards, Unterrichtsentwürfe, spielerisches Lernen, Experimente, Leitfäden für Lehrer, Videos, Multimedia, interaktives Whiteboard, eLearning, etc.

Gründe eine Online Academy
Bilde angehende Instructional Designer aus, ggf. mit Zertifizierung nach erfolgreichem Abschluss der Academy. Die Zertifizierung könnte als eine Art Gütesiegel dienen, denn für den Beruf als Instructional Designer gibt es keine offizielle Ausbildung. In der Academy gibst du deinen Schülern das nötige Rüstzeug an die Hand, damit sie nach ihrer Ausbildung erfolgreich als Instructional Designer durchstarten und mit ihren neu erworbenen Kenntnissen Geld verdienen können.

STARTER TOOLKIT – DAS BRAUCHST DU, UM LOSZULEGEN

Notebook, Smartphone

SOFTWARE:
- Office: z. B. Microsoft Office oder Google Docs
- Kommunikation: z. B. Skype, WhatsApp, Slack, Gmail
- Website / Webshop: z. B. WordPress oder Shopify
- Cloudbasierte Datenspeicherung: z. B. Dropbox oder Google Drive
- eLearning Erstellung: Moodle (kostenlos), Adobe Captivate, ProProfs oder LearnWorlds

BÜCHER UND TUTORIALS:

- Buch: „Instructional System Design: The ADDIE Model A Handbook for Learning Designers", von Donald Clark
- Buch: „Design for How People Learn", von Julie Dirksen
- Buch: „The Accidental Instructional Designer", von Cammy Bean
- Tutorial: „Instructional Design for ELearning. Designing Successful ELearning Course", von Marina Arshavskiy, auf Udemy
- Tutorial: „Instructional Design for Corporate Learning and Development. Giving you the tools to design and deliver on-point, effective corporate training programs", von Jacqueline Seidel, auf Udemy
- Tutorial: „Instructional Design Pro (Part 1): No Beginners Allowed! Write Golden Training Curriculum that's Easier to Learn and More Enjoyable to Teach", von Jason Teteak, auf Udemy
- Templates: E-Learning (kostenlose Templates)
- Templates: Faster Course

Detaillierte Informationen zu Tools und Ressourcen, die dir helfen können, ein ortsunabhängiges Einkommen aufzubauen, findest du auf unserem Blog unter: https://new-work-life.com/portfolio/instructional-designer.

4.18 JOURNALIST

Als Journalist recherchierst und kreierst du Inhalte zu verschiedenen Themen. Du arbeitest für unterschiedliche Medien wie z. B. für Zeitungen, für Magazine, für den Hörfunk, für das Fernsehen, für Nachrichtenagenturen oder für Pressestellen von Wirtschaftsunternehmen. Darüber hinaus kannst du zwischen verschiedenen Funktionen wählen wie z. B. Kolumnist, Korrespondent, Fotojournalist, Leitartikler, Redakteur, etc.

WAS SIND MÖGLICHE AUFGABEN?

- Ein gutes Netzwerk zu Polizei, Notfallstellen, Behörden, Presseeinrichtungen, etc. aufbauen und pflegen, um schnell aktuelle Themen zu erfahren
- Menschen zu unterschiedlichen Themen befragen und Interviews aufzeichnen
- Nach Neuigkeiten und interessanten Geschichten suchen
- Pressetexte und -skripte nach hauseigenem Stil verfassen, unter Einhaltung enger Fristen

- Pressekonferenzen und andere Events wie z. B. Ratssitzungen, Gerichtsverfahren, Fußballspiele, Talentwettbewerbe, etc. besuchen
- Telefonate am Nachrichtenschalter entgegennehmen
- Enge Zusammenarbeit mit Presseteams, Fotografen und Redakteuren
- Nachrichtentexte auf Websites von Zeitungen, Magazinen, etc. einstellen
- Online Live-Berichterstattung und Echtzeit-Blogging

WELCHE AUSBILDUNG BENÖTIGST DU?

Die Berufsbezeichnung Journalist ist nicht geschützt. Um Journalist zu werden, benötigst du keine spezielle Ausbildung. In der Regel werden jedoch ein Studium im Bereich Journalismus sowie ein zweijähriges Volontariat in einer Redaktion vorausgesetzt. Ein Quereinstieg ist dennoch möglich, insbesondere wenn du über Spezialwissen in einem gewissen Bereich verfügst.

WELCHE FÄHIGKEITEN SOLLTEST DU MITBRINGEN?

- Hervorragendes Kommunikationsvermögen, sowohl schriftlich als auch mündlich
- Interesse an Politik, Gesellschaft und/oder Geschichte
- Kreativität und Liebe zur Sprache
- Kontaktfreude
- Natürliche Neugierde

UNSER ROLEMODEL FÜR DEN BERUF DES JOURNALISTEN

Name: Theresa Christine
Unternehmen: Theresa Christine
Homepage: http://theresachristine.com | http://tremendoustimes.com | https://www.skillshare.com/user/theresachristine
Kontakt: theresa.that@gmail.com

Theresa ist freiberufliche Reisejournalistin. Sie hat einen Abschluss als Bachelor of Fine Arts (B.F.A.) in Schauspiel, im Jahr 2009 gemacht. Nach einer Reihe von Gelegenheitsjobs als Gymnastiktrainerin, persönliche Assistentin und Salon Office Koordinatorin hat sie 2013 ihren Reiseblog „Tremendous

Times" gestartet. Das führte kurz darauf dazu, dass sie für andere Publikationen freiberuflich tätig wurde. Neben dem freiberuflichen Schreiben von Reiseberichten unterrichtet Theresa auch Kurse über Bloggen und Schreiben auf Skillshare.

Ihre Freunde und Familie bezeichnen sie als ehrgeizig und kreativ, sowie schnell gelangweilt. Sie sagen, dass sie gerne beschäftigt sei, weshalb sie immer viele verschiedene Projekte gleichzeitig habe. Außerdem schicke sie gerne Postkarten von verschiedenen Orten auf der ganzen Welt.

Während unseres Interviews ist Theresa in ihrer Home Base in Los Angeles, Kalifornien.

INTERVIEW MIT THERESA CHRISTINE IN IHRER ROLLE ALS JOURNALISTIN

Wie verdienst du dein Geld als Remote Worker?

Den Großteil meines Einkommens beziehe ich durch mein freiberufliches Schreiben. Ich habe ein paar Kunden, für die ich regelmäßig schreibe, so dass ich mich darauf verlassen kann, dass ich jeden Monat einige Aufträge von ihnen bekomme. Einer meiner Kunden allein bietet mir genug Arbeit, um zu überleben, wenn ich in diesem Monat keinen einzigen Penny aus etwas anderem machen würde, wäre es zwar nicht komfortabel, aber ich könnte meine Ausgaben decken. Ich pitche regelmäßig meine Arbeit bei Magazinen und es ist immer ein großartiges Gefühl, eine Zusage zu erhalten.

Ein weiterer Einkommensstrom für mich ist Skillshare, wo ich Kurse über das Schreiben und Bloggen unterrichte. Als ich damit anfing, war es ein nettes Nebeneinkommen von ein paar hundert Dollar; jetzt ist es ein recht großer Teil meines Einkommens. Mein beliebtester Kurs dort ist ein kostenloser Kurs namens Blogging Basics – er hat Tausende Studenten und ich biete ihn deshalb an, um Studenten auf mich und meine anderen Kurse aufmerksam zu machen.

Zusätzliches Einkommen, das nicht so bedeutend ist, kommt durch Anzeigen oder Affiliate-Links auf meinem Blog „Tremendous Times" oder einem gelegentlichen Speaking Gig. Ich arbeite auch gerade an einem Buch, das hoffentlich ein weiterer Einkommensstrom sein wird, den ich der Liste bald hinzufügen kann.

Wie hast du deine ersten Kunden gefunden, mit denen du remote zusammengearbeitet hast?

Ich konnte ein bisschen Bloggen und fand meine ersten bezahlten Schreibaufträge aus der Not heraus. Ich kam in Los Angeles an, frisch gefeuert von einem virtuellen Assistentenjob, mit einem Reiseblog und ein paar kostenlosen Online-Publikationen. Es reichte aus, um meinen ersten echten, bezahlten, freiberuflichen Schreibauftrag zu bekommen, der eigentlich ein wiederkehrender ist und von demjenigen kam, der heute mein größter zahlender Kunde ist. Es war ein Gig, den ich bei FlexJobs gefunden habe. Das ist eine echt wunderbare Seite, die ich jedem empfehlen kann, der an ortsunabhängiger Arbeit interessiert ist.

Klar hatte ich eine Menge Glück, aber ich denke, das Beste, was mir passiert ist, ist, dass ich von meinem vorherigen Job gefeuert wurde. Ernsthaft! Auf diese Weise habe ich einen schnellen Tritt in den Arsch bekommen, um endlich die Arbeit zu machen, die ich wirklich liebe. Wenn ich meinen Job nicht verloren hätte, hätte ich vielleicht nie den Druck verspürt, es ernsthaft mit dem freiberuflichen Schreiben zu versuchen. Plötzlich hatte ich das Bedürfnis, da rauszukommen und Kunden zu gewinnen, und so habe ich den Turbo gezündet.

Wie findest du neue Kunden?

Was die Gewinnung neuer Kunden angeht, so suche ich immer nach Zeitschriften, die offen sind für freiberufliche Pitches. Ich schicke ihnen dann meine Ideen. Ich schaue auch auf Twitter und auf Jobbörsen, um Arbeit zu finden. Kleinere Publikationen kontaktiere ich manchmal via Instagram, um zu sehen, ob sie Pitches akzeptieren.

Ich bin ehrlich gesagt nicht so gut darin, mich selbst zu vermarkten, was meine größte Schwachstelle für meine Freiberuflichkeit ist. Ich habe eine SEO-optimierte Website und bin hoffentlich eine leicht zu findende Reisejournalistin und ich bin auf Twitter aktiv. Es ist meine bevorzugte Art, mit Leuten online in Kontakt zu treten. Ich nutze Twitter-Listen und habe je eine für PR-Firmen, Tourismusverbände, Magazine, Autoren und Redakteure. Es erlaubt mir, mit anderen online zu interagieren und die Art von Inhalten zu sehen, die sie teilen und sie besser kennenzulernen, bevor ich etwas schicke.

Abgesehen davon habe ich das Gefühl, dass mein Pitching auch ein bisschen Marketing ist. Selbst wenn ein Redakteur mit einem „Nein, danke" antwortet, kennen sie zumindest meinen Namen und wir haben begonnen, eine Beziehung aufzubauen. Letztens habe ich einen Beitrag für eine Publikation veröffentlicht, die mir vorher ein „Nein" gegeben hatte. Allerdings war das Magazin Teil einer Mediengruppe und darin war ein anderes Magazin, das Interesse an meiner Arbeit hatte und für das ich dann geschrieben habe. Und das alles resultierte aus diesem einen Pitch!

Was war deine Motivation, ortsunabhängig zu arbeiten?

Als Reisejournalistin möchte ich natürlich immer wieder etwas entdecken! Ich liebe nichts mehr, als für einen Press Trip unterwegs zu sein und an einem Auftrag zu arbeiten. Reisen ist ein fester Bestandteil meiner Arbeit, aber Ortsunabhängigkeit ist ein zusätzlicher Bonus.

Ich sage den Leuten immer, dass ich eine schreckliche Angestellte in einem traditionellen Job wäre, weil jede Art von Anforderungen – wie z. B. zu einer bestimmten Uhrzeit im Büro zu sein – sich für mich unglaublich restriktiv anfühlt. Ich liebe die Künste und weiß, dass ich am produktivsten bin, wenn ich auf einer Kreativitätswelle reiten kann, anstatt zur Arbeit gezwungen zu werden, wenn es einfach nicht die richtige Zeit oder die richtige Umgebung für mich ist. Ganz ehrlich, ich arbeite am effizientesten in meinem eigenen Zimmer, ohne Musik, mit viel natürlichem Licht und nicht jeden Tag zur gleichen Zeit. Die Freiheit, standortunabhängig zu arbeiten, ist für mich die perfekte Anpassung an meine Arbeitsweise.

Letztendlich habe ich das Gefühl, dass meine Kunden mir sehr viel Vertrauen entgegenbringen, weil wir uns nicht von Angesicht zu Angesicht sehen. Sie zählen darauf, dass ich die Arbeit erledige und gut mache, und ich nehme dieses Vertrauen nicht als selbstverständlich hin. Es ist etwas, das mich beflügelt und mir zusätzlichen Stolz für meine Arbeit gibt.

Wie sieht ein normaler Arbeitstag in deinem Leben als Remote Worker aus? Hast du eine tägliche Routine?

Weil ich selbständig bin und arbeite, wann und wo immer ich will, sehen meine Tage immer anders aus. Ich höre gerne auf meinen Körper und meinen Geist, um zu sehen, welche Aufgaben ich erledigen muss und welche ich in diesem Moment am besten bewältigen kann. Wenn ich zum Beispiel die Zeit geblockt habe, um für verschiedene Zeitschriften Ideen zu pitchen, es aber einfach nicht fühle, mache ich etwas anderes.

Im Allgemeinen widme ich jeden Tag dreißig Minuten meiner Zeit Social Media, ein paar Stunden investiere ich in Pitching oder Magazin-Recherche, ein paar Stunden schreibe ich und dann brauche ich noch ein bisschen Zeit für die Verwaltung meiner Skillshare-Kurse. Ich nehme mir auch Zeit für Dinge, die nicht zur Arbeit gehören – das ist etwas Wichtiges, das ich gelernt habe! Ich gehe vier bis fünf Mal pro Woche ins Fitnessstudio, versuche mich jede Woche mit einem oder zwei Freunden zu treffen, nehme mir Zeit für meinen Mann und nehme Sprachunterricht als Hobby (ich spreche auch Deutsch und Italienisch).

Ich arbeite entweder von zu Hause oder von einem Hotel- oder Airbnb-Zimmer aus. Obwohl ich die Atmosphäre von Cafés und Coworking Spaces liebe, sind sie doch leider immer viel zu laut für mich, und ich habe festgestellt, dass ich am besten in völliger Stille mit wenig bis gar keinen Unterbrechungen schreibe. Ich setze mich gerne an den Schreibtisch und mache mich an die Arbeit, mit einem großen Glas Wasser und oft etwas Tee am Morgen. Ich versuche, die Dinge bis spätestens neun oder zehn Uhr morgens in Gang zu bringen und arbeite bis zum späten Nachmittag, mit wenigen Pausen (nur die üblichen, um ins Bad zu gehen und um Wasser nachzufüllen, das ist alles). Normalerweise mache ich gegen 16 Uhr Feierabend, aber je nach Arbeitsbelastung und Aufgaben arbeite ich so lange wie nötig.

Was sind die Vor- und Nachteile ortsunabhängiger Arbeit aus deiner Sicht?

Die Vorteile sind für mich, dass ich meine Zeit frei einteilen kann, in einem Raum arbeiten kann, den ich mag und dass ich dadurch produktiver bin. Ich bin definitiv ein Teamplayer, bin offen für konstruktive Kritik und gut in der Zusammenarbeit, aber wenn es ums Schreiben geht, bin ich lieber alleine. Wenn ich in ein Büro gehen muss, fühle ich mich sofort von jeder kleinen Sache abgelenkt – jedes Gespräch im Hintergrund, jeder Song, der im Radio gespielt wird, einfach alles. Dadurch, dass ich mir meinen Arbeitsplatz aussuche, habe ich viel mehr Kontrolle über mein Arbeitsumfeld.

Reisen ist nicht nur ein Teil meiner Arbeit, sondern ich liebe es grundsätzlich zu reisen. Ich habe vor, innerhalb des nächsten Jahres nach Deutschland zu ziehen. Das wäre viel schwieriger, wenn ich einen Job hätte, bei dem ich jeden Tag in einem Büro auftauchen müsste. Meine Arbeit erlaubt es mir, meinen Träumen zu folgen und stellt dabei keine Hürde dar.

Der große Nachteil ist, dass es wirklich einfach ist, den ganzen Tag zu arbeiten und keine Pausen einzulegen, und schwierig, zu einer normalen Zeit aufzuhören oder am Wochenende freizunehmen. Ich liebe das, was ich tue, ohne dass jemand sagt: „Okay, es ist 17:00 Uhr, wir sehen uns morgen", ich mache einfach weiter und weiter. Ich müsste eigentlich anfangen, mir einen Wecker auf dem Handy zu stellen, um mich daran zu erinnern, eine Mittagspause einzulegen.

Soziale Isolation kann aus meiner Sicht auch eine Herausforderung sein. Wenn ich in meiner Heimatbasis in L.A. bin, plane ich immer Zeit mit Freunden ein. Und wenn ich auf Reisen bin, ist es irgendwie schade, im Hotel oder Airbnb zu sitzen und zu arbeiten, anstatt sich umzusehen. Ich versuche immer eine Balance zwischen meiner Arbeit und dem Genießen des erstaunlichen Lebensstils, den mir meine Arbeit bietet, herzustellen.

Last but not least: Hast du noch weitere hilfreiche Tipps für unsere Leser?

Mein bester Tipp ist, einen Blog zu starten. Mit dem Start von „Tremendous Times" änderte sich mein Leben – es half mir, meine Stimme als Journalistin zu finden, und durch das Verwalten des Blogs habe ich über das Schreiben hinaus viele neue Fähigkeiten gewonnen, vom Website-Design bis hin zur Bildbearbeitung.

Du musst keinen großen Launch machen und einen Grafikdesigner für dein Logo beauftragen. Starte einfach einen Blog, teile deine Gedanken und fokussiere dich auf deine Leidenschaft. Schreibe über deinen Prozess, poste Bilder von dem, woran du arbeitest und spiele einfach. Ich aktualisiere „Tremendous Times" auch heute noch und nutze es als meinen eigenen Raum, um persönliche Reiseberichte zu veröffentlichen, die ich nicht unbedingt einem Magazin vorlegen möchte. Zu Beginn meiner Reise war es eine Ergänzung zu meinem Lebenslauf, die mir die ersten Gigs bescherte; jetzt ist es für mich ein Raum geworden, in dem ich mit meinem Schreiben experimentieren und meine Fähigkeiten noch weiter verfeinern kann.

WOMIT KANNST DU ORTSUNABHÄNGIG GELD VERDIENEN? – EINIGE IDEEN

Beschäftigungsformen: Du kannst entweder als Freelancer für verschiedene Auftraggeber arbeiten, Angestellter einer Firma sein, die es dir ermöglicht ortsunabhängig zu arbeiten, oder du wirst unternehmerisch tätig. Mögliche Arbeit- / Auftraggeber sind: Zeitungen, Magazine, der Hörfunk, das Fernsehen, Nachrichtenagenturen oder Pressestellen von Wirtschaftsunternehmen. In Kapitel 6 findest du verschiedene Jobportale, die sich auf ortsunabhängiges Arbeiten spezialisiert haben.

Die folgenden Zeilen geben dir ein paar Ideen an die Hand, wie du ortsunabhängig mit diesem Beruf Geld verdienst. Der Abschnitt ist bewusst kurzgehalten, da viele der Ideen bereits in Kapitel 3 angesprochen wurden. Solltest du an der ein oder anderen Stelle den Wunsch nach mehr Inhalt verspüren, blättere einfach nochmal zum Anfang zurück. Nähere Informationen, wie du Themen für Bücher und Online-Kurse findest, erhältst du in Kapitel 5. Schau außerdem gerne auf unserem Blog vorbei, für alle genannten Tools und Ressourcen im Überblick: https://new-work-life. com/portfolio/journalist.

Führe bestimmte Kernaufgaben ortsunabhängig aus

Sieh dir die typischen Aufgaben eines Journalisten an und überlege dir, welche davon du ortsunabhängig ausüben kannst. Kannst du mit Kunden, Geschäftspartnern, Kollegen, etc. virtuell kommunizieren, indem du von Kommunikations- und Kollaborationsmedien wie Videotelefonie (z. B. Skype), Web-Konferenz (z. B. FreeConferenceCall), Desktop Sharing (z. B. Skype), Chat (z. B. Slack), E-Mail (z. B. Gmail) Gebrauch machst? Kannst du über das Internet spannende Themen und Interviewpartner recherchieren (z. B. mithilfe von Recherchescout.com oder Interviewpartner.org)? Kannst du Menschen interviewen ohne dabei vor Ort sein zu müssen, indem du z. B. von Videotelefonie Gebrauch machst? Vermarkte deine Leistungen über eine eigene Website und über Online-Marktplätze wie z. B. Upwork.com, Freelance.de, Twago.de und ggf. Fiverr.com

Produziere Texte, Bilder/Fotos, Videos und andere journalistische Inhalte

Orientiere dich dabei an aktuellen und nachgefragten Themen und verkaufe die Inhalte über eine eigene Website und/oder über Stockplattformen wie z. B. Textscout, Contentworld, Alamy oder Shutterstock. Stockplattformen sind Online-Marktplätze, auf denen verschiedene Anbieter Produkte wie Fotos, Bilder, Vektoren, Videos, Audiodateien, Computercode, etc. anbieten. Die erbrachten Produkte werden dabei „auf Lager" produziert, d. h. sie entstehen ohne Beauftragung. Die Produkte auf Stockplattformen können vom Käufer gegen Zahlung einer Lizenzgebühr für vielseitige Zwecke, z. B. für den Einsatz in Film, TV, Radio, etc. eingesetzt werden.

Schreibe ein eBook

Finde ein Thema, das dich interessiert und für das Nachfrage besteht. Wie wäre es z. B. mit einem Buch zum Thema Informationsgewinnung aus Netzwerken („Netzwerken als Journalist – So baust du ein Netzwerk aus Fachexperten und Informationsquellen auf, das dich verlässlich mit Neuigkeiten versorgt"). Wie genau du Themen findest, kannst du im Kapitel 5 nachlesen.

Biete Online-Seminare an

Ein mögliches Thema für ein Online-Seminar könnte sich z. B. auf journalistische Headlines fürs Web beziehen: „Lerne in X Schritten, wie du Killer-Headlines schreibst, die den Leser magisch anziehen – eine Anleitung fürs Web."

Leg ein Profil bei einer Crowdfunding-Plattform an

Lass dich von deinen Fans z. B. auf der Crowdfunding-Plattform Patreon. com finanziell unterstützen.

STARTER TOOLKIT – DAS BRAUCHST DU, UM LOSZULEGEN

Notebook, Smartphone mit hoher Akkuleistung und viel Datenspeicherplatz, Diktiergerät bzw. Audiorekorder, Twitter Account, Google Alerts

SOFTWARE:
- Office: z. B. Microsoft Office oder Google Docs
- Kommunikation: z. B. Skype, WhatsApp, Slack, Gmail
- Website / Webshop: z. B. WordPress oder Shopify
- Transkription von Interviews: z. B. Nuance Dragon NaturallySpeaking 13.0 Home

BÜCHER UND TUTORIALS:
- Buch: „Professionelles Schreiben für den Journalismus", von Kerstin Liesem

Detaillierte Informationen zu Tools und Ressourcen, die dir helfen können, ein ortsunabhängiges Einkommen aufzubauen, findest du auf unserem Blog unter: https://new-work-life.com/portfolio/journalist.

HIER FINDEST DU WEITERE INFORMATIONEN

Deutscher Journalisten-Verband (DJV): http://www.presseverband.info

4.19 LEKTOR

Als Lektor besteht deine Aufgabe darin, sicherzustellen, dass Texte klar verständlich, konsistent und vollständig sind. Zudem sorgst du dafür, dass sich ein Schriftstück gut lesen lässt und dass es grammatikalisch korrekt ist. Bei den Texten kann es sich um Beiträge für Websites, Blogs, Zeitungen, Zeitschriften, Unternehmensbroschüren, Verkaufsmaterialien, etc. handeln oder um ganze Bücher. Du kannst sowohl im wissenschaftlichen als auch im nicht-wissenschaftlichen Bereich tätig sein.

WAS SIND MÖGLICHE AUFGABEN?

- Rechtschreibung, Grammatik und Layout prüfen
- Stilistische Korrekturen im Text vornehmen
- Konsistenz eines Textes sicherstellen
- Text inhaltlich „challengen" und alternative Vorschläge unterbreiten
- Texte umschreiben (in begrenztem Umfang)

WELCHE AUSBILDUNG BENÖTIGST DU?

Um als Lektor dein Geld zu verdienen, benötigst du keine spezielle Ausbildung. Was sich jedoch anbietet, ist ein Germanistik- oder Deutsch-Lehramtsstudium. Natürlich ist auch jede andere Sprache möglich, je nachdem, wo du deinen Schwerpunkt setzen willst. Grundsätzlich sind auch Abschlüsse anderer geisteswissenschaftlicher Studiengänge eine gute Basis für eine Lektorentätigkeit. Im nicht-akademischen Bereich bietet eine Ausbildung zum Buchhändler oder zum Medienkaufmann Digital und Print eine solide Grundlage für den Beruf.

WELCHE FÄHIGKEITEN SOLLTEST DU MITBRINGEN?

- Detailgenauigkeit
- Konzentrationsfähigkeit
- Selbstmotivation
- Stressresistenz
- Empathie

UNSER ROLEMODEL FÜR DEN BERUF DES LEKTORS

Name: Ramona Krieger
Unternehmen: Silbentaucher – Lektorat und Self-Publishing | Ramona Krieger
Homepage: http://silbentaucher.de
Kontakt: mail@silbentaucher.de

Ramona ist selbständige Lektorin und Verlegerin. Sie ist studierte Geisteswissenschaftlerin und hat nach dem Magister in einem Zeitungsverlag angefangen zu arbeiten. Nach zehn Jahren als (Online-) Redakteurin und Redaktionsleiterin in verschiedenen Verlagen, hat sie sich als Lektorin und Self-Publishing-Beraterin selbständig gemacht.

Freunde und Familie sagen über Ramona, dass sie schon immer ihren eigenen Weg gegangen sei, dass sie abenteuerlustig, großherzig und spontan sei und sich in der Natur und abends an einem Lagerfeuer am wohlsten fühle.

Unsere Interviewfragen beantwortet Ramona irgendwo im Vorgebirge, zwischen Köln und Bonn. Erst kürzlich sind sie und ihr Freund von einer einjährigen Wohnmobilreise durch Europa zurückgekommen. Vor der Reise hatten sie ihre Wohnungen aufgelöst und ihr Leben in Kisten gepackt. Jetzt suchen sie ein neues, festes Heim im Grünen, von dem aus sie mit dem Wohnmobil zu neuen Abenteuern aufbrechen können.

INTERVIEW MIT RAMONA KRIEGER VON SILBENTAUCHER.DE

Wie verdienst du dein Geld als Remote Worker und wie findest du neue Kunden?

Ich bin freie Lektorin und Mitglied im Verband Freier Lektorinnen und Lektoren (VFLL). Hier bin ich gelistet und bekomme außerdem regelmäßig E-Mails mit Kundenanfragen, auf die sich alle Lektorinnen und Lektoren bewerben können. Darüber hinaus biete ich einen Rundum-Service für Self-Publisher an: ich lektoriere und korrigiere Buchmanuskripte, kümmere mich um Satz, Layout und Coverdesign (in Zusammenarbeit mit Grafikdesignern). Schließlich biete ich auch an, Taschenbuch und eBook bei Amazon, Tolino etc. hochzuladen und eine Verkaufsseite einzurichten und zu optimieren.

Inzwischen haben mein Partner und ich gemeinsam einen Verlag (https://www.wnj-verlag.de) gegründet, der sich gezielt an Autoren wendet, die es ablehnen zu einem herkömmlichen Verlag zu gehen, weil sie sich mehr Mitspracherecht, fairere Konditionen und einen flexibleren und persönlicheren Kontakt wünschen. Natürlich sollten die Bücher inhaltlich zu unseren Themen wie Reisen, Veränderung, Abenteuer, Neuanfang und das „Gute Leben" passen.

Wie hast du deine ersten Kunden gefunden, mit denen du remote zusammengearbeitet hast?

Spread the word! Meine ersten Kunden habe ich zum einen über die Listung im VFLL gefunden, aber vor allem über Mund-zu-Mund-Propaganda durch Freunde, Bekannte und ehemalige Kollegen. Außerdem bin ich noch auf diversen Verzeichnissen wie z. B. Selfpublishermarkt.de gelistet. Wichtig ist es, meiner Erfahrung nach, dass man jedem erzählt, was man tut, um im Gespräch und somit im Gedächtnis zu bleiben.

Was war deine Motivation, ortsunabhängig zu arbeiten?

Ich war schon lange unzufrieden mit meiner Arbeit. Gar nicht mit der Tätigkeit an sich, sondern vor allem mit dem starren Korsett, in das man gezwungen wird. Dazu kam ein stetig wachsendes Gefühl der Sinnlosigkeit meines Tuns. Auch wenn es Flauten gab, musste ich stupide meine Zeit absitzen. Das gipfelte irgendwann darin, dass mein Hund schwer krank wurde und ich mich nicht um ihn kümmern konnte, weil ich gezwungen war, acht Stunden in der Firma Däumchen zu drehen. In dieser Situation habe ich gekündigt.

Was waren deine größten Herausforderungen, um ein Remote-Einkommen zu generieren und wie hast du diese bewältigt?

Die größten Hürden waren Angst und Selbstzweifel; die größte Herausforderung war es, den Mut aufzubringen, die vermeintlich sicheren Strukturen eines Jobs zu verlassen und – zu springen. Am ersten Morgen meiner Selbständigkeit – ein Tag auf den ich lange hingefiebert und den ich mir als große Party vorgestellt hatte – habe ich mich gleich nach dem Aufwachen erstmal übergeben und saß kurze Zeit später mit Schnappatmung und heulend auf meinem Küchenfußboden. Wir sind so darauf getrimmt an festen Strukturen festzuhalten und mit dem Strom zu schwimmen, dass es sich wie freier Fall anfühlt, wenn man aus diesen starren Bahnen aussteigen will.

Ich habe schnell Aufträge bekommen und wurde weiterempfohlen. Damals habe ich gelernt, dass ich mich auf mich selbst verlassen kann und dass die Fähigkeiten und Erfahrungen, die ich mitbringe, für viele Menschen hilfreich und wertvoll sind.

Wie sieht ein normaler Arbeitstag in deinem Leben als Remote Worker aus? Hast du eine tägliche Routine?

Zu Beginn meiner Selbständigkeit habe ich mich im Büro einer Freundin eingemietet und wir hatten sozusagen einen kleinen Coworking Space. So wollte ich sichergehen, nicht in ein Loch zu fallen und erstmal die gewohnte Routine, morgens zu einem Arbeitsplatz zu fahren, aufrechterhalten. Tatsächlich kann ich mich aber prima selbst organisieren und motivieren. Im letzten Jahr habe ich von den schönsten Plätzen Europas aus gearbeitet und jetzt gerade habe ich vorübergehend einen festen Schreibtisch.

Am produktivsten bin ich früh morgens, und so schlurfe ich gegen sieben mit meinem Kaffee an den Schreibtisch und lege los. Bis mittags habe ich dann meistens schon viel geschafft, so dass ich während meines Nachmittagstiefs andere Dinge machen kann, wie im Garten arbeiten, mit dem Hund spazieren gehen, Yoga oder ähnliches. Später setze ich mich nochmal an den Schreibtisch und erledige administrative Aufgaben, wie E-Mails beantworten, Rechnungen schreiben usw.

Was sind die Vor- und Nachteile ortsunabhängiger Arbeit aus deiner Sicht?

Für mich hat das ortsunabhängige Arbeiten nur Vorteile: Ich kann von überall aus arbeiten, und so jederzeit auf Reisen gehen und meine Arbeit einfach mitnehmen. Und ich kann mit meiner Familie aufs Land rausziehen und bin nicht mehr darauf angewiesen, in der Stadt, nahe meiner Arbeitsstelle zu wohnen. Meine Zeit kann ich mir selbst einteilen und zu den Tageszeiten arbeiten, an denen ich am produktivsten bin; wenn viel zu tun ist, arbeite ich viel, wenn weniger zu tun ist, gönne ich mir auch mal einen freien Nachmittag. Manchmal ist ein Sonntag ein Montag und ein Mittwoch ein Feiertag – ich mache meine eigenen Regeln. Vor allem aber kann ich sehr viel Zeit mit meinen Liebsten verbringen.

WOMIT KANNST DU ORTSUNABHÄNGIG GELD VERDIENEN? – EINIGE IDEEN

Beschäftigungsformen: Du kannst entweder als Freelancer für verschiedene Auftraggeber arbeiten, Angestellter einer Firma sein, die es dir ermöglicht ortsunabhängig zu arbeiten, oder du wirst unternehmerisch tätig. In Kapitel 6 findest du verschiedene Jobportale, die sich auf ortsunabhängiges Arbeiten spezialisiert haben.

Die folgenden Zeilen geben dir ein paar Ideen an die Hand, wie du ortsunabhängig mit diesem Beruf Geld verdienst. Der Abschnitt ist bewusst kurzgehalten, da viele der Ideen bereits in Kapitel 3 angesprochen wurden. Solltest du an der ein oder anderen Stelle den Wunsch nach mehr Inhalt verspüren, blättere einfach nochmal zum Anfang zurück. Nähere Informationen, wie du Themen für Bücher und Online-Kurse findest, erhältst du in Kapitel 5. Schau außerdem gerne auf unserem Blog vorbei, für alle genannten Tools und Ressourcen im Überblick: https://new-work-life.com/portfolio/lektor.

Führe bestimmte Kernaufgaben ortsunabhängig aus
Sieh dir die typischen Aufgaben eines Lektors an und überlege dir, welche davon du ortsunabhängig ausüben kannst. Kannst du mit Kunden,

Geschäftspartnern, Kollegen, etc. virtuell kommunizieren, indem du von Kommunikations- und Kollaborationsmedien wie Videotelefonie (z. B. Skype), Web-Konferenz (z. B. FreeConferenceCall), Desktop Sharing (z. B. Skype), Chat (z. B. Slack), E-Mail (z. B. Gmail) Gebrauch machst? Kannst du Texte ortsunabhängig lektorieren und deinen Kunden die Resultate digital (z. B. über E-Mail) zukommen lassen? Vermarkte deine Leistungen über eine eigene Website und über Online-Marktplätze wie z. B. Upwork.com, Freelance.de, Twago.de und ggf. Fiverr.com.

Erweitere dein Leistungsspektrum als Lektor

Biete zusätzlich zu deinen typischen Lektoren-Tätigkeiten ebenfalls einen Schreibservice für Dritte an. Schreibe für externe Auftraggeber als Ghostwriter. Deine Auftraggeber können z. B. Schriftsteller, Personen des öffentlichen Lebens, Hochschulprofessoren, wissenschaftliche Mitarbeiter, Freelancer oder Unternehmen sein, für die du Bücher, wissenschaftliche Arbeiten, Aufsätze, Artikel, etc. schreibst. Als Lektor bist du gut im Umgang mit Sprache. Warum also nicht Texte von Grund auf selbst verfassen? Achte darauf, dass du dein erweitertes Leistungsspektrum ortsunabhängig erfüllen kannst, indem du von Online-Ressourcen Gebrauch machst und webbasierte Kommunikationsmedien wie z. B. Skype nutzt.

Schreibe (Presse-)Texte, Geschichten, Artikel, etc.

Such dir Themen, die dich als Person interessieren und für die ein Markt existiert und schreibe darüber. Verkaufe deine Texte über eine eigene Website und/oder auf Marktplätzen wie z. B. Textscout.de oder Contentworld.com.

Schreibe ein eBook

Finde ein Thema, das dich interessiert und für das Nachfrage besteht. Du könntest beispielsweise einen Schritt für Schritt Guide für angehende Lektoren schreiben, in dem du die notwendigen Kenntnisse vermittelst, um als Lektor Geld zu verdienen („Als Lektor Geld verdienen – Eine Schritt für Schritt Anleitung, um professioneller Lektor zu werden") oder du schreibst ein Buch zum Thema fehlerfreies Texten, mit dem du Menschen mit Schreibschwäche hilfst, weniger Fehler in ihren Texten zu machen (z. B. „Fehlerfreie Texte schreiben – Tipps und Tricks vom Profi"). Wie genau du Themen findest, kannst du im Kapitel 5 nachlesen.

Entwickle und verkaufe Online-Kurse

Wie wäre es z. B. mit einem Kurs zum Thema Rechtschreibung und/oder Grammatik? Du könntest den Kurs als Auffrischungskurs für ältere

Semester oder als Intensivkurs für Schüler und Studenten zur Vorbereitung auf Examen anbieten. Alternativ könntest du auch einen Kurs speziell für Menschen mit Schreibschwäche entwickeln, der diesen Menschen Tipps und Tricks für den Alltag an die Hand gibt. Eine weitere Möglichkeit wäre ein Kurs zum Thema Stilistik und Sprache. Du könntest in diesem Kurs zeigen, welcher Sprachstil für welche Zwecke geeignet ist und ggf. Textbausteine für bestimmte Zwecke zur Verfügung stellen.

STARTER TOOLKIT – DAS BRAUCHST DU, UM LOSZULEGEN

Notebook, Smartphone

SOFTWARE:
* Office: z. B. Microsoft Office oder Google Docs
* Kommunikation: z. B. Skype, WhatsApp, Slack, Gmail
* Website / Webshop: z. B. WordPress oder Shopify
* Füllwörter im Text finden: z. B. Letter Factory
* „Heiße Luft" in Texten finden: z. B. BlaBlaMeter
* Rechtschreibung prüfen: z. B. Rechtschreibpruefung24
* Synonyme finden: z. B. Openthesaurus

BÜCHER UND TUTORIALS:
* Buch: „So lektorieren Sie Ihre Texte. Verbessern durch Überarbeiten: Schritt für Schritt von der Erstfassung zum fertigen Manuskript", von Sylvia Englert
* Buch: „Deutsch für Profis: Wege zu gutem Stil", von Wolf Schneider

Detaillierte Informationen zu Tools und Ressourcen, die dir helfen können, ein ortsunabhängiges Einkommen aufzubauen, findest du auf unserem Blog unter: https://new-work-life.com/portfolio/lektor.

HIER FINDEST DU WEITERE INFORMATIONEN

Verband der Freien Lektorinnen und Lektoren (VFLL): http://www.vfll.de

4.20 MUSIKER

Als Musiker machst du Musik. In der Regel spielst du ein Instrument, singst und/oder produzierst elektronische Musik am PC. Du kannst Teil einer Musikgruppe oder Solokünstler sein. Dir stehen für deine Arbeit unterschiedliche Musikgenres zur Verfügung (Rock, Pop, Indie, Jazz, Klassik, etc.).

WAS SIND MÖGLICHE AUFGABEN?
- Musikstücke schreiben und vertonen
- Lieder / Songs einstudieren und proben
- Auftritte performen
- Mit Fans interagieren
- Networking und Selbstmarketing
- Neue Instrumente lernen

WELCHE AUSBILDUNG BENÖTIGST DU?
Um als Musiker dein Geld zu verdienen benötigst du nicht zwingend eine klassische Ausbildung. Nichtsdestotrotz musst du zumindest ein Instrument beherrschen, singen können und/oder Musik am PC produzieren können. Wenn du dich im klassischen Musikbereich etablieren möchtest, ist ein Musik-Studium ggf. von Vorteil.

WELCHE FÄHIGKEITEN SOLLTEST DU MITBRINGEN?
- Motivation und Entschlossenheit
- Durchhaltevermögen
- Kreativität
- Selbstdisziplin
- Stressresistenz

UNSER ROLEMODEL FÜR DEN BERUF DES MUSIKERS

Name: Jessica Allossery
Unternehmen: Jessica Allossery – The Lovely Indie Blog
Homepage: http://thelovelyindie.com

Jessica Allossery ist als Indie Musikerin selbständig. Jessica hat einen erweiterten

Abschluss als Filmemacherin (vier Jahre Ausbildung) und keine musikalische Ausbildung. Sie ist ein autodidaktischer Singer-Songwriter und hat sich alles selbst beigebracht. Mittlerweile macht sie seit zehn Jahren Musik.

Ihre Familie und Freunde bezeichnen sie als eine extrem hart arbeitende und zielstrebige Frau, deren Lebenswerk darin besteht, anderen Menschen Heilung durch Musik und Kunst zu bringen. Sie sagen, dass Jessica alles daransetze, ihre Träume zu verwirklichen, sobald sie sich ein Ziel gesetzt habe. Jessica hat unsere Fragen während einer Tour in New York per E-Mail beantwortet.

INTERVIEW MIT JESSICA ALLOSSERY VON THE LOVELY INDIE BLOG

Wie bist du auf die Ideen für deine Produkte und Services gekommen? Hast du eine bestimmte Methodik verfolgt?

Wenn es um mein Geschäft geht, finde ich Ideen bei anderen Musikern und Unternehmern. Ich behandle meine Arbeit wie ein echtes Geschäft und versuche viele verschiedene Produkte anzubieten. Meistens verfahre ich dabei nach dem Prinzip „Trial and Error". Ich versuche, immer mehr Produkte und Dienstleistungen anzubieten und immer neue Ideen auszuprobieren. Was funktioniert biete ich weiterhin an und was nicht funktioniert, fliegt raus. Dafür probiere ich dann etwas Neues aus. Ich versuche immer mit der Zeit und der Technologie Schritt zu halten, da mir das als sehr wichtig erscheint.

Was war deine Motivation, ortsunabhängig zu arbeiten?

Ich wollte immer schon selbständig arbeiten. Ich habe mich nie wohl gefühlt, für einen Chef oder Manager zu arbeiten, weil es sich immer so anfühlte, als würde ich ständig an meiner Arbeit gemessen und überwacht werden. Ich mag das nicht. Ich arbeite viel besser, wenn ich allein bin und mein eigenes Ding mache. Daher habe ich den Weg eingeschlagen, der sich für mich am natürlichsten anfühlte. Ich wollte mein eigener Chef sein und meine eigenen Regeln aufstellen. Reisen ist mir wichtig und persönliche Freiheit ist mir auch wichtig. Ich möchte niemals danach fragen müssen, ob ich einen Arzttermin wahrnehmen oder Besorgungen erledigen kann. Ich wollte die Dinge immer gemäß meinem Rhythmus erledigen und zwar dann, wann mir danach war.

Was waren deine größten Herausforderungen, um ein Remote-Einkommen zu generieren und wie hast du diese bewältigt?

Die größte Herausforderung beim Aufbau meines Online-Einkommens ist die Tatsache, dass ich in den ersten Jahren kaum etwas verdient habe. Ich habe mit meiner Arbeit meine Leidenschaft verfolgt, aber ich brauchte zwei andere Jobs, um mir mein Leben zu finanzieren.

Im Laufe der Zeit, nach ungefähr fünf Jahren, habe ich endlich angefangen, genug Geld zu verdienen, so dass ich meine Nebenjobs aufgeben und Vollzeit-Musikerin werden konnte. Die folgenden Jahre habe ich damit verbracht auf Tour zu gehen, Alben zu machen, Crowdfunding-Kampagnen durchzuführen, Content zu schaffen und Songs zu schreiben.

Eine weitere sehr große Herausforderung besteht darin, für mein Publikum konsistent und präsent zu sein. Das ist sehr wichtig. Das Publikum will wissen, dass du da bist und präsent bist, und wenn du sie nicht mit kostenlosem Content daran erinnerst, wer du bist und dass du da bist, werden sie dich vergessen. Natürlich kann man die kostenlosen Inhalte mit Produkten mischen, die sie kaufen können. Das ist okay. Grundsätzlich musst du aber ständig präsent sein.

Wie sieht ein normaler Arbeitstag in deinem Leben als Remote Worker aus? Hast du eine tägliche Routine?

Ich wache auf, wenn mein Körper es mir sagt (das bedeutet, ich nutze keinen Wecker!). Normalerweise ist es gegen sechs oder sieben Uhr morgens, weil ich immer ziemlich aufgeregt bin, den Tag zu beginnen und kreative Dinge zu machen. Ich spiele ein wenig mit meinem Hund, dann geh ich online und beantworte E-Mails, arbeite an meinem Blog und erstelle die To-Do-Liste für meinen Tag. Dann spiele ich wieder mit meinem Hund, frühstücke und setze mich an den Computer.

Nach ein paar Stunden gehe ich spazieren und mache dann Yoga oder Stretching zu Hause. Nach der Mittagspause spiele ich wieder mit meinem Hund, mache Besorgungen (Post, kaufe für Musikvideos oder Live-Shows ein), kümmere mich um Produkte und Merchandise-Ideen und erledige ein paar administrative Aufgaben.

Danach arbeite ich entweder an einem Blog-Post, Instagram-Post, YouTube-Video oder einem Kunden-Song oder plane eine Tour. Dann kümmere ich mich nochmal um die Beantwortung meiner E-Mails und Social-Media-Anfragen. Nach dem Abendessen schaue ich Netflix oder mache Kreuzworträtsel.

Was sind die Vor- und Nachteile ortsunabhängiger Arbeit aus deiner Sicht?

Es gibt nicht viele Nachteile, wenn man von zuhause aus arbeitet, weil ich persönlich super motiviert bin und sehr gut zu Hause arbeite. Nachteilig wäre es, wenn du ein echt geselliger Mensch bist und besser in einer Büroumgebung arbeiten kannst.

Wenn du auf Reisen bist, kann es sein, dass das WLAN schlecht verfügbar oder schwach ist und du ständig deine mobilen Daten nutzen musst. Dann kann es passieren, dass du dein Datenvolumen ziemlich schnell verbrauchst.

Ein letzter Nachteil ist, dass es schwierig ist abzuschalten, wenn du ortsunabhängig oder von zu Hause aus arbeitest. Mein Laptop ist immer an, was bedeutet, dass meine Arbeit immer um mich herum ist. Selbst nach 17 Uhr, wenn die meisten Leute ihre Arbeit für den Tag beenden, arbeite ich immer noch. Da muss man aufpassen, dass man nicht zu viel arbeitet.

Klare Vorteile sind meines Erachtens, dass ich zu Hause kochen kann, dass ich eine ganze Menge Geld spare, dass ich nicht pendeln muss und dadurch auch keine Zeit verliere. Außerdem kann ich den ganzen Tag mit meinem Hund herumhängen. Und den ganzen Tag im Pyjama herumzulaufen, ist eh das Beste, was es gibt! Außerdem kann ich den Tag so gestalten, wie es mir am besten passt, ohne Rücksicht auf starre Arbeitszeiten nehmen zu müssen.

WOMIT KANNST DU ORTSUNABHÄNGIG GELD VERDIENEN? – EINIGE IDEEN

Beschäftigungsformen: Du kannst entweder als Freelancer für verschiedene Auftraggeber arbeiten, Angestellter einer Firma sein, die es dir ermöglicht ortsunabhängig zu arbeiten, oder du wirst unternehmerisch tätig. In Kapitel 6 findest du verschiedene Jobportale, die sich auf ortsunabhängiges Arbeiten spezialisiert haben.

Die folgenden Zeilen geben dir ein paar Ideen an die Hand, wie du ortsunabhängig mit diesem Beruf Geld verdienst. Der Abschnitt ist bewusst kurzgehalten, da viele der Ideen bereits in Kapitel 3 angesprochen wurden. Solltest du an der ein oder anderen Stelle den Wunsch nach mehr Inhalt verspüren, blättere einfach nochmal zum Anfang zurück. Nähere Informationen, wie du Themen für Bücher und Online-Kurse findest, erhältst du in Kapitel 5. Schau außerdem gerne auf unserem Blog vorbei, für alle genannten Tools und Ressourcen im Überblick: https://new-work-life.com/portfolio/musiker.

Liste deine Musik in populären digitalen Musikbörsen

Nutze z. B. Apple App Store, Amazon Music, Spotify, Bandcamp.com und Google Play und verkaufe darüber deine Musik. Wenn du Hilfe mit dem Listing benötigst, suche dir einen Distributor für deine Musik wie z. B. Tunecore.com. Ein Musik-Distributor übernimmt für dich die Vermarktung deiner Musik und kümmert sich darum, dass deine Musik in allen wichtigen (digitalen) Musikbörsen gelistet wird.

Gib Online-Konzerte

Veranstalte über eine eigene Website und/oder Online-Plattformen wie z. B. ConcertWindow, Stageit und/oder Twitch Online-Konzerte. Das sind Konzerte, die mittels Live-Streaming über das Internet stattfinden, d. h. dein Publikum hört und sieht dein Konzert über einen PC-Bildschirm. Online-Plattformen wie die oben genannten kannst du dazu nutzen, um dein Konzert-Angebot für eine große Menge an Leuten sichtbar zu machen.

Produziere Musik für den Mainstream Markt

Verkaufe deine Musik online zum Download über eine eigene Website und/oder über Stockplattformen wie z. B. Shutterstock, 123rf, Pond5, Sonniss.com und Fantero an. Stockplattformen sind Online-Marktplätze, auf denen verschiedene Anbieter Produkte wie Fotos, Bilder, Vektoren, Videos, Audiodateien, Computercode, etc. anbieten. Die erbrachten Produkte werden dabei „auf Lager" produziert, d. h. sie entstehen ohne Beauftragung. Die Produkte auf Stockplattformen können vom Käufer gegen Zahlung einer Lizenzgebühr für vielseitige Zwecke, z. B. für den Einsatz in Film, TV, Radio, etc. eingesetzt werden.

Biete an deinem aktuellen Aufenthaltsort „Erlebnisse" an

Das kann z. B. ein Konzert, Gesangs- oder Musikunterricht im Park sein.

Verkaufe Privatkonzerte

Biete über eine eigene Website Privatkonzerte an. Sie können von Besuchern deiner Website z. B. als Geschenk für ein Geburtstagskind, den Partner zum Valentinstag, etc. gebucht werden. Bei einem Privatkonzert spielst du für einen exklusiven Teilnehmerkreis. Du kannst im Rahmen des Konzertes persönlichen Kontakt zu deinem Publikum aufnehmen, sie adressieren, Grüße übermitteln oder Songwünschen nachkommen. Das

Privatkonzert funktioniert als Online-Konzert mittels Live-Streaming, d. h. dein Publikum hört und sieht dein Konzert über einen PC-Bildschirm. Zum Übertragen deines Konzertes kannst du moderne Kommunikationssoftware wie z. B. Skype, Google Hangouts, etc. verwenden.

Leg ein Profil bei einer Crowdfunding-Plattform an

Lass dich von deinen Fans z. B. auf der Crowdfunding-Plattform Patreon. com finanziell unterstützen.

Schreibe personalisierte Songs nach Kundenwunsch

Biete deinen Service über eine eigene Website und/oder über Online-Plattformen wie z. B. Fiverr.com an. Frag deine Kunden, in welche Richtung der Song gehen soll und was sie sich in etwa vorstellen. Biete auf Wunsch auch an, den Song zu performen – entweder als Privatkonzert live oder als Audio-Aufnahme, die du deinen Kunden elektronisch zu Verfügung stellst.

Werde Mitglied bei der Gesellschaft für musikalische Aufführungs- und mechanische Vervielfältigungsrechte (GEMA).

Die GEMA ist eine staatliche Institution, die die Urheberrechte ihrer Mitglieder (Komponisten, Musiker, Textdichter, Musikverleger) wahrnimmt und diese Musiknutzern wie z. B. Radiostationen gegen eine Vergütung zur Verfügung stellt. Die GEMA forscht für dich nach, wo und wie oft deine Songs im Radio, etc. gespielt wurden und treibt für dich die Urhebervergütung ein.

STARTER TOOLKIT – DAS BRAUCHST DU, UM LOSZULEGEN

Notebook, Smartphone, Musikinstrument, Aufnahmegerät, Mikrofon

SOFTWARE:

- Office: z. B. Microsoft Office oder Google Docs
- Kommunikation: z. B. Skype, WhatsApp, Slack, Gmail
- Website / Webshop: z. B. WordPress oder Shopify
- Musikproduktion: z. B. Garage Band

BÜCHER UND TUTORIALS:

- Buch: „Music Marketing for the DIY Musician: Creating and Executing a Plan of Attack on a Low Budget", von Bobby Borg
- Buch: "Get More Fans: The DIY Guide to the New Music Business (2018 Edition)" von Jesse Cannon und Todd Thomas

- Buch: „All You Need to Know About the Music Business", von Donald S. Passman

Detaillierte Informationen zu Tools und Ressourcen, die dir helfen können, ein ortsunabhängiges Einkommen aufzubauen, findest du auf unserem Blog unter: https://new-work-life.com/portfolio/musiker.

HIER FINDEST DU WEITERE INFORMATIONEN

In Deutschland gibt es eine Vielzahl an Verbänden. Eine entsprechende Übersicht findest du auf Wikipedia in der Kategorie „Musikerverband (Deutschland)": https://de.wikipedia.org/wiki/Kategorie:Musikerverband (Deutschland)

4.21 MUSIKLEHRER (PRIVAT)

Als privater Musiklehrer bietest du Instrumental-, Gesangs- und/oder Musikunterricht für Kinder und Erwachsene unterschiedlichen Alters an. Je nach Ausrichtung kannst du Anfänger, Fortgeschrittene und/oder Profis unterrichten. Ferner kannst du entscheiden, ob du Einzelpersonen und/oder Gruppen unterrichten möchtest.

WAS SIND MÖGLICHE AUFGABEN?
- Unterricht planen
- Übungsinhalte entwickeln
- Lernfortschritt verfolgen
- Selbst musizieren

WELCHE AUSBILDUNG BENÖTIGST DU?
Um als privater Musiklehrer dein Geld zu verdienen benötigst du nicht zwingend eine klassische Ausbildung, wenngleich ein Musikstudium von Vorteil sein kann. Grundsätzlich solltest du selbst mehrere Instrumente beherrschen oder gut singen können. Deine musikalische Kompetenz und dein Wissen sowie deine Fähigkeit, das Wissen weiterzugeben, sind entscheidend.

WELCHE FÄHIGKEITEN SOLLTEST DU MITBRINGEN?

- Empathie
- Motivieren können
- Pädagogische Fähigkeiten
- Musikalische Fähigkeiten
- Kommunikationsstärke

UNSERE ROLEMODELS FÜR DEN BERUF DES MUSIKLEHRERS

Name: Inga Hope
Unternehmen: The Gentle Guitar
Homepage: https://www.gentleguitar.com | https://onlinetutorroadmap.com
Kontakt: ingahope@gmail.com

Inga ist neuseeländische Staatsbürgerin, die ihr Jahr so gestaltet, dass sie immer Sommer hat. Dafür pendelt sie zwischen ihrem Zuhause in Auckland und ihrer Basis in Dänemark. Mit ihrem ersten Online-Business *Gentle Guitar*™, arbeitet sie seit 2015 online. Ihr zweites Online-Geschäft bzw. Hobby ist *The Online Tutor*, ein Blog und ein Online-Kurs, der anderen Privatlehrern hilft, ihre Unterrichtsstunden online anzubieten, damit auch sie ihren Unterricht remote gestalten können. Inga genießt es, anderen Privatlehrern zu helfen online Erfolg zu haben, und sie freut sich immer, sich mit Gleichgesinnten zu verbinden. Ihr eigentlicher Bildungshintergrund liegt im Bereich Digital Media. Allerdings hat sie auch eine zweijährige Ausbildung als Gitarrenlehrerin bei einem der besten Gitarristen Neuseelands gemacht.

Ihre Familie und Freunde beschreiben sie als entschlossene Persönlichkeit. Zudem wird ihr oft nachgesagt, dass sie ein Gedächtnis wie ein Goldfisch habe. Sie sagt, das läge aber nur daran, dass sie so ein abenteuerliches und abwechslungsreiches Leben führe. Es sei einfach schwer, sich an die alltäglichen Details zu erinnern, wenn das Leben so dynamisch ist.

INTERVIEW MIT INGA HOPE VON THE GENTLE GUITAR

Wie verdienst du dein Geld als Remote Worker?

Im Jahr 2013 habe ich die *Gentle Guitar*™-Methode entwickelt, mit der Schülerinnen und Schüler im Alter ab fünf Jahren Gitarre lernen können.

Nur sehr wenige Gitarrenlehrer unterrichten das Blattspiel, da man es selbst Erwachsenen nur sehr schwer beibringen kann! Die *Gentle Guitar*™-Methode macht das Erlernen der Notation zu einem einfachen und unterhaltsamen Prozess für Lehrer und Schüler.

Mein Hauptprodukt ist somit methodenbasierter Unterricht. Heute lehre ich nicht mehr selbst. Ich habe die Methode systematisiert und dadurch skaliert, dass ich andere Lehrer beauftragt habe, die Methode über Skype zu unterrichten, was außerordentlich gut funktioniert. Das ist im Moment meine Haupteinnahmequelle.

Ich arbeite daran, die Methode der Öffentlichkeit zugänglich zu machen und *Gentle Guitar*™ eine neue Rolle zu geben. Ich möchte eine neue Reihe von Produkten auf den Markt bringen und *Gentle Guitar*™ zu einer digitalen Verlags- und Lehrerausbildungsakademie entwickeln.

Das wird neue passive Einkommensströme eröffnen und mir die Möglichkeit geben, die Methode mit mehr Lehrern zu teilen. Ich sehe, dass es vielen Lehrern schwerfällt, Kindern im Alter zwischen fünf und acht Jahren Gitarrespielen beizubringen. Für mich hingegen ist das meine liebste Altersgruppe, mit der ich den meisten Spaß habe. Ich denke, dass mit der *Gentle Guitar*™-Methode vielen Lehrern die Standardnotation für kleine Kinder Spaß machen wird.

Wie bist du auf die Ideen für deine Produkte und Services gekommen? Hast du eine bestimmte Methodik verfolgt?

Wenn man mir gesagt hätte, dass ich Kindern auf der ganzen Welt online Gitarrespielen beibringen würde, hätte ich gesagt, du machst Witze! Ich habe keine Kinder und ich war die Art von Person, die sagen würde: nimm das Kind von mir weg! Ich kann mit Hunden umgehen, hatte mit Kindern aber absolut nichts am Hut.

Ich glaube, meine Liebe zu ihnen hat begonnen, als sie stapelweise vor meiner Tür abgesetzt wurden und Eltern von mir erwarteten, dass ich sie babysitte, im Austausch für die Bezahlung von Gitarrenunterricht. Einige von ihnen waren alt genug, um auf die Uhr zu starren, und ich fühlte mich schrecklich, weil sie sich so langweilten.

Ich wusste zwar, dass sie lernen wollten, aber ich hatte einfach nicht die richtigen Materialien, um mit ihnen zu arbeiten. Das war der Zeitpunkt, an dem ich angefangen habe, eigene Unterrichtsmaterialien zu erstellen. Ich wollte, dass die Kinder Spaß hatten und altersgerecht unterrichtet werden.

Schnell stellte ich fest, dass sie es liebten, neue Dinge zu lernen und ihr

Wissensdurst inspirierte mich, die beste Lehrerin zu werden, die ich sein konnte. Ich habe noch nie jemanden gesehen, der so aufgeregt war, eine Note zu lernen! Ihr Eifer, Noten zu zeichnen, motivierte mich, mehr akademisch inspirierte Aktivitäten zu schaffen. Das habe ich getan, und mit der Zeit wurde es zu einer Methode. Die Methode wurde erfolgreich, das sprach sich herum und Eltern aus ganz Neuseeland wollten ihre Kinder anmelden. Als Leute anfingen, nach Remote-Unterricht zu fragen, habe ich versucht, das Programm daraufhin zu optimieren. Ich habe einfach immer versucht, für die Kinder da zu sein und es für sie so einfach wie möglich zu machen. Ich denke, das ist der Grund, warum das Produkt so gut funktioniert – ich habe mich immer gefragt: „Wie kann das besser funktionieren?"

Wie lange hat es gedauert, bis du deine ersten 1.000 Euro an monatlichem Einkommen durch deine ortsunabhängige Arbeit generiert hast?

Es hat nicht lange gedauert, die ersten 1.000 Euro zu verdienen. Innerhalb von einer Woche war ich online, was dadurch unterstützt wurde, dass meine physischen Schulen bereits in Betrieb waren.

Damals habe ich meinen Schülern gesagt, dass wir uns verändern und ab jetzt als internationale Online-Schule arbeiten, die Unterricht per Skype anbietet. Obwohl sie anfänglich skeptisch waren, hatten mehr als 80 Prozent kein Problem mit der Idee, nachdem sie es ausprobiert hatten. Im Gegenteil, sie fanden den Unterricht via Skype viel bequemer. Die anderen 20 Prozent haben wir weiterhin mit unserem örtlichen Lehrer in Auckland unterrichtet. Mittlerweile haben wir nur noch eine Handvoll Schüler in Auckland. Sogar unser Lehrer in Auckland gibt ziemlich viel Skype-Unterricht.

Wie hast du deine ersten Kunden gefunden, mit denen du remote zusammengearbeitet hast?

Unsere ersten Schüler, die durch Online-Marketing kamen, waren das Ergebnis von Werbegeschenken. Ich fing an, mich mit Eltern-Bloggern zu vernetzen und habe drei kostenlose Unterrichtsstunden angeboten. Das war sehr gut, um mich Bloggern vorzustellen und gleichzeitig wusste ich, dass unsere Conversion Rate hoch ist, so dass fast jeder, der den kostenlosen Unterricht ausprobierte, sich letztendlich anmeldete.

Give-Aways und kostenlose Probestunden sind ein Marketing-Tool, das ich regelmäßig nutze, wenn ich schnell mehr Schüler erreichen möchte. Ich nenne es den „Schüler-Wasserhahn", weil ich den Fluss der ankommenden Schüler an- und ausschalten kann, je nachdem wie viele Plätze wir haben.

Das ist insbesondere gut, wenn ein neuer Lehrer an Bord kommt und wir Plätze für neue Schüler frei haben.

Wie findest du neue Kunden?

Ehrlicherweise glaube ich, dass ich derzeit noch weit davon entfernt bin, mein volles Vermarktungspotential zu kennen. Ich habe weder einen Blog noch eine E-Mail-Liste für *Gentle Guitar*™ und ich mache kaum Werbung. Das liegt wiederum daran, dass wir ein sehr gut funktionierendes Affiliate-Programm haben. Das Tolle am Affiliate-Marketing ist, dass man nur für die Kunden zahlt, die auch kommen. Das ist eine sehr smarte Lösung für kleine Unternehmen, die kein großes Werbebudget haben.

Ich habe ein Netzwerk von Elternblogs aufgebaut, die unseren Service für eine Provision bewerben. Ich zahle jedes Mal 50 Dollar, wenn sich jemand über eine Empfehlung anmeldet. Es ist also wie Werbung, aber ich bezahle nur, wenn ich einen Kunden bekomme. Aus diesem Grund liebe ich Affiliate-Marketing.

Zudem bekommt man auch sehr viel Glaubwürdigkeit, weil der Unterricht von Bloggern empfohlen wird, denen Eltern vertrauen und die sie respektieren. Mein Fokus lag bis dato auf der Vernetzung und dem Aufbau dieser wichtigen Beziehungen mit Bloggern.

In Zukunft sehe ich ein riesiges Potenzial in Facebook- und Google-Werbung, aber das ist der nächste Schritt.

Als Unternehmerin denke ich, dass es der größtmögliche Fehler ist, den man machen kann, schneller zu wachsen, als die Systeme, die man für die Skalierung benötigt. Von daher möchte ich zuerst sicherstellen, dass ich ein fantastisches Produkt, eine großartige Lehrerausbildung und -unterstützung habe, bevor ich durch Werbung noch größer werde. Daher liegt mein Fokus auf dem Aufbau der richtigen Produkte und Systeme, damit wir robust und effizient mit dem Wachstum umgehen können.

Was war deine Motivation, ortsunabhängig zu arbeiten?

Das Lustige ist, dass ich vor 2014 nicht viel über ortsunabhängige Arbeit wusste. Es war ein Anruf von der Mutter eines unserer Gitarrenschulkinder aus einem ländlichen Teil von Neuseeland, der diesen „Aha-Moment" hervorbrachte. Sie wollte wissen, ob wir in ihrer abgelegenen, ländlichen Stadt unterrichten würden. Als ich ihr sagte, dass unser Unterricht dort nicht verfügbar sei, bat sie uns darum, eine Stunde Unterricht via Skype anzubieten. Am Anfang war ich sehr skeptisch, aber dann begeistert, wie gut es funktionierte. Das war ein Wendepunkt für mich und seitdem gab es kein Zurück mehr.

Zu dieser Zeit war ich dabei mein Geschäft auszubauen und kurz davor einen Franchise-Vertrag zu unterzeichnen. Allerdings entspricht das Franchise-Konzept weder meiner Persönlichkeit noch meinen Werten. Skype war hingegen die perfekte Lösung, um mein Geschäft in Neuseeland und darüber hinaus auszubauen, und das praktisch ohne Overhead-Kosten. Das war für mich eine wunderbare Gelegenheit, die ich gerne ergriffen habe. Seit 2015 unterrichten meine Lehrer und ich online und zu meiner initialen Überraschung sind sowohl unsere Schüler als auch ihre Eltern begeistert. Es ist für alle Beteiligten eine sehr angenehme und komfortable Lösung.

Wie hast du deine Remote-Karriere begonnen? Gab es irgendwelche Tools, die dir dabei geholfen haben, ortsunabhängig zu arbeiten?

Dadurch, dass ich zwei Jahre lang in meine Lehrerausbildung bei einem der Top-Gitarrenlehrer in Neuseeland investiert habe, habe ich mir sicherlich zehn Jahre des „Trial and Error" erspart. Nach zwei Jahren des Lernens an seiner Seite konnte ich mein eigenes Studio eröffnen und innerhalb von zwei Jahren meine Schule auf drei Standorte ausweiten. Das ist mehr als das, was die meisten Privatlehrer im Leben erreichen.

Ich schreibe meinen frühen Erfolg einer guten Mentorschaft zu. Und da ich wusste, wie gut es ist, einen Mentor zu haben, war ich auch gleich von Natalie Sissons Programm „The Freedom Plan" begeistert. Ich habe „The Freedom Plan" abgeschlossen, weil ich schnellen Zugang zu bewährten Online-Tools haben wollte. Für mich war das sehr hilfreich. Darauf aufbauend habe ich meinen eigenen Kurs entwickelt, der anderen Lehrern dabei hilft, Gitarrenunterricht online anzubieten. Mein Kurs heißt „The Online Tutor Roadmap" (https://onlinetutorroadmap.com). Neben den Grundlagen des Online-Business betrachtet der Kurs umfangreich die praktischen Aspekte des Remote-Unterrichts und zeigt, wie man den Unterricht aufbaut. Mein Ziel war es, einen detaillierten und auf meinen Beruf zugeschnittenen Kurs anzubieten. Denn so gut „The Freedom Plan" auch war und so sehr er mir anfänglich geholfen hat, so allgemein war er zugleich.

Glücklicherweise kann ich auf einige Jahre Erfahrung in den Bereichen Digitale Medien und Branding zurückblicken, während derer ich Kunden dabei geholfen habe, Websites aufzubauen und Marketingstrategien zu entwickeln. Mein Wissen aus dieser Zeit hat mir sehr dabei geholfen, online Schüler zu finden. Es gibt so viel Puzzleteile, die berücksichtigt werden müssen und zusammenpassen müssen: das Produkt, die Marke, die Marketingstrategie, alles muss ineinandergreifen, damit eine Schule für Gitarrenunterricht profitabel ist. Daher besteht eine meiner Leidenschaften heute darin, anderen Lehrern zu helfen, die Fähigkeiten und das Wissen zu erwerben, das sie brauchen, um ihren Remote-Unterricht zu gestalten und zu vermarkten.

Was waren deine größten Herausforderungen, um ein Remote-Einkommen zu generieren und wie hast du diese bewältigt?

Die größte Herausforderung sind die Lernkurven. Wenn du ein Geschäft online aufbaust, wirst du zwei steile Lernkurven durchleben. Eine davon ist die tatsächliche Business-Lernkurve. Niemand wird mit einem guten Geschäftssinn geboren, du lernst es und entwickelst ihn nebenbei, während du arbeitest.

Die andere ist die Online-Umgebung selbst. Die Dinge ändern sich so schnell, dass du permanent damit beschäftigt bist, neue Probleme und Trends vorherzusehen, während du gleichzeitig permanent dazulernst.

Ich habe gelernt, mit den beiden Lernkurven umzugehen, indem ich die Tatsache akzeptiert habe, dass ich nicht aufhören werde zu lernen, solange ich im Geschäft bin. Sobald du das akzeptierst und Zeit für das Lernen reservierst, gibt es kein Problem, das unüberwindbar ist, denn selbst, wenn du es jetzt nicht sofort beheben kannst, kannst du immer mehr darüber lernen, und mit deinem Wissen kommen die Erfahrung und die Lösungen wie von selbst.

Es ist diese Haltung des Vorangehens, bewaffnet mit deinem Wissensdurst als Schwert, das jedes Hindernis beseitigt. Solange ich es lernen kann, kann ich es tun!

Wie sieht ein normaler Arbeitstag in deinem Leben als Remote Worker aus? Hast du eine tägliche Routine?

Ich denke, dass die meisten Menschen die ortsunabhängige und selbständige Freigeister sind, mir zustimmen werden, dass es keinen „typischen Tag" gibt. Das Schöne an der Online-Arbeit ist, dass man seinen Alltag mit so viel Kreativität füllen kann, wie man möchte. Nichtsdestotrotz versuche ich eine gewisse Struktur zu bewahren. Ich unterteile meinen Tag in unterschiedliche Zeitblöcke, die ich je nach Projekt, an dem ich gerade arbeite, verändere.

Allgemein gibt es auch ein paar bestimmte Dinge, die ich jeden Tag erledigen möchte, dazu gehören zum Beispiel

- dass ich gerne gesund esse und die Zutaten dafür nach Möglichkeit aus meinem Garten gewinne – das nimmt recht viel Zeit in Anspruch,
- dass ich mindestens ein bis zwei Stunden Sport pro Tag mache,

- dass ich gerne für vier bis sechs Stunden ununterbrochen und hochkonzentriert arbeite.

Ich arbeite natürlich auch mehr, wenn es mein Projekt erfordert. Früher habe ich auch gut und gerne zwölf Stunden am Tag gearbeitet, damit habe ich aber aufgehört. Ich habe mir mit der Zeit angewöhnt, darauf zu achten, möglichst produktiv und effizient zu arbeiten, statt rund um die Uhr. Es ist wichtig, sich effiziente Ziele und Meilensteine zu setzen. Sie sind meiner Erfahrung nach der Schlüssel zum Erfolg und führen dazu, weniger zu arbeiten und gleichzeitig mehr zu erreichen. Beispielsweise plane ich jeden Tag ein bis zwei Stunden ein, um mich hinsichtlich meiner Arbeit fortzubilden. Des Weiteren habe ich gern ein bis zwei Stunden Zeit pro Tag, die ich für mich privat nutze und lese beziehungsweise in meine persönliche Weiterentwicklung investiere.

Zudem liebe ich es einfach, wann immer ich kann, draußen zu arbeiten. Da ich zwischen Neuseeland und Europa pendele, genieße ich quasi einen ganzjährigen Sommer und habe in der Regel die Möglichkeit, immer im Freien zu arbeiten. Das kann in einem Café sein, in meinem Hinterhof oder irgendwo anders. Außer meinem Laptop und gutem WLAN brauche ich nichts weiter, um arbeiten zu können.

Wenn ich in Neuseeland bin arbeite ich gerne von einem Café aus, da die Atmosphäre dort unwahrscheinlich entspannt ist und man dort einfach stundenlang in Ruhe sitzen kann. In Dänemark habe ich ein abgeschiedenes Versteck im Wald, mit einem großen Bio-Gemüsegarten, von wo aus ich arbeite.

Manchmal lebe ich einen Sommer lang auf einem Segelboot. Ich kann mir für die Zukunft gut vorstellen, für länger auf einem Boot zu leben und zu segeln.

Das Schöne am ortsunabhängigen Arbeiten ist, dass man an nichts gebunden ist und wählen kann, wo man für wie lange lebt. Das ist für mich wirklich sehr erfüllend.

Was sind die Vor- und Nachteile ortsunabhängiger Arbeit aus deiner Sicht?

Ich bin sehr introvertiert, also passt es mir sehr gut, online zu arbeiten. Ich vermisse es nicht, jeden Tag in ein Büro zu gehen und eine Bürogemeinschaft und Kollegen zu haben. Die Geselligkeit, die ich durch Skype- und E-Mail-Kontakt habe, reicht mir völlig aus.

Ich kann schon nachvollziehen, dass es nicht jedermanns Sache ist, für sich alleine zu arbeiten und dass Menschen es bevorzugen, sich so oft wie möglich mit anderen Menschen zu umgeben. Ich hingegen liebe es, alleine draußen im Wald zu sein und tagelang keinen anderen Menschen zu sehen. Das gibt mir sehr viel Energie und hilft mir dabei, mich voll und ganz auf meine Arbeit zu konzentrieren.

Für manche Menschen kann zu viel Freiheit allerdings auch schlecht sein. Auch ich hatte anfänglich meine Probleme damit. Plötzlich stehst du da und es gibt keine feste Struktur mehr, an die du dich halten musst. Das hat mich zu Beginn meiner Ortsunabhängigkeit auch verwirrt und unproduktiv gemacht. Also habe ich damit begonnen, mir eine eigene Struktur zu schaffen. Das wiederum hat mir dabei geholfen, wesentlich effizienter und produktiver zu arbeiten. Grundsätzlich ist es nicht schwer, produktiv zu sein und seine Freiheit zu genießen, es bedarf nur einiger klarer Ziele und viel Selbstdisziplin.

Last but not least: Hast du noch weitere hilfreiche Tipps für unsere Leser?

Wir hören oft von der Kraft der Mentorschaft, aber viele von uns haben auch diese DIY-Einstellung *(Anm. d. Autoren: DIY= do it yourself - mach es selbst)*. Ich weiß, dass ich ein gutes Jahrzehnt lang damit verschwendet habe, die DIY-Flagge zu schwenken. Erst als ich meinen ersten Business-Mentor kennenlernte, ging es voran.

Selbst die Erfolgreichsten und Intelligentesten unter uns wurden intelligent und erfolgreich, indem sie vom Beispiel und der Erfahrung anderer gelernt haben. Je mehr du dich mit Menschen umgeben kannst, die du bewunderst, die dir den Weg weisen und ihr Wissen und ihre Erfahrung mit dir teilen, desto schneller wirst du dorthin gelangen, wo sie sind!

Du kannst die nächsten zehn Jahre damit verbringen, dir Beulen und Narben zu holen, oder du holst dir einen Mentor oder investierst in Bildung und nimmst die Abkürzung, um dorthin zu gelangen, wo du hinmöchtest. Wenn du mit anderen zusammenarbeitest und von ihnen lernst, wirst du zehn Mal schneller sein, als wenn du es auf eigene Faust versuchst.

Ich kenne viele Gitarrenlehrer, die ihr ganzes Leben damit verbringen, einfach irgendwie über die Runden zu kommen, und ich suche gerade wieder einen weiteren Lehrer für meine Online-Schule!

Wenn mein Gitarren-Coach und mein Business-Mentor mir nicht gezeigt hätten, wie man ein Unternehmen für Gitarrenunterricht aufbaut das funktioniert, bezweifle ich, dass ich überhaupt irgendwo hingekommen wäre. Ich wäre herumgelaufen und hätte versucht, genug Schüler zu bekommen, um meine Rechnungen zu bezahlen. Stattdessen konnte ich mich aber auf die Lebenserfahrung meines Mentors stützen und meine Zeit dahingehend investieren, etwas Einzigartiges zu schaffen.

Du hast die Wahl: Du kannst das Rad neu erfinden oder dir einen Mentor suchen, dessen Erfahrung du aufnimmst und dich dann darauf konzentrierst, dein Ding zu machen. Wenn du einem bewährten Plan folgst, kommst du viel weiter, als wenn du einfach drauf losgehst.

Name: Jacques Hopkins
Unternehmen: Piano In 21 Days
Homepage: https://PianoIn21Days.com
Kontakt: jacques@pianoin21days.com

Jacques ist als Unternehmer erfolgreich mit seinem Online-Kurs „Piano in 21 Days", in dem er anderen Menschen das Klavierspielen beibringt. Klavierspielen begleitet Jacques zwar mehr oder weniger sein gesamtes Leben lang, jedoch ist er von Hause aus eigentlich Ingenieur. Er hat einen Abschluss in Elektrotechnik von der LSU, der Louisiana State University, und einen Master of Business Administration von der University of Florida. Bevor er mit seinem Online-Kurs durchstartete, war er acht Jahre lang als Ingenieur bei einem Ingenieurbüro angestellt. Zu Beginn arbeitete er als technischer Ingenieur bevor er dann Projektmanager wurde.

Jacques Freunde und Familie sagen über ihn, dass er in Hinblick auf seine Arbeit, seine Familie und allem anderen, genau weiß, was er will und dass er normalerweise die Schritte entsprechend vorbereitet, um dorthin zu kommen und immer sein Bestes gibt, um wirklich dorthin zu kommen.

Unser Interview führen wir mit Jacques in seinem Home-Office in Baton Rouge Louisiana, in den Vereinigten Staaten.

INTERVIEW MIT JACQUES HOPKINS VON PIANO IN 21 DAYS

Wie verdienst du dein Geld als Remote Worker?

Ich verdiene Geld, indem ich meinen Online-Klavierkurs verkaufe. Das sind 99 Prozent meines Einkommens. Es hat keinen Sinn, über die anderen ein Prozent zu reden. Ich habe im Grunde genommen ein Produkt namens „Piano in 21 Days". Es ist ein Schritt-für-Schritt-Programm für Menschen, die nichts über das Klavierspielen wissen und es lernen wollen. Ich lehre nicht, wie man Experte wird. Ich unterrichte keine fortgeschrittenen Sachen, weil die meisten Leute keine Experten im Klavierspielen sein wollen. Die meisten Leute haben vielleicht ein Klavier oder ein Keyboard, aber niemand in ihrem Haus weiß, wie man es spielt, und sie möchten in der Lage sein, etwas zu spielen, das wie ein Lied klingt. Ein Experte auf dem Klavier zu sein dauert Jahre und ist für die meisten Menschen nicht erstrebenswert. Ich verfolge mit meinem Unterricht das 80/20-Prinzip, das Pareto-Prinzip: was sind die 20 Prozent des Klaviers, die du lehren kannst, dass du tatsächlich 80 Prozent der Ergebnisse erhältst. Das ist es, was die meisten Leute wollen. Das ist „Piano in 21 Days" und das ist meine Haupteinnahmequelle.

Wie lange hat es gedauert, bis du deine ersten 1.000 Euro an monatlichem Einkommen durch deine ortsunabhängige Arbeit generiert hast?
Es hat etwa eineinhalb Jahre gedauert, um zu diesem Punkt zu gelangen.

Wie hast du deine ersten Kunden gefunden, mit denen du remote zusammengearbeitet hast?
YouTube, 100 Prozent. Mit YouTube bin ich in Sachen Marketing gestartet. Ich habe angefangen, Videos auf YouTube zu veröffentlichen, und gleichzeitig die Domain „Piano in 21 Days" registriert. Allerdings erschien sie am Anfang nicht in den Google-Suchergebnissen. Ich habe auch keine Anzeigen geschaltet und niemand wusste, wer ich bin. Aber ich habe Videos auf YouTube hochgeladen und als meine ersten Kunden zu mir kamen, war das der einzige Weg, über den sie mich hätten finden können.

Am Anfang habe ich ein paar Songcover auf YouTube veröffentlicht, ein paar Adele-Songs, ein Bruno-Mars-Song. Die meisten Menschen interessieren sich normalerweise mehr für moderne Lieder und nicht nur für klassische Musik.

Ich habe ein Video gemacht mit dem Titel „Learn Piano fast – I show you the Secret to learning Piano." Das war das sechste Video das ich hochgeladen habe, und das ist durch die Decke gegangen. Ich hatte dieses eine Geheimnis darin, Klavier schnell zu lernen und die Leute liebten es und lieben es noch heute. Wenn man zu YouTube oder Google geht und „learn piano fast" eingibt, sollte es immer noch zuerst auftauchen, auch wenn die Qualität heute erschreckend ist. Aber der Inhalt ist gut, ich bin stolz darauf. Und deshalb ist es auch fünf oder sechs Jahre später immer noch hoch im Kurs und ein großer Teil meines anfänglichen Traffics kam von diesem einen Video.

Wie findest du neue Kunden?
Ich habe meine Website und meinen Sales Funnel eingerichtet. Wenn du auf meine Website gehst, gibt es eine Menge wertvollen Content und ich bitte dich, mir deine E-Mail-Adresse im Austausch für mein kostenloses

Workbook zu geben. Sobald ich deinen Kontakt habe, versuche ich dir mittels einer E-Mail Kampagne meinen Kurs zu verkaufen. Es ist die eine Sache, eine Website zu haben und einen Online-Kurs zu entwickeln und über alle notwendigen Tools zu verfügen. Eine ganz andere Sache ist es, von Interessenten gefunden zu werden. Hierfür ist meine wichtigste Quelle YouTube. Ich habe ein Video, das mehr als eine Million Mal gesehen wurde und das zu einem Großteil meines Website-Traffics geführt hat. Mein YouTube-Kanal ist recht gut und viele Leute finden mich darüber und ich habe das Gefühl, dass ich einen guten Job als Lehrer mache. Am Ende des Videos sage ich: „Hey Leute, wenn ihr mehr lernen wollt, habe ich noch ein bisschen mehr kostenlosen Content für euch auf pianoin21days.com."

Neben YouTube investiere ich etwas Geld für Werbung mit Google-Anzeigen, Bing-Anzeigen und Facebook-Anzeigen. Langsam werde ich auch mit meiner organischen Suchpräsenz immer besser, so dass ich auf Google bei Phrasen wie „wie man Klavier spielt" in den Top Ten auftauche.

Was war deine Motivation, ortsunabhängig zu arbeiten?
Im Jahr 2007, während meines letzten Studienjahres, habe ich zum ersten Mal „Die 4-Stunden-Woche" von Tim Ferriss gelesen. Und ich weiß ehrlich gesagt nicht, was mich motiviert hat, so ein Buch in die Hand zu nehmen, denn mein ganzes Leben lang war klar, dass ich Ingenieur werde. Ich war immer gut in Mathe und die Menschen um mich herum haben mir immer gesagt, dass ich Ingenieur werden sollte. Und so war ich gerade dabei, meinen Abschluss zu machen, als ich dieses verrückte Buch in die Hände bekam und es hat mir die Augen geöffnet. All die Geschichten von Leuten, die online Geld verdienen. Ich bin nicht faul, es war nur, dass es wirklich darum ging, remote und ortsunabhängig zu arbeiten und Flexibilität zu haben. Alle diese Geschichten über Leute, die ihr eigenes Geschäft im Internet eröffnet haben, und viele der im Buch dargestellten Geschäftsmodelle basierten darauf, T-Shirts oder CDs zu verkaufen. Es gab nicht viele Beispiele für Online-Kurse. So gesehen hat das Buch nicht zu dem Erfolg mit meinem Online-Kurs beigetragen. Aber es hat mir die Augen für die Möglichkeit geöffnet, ein eigenes Unternehmen zu gründen, das hundertprozentig online-basiert ist. Ein Unternehmen, dass es mir erlaubt, ein Leben zu meinen Bedingungen zu leben und überall zu leben und dabei ein annehmbares Einkommen zu generieren.

Ich habe also dieses Buch gelesen, und dennoch meinen Abschluss gemacht und angefangen zu arbeiten. Schließlich hatte ich bereits meinen Arbeitsvertrag in der Tasche. Zudem zahlte mein zukünftiger Arbeitgeber ein sehr gutes Gehalt und versprach gute Sozialleistungen, und ich wollte zum ersten Mal in meinem Leben wirklich gutes Geld verdienen. Ich merkte aber schnell, dass ich nicht jeden Tag in ein Büro gehen und einen Chef haben wollte.

Also beschloss ich, nach der Arbeit ein eigenes Unternehmen aufzubauen. Ich habe eine Menge Dinge, die in dem Buch vorgeschlagen werden, ausprobiert. Insgesamt habe ich fünf Anläufe unternommen, die alle nicht funktionierten.

Wie hast du deine Remote-Karriere begonnen? Gab es irgendwelche Tools, die dir dabei geholfen haben, ortsunabhängig zu arbeiten?
Ich bin jeden Abend nach der Arbeit nach Hause gegangen und habe mich damit beschäftigt, ein Nebengeschäft aufzubauen. Da ich jeden Morgen früh aufgestanden bin und dann einen langen und oft stressigen Arbeitstag hatte, fehlte mir abends allerdings zumeist die Energie und Motivation, weiterzumachen. Das führte wiederum dazu, dass ich frustriert war, weil ich nicht das schaffte, was ich unbedingt wollte und mir vorgenommen hatte.

Ich stellte fest, dass ich prokrastinierte und während ich das tat, spielte ich Klavier. Statt zu arbeiten oder mich gedanklich mit meinem Unternehmen zu befassen, spielte ich also Klavier. Eines Tages, während ich wieder am Klavier saß, schoss mir eine Frage in den Kopf: „Kann ich aus meinem Hobby, Klavier zu spielen, kein Geschäft machen?"

Fortan dachte ich also darüber nach, wie ich aus Klavierspielen ein Online-Business machen könne. Ich wusste, dass ich eine gute Story oder eine andere Besonderheit bräuchte, um damit erfolgreich zu werden. Es reicht nicht aus, einfach ein Produkt zu haben, dass beliebig austauschbar ist. Also machte ich mir Gedanken darüber, wie ich Klavierspielen unterrichten könnte und machte mir meine eigene Geschichte und Erfahrung dabei zu nutze.

Ich hatte im Alter von fünf Jahren begonnen, Klavierunterricht zu nehmen und ich habe es absolut gehasst. Es war wirklich schrecklich, aber ich war ein sehr schüchterner und zurückhaltender Junge, der es allen recht machen wollte. Und da meine Eltern sich wünschten, dass ich Klavierunterricht nahm, habe ich es getan – zwölf Jahre lang. Allerdings habe ich nie freiwillig geübt, sondern immer nur während der Stunden. Dadurch habe ich keine Fortschritte gemacht. Meine Lehrer wollten immer, dass ich verschiedene Übungen mache und die Musiktheorie lerne, was ich überhaupt nicht nachvollziehen konnte. Also ließ ich es bleiben. Und nach zwölf Jahren Unterricht, im Alter von 17 Jahren, beschloss ich aufzuhören mit dem Klavierunterricht. Zu diesem Zeitpunkt konnte ich genau zwei Lieder spielen.

Was ich aber nicht tat, war grundsätzlich mit dem Klavierspielen aufzuhören, weil ich sah, dass es auch anders ging. Wie gesagt, ich bin Ingenieur und daher ziemlich linkshirnlastig. Dementsprechend habe ich für mich eine Formel entwickelt, die meine linke Gehirnhälfte anspricht und es mir ermöglicht, viel besser Klavier zu spielen als jemals zuvor. Und als ich mir 2013 dann die Frage stellte, ob ich nicht etwas mit Klavierspielen machen könnte, wurde mir klar, dass auch andere Menschen auf diese Weise lernen können, Klavier zu spielen.

Welche drei Dinge würdest du vermeiden, wenn du die Zeit zurückspulen könntest?

Ich denke, ich würde nicht wieder versuchen, alles alleine zu machen. Eine meiner Stärken heute ist, dass ich versuche, mich auf die Dinge zu konzentrieren, die meine persönliche Arbeit erfordern und alles andere durch entsprechende Experten machen zu lassen. Dazu zählen beispielsweise Dinge wie Videobearbeitung oder Google Ads.

Ich wusste zwar am Anfang, wie man Klavier spielt, aber ich hatte nicht die geringste Ahnung von Marketing, Buchhaltung, Vertrieb, Videobearbeitung oder davon, wie man eine Website baut. Wenn man ein Unternehmen gründet, gibt es so viele Dinge, die man tun muss.

Es hat mehrere Jahre gedauert, bis ich erfolgreich war, weil ich entschlossen war, alles selbst zu machen. Ich hätte schneller sein können. Man muss ja nicht gleich jemanden einstellen, der einen unterstützt, man kann auch mit Freelancern zusammenarbeiten oder Rat und Tipps bei Leuten suchen, die das, was man gerade macht, bereits erfolgreich gemeistert haben.

Was waren deine größten Herausforderungen, um ein Remote-Einkommen zu generieren und wie hast du diese bewältigt?

Die größte Herausforderung war Marketing zu lernen. Ich war an dem Punkt in meinem Leben, an dem es keinen Grund gab, überhaupt zu wissen, was Marketing ist. Weil ich einen normalen Job hatte und einen Chef, der mir Aufträge gab und ich zu den verschiedenen Kundenstandorten fuhr und mit ihnen arbeitete und nie etwas vermarkten musste. Meine Arbeit wurde mir gegeben und wir hatten ein Verkaufsteam und ich war nicht im Verkauf oder Marketing tätig und so musste ich lernen, was Marketing ist und wie man Marketing macht.

Ich habe viele Podcasts und Erfolgsgeschichten über Online-Kurse gehört. Diese Leute waren gut genug, um auf einem Podcast zu sein. Und meistens hört man nur von den wirklich erfolgreichen Leuten und die sagen: „Ich habe ein paar Monate damit verbracht, den Kurs zu bauen, und dann, als er fertig war, habe ich ihn hochgeladen und dann bin ich für eine Stunde weggegangen und als ich zurückkam, waren da ungefähr 30.000 Dollar auf meinem Bankkonto." Und so nahm ich an, dass, wenn ich mir die Zeit nehmen würde, so etwas zu bauen, ich denselben Erfolg haben würde. Das war nicht der Fall, weil ich nichts von Marketing wusste. Nur weil du etwas baust, heißt das nicht, dass die Leute tatsächlich kommen, und selbst wenn sie kommen, heißt das nicht, dass sie es tatsächlich kaufen werden. Es hat also Jahre gedauert, um richtig Marketing zu lernen, und ich habe das Gefühl, dass das jetzt eine meiner Stärken ist, aber ich habe viel Zeit und Energie investiert, um an diesen Punkt zu kommen.

Wie sieht ein normaler Arbeitstag in deinem Leben als Remote Worker aus? Hast du eine tägliche Routine?

Ein normaler Arbeitstag beginnt bei mir um 8:30 Uhr. Ich arbeite von 8:30 Uhr bis 17:00 Uhr mit etwa eineinhalb Stunden Pause für Mittagessen und Fitnessstudio in der Mitte des Tages. In der Regel wache ich um 7:30 Uhr auf, dann frühstücke ich mit meiner Frau und meinen Kindern und wir genießen die Familienzeit bis 8:30 Uhr.

Ich habe einen Assistenten, der für mich einen täglichen Bericht mit einigen wichtigen Leistungsindikatoren (KPIs) über den Zustand meines Unternehmens zusammenstellt: wie viele E-Mail-Opt-Ins habe ich am Vortag erhalten, wie viele Verkäufe habe ich getätigt, wie viele Website-Besucher hatte ich, solche Dinge.

Da ich so viel automatisiert habe, muss ich so schnell wie möglich wissen, ob etwas kaputt ist, damit ich es reparieren kann. Normalerweise geht nichts kaputt, aber ich habe diesen Tagesbericht vor etwa einem Jahr implementiert und er ist wirklich toll. Ich brauche drei Minuten, um mir das anzusehen, und solange alles gut läuft, muss ich nicht wirklich etwas unternehmen. Das ist etwas, was ich jeden Tag tun muss. Das andere, was ich jeden Tag für „Piano in 21 Days" tue, ist, dass ich überprüfe, wer meinen Kurs am Vortag gekauft hat. Diesen Leuten schicke ich ein 30-Sekunden-Video, um sie zum Kurs zu begrüßen und ihnen dafür zu danken, dass sie sich angemeldet haben. Außerdem lasse ich sie wissen, dass ich für sie da bin und dass ich sie während des Prozesses unterstützen werde, wenn sie irgendwelche Fragen haben. Meine Kunden wissen diese Videos wirklich zu schätzen.

Was sind die Vor- und Nachteile ortsunabhängiger Arbeit aus deiner Sicht?

Der größte Vorteil ist die Flexibilität. Wenn zum Beispiel eines meiner

Kinder krank wird habe ich die Möglichkeit, an diesem Tag nicht zu arbeiten und meiner Frau zu helfen, sich um die Kinder zu kümmern. Wenn ich in einem Büro arbeiten würde, in dem die Leute von mir erwarteten, dass ich vor Ort bin, wäre es nicht so einfach, das zu tun. Oder wenn es eine lange Woche war, können wir an den Strand fahren. Das geht nur, wenn man flexibel ist.

Natürlich gibt es auch einige Nachteile. Der größte ist, dass ich die soziale Interaktion vermisse. Ich habe in einem Büro mit 30 Leuten gearbeitet und wir sind ein Mal pro Woche gemeinsam zum Mittagessen gegangen. Wir warenauch sehr gute Freunde und ich habe immer noch Kontakt zu vielen von ihnen. Nun sitze ich in meinem Büro und mache viele Remote-Meetings, aber es ist nicht dasselbe und ich vermisse die soziale Interaktion eines großen Büros.

Ein weiterer Nachteil ist, dass ich von zu Hause aus arbeite und es sehr laut werden kann, wenn kleine Kinder im Haus sind. Das kann stören, wenn ich versuche, mich zu konzentrieren. Außerdem musst du dein eigener Motivator sein, wenn du für dich selbst arbeitest. Du hast keinen Chef, der mit Terminen zu dir kommt und Dinge erwartet. Es ist also einfacher, Dinge aufzuschieben und sich zu sagen, dass es an einem anderen Tag erledigt werden kann.

Last but not least: Hast du noch weitere hilfreiche Tipps für unsere Leser?

Eine der besten Möglichkeiten, um ortsunabhängig arbeiten zu können, ist meiner Meinung nach ein Online-Kurs. Ich bin sehr voreingenommen, weil ich damit erfolgreich bin. Aber viele Leute realisieren nicht, dass ein Online-Kurs eine gute und vor allem skalierbare Option ist, um den Laptop-Lifestyle zu verwirklichen. Es gibt unglaubliche Erfolgsgeschichten in den unterschiedlichsten Bereichen. Es gibt Online-Kurse zu Themen, mit denen man nie rechnen würde. Erst kürzlich habe ich mit jemandem gesprochen, der einen sechsstelligen Umsatz mit einem Online-Kurs in Vogelbeobachtung hat. Er bringt Leuten bei, wie man Vögel beobachtet. Und das ist nur eine von zahlreichen Nischen. Und so ist mein Rat einfach, dass, wenn man sich dafür interessiert, ortsunabhängig zu arbeiten es definitiv mal mit einem Online-Kurs zu versuchen.

WOMIT KANNST DU ORTSUNABHÄNGIG GELD VERDIENEN? – EINIGE IDEEN

Beschäftigungsformen: Du kannst entweder als Freelancer für verschiedene Auftraggeber arbeiten, Angestellter einer Firma sein, die es dir ermöglicht ortsunabhängig zu arbeiten, oder du wirst unternehmerisch tätig. Mögliche Auftrag-/Arbeitgeber sind z. B. öffentliche und privatwirtschaftliche Musikeinrichtungen, Ensembles, Bands, Schulen, Privatpersonen. In Kapitel 6 findest du verschiedene Jobportale, die sich auf ortsunabhängiges Arbeiten spezialisiert haben.

Die folgenden Zeilen geben dir ein paar Ideen an die Hand, wie du ortsunabhängig mit diesem Beruf Geld verdienst. Der Abschnitt ist bewusst kurzgehalten, da viele der Ideen bereits in Kapitel 3 angesprochen wurden. Solltest du an der ein oder anderen Stelle den Wunsch nach mehr Inhalt verspüren, blättere einfach nochmal zum Anfang zurück. Nähere Informationen, wie du Themen für Bücher und Online-Kurse findest, erhältst du in Kapitel 5. Schau außerdem gerne auf unserem Blog vorbei, für alle genannten Tools und Ressourcen im Überblick: https://new-work-life. com/portfolio/musiklehrer.

Führe bestimmte Kernaufgaben ortsunabhängig aus
Sieh dir die typischen Aufgaben eines privaten Musiklehrers an und überlege dir, welche davon du ortsunabhängig ausüben kannst. Kannst du Schülern Online Musikunterricht geben, indem du von Kommunikations- und Kollaborationsmedien wie Videotelefonie (z. B. Skype), Web-Konferenz (z. B. FreeConferenceCall), Chat (z. B. Slack) und E-Mail (z. B. Gmail) Gebrauch machst? Kannst du ortsunabhängig neue Unterrichtsmaterialien und Unterrichtskonzepte entwickeln, die du für deinen Unterricht verwedest. Du kannst dich mit deinem Unterricht z. B. auf Kinder in einer bestimmten Altersklasse spezialisieren oder du bietest pauschal Einsteiger-, Intermediate- und Fortgeschrittenenkurse an. Vermarkte deine Leistungen über eine eigene Website und über Social Media.

Produziere Musik für den Mainstream Markt
Verkaufe deine Musik online zum Download über eine eigene Website und/oder über Stockplattformen wie z. B. Shutterstock, 123rf, Pond5, Sonniss.com und Fantero an. Stockplattformen sind Online-Marktplätze, auf denen verschiedene Anbieter Produkte wie Fotos, Bilder, Vektoren, Videos, Audiodateien, Computercode, etc. anbieten. Die erbrachten

Produkte werden dabei „auf Lager" produziert, d. h. sie entstehen ohne Beauftragung. Die Produkte auf Stockplattformen können vom Käufer gegen Zahlung einer Lizenzgebühr für vielseitige Zwecke, z. B. für den Einsatz in Film, TV, Radio, etc. eingesetzt werden.

Entwickle eine (Mobile) App

Du könntest z. B. eine App kreieren, die Musikinteressierten hilft, Noten zu lesen oder ein Musikinstrument zu erlernen.

Entwickle und verkaufe Online-Kurse

Du könntest z. B. einen Kurs entwickeln, der Musikinteressierten beibringt, wie sie gewisse Instrumente spielen lernen. Alternativ kannst du einen Kurs kreieren, der Gesang oder Notenlesen schult. Prinzipiell kannst du aus all deinen klassischen Lehrinhalten Online-Kurse erstellen und diese über das Internet verkaufen.

Biete an deinem aktuellen Aufenthaltsort „Erlebnisse" an

Dies kann z. B. Gesangs- und/oder Musikunterricht. sein.

Leg ein Profil bei einer Crowdfunding-Plattform an

Lass dich von deinen Fans z. B. auf der Crowdfunding-Plattform Patreon. com finanziell unterstützen.

STARTER TOOLKIT – DAS BRAUCHST DU, UM LOSZULEGEN

Notebook, Smartphone, Musikinstrument(e), Musik/Notenblätter (erhältlich z. B. über Sheet Music Plus)

SOFTWARE:

* Office: z. B. Microsoft Office oder Google Docs
* Kommunikation: z. B. Skype, WhatsApp, Slack, Gmail
* Website / Webshop: z. B. WordPress oder Shopify
* Organisation: z. B. Evernote

BÜCHER UND TUTORIALS:

* Buch: „Musiktheorie lernen leicht gemacht: – Noten und ihre Bedeutung – Erklärung grundlegender Begriffe. Einführung in die Harmonielehre", von Herb Kraus
* Buch: „Elementare Musiklehre und Grundlagen der Harmonielehre: Begleitbuch für den modernen Musikunterricht, mit praktischen

Übungsbeispielen", von Christian Nowak
- Buch: „ABC Musik – Allgemeine Musiklehre – 446 Lehr- und Lernsätze", von Wieland Ziegenrücker
- Buch: „Online & Blended Learning: Teaching Online (Volume 3)", von Susan Ko
- Buch: „Klavier lernen leicht gemacht", von Herb Kraus

Detaillierte Informationen zu Tools und Ressourcen, die dir helfen können, ein ortsunabhängiges Einkommen aufzubauen, findest du auf unserem Blog unter: https://new-work-life.com/portfolio/musiklehrer.

HIER FINDEST DU WEITERE INFORMATIONEN

GMP – Gesellschaft für Musikpädagogik: http://www.gmp-vmp.de

4.22 PODCASTER

Als Podcaster bist du Produzent und Herausgeber eines Podcasts. Podcasting ist eine Form von Audioübertragung im Internet. Im Gegensatz zu herkömmlichem Internetradio funktioniert ein Podcast on demand, d. h. Zuhörer abonnieren deinen Podcast über einen RSS-Feed (Really Simple Syndication) und haben so die Möglichkeit, ihn zeitunabhängig online oder bei Bedarf auch offline (nach vorherigem Download) anhören zu können. Ein Podcast lebt von regelmäßig neu veröffentlichten Inhalten. In der Regel präsentierst du deine Inhalte in einem persönlichen und informellen Stil, der Zuhörer zur Interaktion animiert. Podcasts werden i.d.R. auf einer eigenen Website und/oder einem Podcastverzeichnis wie z. B. Apple App Store oder Podcaster.de bereitgestellt.

WAS SIND MÖGLICHE AUFGABEN?
- Ideen für neue Podcasts generieren
- Inhalte der Podcasts recherchieren und ausarbeiten
- Inhalte planen und Redaktionspläne erstellen
- Podcast-Skripte schreiben
- Keywordanalysen durchführen und passende Keywords für Google SEO herausfiltern
- Podcasts aufnehmen

- Podcasts bearbeiten und schneiden
- Fertige Podcasts auf deiner Podcast-Website oder bei Plattformen wie z. B. Apple App Store und Podcaster.de bereitstellen
- Podcast publik machen und z. B. über Social Media Plattformen, Werbung, E-MailMarketing, etc. promoten und vermarkten
- Netzwerken mit anderen Podcastern, Interviewpartnern, Presse etc.
- Podcast Zuhörer zu Interaktion motivieren und auf Kommentare der Zuhörer antworten

WELCHE AUSBILDUNG BENÖTIGST DU?

Die Berufsbezeichnung Podcaster ist nicht geschützt. Um Podcaster zu werden, benötigst du keine spezielle Ausbildung. Von Vorteil sind Erfahrungen im Bereich Audioproduktion und -bearbeitung, Online-Marketing und Social Media Management.

WELCHE FÄHIGKEITEN SOLLTEST DU MITBRINGEN?
- Sympathische Stimme
- Kommunikative Natur mit offenem Gemüt
- Interviewer-Fähigkeiten
- Strukturierte Denkweise und Organisation
- Selbstdisziplin und Durchhaltevermögen

UNSER ROLEMODEL FÜR DEN BERUF DES PODCASTERS

Name: Gordon Schönwälder
Unternehmen: Podcast-Helden | Teamcastr – Agentur für Podcast und Audio in der Unternehmenskommunikation
Homepage: https://podcast-helden.de | https://teamcastr.de
Kontakt: Facebook: gordon.schoenwaelder | Instagram: gordonschoenwaelder

Gordon ist ein Held, ein Podcast-Held. Seit 2014 hostet er seinen Podcast *Podcast-Helden*, in dem er seinen Hörern das relevante Wissen rund um das Thema Podcasts vermittelt. Sein Wissen stellt Gordon nicht nur per Audio zur Verfügung, sondern auch in Online-Kursen und mittels eigener Konferenzen. Für Unternehmen bietet er mit seiner Podcast-Agentur *Teamcastr* ein ganz eigenes Format an.

Bevor er seine Leidenschaft fürs Podcasting entdeckte, studierte er Germanistik und Sprachwissenschaften und schloss im Jahr 2008 sogar eine Ausbildung zum Ergotherapeuten ab.

Auf die Frage, wie Familie und Freunde ihn als Person beschreiben würden, führt Gordon folgendes Zitat seiner Frau an: „Gordon ist ein liebevoller Ehemann und Vater. Er ist ungekünstelt, hilfsbereit, teilweise sehr impulsgesteuert. Entscheidungen fallen ihm in der Regel leicht und er ist ein humorvoller Typ."

Gordon wohnt und arbeitet in einer mittelgroßen Stadt im Rheinland, wo er auch die Fragen unseres Interviews beantwortet hat.

INTERVIEW MIT GORDON SCHÖNWÄLDER VON PODCAST-HELDEN

Wie verdienst du dein Geld als Remote Worker?

Meine Haupteinnahmequelle ist das Podcast-Consulting. Das macht 90 Prozent meines Umsatzes aus. Die restlichen zehn Prozent sind Affiliate-Marketing und Sponsoring.

Wie bist du auf die Ideen für deine Produkte gekommen? Hast du eine bestimmte Methodik verfolgt?

Ich bin ein Fan des Lean-Startup-Prinzips. Egal, welche Ideen ich habe, ich muss sie erst am Markt testen, bevor ich sie nähergehend verfolge. Wenn ich z. B. ein neues Produkt launchen möchte, erstelle ich dafür zuerst eine Landingpage und lege es in Elopage an. Erst, wenn ich sehe, dass Nachfrage nach dem Produkt besteht, sprich Leute über meine Landingpage zu mir finden, fange ich an, Inhalte zu produzieren. Wenn ich hingegen keine Reaktion am Markt hervorrufe, dann verfolge ich das Projekt (erstmal) nicht weiter.

Zur Prüfung einer grundlegenden Nachfrage für Themen, Projekte oder Ideen, greife ich gern auf Facebook-Gruppen zurück. Wenn ich dort viele Reaktionen bekomme, ist das gut, es muss jedoch noch lange nicht heißen, dass ich eine Goldader erwischt habe. Manchmal muss man in den direkten Austausch mit den Leuten der Gruppe gehen, um an den Kern zu gelangen und aus seiner Idee ein Produkt, eine Dienstleistung oder einen Kurs machen zu können.

Wie lange hat es gedauert, bis du deine ersten 1.000 Euro an monatlichem Einkommen durch deine ortsunabhängige Arbeit generiert hast?

Als ich angefangen habe, war Podcasting als Businessmodell noch ein absolutes Nischen-Ding. Die ersten 1.000 Euro habe ich entsprechend erst nach knapp sechs Monaten eingenommen. Bei anderen Projekten ging es dann schneller.

In den ersten beiden Jahren habe ich zweimal im Jahr einen begleiteten Kurs gelauncht, der entsprechendes Geld einbrachte. Dazwischen habe ich fast nichts verdient. Erst 2017 wurde es anders – der Start des Podcast-Booms.

Wie hast du deine ersten Kunden gefunden, mit denen du remote zusammengearbeitet hast?

Meine ersten Kunden kamen über meinen Content und vor allem über meine Webinare auf mich zu.

Wie findest du neue Kunden?

Ich finde Kunden über den Content, den ich veröffentliche (Podcast, Blog, Live-Stream). In diesem Zusammenhang weise ich auf ein kostenfreies Strategiegespräch hin. Während dieses Gesprächs finde ich mit potentiellen Kunden den nächsten Schritt in Richtung Podcasting und einige entscheiden sich direkt, mit mir zusammenzuarbeiten.

Was war deine Motivation, ortsunabhängig zu arbeiten?

Ich habe als Therapeut viel Zeit im Auto, bei Patienten daheim und rund um Therapieliegen verbracht. Es waren immer und immer wieder dieselben Tätigkeiten. Für mich wurde das irgendwann zum Zwang und ich wollte heraus, was mir auch geglückt ist. Ich stehe drauf, daheim arbeiten zu können und zeitlich flexibel zu sein. Das ist das komplette Gegenteil meiner Therapeutenzeit und genau so muss Arbeit sein.

Wie hast du deine Remote-Karriere begonnen? Gab es irgendwelche Tools, die dir dabei geholfen haben, ortsunabhängig zu arbeiten?

Ich habe mich neben dem Job selbständig gemacht und habe nach und nach Stunden reduziert. Dadurch hatte ich nicht den wirtschaftlichen Druck, auf Punkt erfolgreich sein zu müssen. So konnte ich mehr oder weniger gemütlich und sicher meinen Weg gehen.

Welche drei Dinge würdest du vermeiden, wenn du die Zeit zurückspulen könntest?

Damit du als selbständiger Remote Worker erfolgreich bist, brauchst du Umsatz, denn ohne Umsatz kommt Angst auf. Ein grundlegender Erfolgsverhinderer bei mir war, dass ich mich nicht auf eine Zielgruppe festgelegt hatte. Entsprechend ungezielt war ich im Markt unterwegs und entsprechend unerfolgreich war ich. Erst mit der spitzeren Positionierung mit Podcast-Helden wurde ich finanziell wirklich unabhängig von den Ersparnissen, der Familie und von meinem Job als Therapeut. Das ist mit Sicherheit eines der Dinge, die ich meinem jüngeren Ich gerne ins Gesicht sagen möchte – nachdem ich es geschüttelt habe. ;)

Ich bin recht früh in eine Mastermind-Gruppe gegangen und konnte auf diesem Wege meine Sorgen, Ängste und Gedankengänge mit anderen Unternehmern reflektieren. Das geht auch wunderbar remote, weil virtuell.

Was waren deine größten Herausforderungen, um ein Remote-Einkommen zu generieren und wie hast du diese bewältigt?

Mein Geschäftsmodell war von Anfang an virtuell ausgelegt. Deswegen habe ich keine Probleme gehabt, remote arbeiten zu können. Meine Herausforderung war es vielmehr, den richtigen Preis für meine Produkte und Leistungen zu finden. Leider kann ich darüber keine allgemeingültige Auskunft geben. Wenn man jedoch auf der Suche nach dem für sich richtigen Preis ist, kann folgender Gedanke weiterhelfen: Stell dir die Frage, wie viel dein Kunde durch deine Arbeit einspart. Im Folgenden ein kurzes Beispiel aus meinem Alltag: Meine Kunden sind in der Regel Unternehmer, die einen hohen Stundensatz haben. Ihre Arbeitszeit ist folglich teuer. Wenn ich davon ausgehe, dass ein Tag meiner Kunden einen Gegenwert von 1.200 Euro hat und die selbständige Produktion eines Podcasts ca. sechs bis acht Arbeitstage meiner Kunden in Anspruch nähme (darin inbegriffen sind selbständiges Planen, Erstellen, Designen, Einsprechen (Üben, Mikrofon auswählen, Schneiden) und Launchen), entstünden Kosten in Höhe von 7.200 EUR. (1.200 Euro Tagessatz x 6 Tage). Natürlich fallen diese Kosten nicht real an. Es sind Opportunitätskosten, d. h. entgangener Umsatz meiner Kunden, denn sie hätten in den 6 Tagen der Postcast-Produktion auch Geld verdienen können. Wenn mein zweitägiges Podcast-Consulting 3.500 Euro kostet, spart mein Kunde 3.700 Euro ein und kann früher wieder Geld verdienen. Dieses Rechenbeispiel zeigt zwei Dinge:

1. Ich muss dringend meine Preise erhöhen, wenn ich so darüber nachdenke. ;)

2. Den individuellen Wert eines Produktes oder einer Dienstleistung können wir, die wir das Problem nicht haben oder es bereits gelöst haben, nicht bestimmen, sondern der Markt.

Wie sieht ein normaler Arbeitstag in deinem Leben als Remote Worker aus? Hast du eine tägliche Routine?
Als Vater einer vierjährigen Tochter kann ich mir den Luxus einer Morgenroutine nicht leisten. Ich habe aber Wochenroutinen: Montags und mittwochs mache ich vor dem Aufklappen des Rechners immer Sport und ich starte nicht vor dem zweiten Kaffee mit der Arbeit. Daheim habe ich für verschiedene Tätigkeiten entsprechende Lieblingsplätze, die mich kreativ, fokussierend oder chillend unterstützen. Podcast-Episoden nehme ich beispielsweise immer im Wohnzimmer auf, weil dort die Akustik super ist. Wenn ich mich konzentrieren muss, dann gehe ich in die Küche. Es gibt aber auch die Tage, an denen ich mich schnell ablenken lasse. Das ist vollkommen normal und passiert. Wichtig ist dann, dass man es erkennt und entsprechend handelt. Ich erkenne solche Tage daran, dass ich mir immer mal wieder einen Kaffee zubereite oder auf die Idee komme, Wäsche zu waschen oder aufzuräumen. An solchen Tagen setze ich mich, sofern ich wirklich dringend-wichtige Dinge zu tun habe, in ein Café. Da darf ich den Kaffee nicht selber machen und kann mich der Arbeit hingeben. Anfangs war dort die Lautstärke ein Problem, aber seitdem ich Kopfhörer mit Noise-Cancelling habe, ist alles super.

Was sind die Vor- und Nachteile ortsunabhängiger Arbeit aus deiner Sicht?
Der größte Vorteil ist mit Sicherheit die Selbstwirksamkeit in der Auswahl meines Arbeitsplatzes. Ich bin derjenige, der darüber entscheidet und das ist gut so. Nicht umsonst kommen immer mehr Unternehmen mit Home-Office und Vertrauensarbeitszeit um die Ecke. Der Nachteil ist, dass man künstliche Rituale schaffen muss, die den Feierabend einleiten. Wir verlassen eben nicht das Büro und sind dann Privatperson. Für mich ist es immer noch schwierig, zeitig den Griffel fallen zu lassen. Außerdem kann ich mir vorstellen, dass es im Unternehmenskontext schwerfallen kann, einen Remote Worker ins Team-Gefüge zu integrieren.

WOMIT KANNST DU ORTSUNABHÄNGIG GELD VERDIENEN? – EINIGE IDEEN

Beschäftigungsformen: Du kannst entweder als Freelancer für verschiedene

Auftraggeber arbeiten, Angestellter einer Firma sein, die es dir ermöglicht ortsunabhängig zu arbeiten, oder du wirst unternehmerisch tätig. In Kapitel 6 findest du verschiedene Jobportale, die sich auf ortsunabhängiges Arbeiten spezialisiert haben.

Die folgenden Zeilen geben dir ein paar Ideen an die Hand, wie du ortsunabhängig mit diesem Beruf Geld verdienst. Der Abschnitt ist bewusst kurzgehalten, da viele der Ideen bereits in Kapitel 3 angesprochen wurden. Solltest du an der ein oder anderen Stelle den Wunsch nach mehr Inhalt verspüren, blättere einfach nochmal zum Anfang zurück. Nähere Informationen, wie du Themen für Bücher und Online-Kurse findest, erhältst du in Kapitel 5. Schau außerdem gerne auf unserem Blog vorbei, für alle genannten Tools und Ressourcen im Überblick: https://new-work-life.com/portfolio/podcaster.

Suche Sponsoren und produziere gesponsorte Podcasts

Gesponsorte Podcasts zeichnen sich dadurch aus, dass sie Werbung deines Sponsors bzw. deiner Sponsoren enthalten. Die Werbung kann z. B. am Anfang, in der Mitte und/oder am Ende des Podcasts eingebunden sein. Du solltest darauf achten, dass die Produkte und Services deines Sponsors zum Profil deines Podcasts passen. Sponsoren können z. B. Hersteller von Produkten wie Kleidung, Elektronik, Anbieter von Software etc. sein. Du kannst entweder selbst nach Sponsoren suchen oder du beauftragst eine Sponsorship Agentur. Manchmal übernehmen auch Podcast Hosting Anbieter diesen Service. Wenn du selbst nach einem Sponsor schaust, kannst du folgendermaßen vorgehen, um geeignete Sponsoren zu finden: 1. Schau nach, welche Produkte du für deinen Podcast verwendest und sprich die Hersteller dieser Produkte bzgl. einer Sponsorentätigkeit an. 2. Forsche nach werbenden Unternehmen in deiner Nische.

Biete Online-Seminare an

Mögliche Themen für Online-Seminare sind z. B.: „Podcasting für Neulinge – Podcast produzieren in nur 10 Schritten" oder „Lerne wie du schnell und effizient Ideen für neue Podcast-Folgen generierst und einen Redaktionsplan aufstellst" oder „Wie du geeignete Inteviewpartner für neue Podcast-Folgen findest und Interviewkandidaten überzeugst, dir ein Interview zu geben."

Werde Online-Coach und biete virtuelle Coachingstunden an

Coache weniger erfahrene Podcaster zu Themen wie z. B. Podcastkonzept, Followerschaft und Reichweite aufbauen, Vermarktung und Werbung, Sponsoren, Affiliate, etc.

Entwickle und verkaufe Online-Kurse

Wie wäre es z. B. mit einem Kurs zum Thema Stimm- und Sprachtraining („Stimm- und Sprachtraining für Podcaster – Wie du Füllwörter wie „ähm", „eigentlich" und „quasi" bei deiner Audioaufnahme vermeidest und hundert Prozent aus deiner Stimmer herausholst") oder zum Thema Cutting („Hilfe, meine Podcast-Episode ist zu lang! Lerne jetzt Erste-Hilfe-Maßnahmen, mit denen du deine Podcast-Folgen schnell und effektiv kürzt")?

Biete deine Leistungen externen Auftraggebern an

Unterstütze andere z. B. bei Audioaufnahmen, Audiobearbeitung, Audioskript-Erstellung, Online-Marketing oder Social Media Marketing. Vermarkte deine Leistungen über eine eigene Website, über deinen Podcast und über Online-Marktplätze wie z. B. Upwork.com, Freelancer.com, Twago.de und ggf. Fiverr.com.

Setz einen Livestream auf, der dich bei der Produktion deiner Podcastfolgen zeigt

Über den Livestream können dir Interessierte wie z. B. Hobby-Podcaster oder andere Professionals bei deiner Arbeit über die Schulter schauen und mit dir chatten. Du kannst ihnen zeigen, wie du Podcastfolgen aufnimmst, wie du Podcastinterviews durchführst, welche Ausrüstung du für deine Podcasts nutzt, wie du Podcastfolgen schneidest und bearbeitest, etc.

Leg ein Profil bei einer Crowdfunding-Plattform an

Lass dich von deinen Fans z. B. auf der Crowdfunding-Plattform Patreon. com finanziell unterstützen.

STARTER TOOLKIT – DAS BRAUCHST DU, UM LOSZULEGEN

Notebook, Smartphone, Mikrofon, Kopfhörer

SOFTWARE:

- Office: z. B. Microsoft Office oder Google Docs
- Kommunikation: z. B. Skype, WhatsApp, Slack, Gmail
- Website / Webshop: z. B. WordPress oder Shopify
- Cloudbasierte Datenspeicherung: z. B. Dropbox oder Google Drive
- Content planen und managen: z. B. Hootsuite oder Buffer
- Audioaufnahme und Audiobearbeitung: z. B. Audacity oder Garageband
- Audiohosting und Audiofeederstellung: z. B. Podcaster.de

BÜCHER UND TUTORIALS:

- Buch: „Podcasting – Konzept, Produktion, Vermarktung (mit Anwendungen)", von Brigitte Hagedorn
- Buch: „Podcasting For Dummies (For Dummies (Computer/ Tech))", von Tee Morris und Chuck Tomasi
- Buch: „Die Podcasting-Goldgrube: Der umfassende Ratgeber für Podcast-Einsteiger", von Krisz Rokk
- Tutorial: „Podcasting für Einsteiger - Ganz einfach zum ersten Podcast! Wie du mit einfachen Mitteln und kostenloser Software sofort deinen ersten Podcast aufnehmen und veröffentlichen kannst", von Florian Prince, auf Udemy
- Tutorial: „Professional Podcast Production, Editing & Blueprint. Setup podcast recording studio equipment, audio mastering, WordPress website creation and how to put it on Apple App Store", von Ian Robinson, auf Udemy

Detaillierte Informationen zu Tools und Ressourcen, die dir helfen können, ein ortsunabhängiges Einkommen aufzubauen, findest du auf unserem Blog unter: https://new-work-life.com/portfolio/podcaster.

4.23 SCHMUCKDESIGNER

Als Schmuckdesigner gestaltest du Schmuck wie z. B. Halsketten, Armbänder, Ringe, etc. Dazu bedienst du dich unterschiedlicher Materialien wie z. B. Edelmetalle, Steine oder Holze. Du entwickelst kreative Ideen für Schmuckstücke und fertigst Prototypen an. Dabei kannst du dich entweder auf die Herstellung von Einzelstücken bzw. limitierten Auflagen fokussieren oder du entwirfst deine Schmuckstücke für die breite Masse.

WAS SIND MÖGLICHE AUFGABEN?

- Auftraggeber beraten und Anforderungen aufnehmen
- Originelle Ideen für Schmuckstücke entwickeln
- Designskizzen und CAD-Zeichnungen für Schmuckstücke erstellen
- Prototypen anfertigen
- Schmuckstücke herstellen
- Schmieden, Hartlöten, Nieten, Schweißen, Gravieren und Punzieren im Rahmen des Herstellungsprozesses

- Regelmäßige Abstimmungen mit Auftraggebern
- Schmuckstücke verkaufen

WELCHE AUSBILDUNG BENÖTIGST DU?

Die Berufsbezeichnung Schmuckdesigner ist gesetzlich nicht geschützt. Um Schmuckdesigner zu werden, benötigst du keine spezielle Ausbildung. Von Vorteil ist eine Ausbildung zum Goldschmied und/oder in einem Designfach wie z. B. Produkt- oder Modedesign. Eine Weiterbildung zum Schmuckdesigner ist ebenfalls möglich. Entsprechende Angebote findest du z. B. bei ILS oder der Hamburger Akademie für Fernstudien.

WELCHE FÄHIGKEITEN SOLLTEST DU MITBRINGEN?

- Kreativität und Interesse an Design
- Sehr gutes visuelles Vorstellungsvermögen
- Detailgenauigkeit und Präzision
- Interesse an Handwerk
- Formbewusstsein und Materialgefühl

UNSER ROLEMODEL FÜR DEN BERUF DES SCHMUCKDESIGNERS

Name: Julia Kubitza
Unternehmen: Julia Kubitza Design
Homepage: https://www.juliakubitza.com
Kontakt: info@juliakubitza.com

Julia ist selbständige Schmuckdesignerin. In ihren ausgefallenen Schmuckstücken verarbeitet sie Impressionen, die sie während ihrer Reisen rund um die Welt sammelt. Ursprünglich hat Julia Modedesign an der HAW Hamburg studiert und erlangte dort 2011 ihr Diplom. Nach ihrem Studium bildete sie sich im Bereich Haute Couture Techniken an der RA Academy in Paris weiter und arbeitete hier unter anderem mit Designern von Jean Paul Gaultier, Balenciaga, Yves Saint Laurent, Madame Grès and Alexandre Vaultier zusammen. Im Modebusiness ist Julia ein echtes Allroundtalent. Sie verfügt sowohl über Erfahrungen im journalistischen als auch im handwerklichen Bereich, sowie im Verkauf. Sie beherrscht den ganzheitlichen Prozess von der Fertigung bis zur Vermarktung. Selbständig mit ihrem eigenen Schmuckdesign Business ist Julia seit 2014.

Auf unsere Frage, wie Familie und Freunde Julia als Person sehen, antwortet Julia, dass sie als wache Person wahrgenommen werde, die direkt, unmittelbar, offen und optimistisch sei. Sie könne sich schnell in neue Projekte, Situationen und Umfelder einfinden und lasse sich durch neue Menschen und Orte inspirieren. Zudem habe sie ein besonderes Auge für Farbe und Form und sei hypersensitiv mit einem herausfordernden Hang für Höchstleistung und Perfektion. Allgemeinhin gelte sie als Lebenskünstlerin.

Julia wohnt und lebt in Hamburg. Unsere Interview-Fragen beantwortet sie vom Ostseestrand aus.

INTERVIEW MIT JULIA KUBITZA VON JULIA KUBITZA DESIGN

Wie verdienst du dein Geld als Remote Worker?

Ich verkaufe meinen Schmuck auf unterschiedlichen Wegen. Global erreichbar ist mein Onlineshop, der eine dauerhaft zur Verfügung stehende Plattform und Einnahmequelle ist. Darüber hinaus verkaufe ich meine Produkte via Fremdvertrieb, d. h. über ausgewählte Einzelhändler. Durch das Reisen baue ich ein entsprechendes Netzwerk auf und kann so meine Produkte vertreiben.

Daneben pflege ich verschiedene andere Vertriebsaktivitäten wie Events, Märkte und Designmessen. Insbesondere hierbei spielt die Selbstvermarktung eine große Rolle und bedeutet, dass ich mich zeigen muss.

Ich habe keine spezifischen Topseller, alles wird gleichwertig favorisiert, da das breite Sortiment von Unikaten und Kleinserien sich perfekt den unterschiedlichen Mentalitäten und Kundenwünschen anpasst.

Wie lange hat es gedauert, bis du deine ersten 1.000 Euro an monatlichem Einkommen durch deine ortsunabhängige Arbeit generiert hast?

Grundsätzlich habe ich nur wenige Tage gebraucht, um meine ersten 1.000 Euro zu verdienen. Die Kunst besteht vielmehr darin, ein stetiges Einkommen und einen guten Puffer aufzubauen.

Was war deine Motivation, ortsunabhängig zu arbeiten?

Für mich gab es eine Reihe von Gründen, ortsunabhängig zu arbeiten. Einerseits steht bei mir die Selbstbestimmung ganz klar im Vordergrund. Ich bin ein kreativer Mensch, der in einem künstlerischen Umfeld arbeitet und als solcher kann ich mich und meine Kreativität schwer unterordnen.

Andererseits reise ich für mein Leben gerne. Reisen ist Teil meines kreativen Lebenselixiers. Wenn ich unterwegs bin, lasse ich mich von anderen Kontinenten und Kulturen beeinflussen. Es ist faszinierend, unsere Natur direkt verarbeiten zu können und in neue Kontexte zu setzen. Zugleich empfinde ich diese Lebensweise nicht nur hochspannend, sondern sehe sie als Luxus an.

Ein weiterer Beweggrund so zu leben und arbeiten wie ich es tue, ist, dass ich somit meinem Biorhythmus folgen kann: ich bin eine Nachteule. Zu guter Letzt erlaubt es mir mein Lebensstil, die Beziehung zu meinem Freund zu pflegen und gemeinsam mit ihm zu reisen, wenn er als Tennis Coach weltweit von Turnier zu Turnier reist.

Wie hast du deine Remote-Karriere begonnen? Gab es irgendwelche Tools, die dir dabei geholfen haben, ortsunabhängig zu arbeiten?

Ich habe mich bewusst mit anderen Personen ausgetauscht und mir externen Rat von Menschen eingeholt, die mich und meine Fähigkeiten weiterbringen. Zum Beispiel habe ich mit einem Unternehmensberater, einem Pricing Consultant, einer Wirtschaftspsychologin, einem Steuerberater und anderen Remote-Arbeitern gesprochen. Wichtig war für mich, gleich zu Beginn meiner Remote-Karriere etwas auf die Beine zu stellen, von dem ich bald leben könnte und das stetig anwächst. Mein Online-Auftritt und mein automatisierter Online-Shop waren dafür eine gute Grundlage. Punkte, die für mich essentiell wichtig sind und zu denen ich mich fortwährend antreiben muss, sind:

1. Vertrauen in das eigene Potential haben und weniger Selbstzweifel zulassen,
2. zukunftsorientiert und nicht vergangenheitsorientiert handeln und denken – alles ist möglich, weit und offen,
3. unabhängig und finanziell autark bleiben und so gesund, aus eigener Kraft wachsen.

Was waren deine größten Herausforderungen, um ein Remote-Einkommen zu generieren und wie hast du diese bewältigt?

Da ich meine Anfangsinvestitionen und meine anfänglichen Lebenshaltungskosten durch einen Gründerzuschuss und einen Privatkredit finanziert habe, war es wichtig für mich, für die ersten zwei bis vier Jahre einen ausgewogenen und realistischen Finanzplan zu erstellen. Mein Ziel war es, stetige Umsätze zu erzielen und einen finanziellen Puffer aufzubauen. Dafür musste ich sehr viel Disziplin an den Tag legen. Mit der Zeit trat die nötige Ruhe ein, um konjunkturelle Tiefs und körperliches Schwächeln gelassener hinzunehmen. Was mir persönlich immer sehr geholfen hat, war der Austausch mit optimistischen Querdenkern.

Wie sieht ein normaler Arbeitstag in deinem Leben als Remote Worker aus? Hast du eine tägliche Routine?

Ich entscheide situativ. Gerade keine Vorgaben zu haben, macht meinen Tagesrhythmus aus. Ich habe festgestellt, dass ich ohne Routinen besser dran bin. Ich bleibe klar und wach. Die einzige Routine, die ich gegebenenfalls habe, ist, mit einem schönen Frühstück in den Tag zu starten.

Mein Tag richtet sich nach meinen Aufgaben und Arbeitsphasen (Ausstellungen, Vertrieb, Onlineshop-Pflege, Schmuckproduktion, Reisen oder nach anderen Impulsen).

Mein Arbeitsort richtet sich nach der Art der Tätigkeit, die ich mir vorgenommen habe. Bin ich im Atelier, finde ich dort Konzentration, Ruhe, Raum und Fläche für mein Schaffen. Wenn ich Inspiration, Weite oder den Kontakt zu anderen suche, gehe ich in ein Café oder in die Natur, am liebsten an den Strand. Ich brauche immer ein freies Umfeld mit guter Musik und Klängen, in dem ich meinen Mikrokosmos zum Makrokosmos formen kann.

Was sind die Vor- und Nachteile ortsunabhängiger Arbeit aus deiner Sicht?

Vorteile sind meiner Ansicht nach, dass ich durch wechselnde Orte immer neue Kreativitätsquellen finde. Ich erhalte stetig neue Impulse und es herrscht keine Monotonie in meinem Leben. Diese permanente Horizonterweiterung ist ein nicht versiegender Quell an Inspiration für mich. Ein weiterer Vorteil ist, in der Lage zu sein unabhängig und selbstbestimmt agieren und meine Freiheit unmittelbar genießen zu können. Darüber hinaus lerne ich auf meinen Reisen immer wieder neue, inspirierende Menschen kennen und erfahre von neuen Ressourcen, die ich für meine Arbeit nutzen kann. Selbstbestimmt zu leben und in der Lage zu sein, meine Prioritäten selbst festsetzen zu können, lässt mich mein Leben viel intensiver leben.

Mit vielen Vorteilen und Freiheiten gehen aber auch einige Nachteile einher. Wobei diese sich vielmehr auf meine Selbständigkeit als auf das ortsunabhängige Arbeiten beziehen. Hier gilt es allen voran eine fehlende Planungssicherheit und fixe Kosten zu nennen. Bei mir geht dieser Lebensstil mit Genuss einher, daher brauche ich finanziell immer einen guten Puffer, denn Reisen und sich Wohlfühlen ist häufig mit hohen Kosten verbunden. Es geht natürlich auch günstig und enthaltsam, was auch sehr befreiend sein kann. Dies setzt jedoch große Disziplin und Entbehrung voraus.

WOMIT KANNST DU ORTSUNABHÄNGIG GELD VERDIENEN? – EINIGE IDEEN

Beschäftigungsformen: Du kannst entweder als Freelancer für verschiedene Auftraggeber arbeiten, Angestellter einer Firma sein, die es dir ermöglicht ortsunabhängig zu arbeiten, oder du wirst unternehmerisch tätig. In Kapitel 6 findest du verschiedene Jobportale, die sich auf ortsunabhängiges Arbeiten spezialisiert haben.

Die folgenden Zeilen geben dir ein paar Ideen an die Hand, wie du ortsunabhängig mit diesem Beruf Geld verdienst. Der Abschnitt ist bewusst kurzgehalten, da viele der Ideen bereits in Kapitel 3 angesprochen wurden. Solltest du an der ein oder anderen Stelle den Wunsch nach mehr Inhalt verspüren, blättere einfach nochmal zum Anfang zurück. Nähere Informationen, wie du Themen für Bücher und Online-Kurse findest, erhältst du in Kapitel 5. Schau außerdem gerne auf unserem Blog vorbei, für alle genannten Tools und Ressourcen im Überblick: https://new-work-life. com/portfolio/schmuckdesigner.

Verkaufe deinen Schmuck über einen eigenen Webshop

Neben dem eigenen Webshop stehen dir als Schmuckdesigner noch spezielle Online-Marktplätze wie Etsy, ArtFire, iCraftGifts oder Programme wie Amazon Handmade für die Vermarktung zur Verfügung. Einige dieser Marktplätze haben sich auf Kunsthandwerk spezialisiert und lassen nur ausgewählte Anbieter zu. Dies könnte für dich den Vorteil haben, dass deine Konkurrenz kleiner ist als auf Marktplätzen, auf denen pauschal jeder etwas anbieten kann. Um ortsunabhängig sein zu können, solltest du den Lagerhaltungs- und Versandprozess an einen externen Dienstleister auslagern. Dies funktioniert z. B. mit Amazon FBA oder Beeoux (ehemals Zazzy). Für mehr Informationen zu Amazon FBA schau dir das Berufsprofil „Amazon FBA Händler" an, das du in Band 3 der Go Remote! Bücherserie findest (Go Remote! für Technik, Zahlen und Organisationstalente).

Erweitere dein Schmucksortiment um personalisierten Schmuck

Eröffne deinen Kunden die Möglichkeit, Schmuckstücke ganz nach ihren Vorlieben zu kreieren und von dir zu kaufen. Beispiele für Personalisierungen sind der eigene Name auf dem Anhänger einer Kette oder die Wahl des Steines an einem Ring. Verkaufe deinen personalisierten Schmuck über einen eigenen Webshop und/oder über Online-Marktplätze wie z. B. Etsy und Custommade.com.

Fertige druckfähige 3D-Modelle deines Schmucks an

Verkaufe diese (z. B. Modelle für Ringe, Anhänger, etc.) über 3D-Online-Marktplätze wie z. B. Shapeways, CGTrader und Jewelrythis. Shapeways und Jewelrythis bieten einen Druck on Demand-Service für deine 3D-Modelle an, d. h. Käufer deiner 3D-Modelle können deinen Schmuck in verschiedenen Materialien wie z. B. Silber, Gold, etc. ausdrucken lassen. Die verfügbaren Materialien werden von dir vorgegeben und im Produktprofil zur Auswahl hinterlegt. Dein Schmuck wird von den Druck on Demand-Anbietern erst gedruckt, wenn eine Bestellung eingeht. Somit trägst du keinerlei Risiko auf deinem Lagerbestand „sitzen zu bleiben".

Biete deine Leistungen als Schmuckdesigner externen Auftraggebern an

Unterstütze andere Schmuckhersteller, Schmuckdesigner oder Fashiondesigner. Mach dir Gedanken, welche Leistungen du ortsunabhängig anbieten kannst und spezialisiere dich darauf. Fertige z. B. ortsunabhängig Schmuckskizzen, 3D-Modelle und Prototypen für Schmuckhersteller an. Oder hilf anderen Schmuckdesignern dabei, Ideen für neue Schmuckstücke zu brainstormen. Alternativ kannst du anderen Schmuckdesignern auch konkrete Arbeiten abnehmen, wenn sie selbst keine Zeit dafür haben. Vermarkte deine Leistungen über eine eigene Website und über Online-Marktplätze wie z. B. Upwork.com, Freelance.de, Twago.de und ggf. Fiverr.com.

Entwickle und verkaufe Online-Kurse

Wie wäre es z. B. mit einem Kurs zum Thema „Drahtschmuck herstellen für Anfänger" oder zum Thema „Lerne, wie du deinen Schmuck online verkaufst – Eine Anleitung für Schmuckdesigner."

Setz einen Livestream auf, der dich bei der Produktion von Schmuck zeigt

Über den Livestream können dir Interessierte wie z. B. Hobby-Schmuckdesigner oder andere Professionals bei deiner Arbeit über die Schulter schauen und mit dir chatten. Du kannst ihnen zeigen, wie du Ideen für neue Schmuckstücke zu Papier bringst und daraus Prototypen erstellst.

Leg ein Profil bei einer Crowdfunding-Plattform an
Lass dich von deinen Fans z. B. auf der Crowdfunding-Plattform Patreon.com finanziell unterstützen.

STARTER TOOLKIT – DAS BRAUCHST DU, UM LOSZULEGEN

Notebook, Smartphone, Stifte, Zeichenpapier, Schmuckwerkzeug

SOFTWARE:
- Office: z. B. Microsoft Office oder Google Docs
- Kommunikation: z. B. Skype, WhatsApp, Slack, Gmail
- Website / Webshop: z. B. WordPress oder Shopify
- CAD Programm für 3D-Modellierung: z. B. Google SketchUp

BÜCHER UND TUTORIALS:
- Buch: „350 Tipps, Tricks & Techniken Schmuckherstellung: Das unentbehrliche Nachschlagewerk mit Antworten auf alle Fragen", von Xuella Arnold und Sara Withers
- Buch: „The Complete Book of Jewelry Making: A Full-Color Introduction to the Jeweler's Art", von Carles Codina
- Buch: „Etsy Excellence: The Simple Guide to Creating a Thriving Etsy Business", von Tycho Press

Detaillierte Informationen zu Tools und Ressourcen, die dir helfen können, ein ortsunabhängiges Einkommen aufzubauen, findest du auf unserem Blog unter: https://new-work-life.com/portfolio/schmuckdesigner.

HIER FINDEST DU WEITERE INFORMATIONEN

Allianz deutscher Designer e. V.: https://agd.de

4.24 SCHRIFTSTELLER

Als Schriftsteller verfasst du sprachliche Werke unterschiedlicher Gattungen. Diese können rein textlicher Natur, aber auch illustriert, mit mehr Bildmaterial als Text sein wie z. B. Comics oder Bilderbücher. Klassische Gattungen für dich als Schriftsteller sind Epik, Drama, Lyrik sowie Fach- und Sachliteratur.

WAS SIND MÖGLICHE AUFGABEN?

- Themen und Ideen brainstormen
- Hintergrundinformationen recherchieren
- Handlungsabläufe und Figuren entwickeln
- Manuskript zum Buch erstellen
- Manuskript an Verlage schicken und mit Lektoren besprechen
- Feedback von Verlagen und Lektoren entgegennehmen und in dein Werk einarbeiten
- Werk an Verlag verkaufen und Honorar verhandeln
- Werk im Self-Publishing Verfahren veröffentlichen und über Marktplätze wie z. B. Amazon verkaufen
- Networking mit Verlagen und Agenten betreiben
- Werbung in eigener Sache betreiben
- Auf Lesereise gehen und Interviews geben, wenn Werk veröffentlicht ist

WELCHE AUSBILDUNG BENÖTIGST DU?

Die Berufsbezeichnung Schriftsteller ist nicht geschützt. Um Schriftsteller zu werden, benötigst du keine spezielle Ausbildung. Von Vorteil ist ggf. eine Aus-/Weiterbildung zum Schriftsteller, die du z. B. bei Instituten wie ILS oder der Fernakademie Klett absolvieren kannst.

WELCHE FÄHIGKEITEN SOLLTEST DU MITBRINGEN?

- Liebe zur Sprache und sehr guter Schreibstil
- Kreativität und Vorstellungskraft
- Geschichtenerzähler mit Sinn für Dramatik
- Kritikfähigkeit und Ausdauer
- Guter Netzwerker und Verkaufssinn

UNSER ROLEMODEL FÜR DEN BERUF DES SCHRIFTSTELLERS

Name: Thomas Pyczak
Unternehmen: Thomas Pyczak
Homepage: https://www.thomas-pyczak.de
| https://www.strategisches-storytelling.de
Kontakt: tp@strategisches-storytelling.de |
Facebook: thomaspyczak.autor

Thomas ist Schriftsteller, Storytelling Trainer und Consultant. Bevor er sich entschlossen hat, seiner Leidenschaft zu folgen, studierte er Philosophie und Literatur, arbeitete als Journalist, war bis Herbst 2014 CEO von CHIP, davor deren Chefredakteur. Seitdem folgt er seiner Passion für das Erzählen, im Business und als Autor von Romanen.

Familie und Freunde sagen über Thomas, dass er ein kreativer Typ mit einem hohen Grad innerer und äußerer Freiheit sei. Er sei zudem neugierig auf Menschen, Kulturen und Natur.

Unsere Fragen hat Thomas in Herrsching am Ammersee beantwortet.

INTERVIEW MIT THOMAS PYCZAK IN SEINER ROLLE ALS SCHRIFTSTELLER UND STORYTELLING TRAINER & CONSULTANT

Wie verdienst du dein Geld als Remote Worker?

Ich habe drei Einnahmequellen: Ich schreibe Bücher, ich gebe Workshops und ich bin als Consultant tätig.

Wie bist du auf die Ideen für deinen Service gekommen? Hast du eine bestimmte Methodik verfolgt?

Mein Thema ist Storytelling. So entstehen Romane und Erzählungen. Das ist meine B2C-Seite. So entstehen aber auch Sachbücher und ein Blog zum Thema Business Storytelling. Das ist die B2B-Seite meiner Tätigkeit. Durch meinen Background als Manager und Chefredakteur fällt es mir leicht, Storytelling und Business zu verbinden.

Bei den Romanen folge ich meiner Intuition und meinen Interessen. Ich kann nur das schreiben, was in mir ist und mir etwas bedeutet. Alles andere halte ich für Zeitverschwendung. Zugleich spreche ich viel mit

Lesern, um ihre Wünsche zu verstehen. Ich habe einen Kreis von Lesern, der mir hilft, meine Romane agil zu entwickeln. Sie geben mir Feedback zu Konzept, Stil und Inhalt. Diese Form der Auseinandersetzung mit Kunden halte ich für elementar in der Produktentwicklung. Meine wichtigste Leserin ist meine Frau. Viele ihrer Anregungen fließen in meine Romane ein. Das Thema Business Storytelling hat sich organisch entwickelt. Ich habe zunächst begonnen, einen Blog zu schreiben, Interviews mit Experten zu führen. Ich begann, an der Berliner School of Life „Die Kunst des Business Storytellings" zu unterrichten. Das Workshop-Konzept hat sich in kurzer Zeit weiterentwickelt – durch Feedback und Erfahrungen in der Praxis. Durch den Blog und die School of Life wurden neue Kunden auf mich aufmerksam und buchten mich für Workshops und Consulting-Aufträge zum Thema Storytelling. Ich entwickelte und optimierte spezifische Produkte für ihre Anforderungen. Schließlich schrieb ich mit „Tell Me!" ein Buch über Storytelling. Ich entwickelte das Konzept genau wie die Romane zunächst allein und diskutierte es dann mit Freunden, Bekannten und Verlagen. Aktuell schreibe ich an der erweiterten zweiten Auflage, die Leserwünsche berücksichtigt.

Das Vorgehen ist, kurz gesagt, agil. Ich stelle Hypothesen auf, verifiziere sie. Entwickle meine Angebote auf Basis von Feedback immer weiter.

Wie lange hat es gedauert, bis du deine ersten 1.000 Euro an monatlichem Einkommen durch deine ortsunabhängige Arbeit generiert hast?
Es hat über ein Jahr gedauert. Ganz einfach deshalb, weil ich erst einmal einen Roman schreiben musste, bis ich ihn verkaufen konnte.

Wie hast du deine ersten Kunden gefunden, mit denen du remote zusammengearbeitet hast?
Die ersten kleinen Aufträge als Storytelling Trainer und Consultant kamen über Bekannte. Die ersten größeren Aufträge waren Unternehmen, die über meinen Blog auf mich aufmerksam geworden waren. Sie hatten bei Google nach „Storytelling" gesucht und mich gefunden.

Wie findest du neue Kunden?
Neue Kunden kommen über Empfehlung oder sie werden durch ein Buch oder meinen Blog auf mich aufmerksam.

Was war deine Motivation, ortsunabhängig zu arbeiten?
Mir war wichtig, meine Tage frei gestalten zu können und zu reisen, wann ich reisen möchte. Ich wollte konzentriert und diszipliniert arbeiten. Meine

Zeit weniger in Meetings verbringen. Außerdem wollte ich mehr Zeit mit meiner Frau, meinen Freunden, meiner Familie verbringen. Es war einfach ein anderer Lebensentwurf gegenüber dem Alltag eines festangestellten Managers.

Was mich ebenfalls sehr stark motiviert hat, war die Vision, Menschen, mit dem, was ich schreibe, zu berühren, ihnen zu helfen, Grenzen zu überwinden. Dafür sind Geschichten meiner Meinung nach sehr gut geeignet, weil sie es erlauben, am Leben anderer Menschen teilzuhaben sowie in fremde Welten einzutauchen. Das ist natürlich kein 9 to 5 Bürojob. Ich bin außerdem Trainer und Consultant für Storytelling. Auch dafür brauche ich Unabhängigkeit – lokale und geistige –, weil der Reiz für mich ja gerade darin besteht, mit den verschiedensten Unternehmen und Institutionen zusammenzuarbeiten.

Wie hast du deine Remote-Karriere begonnen? Gab es irgendwelche Tools, die dir dabei geholfen haben, ortsunabhängig zu arbeiten?

Mir hat ein Coach geholfen, der etwas Ähnliches durchgemacht hat wie ich. Das ging über ein Jahr. Dieses Vorgehen kann ich empfehlen, wenn man, wie ich, Neuland betreten möchte. So würde ich es wieder machen. Es gab viele hilfreiche Gespräche mit Freunden und Bekannten über dieses Thema. Auch deren Tipps und Fragen haben mir sehr geholfen.

Was waren deine größten Herausforderungen, um ein Remote-Einkommen zu generieren und wie hast du diese bewältigt?

Zu Beginn war es schwierig, die Freiheit in Produktivität umzumünzen. Dazu brauchte es außer Disziplin auch Struktur. Es dauerte eine Weile, bis ich eine Struktur fand, die sich immer noch nach Freiheit anfühlte.

Wie sieht ein normaler Arbeitstag in deinem Leben als Remote Worker aus? Hast du eine tägliche Routine?

Ich schreibe am liebsten zu Hause oder auf Reisen. Auf Reisen spielt es für mich keine Rolle, ob ich auf einer Parkbank sitze, in einer Hotellobby oder am Strand. Ich schreibe jeden Tag, mal nur eine Stunde, mal zwölf Stunden. Ich habe ein Pensum, das ich mir vornehme, aber wichtiger ist die Qualität. Wenn ich etwas schreibe, soll es gut sein. An manchen Tagen schreibe ich ein paar Sätze, an anderen Tagen mehrere Kapitel. Das ist okay. Ich teile meine Arbeit in Projekte – einen neuen Roman schreiben, ein Workshop-Konzept verfassen, ein Unternehmen als Consultant begleiten – und versuche, niemals mehr als drei Projekte gleichzeitig in Arbeit zu haben. So behalte ich den Überblick und bewahre Gelassenheit, die für das Gelingen meiner Arbeit wichtig ist. So kann ich auch zwischen den Projekten hin- und herspringen, ohne mich jedes Mal neu einzuarbeiten.

Was sind die Vor- und Nachteile ortsunabhängiger Arbeit aus deiner Sicht?
Die Vorteile: ich halte sie vor allem für effizienter, flexibler und inspirierter. Die Herausforderung: es ist viel Disziplin nötig.

WOMIT KANNST DU ORTSUNABHÄNGIG GELD VERDIENEN? – EINIGE IDEEN

Beschäftigungsformen: Du arbeitest in der Regel als Freelancer und verkaufst deine Werke an Buchverlage, Hörbuchverlage, Zeitschriften, Magazine, Rundfunkanstalten, etc. Oder du veröffentlichst deine Werke im Self-Publishing Verfahren und verkaufst sie über Marktplätze wie z. B. Amazon.

Die folgenden Zeilen geben dir ein paar Ideen an die Hand, wie du ortsunabhängig mit diesem Beruf Geld verdienst. Der Abschnitt ist bewusst kurzgehalten, da viele der Ideen bereits in Kapitel 3 angesprochen wurden. Solltest du an der ein oder anderen Stelle den Wunsch nach mehr Inhalt verspüren, blättere einfach nochmal zum Anfang zurück. Nähere Informationen, wie du Themen für Bücher und Online-Kurse findest, erhältst du in Kapitel 5. Schau außerdem gerne auf unserem Blog vorbei, für alle genannten Tools und Ressourcen im Überblick: https://new-work-life. com/portfolio/schriftsteller.

Bringe eigene Werke mittels Self-Publishing auf den Markt
Verkaufe deine Bücher bei Anbietern wie z. B. Amazon, Thalia, Hugendubel, Mayersche, Osiandersche, buch.de, buecher.de, etc. Nutze zur Veröffentlichung deiner Werke Self-Publishing Dienste wie z. B. Amazon Kindle Direct Publishing (KDP), XinXii, BoD oder epubli. Self-Publishing bezeichnet das Herausbringen eines Schriftstückes im Eigenverlag. Du brauchst für dein Werk folglich nicht erst auf die Suche nach einem Verlag gehen, sondern kannst es selbst veröffentlichen. Dies hat den Vorteil, dass du zu hundert Prozent unabhängig bist und deine Inhalte, das Veröffentlichungsdatum deines Werkes, das Marketing und den Preis für dein Buch (und damit deine Gewinnmarge), etc. selbst bestimmen kannst.

Mehr Infos zum Thema Self-Publishing findest du auf den Seiten der Self-Publisher-Bibel unter: http://www.selfpublisherbibel.de.

Gründe eine Online Academy

Bilde angehende Schriftsteller zum Thema Self-Publishing aus. In der Academy gibst du deinen Schülern das nötige Rüstzeug an die Hand, damit sie nach ihrer Ausbildung erfolgreich ein Buch herausbringen und eigenhändig vermarkten können. Mehr Inspiration zum Thema Self-Publishing Academy findest du auf der Website bei der Self-Publishing School (https://self-publishingschool.com) und der Self-Publishing Academy (https://self-publishing-academy.com).

Entwickle und verkaufe Online-Kurse

Wie wäre es z. B. mit einem Kurs zum Thema Schreibblockaden und Prokrastination („Lerne, wie du Schreibblockaden überwindest und Prokrastination effektiv vermeidest") oder zum Thema Selbstvermarktung („Selbstvermarktung als Schriftsteller – Lerne, wie du Social Media und Co. effektiv für dein Selbstmarketing einsetzt")?

Erstelle Video-Tutorials im Auftrag für Dritte

Video-Tutorials sind ähnlich wie Buch-Ratgeber, nur dass das Endergebnis kein Buch, sondern ein Video ist. Potenzielle Auftraggeber eines Video-Tutorials können z. B. Softwareanbieter, Solopreneure oder Menschen, die sich einen Nebenverdienst aufbauen wollen, sein. Wenn du nicht weißt, wie du professionell aussehende Videos erstellst, fokussiere dich auf das Verfassen von Videoskripten und source die Produktion an einen Dienstleister aus. Videoskripte dienen als Grundlage für die Videoproduktion und sind daher wichtiger Bestandteil von Video-Tutorials. Vermarkte deine Leistungen über eine eigene Website und über Social Media.

Biete deine Schreibleistungen externen Auftraggebern an

Schreibe für andere als Ghostwriter. Deine Auftraggeber können z. B. andere Schriftsteller, Personen des öffentlichen Lebens, Hochschulprofessoren, wissenschaftliche Mitarbeiter, Freelancer oder Unternehmen sein, für die du Bücher, wissenschaftliche Arbeiten, Aufsätze, Artikel, etc. schreibst. Vermarkte deine Leistungen über eine eigene Website und über Online-Marktplätze wie z. B. Upwork.com, Freelance.de, Twago.de und ggf. Fiverr.com.

Erstelle Texte, Geschichten und Artikel

Finde Themen, die dich als Person interessieren und für die ein Markt existiert und schreibe darüber. Verkaufe die Texte über eine eigene Website und/oder auf Marktplätzen wie z. B. Textscout.de oder Contentworld.com.

Leg ein Profil bei einer Crowdfunding-Plattform an
Lass dich von deinen Fans z. B. auf der Crowdfunding-Plattform Patreon. com finanziell unterstützen.

STARTER TOOLKIT – DAS BRAUCHST DU, UM LOSZULEGEN

Notebook, Smartphone

SOFTWARE:
- Office: z. B. Microsoft Office oder Google Docs
- Kommunikation: z. B. Skype, WhatsApp, Slack, Gmail
- Website / Webshop: z. B. WordPress oder Shopify
- Schreiben: z. B. Scrivener oder Papyrus Autor
- Brainstorming: z. B. MindMeister
- Rechtschreibung prüfen: z. B. Rechtschreibpruefung24
- Synonyme finden: z. B. Openthesaurus
- Self-Publishing: z. B. mit amazon Kindle Direct Publishing (KDP)

BÜCHER UND TUTORIALS:
- Buch: „Story: Die Prinzipien des Drehbuchschreibens", von Robert McKee
- Buch: „APE: Author, Publisher, Entrepreneur-How to Publish a Book", von Guy Kawasaki und Shawn Welch
- Buch: „Die 50 Werkzeuge für gutes Schreiben: Handbuch für Autoren, Journalisten, Texter", von Roy Peter Clark und Kerstin Winter
- Buch: „Heute schon geschrieben? Ideen finden und strukturieren: Mit Profitipps zum Bucherfolg", von Diana Hillebrand
- Tutorial: „Novel Writing Workshop. Turn your idea into a published novel, step by step. Includes 27 video lessons!", von Steve Alcorn, auf Udemy
- Tutorial: „The Foundations of Fiction (Writing Mastery). Become a creative writing master and write killer novels, memoirs, or short stories", von Jessica Brody und Joanne Rendell, auf Udemy
- Tutorial: „Write Now: Creative Writing Skills for Beginners - Learn to write a book or short story using these basic creative writing skills for beginners", von Brian Jackson, auf Udemy

Detaillierte Informationen zu Tools und Ressourcen, die dir helfen können, ein ortsunabhängiges Einkommen aufzubauen, findest du auf unserem Blog unter: https://new-work-life.com/portfolio/schriftsteller.

HIER FINDEST DU WEITERE INFORMATIONEN

Verband deutscher Schriftstellerinnen und Schriftsteller: https://vs.verdi.de
Selfpublisher-Verband e. V.: http://www.selfpublisher-verband.de

4.25 SOCIAL-MEDIA MARKETING EXPERTE

Als Social-Media Marketing Experte kümmerst du dich um den Auftritt eines Unternehmens in den sozialen Medien. Du baust für das Unternehmen eine Followerschaft auf (organisch oder mithilfe von Paid Ads) und kreierst interessante Inhalte, die du in den sozialen Medien teilst. Ziel deiner Aktivitäten ist es, die Unternehmensmarke zu stärken und die Unternehmensmessage herüberzubringen. Du agierst als Bindeglied zwischen Unternehmen und Followern.

WAS SIND MÖGLICHE AUFGABEN?
* Social-Media Strategie und Marketing-Kampagnen entwickeln
* Social-Media Werbekonzepte- und Kampagnen entwickeln
* Werbeanzeigen erstellen, aufsetzen und terminieren
* Social-Media Werbung in Form von Paid Ads schalten, z. B. auf Facebook, Instagram, Twitter, Pinterest, LinkedIn und Xing
* Übergreifend alle Social-Media-Kanäle eines Unternehmens betreuen
* Inhalte planen, terminieren und veröffentlichen
* Mit Followern interagieren durch Beantwortung von Kommentaren, Einladungen zu Umfragen, Gewinnspiele, etc.
* Interessante Beiträge und Texte für verschiedene Social-Media-Kanäle schreiben
* Bilder und Videos für Beiträge recherchieren und auswählen
* Bildbearbeitung
* Kontakte zu Social-Media Influencern knüpfen und sie zu einer Zusammenarbeit mit dem Unternehmen bewegen
* Performance der Social Media Aktivitäten auswerten und

analysieren, z. B. Interaktionsrate, Leadgewinnung, Aufbau von Followern, etc.

WELCHE AUSBILDUNG BENÖTIGST DU?

Die Berufsbezeichnung Social-Media Marketing Experte ist nicht geschützt. Um Social-Media Marketing Experte zu werden, benötigst du keine spezielle Ausbildung. Von Vorteil sind Erfahrungen im Bereich Online und Performance Marketing, der Öffentlichkeitsarbeit oder im Journalismus. Weiterbildungsangebote zum Social-Media Marketing Experten findest du z. B. bei ILS oder bei Social-Media United (Rachel Pedersen) unter https://www.joinsmu.com.

WELCHE FÄHIGKEITEN SOLLTEST DU MITBRINGEN?

* Kommunikationsstärke
* Kreativität und Flexibilität
* Einfühlungsvermögen und hohe Sozialkompetenz
* Analytisches Denken
* Technische Affinität

UNSER ROLEMODEL FÜR DEN BERUF DES SOCIAL-MEDIA MARKETING EXPERTEN

Name: Anna-Lena Eckstein
Unternehmen: Anna-Lena Eckstein
Homepage: http://annalenaeckstein.de | https://digitalnomadstories.de
Kontakt: hello@annalenaeckstein.de | Instagram: alcornerstone | LinkedIn: anna-lena-eckstein

Anna-Lena ist seit Februar 2016 selbständig als Social-Media Marketing Expertin und hilft ihren Kunden mithilfe von Instrumenten aus dem Performance Marketing, in den sozialen Medien eine Marke aufzubauen bzw. die Unternehmensmarke zu stärken. Sie hat sich unmittelbar nach ihrem Bachelorstudium als „Online-Redakteur" selbständig gemacht. Daher war sie in ihrem bisherigen Leben, außer im Rahmen von Studenten-Nebenjobs, nie wirklich angestellt. Ihre Studentenjobs absolvierte sie im Journalismus-Bereich (zwei Jahre Redakteurin beim ZDF) und im Medienbereich (Medien-Analyse, Online-Redaktion).

Anna-Lena war eigentlich schon immer eine in die Ferne schweifende Person. So hat sie z. B. nach ihrem Abitur ein Jahr lang in Spanien als Au-Pair verbracht. So verwundert es auch nicht, dass sie nun als digitale Nomadin die Welt bereist und unsere Fragen auf dem Weg von Berlin nach Köln, von wo aus sie gen Chiang Mai in Thailand fliegt, beantwortet.

Ihre Freunde und Familie bezeichnen Anna-Lena als sprudelnd und voller Lebensfreude. Außerdem sehen sie sie als selbstbewusst, emphatisch, liebevoll, für Freunde aufopfernd, aber auch dickköpfig an. Zudem meinen sie, sie hätte aufgrund ihres Witzes das Zeug zur Entertainerin.

INTERVIEW MIT ANNA-LENA ECKSTEIN IN DER ROLLE ALS SOCIAL-MEDIA MARKETING EXPERTE

Wie verdienst du dein Geld als Remote Worker?

Ich helfe Kunden dabei, in den sozialen Netzwerken sichtbarer zu werden. Ich biete meinen Service an, klassische Dienstleistung. Darüber hinaus verkaufe ich digitale Produkte wie Online-Kurse. Und ich bin Veranstalterin der „Digital Nomad Stories", Offline-Events in Deutschland, bei denen ein weiterer Speaker und ich auf der Bühne den Zuschauern echte, lebensnahe Einblicke ins Leben als Digitale Nomaden geben, und sie inspirieren, selbst den Schritt zu wagen.

Wie lange hat es gedauert, bis du deine ersten 1.000 Euro an monatlichem Einkommen durch deine ortsunabhängige Arbeit generiert hast?

Sechs Wochen. Sechs Wochen, in denen ich Vietnam, Malaysia, Japan und Texas bereist habe. Sensationelles Gefühl: Wenn du in Houston durch die Straßen läufst, nur sechs Wochen nach der Uni und dann eine Notification deiner Bank aufs Handy bekommst. Das war der Moment, in dem ich final verstanden habe: Die Welt zu bereisen und Geld zu verdienen, ist machbar.

Wie hast du deine ersten Kunden gefunden, mit denen du remote zusammengearbeitet hast?

Ich beantworte die Frage etwas anders, „Was empfiehlst du, um Kunden zu finden?" Rausgehen! Wer sich verkriecht und anderen nicht von sich und seinen Produkten oder Services erzählt, wird es wohl nicht schaffen. Ich habe viel Networking betrieben, versucht, mich mit den richtigen Menschen zu umgeben, mehr von mir und meiner Arbeit erzählt (auch online). Alle (!) meine Kunden habe ich, weil ich selbst aktiv geworden bin. Sei es mit einer eigenen Website, einem LinkedIn-Profil, Offline-Konferenzen, Online-Communitys für Digitale Nomaden oder Networking-Events.

Was war deine Motivation, ortsunabhängig zu arbeiten?

Ich bin da tatsächlich eher reingerutscht: ich habe die richtige Person zur richtigen Zeit kennengelernt! Diese Person war Online-Entrepreneur und hat mir erst einmal den Horizont eröffnet, dass das ja überhaupt möglich ist. Vorher war ich eher in dem klassischen Denken „gefangen“: Abi, Studium, Volo, Job, 25-jähriges Firmenjubiläum, Rente. An ortsunabhängiges Business habe ich nie gedacht. Das war mir gar kein Begriff.

Was ich daran so wahnsinnig toll finde ist die Freiheit, mir meine Zeit so einzuteilen, wie ich es möchte. Ich kann um 7 Uhr aufstehen und klassisch 9-to-5 machen, ich kann aber auch erst um 16 Uhr anfangen und dafür eine Nachtschicht einlegen. Das ist wirklich toll, gerade für jemanden wie mich, die ihre kreativste und effizienteste Zeit eher am Nachmittag bzw. gegen Abend hat. Dass ein Chef dann will, dass ich um 7:30 auf der Matte stehe, habe ich noch nie verstanden: Wieso meine Effizienz bremsen?

Außerdem ist es toll, dass ich, wenn ich nicht arbeite (freie Tage oder Feierabend), an den tollsten Orten bin und ganz viele tolle Dinge machen kann. Ich genieße es einfach, vor oder nach der Arbeit richtig coole Dinge zu erleben, die schönste Natur zu sehen, im Meer schwimmen zu gehen, internationale Leute kennenzulernen. Eben nicht nur nach Hause kommen, Wohnung aufräumen, Bullshit im Fernsehen gucken und dann ins Bett gehen. Das ist mir zu langweilig, das hat mich auch früher nie sehr zufrieden gestellt. Es gibt nichts Geileres, als zu wissen, dass man nach dem Arbeitstag noch durch den costaricanischen Urwald ziplinen gehen kann.

Und, klingt bescheuert, ist aber echt wahr: Sonne und Wärme ist sehr wichtig für mich. Ich hatte jeden Winter in Köln konsequent schlechte Laune, gesundheitliche Probleme, Winter-Blues. Ich bin sehr empfindlich, was Wetter angeht. Mir geht es so viel besser an warmen und sonnigen Orten.

Wie hast du deine Remote-Karriere begonnen? Gab es irgendwelche Tools, die dir dabei geholfen haben, ortsunabhängig zu arbeiten?

Wenn Leute mich fragen, wie sie sich ins Thema „einlesen“ können, empfehle ich immer „The 4-Hour Workweek“ von Tim Ferriss zu lesen. Außerdem war mir Sebastian Kühn von „Wireless Life“ eine Inspiration.

Am allermeisten aber helfen die Leute, die man beim reisen und coworken trifft. Du kannst noch so viele Bücher lesen, tausend Podcasts hören, dich unendlich vorbereiten: You're never ready! Irgendwann musst du den Schritt mal gehen und dich ins Flugzeug setzen oder die ersten Kunden annehmen, deinen alten Job kündigen, whatever … Dieses ewige „ich bereite mich erst vor und mache es dann bald" ist nicht zielführend. Das Meiste habe ich gelernt, als ich den Lifestyle schon aktiv lebte und andere Gleichgesinnte getroffen habe. First-Hand-Experience – besser als jedes YouTube-Video oder jeder Podcast zu dem Thema.

Welche drei Dinge würdest du vermeiden, wenn du die Zeit zurückspulen könntest?

Ich würde glaube ich nicht so viel anders machen. Die Fehler, die ich gemacht habe, waren eher Erfahrungen, aus denen ich lernen konnte. Deswegen bin ich froh darüber. Ob ich jetzt jedem blind empfehlen würde, direkt zwei Tage nach Abgabe der Bachelor-Arbeit ohne jegliches Erspartes (weil nie einen richtigen Job gehabt) loszuziehen, ist fraglich. Manchmal denke ich mir schon, dass es vielleicht einfacher gewesen wäre, hätte ich mal eine klassische Festanstellung gehabt. Mehr Erfahrung, mehr Startkapital, vielleicht auch mehr Wertschätzung für den Remote-Lifestyle.

Wie sieht ein normaler Arbeitstag in deinem Leben als Remote Worker aus? Hast du eine tägliche Routine?

Morgens versuche ich immer einen Spaziergang einzulegen. Ich halte es nicht für gut, direkt an den Computer zu gehen. Vor dem Ding sitze ich später noch lang genug. Den Tag starte ich also ohne Bildschirm, wenn es geht. Produktiver bin ich tatsächlich, wenn ich eine Routine habe, ja. Als Digitaler Nomade ist es meiner Meinung nach manchmal eher hinderlich, so viel zu reisen und ständig on the road zu sein. Deswegen bin ich eher der slow-traveler. Ich bleibe meistens zwei Monate an einem Ort, damit eine Routine entstehen kann. Dann mag ich es, jeden Tag ins gleiche Café zu gehen, so fühlt es sich an wie ein Office und mein Kopf weiß direkt „So, ab jetzt ist Arbeitszeit". Zu Hause arbeite ich auch, besonders abends, wenn die Coffeeshops dann zu haben. Ich mag es aber, das Haus zum Arbeiten zu verlassen – diese Trennung zwischen beruflich (außer Haus) und privat (zu Hause) funktioniert besser für mich.

Was sind die Vor- und Nachteile ortsunabhängiger Arbeit aus deiner Sicht?

Es gibt unzählig viele Vorteile, ein wichtiger davon: Weniger Groll dem Job gegenüber, der einen an einen Ort kettet, den man nicht mag, kein Wetter, das man nicht mag, kein Pendeln, das jeden Tag zwei Stunden frisst. Das Ergebnis ist, dass man zum Thema Arbeit eine viel positivere Einstellung hat. Gut für die Seele und auch gut für den Chef (auf remote Worker mit Anstellung bezogen).

Nachteile: Gerade wenn man selbständig ist, könnte man eigentlich die ganze Zeit arbeiten. Das kennt sicher jeder Selbständige, ob ortsunabhängig oder nicht – so richtig Feierabend hat man nie. Das ist sicher schon in Köln nervig, aber wenn man türkisfarbenes Meer vor den Füßen hat, macht es das manchmal noch ein wenig nerviger. Ich bin oft an den schönsten Fleckchen dieser Erde und muss dann doch den Großteil der Zeit arbeiten.

WOMIT KANNST DU ORTSUNABHÄNGIG GELD VERDIENEN? – EINIGE IDEEN

Beschäftigungsformen: Du kannst entweder als Freelancer für verschiedene Auftraggeber arbeiten, Angestellter einer Firma sein, die es dir ermöglicht ortsunabhängig zu arbeiten, oder du wirst unternehmerisch tätig. In Kapitel 6 findest du verschiedene Jobportale, die sich auf ortsunabhängiges Arbeiten spezialisiert haben.

Die folgenden Zeilen geben dir ein paar Ideen an die Hand, wie du ortsunabhängig mit diesem Beruf Geld verdienst. Der Abschnitt ist bewusst kurzgehalten, da viele der Ideen bereits in Kapitel 3 angesprochen wurden. Solltest du an der ein oder anderen Stelle den Wunsch nach mehr Inhalt verspüren, blättere einfach nochmal zum Anfang zurück. Nähere Informationen, wie du Themen für Bücher und Online-Kurse findest, erhältst du in Kapitel 5. Schau außerdem gerne auf unserem Blog vorbei, für alle genannten Tools und Ressourcen im Überblick: https://new-work-life. com/portfolio/social-media-marketing-experte.

Übe deine Kerntätigkeit aus
Du kannst deine Kerntätigkeit als Social-Media Marketing Experte ohne Probleme ortsunabhängig ausüben, denn dein Berufsbild ist virtueller Natur. Vermarkte deine Leistungen über eine eigene Website und/oder über Online-Marktplätze wie z. B. LinkedIn, Upwork.com, Freelancer.com, Twago.de und ggf. Fiverr.com. Eine weitere Möglichkeit zur Vermarktung sind Offline-Events bzw. -Meetups im Bereich Online-Marketing und Social-Media. Hier triffst du gezielt auf potenzielle Kunden und kannst deine Social-Media Expertise unter Beweis stellen.

Biete Online-Seminare an
Mögliche Themen für Online-Seminare sind z. B.: „Social-Media

Bootcamp – Alles, was erfolgreiche Social-Media Marketer wissen müssen", „Bildbearbeitung für Social-Media" oder „Werde zum Influencer mit Social-Media".

Werde Agent

Bring suchende Unternehmen mit qualifizierten Social-Media Marketing Experten (aus deinem Netzwerk) zusammen. Verlange dafür eine Provision vom suchenden Unternehmen und/oder dem vermittelten Social-Media Marketing Experten. Die digitale Welt ist für viele Unternehmen (gerade Mittelständler) immer noch neu. Dementsprechend fehlt diesen Unternehmen das Netzwerk an Branchenexperten. Der Beruf Social-Media Marketing Experte ist nicht geschützt, daher kannst du als vermittelnder Agent sicherstellen, dass ein suchendes Unternehmen an einen qualifizierten Experten gelangt.

Entwirf standardisierte Social-Media Strategien

Stell deine Strategien online gegen Gebühr zum Download zur Verfügung. Formuliere deine Strategien so, dass sie auf die wichtigsten KPIs einer Branche einzahlen (z. B. Gewinnmarge steigern, Marktanteile gewinnen, etc.) und für eine Vielzahl von Unternehmen anwendbar sind. Vermarkte deine Strategien über eine eigene Website und/oder über Online-Marktplätze wie z. B. Fiverr.com und Digistore24.com. Zusätzlich zu standardisierten Social-Media Strategien kannst du maßgeschneiderte Social-Media Strategien im Rahmen deines klassischen Leistungsportfolios anbieten.

Entwickle und verkaufe Online-Kurse

Wie wäre es z. B. mit einem Kurs zum Thema Social-Media für kleine Unternehmen („Der Social-Media Crashkurs für kleine Unternehmen und Solopreneure") oder einem Kurs zum Thema ortsunabhängige Selbständigkeit für Socia Media Marketing Experten („Lerne, wie du dir ein ortsunabhängiges Business als Social-Media Freelancer aufbaust")?

STARTER TOOLKIT – DAS BRAUCHST DU, UM LOSZULEGEN

Notebook, Smartphone

SOFTWARE:
- Office: z. B. Microsoft Office oder Google Docs
- Kommunikation: z. B. Skype, WhatsApp, Slack, Gmail
- Website / Webshop: z. B. WordPress oder Shopify

- Social-Media Account Management: z. B. Buffer, Planoly, Later, Iconosquare
- Bildbearbeitung: z. B. Adobe Photoshop, Gimp, Lightroom oder Snapseed App
- Analyse: z. B. Google Analytics und Buzzsumo

BÜCHER UND TUTORIALS:
- Buch: „Der Social-Media Marketer: Das Handbuch für Ausbildung und Beruf", von Vivian Pein
- Buch: „Follow me!: Erfolgreiches Social-Media Marketing mit Facebook, Twitter und Co.", von Anne Grabs, Karim-Patrick Bannour und Elisabeth Vogl
- Buch: „Social-Media: Das Handbuch für Social-Media Marketing auf Facebook, YouTube und Instagram für Einsteiger und Unternehmen", von Mike Kaulitz
- Tutorial: „Social-Media Management - The Complete 2018 Manager Bootcamp. Become a freelance Social-Media Marketer | Start a management business | Work from anywhere | Achieve financial freedom", von Rob Mayzes und Lottie Mosley, auf Udemy

Detaillierte Informationen zu Tools und Ressourcen, die dir helfen können, ein ortsunabhängiges Einkommen aufzubauen, findest du auf unserem Blog unter: https://new-work-life.com/portfolio/social-media-marketing-experte.

HIER FINDEST DU WEITERE INFORMATIONEN

Bundesverband digitale Wirtschaft: https://www.bvdw.org
Bundesverband Community Management e.V. für digitale Kommunikation & Social-Media: https://www.bvcm.org

4.26 STYLIST

Als Stylist hilfst du anderen Menschen ihr optisches Erscheinungsbild zu optimieren und/oder ein gewisses Erscheinungsbild bzw. einen gewissen Look zu kreieren, z. B. für Modelshootings, Filmproduktionen, etc. Grundsätzlich stehen dir für deine Arbeit drei Bereiche zur Verfügung:

Stilberatung (z. B. Schnitte, Farben, etc. von Kleidung, Accessoires, etc.), Haare (z. B. Frisuren) und Make-up. In der Regel spezialisierst du dich als Stylist auf einen oder zwei der Bereiche. Viele Stylisten entscheiden sich entweder für die Stilberatung oder den Bereich Make-up und/oder Haare.

WAS SIND MÖGLICHE AUFGABEN?
- Kundenwünsche erfragen bzw. Styling-Instruktionen von Auftraggebern entgegennehmen
- Moodboards zu Looks und Stylings erstellen
- Kunden und Auftraggeber bzgl. Kleidung, Make-up und/oder Haaren beraten
- Outfits für Kunden zusammenstellen unter Berücksichtigung von Funktion, Figurtyp, Farbtyp, etc.
- Make-up bei Kunden auftragen
- Haare von Kunden stylen und frisieren
- Modetrends verfolgen und mit seinem Modewissen up-to-date bleiben

WELCHE AUSBILDUNG BENÖTIGST DU?
Der Beruf Stylist ist nicht geschützt. Um als Stylist zu arbeiten, benötigst du keine spezielle Ausbildung. In der Regel erfolgt der Einstieg in den Stylisten-Beruf als Quereinstieg über Berufe wie Modedesigner, Kostümbildner, Visagist, Make-up Artist oder Friseur. Bei sehr guten fachlichen Kenntnissen und handwerklichem Geschick kannst du ggf. auch ohne Ausbildung Stylist werden. Weiterbildungsangebote zum Stylisten findest du u. a. bei der AMD Akademie Mode & Design GmbH (https://www. amdnet.de) oder der Fashion Style Academy von Astrid Rudolph (http:// fashion-style-academy.de).

WELCHE FÄHIGKEITEN SOLLTEST DU MITBRINGEN?
- Interesse an Mode- und Designtrends
- Gespür für Ästhetik
- Kreativität
- Empathie und Spaß am Umgang mit Menschen
- Detailgenauigkeit

UNSER ROLEMODEL FÜR DEN BERUF DES STYLISTEN

Name: Tia Stankova
Unternehmen: Dressed by Tia
Homepage: https://dressedbytia.com
Kontakt: tia@dressedbytia.com

Tia ist virtuelle Stylistin und führt ihr eigenes Unternehmen *Dressed by Tia.* Sie ist seit 17 Jahren in der Modebranche tätig und hat Erfahrungen im Bereich Design und Maßarbeit gesammelt. Zuvor hat Tia am New Yorker Institute of Art and Design mit Schwerpunkt Styling studiert. Neben diesem Abschluss hat sie ein Diplom in Design und einen Masterabschluss in Internationale Wirtschaftsbeziehungen. Als virtuelle Stylistin arbeitet sie seit dem Jahr 2015. Auf die Frage, wie nahestehende Menschen Tia als Person beschreiben würden, führt sie folgende Zitate ihrer Freunde und Familie an:

„Tia ist die kommunikativste Person, die ich kenne. In nur wenigen Minuten bringt Tia dich dazu, soviel Nähe zu ihr aufzubauen, dass du das Gefühl bekommst, sie schon ewig zu kennen, obwohl du sie vielleicht erst vor 30 Minuten kennengelernt hast. Sie ist positiv, sie lacht oft und ist voller Enthusiasmus."

„Tias Sinn für Stil und ihre künstlerischen Ideen gehen über die Erwartungen, die man an sie hat, deutlich hinaus. Ich denke, das ist der Grund, warum sie so gut in dem ist, was sie tut."

„In all den Jahren, in denen ich Tia kennengelernt habe, folgte sie immer ihrer Intuition und ihrem analytischen Verstand."

„Tia ist eine sehr ehrgeizige, fleißige und responsive Person und sie gibt niemals auf, auch wenn es schwierig wird."

INTERVIEW MIT TIA STANKOVA VON DRESSED BY TIA

Was war deine Motivation, ortsunabhängig zu arbeiten?
Ich ging mit meinem Partner Kevin den Venezianischen Korridor im gleichnamigen Hotel in Las Vegas entlang, als er zu mir sagte: „Natürlich ist das deine Welt. Du bist einfach nur besorgt, weil du es noch nie ausprobiert hast." Ich sah ihn an und merkte, dass er mir mehr zutraute als ich mir selbst. Die Monate davor waren ziemlich hart für mich gewesen. Ich kämpfte damit, in eine unbekannte Zukunft zu blicken. Ich hatte

noch immer mein eigenes kleines Studio für maßgeschneiderte Kleidung in Sofia, Bulgarien, jedoch war ich mir nicht sicher, ob dies das Leben war, das ich die nächsten 15 Jahre leben wollte. Ich erinnere mich noch genau an meine Gedanken in diesen Tagen. Es waren Gedanken geprägt von Unsicherheit, Selbstzweifeln und Verwirrung. Bevor ich mein eigenes Studio eröffnet hatte, habe ich in einer Bank als Managerin im Firmenkundengeschäft gearbeitet. Es war ein Job, der mich nicht mit Leidenschaft erfüllte, aber mir jeden Monat ein sicheres Einkommen gab. Die Bank zugunsten eines eigenen Studios zu verlassen war ein großer Schritt in meinem Leben. Ich habe mich dafür entschieden, um mehr Unabhängigkeit zu erlangen und das machen zu können, wofür ich brenne: Frauen durch die richtige Kleidung besser aussehen zu lassen. Als ich die Bank verließ, besaß so ziemlich jede Kollegin von mir mindestens ein Kleidungsstück, das ich für sie entworfen hatte. All meine Kollegen schätzten meine Arbeit als Designerin. Dies gab mir die nötige Portion Hoffnung, den neuen Weg zu beschreiten. Aus meiner heutigen Sicht kann ich sagen, dass von etwas zu träumen nicht dasselbe ist wie es tatsächlich zu tun. Irgendwann merkst du, dass die Realität von deinen initialen Vorstellungen abweicht. Mein intensivstes Schlüsselerlebnis in dieser Hinsicht hatte ich in Mailand, Italien, nachdem ich mein eigenes Studio eröffnet hatte. Ich spazierte mit meinem Freund Kevin durch die kleinen Gassen von Mailand auf der Suche nach neuen Stoffen. Plötzlich fiel mir ein Studio auf, das genauso aussah wie meins daheim. Die Studiobesitzerin arbeitete gerade an einer neuen Bestellung. Sie wirkte ausgelaugt und gestresst. Ich schaute auf die Umgebung des Studios, nahm die Atmosphäre rings um mich herum wahr und fühlte, wie mich plötzlich etwas traf. Es fühlte sich an, als könnte ich meine Zukunft vor meinem inneren Auge sehen. Ich sah mich in zehn Jahren in meinem Studio stehen, ähnlich wie die Frau, auf die ich blickte. Ich spürte, wie sich eine Art Widerwille in mir aufbaute, der mir sagte, dass dies nicht das Leben war, für das ich gemacht bin. Zurück in Sofia fing ich an zu grübeln. Ich begann darüber nachzudenken, welche Optionen ich hatte, um nicht den gleichen Weg gehen zu müssen, wie die Frau, die ich in Mailand gesehen hatte. Eine Sache, die für mich von Anfang an feststand, war, dass ich in jedem Fall weiter mit Kleidung arbeiten wollte und Frauen dabei helfen wollte, besser auszusehen. Was ich auf keinen Fall wollte, war, mein ganzes Leben in einem kleinen Studio zu verbringen und dort für andere Leute Kleidung zu schneidern. Diese Art von Leben war mir zu klein. Ich wollte mehr. Ich wollte, dass meine Welt größer ist, als die, die ich Mailand gesehen hatte. Nicht etwa, weil ich Millionärin werden wollte, sondern weil ich mehr Menschen mit meiner Arbeit erreichen wollte und nicht im Klein-Klein hinter einem Ladentisch versinken wollte. Dies waren zwei Erkenntnisse, die ich unmittelbar gewonnen hatte. Weitere Erkenntnisse ließen jedoch vorerst auf sich warten. Mit der Zeit habe ich gelernt, dass Antworten auf drängende Fragen nicht immer sofort präsent sind. Manchmal muss man zunächst eine Transformationsphase durchlaufen, bevor man Antworten erhält. Ich selbst habe massive mentale und emotionale Veränderungen durchmachen müssen, bis ich letztlich zur wegweisenden Erkenntnis gelangt bin. Es gab viele Momente, in denen ich meinte, aufgeben zu müssen. Ich habe oft geweint, weil ich den Weg nicht sah. Die Transformation war eine harte Zeit für mich. Gott sei Dank habe ich sie unbeschadet überstanden und bin an ihr gewachsen. Nachdem ich den Transformationsprozess hinter mir gelassen und Erkenntnis über meinen künftigen Weg erlangt hatte, fühlte ich mich so gut wie lange nicht mehr. Heute bin ich Modestylistin und liebe meine Arbeit. Ich helfe Frauen, sich durch die richtige Wahl ihrer Kleidung besser zu fühlen. Meine Kundinnen sitzen in Europa, Kanada, den USA und manche sogar in Asien. Neben meiner Beratungstätigkeit als Stylistin habe ich mittlerweile zwei Kindle eBooks herausgebracht, bin des Öfteren als Speakerin auf Firmenevents aufgetreten, war Gast im TV und habe über Modetrends und Styling-Insights diskutiert und arbeite derzeit an meinem nächsten großen Projekt, das ebenfalls mit Mode, Schönheit und Stil zu tun hat.

Mein größtes Learning aus der Zeit vor und während der Transformation ist: Hab Selbstvertrauen in dich und vertraue den Menschen in deiner Nähe, wenn sie dir sagen, dass du etwas Besonderes und Einzigartiges auf die Beine stellen kannst. Wenn du es schaffst dies zu tun, wirst du in der Lage sein, etwas zu erreichen, das wirklich zählt.

***

Von Anfang an hatte ich den Wunsch, virtuelle Stylistin zu werden. Virtuell deswegen, da ich des Öfteren zwischen Europa und den Vereinigten Staaten pendelte und es schwierig fand, mich für einen Ort zu entscheiden. Virtuelles Styling war damals ein ziemlich neues Geschäftsmodell und noch recht unbekannt am Markt. Dies war auf der einen Seite von Vorteil, weil ich etwas anbieten konnte, dass es so noch nicht gab und es entsprechend wenig Konkurrenz gab. Auf der anderen Seite hatte es aber auch den Nachteil, dass ich etwas verkaufen musste, das noch recht unbekannt war.

Neben meinem Auge für Mode habe ich eine stark ausgeprägte visuelle Wahrnehmung. Wenn ich unterwegs bin, schaue ich mir immerzu die Kleidung der Leute an, denen ich begegne. Dies kann irgendwo in einem Laden sein oder wenn ich die Straße entlanggehe. Während ich mir die Kleidung anschaue, denke ich darüber nach, welche Dinge ich an einem

Outfit verändern würde, um die Person darin noch besser aussehen zu lassen. Meine ausgeprägte visuelle Wahrnehmung ist vermutlich meine größte Stärke. Sie hat mir geholfen, schnell als virtuelle Stylistin durchzustarten. Wenn mir eine Kundin z. B. ein Foto von sich schickt, muss ich nicht lange hinschauen oder hin und her überlegen. Ich weiß sofort, was ich am Outfit verändern würde, um den Look meiner Kundin zu optimieren. Meine Fähigkeit, Stoffarten schnell zu erkennen und Körpertypen auf den ersten Blick analysieren zu können, hat mir gerade zu Anfang meiner Tätigkeit als Stylistin sehr geholfen.

Meine ersten Kunden waren Freunde und Verwandte. Ich bot ihnen meinen Styling-Service kostenlos an und sie sagten zu. Meine Motivation hierfür war, erste Erfahrungen zu sammeln und Selbstvertrauen aufzubauen, bevor ich an zahlende Kundschaft herantrat. Auf Basis des Feedbacks meiner Freunde und Verwandten konnte ich mein Angebot verfeinern und Arbeitsprozesse entwickeln. Dies ist im Übrigen etwas, was ich jedem ans Herz legen würde, der Ähnliches vorhat. Diese Art Testballon hat mir unglaublich viel gebracht und war vermutlich mit der wichtigste Schritt zu Beginn meiner Tätigkeit.

Nachdem ich mein Business gelauncht hatte, dauerte es nur ungefähr 1 Monat, bis mein Name im Internet gesucht wurde und ich erste Kunden akquirierte. Schon bald darauf wurde mir bewusst, dass die Arbeit als Stylistin u. a. viel mit Psychologie zu tun hat. Ich erkannte, dass hinter der Wahl von Kleidung oder der Vermeidung bestimmter Kleidungsstücke tief in unserer Seele verborgene Erfahrungen aus der Vergangenheit liegen können. Wenn wir als Kinder z. B. bzgl. bestimmter Kleidung negative Kommentare zu hören bekamen, sind wir geneigt, diese Art von Kleidung auch im Erwachsenenalter noch immer zu meiden. Manchmal kann unser Stil sogar erste Anzeichen einer Depression erkennen lassen. Ich begann, mich mit dem psychologischen Teil meiner Arbeit zu beschäftigen. Ich fing an, Bücher zum Thema zu lesen und mich zu informieren. Dadurch habe ich mich selbst in die Lage versetzt, die Emotionen meiner Kunden besser verstehen zu können und meinen Service für sie entsprechend verbessern zu können.

Für mein virtuelles Styling nutze ich ein digitales System, das ich im Laufe der Zeit aufgebaut habe. Mein System ermöglicht es mir, online mit meinen Kunden zu arbeiten, ohne dass wir am selben Ort sein müssen. Ich kann über das System alles tun, was notwendig ist, um meine Tätigkeit als Stylistin auszuüben. Ich bin der Meinung, dass virtuelle Stilberatung genauso gut funktioniert wie klassische vor Ort Stilberatung. Ich würde sogar soweit gehen und sagen, dass virtuelle Stilberatung ein paar große Vorteile gegenüber klassischer vor Ort Stilberatung besitzt.

Meine Kunden müssen z. B. nicht erst ihr Haus verlassen, um eine Stilberatung bei mir wahrnehmen zu können. Weiterhin stehen meinen Kunden die Ergebnisse ihrer persönlichen Stilanalyse dauerhaft online zur Verfügung und können bei Bedarf jederzeit abgerufen werden. Ein dritter Vorteil ist, dass meine Kundschaft, die von mir für sie ausgewählte Kleidung Schritt für Schritt online kaufen kann anstatt alles auf einmal im Laden kaufen und dann auf einen Schlag bezahlen zu müssen. Wenn ich mit meinem Business noch einmal von vorne anfangen müsste, würde ich vermutlich nicht wirklich viele Dinge ändern. Das, was ich ändern bzw. beachten würde, liste ich unten auf:

• Ideen schützen: Wenn ich nochmal von Vorne anfangen würde, wäre ich vermutlich besser auf Leute vorbereitet, die mir nicht wohlgesonnen sind. Es ist interessant zu sehen, wie rosarot deine Welt aussehen kann, wenn du deine Leidenschaft gefunden hast und in dem Beruf arbeitest, den du liebst. Du schottest automatisch alles Negative vor dir ab und siehst es nicht. Zumindest war es bei mir so. Vielleicht, weil meine Arbeit künstlerischer Natur ist und ich daher ohnehin schon vertrauensvoller bin als nötig. Mit der Zeit habe ich jedoch gelernt, dass ich meine Ideen und meine Arbeit besser vor Menschen mit schlechten Absichten schützen muss.

• Neugierig in Bezug auf Technologie sein: Um online Produkte und Dienstleistungen zu verkaufen, bist du auf Technologie angewiesen. Es ist daher gut, frühzeitig eine gewisse Neugier für neue Technologien zu entwickeln. Du solltest ein Interesse besitzen, neue Tools, Online-Plattformen und Softwarelösungen auszuprobieren und mit ihnen experimentieren zu wollen. Ich kann von mir selbst sagen, dass ich heute nicht dort stünde wo ich bin, wenn ich kein Interesse an Technologie gehabt hätte. So richtig wird mir die große Wertschätzung, die ich verspüre, in diesem Moment bewusst, da ich diese Sätze von mir gebe.

• Mehr Geduld haben: Vielleicht klingt dieser Punkt einfach und trivial, aber Geduld ist eines der wichtigsten Eigenschaften, die ich als unbezahlbar im Geschäftsleben ansehe. In der schnelllebigen Welt von heute möchten wir alle sofort das Ergebnis unserer Bemühungen sehen, unmittelbar von unseren Kunden bezahlt werden und Anerkennung für das erhalten, was wir tun. Frage: Was würden wir tun, wenn der Erfolg, den wir uns wünschen, in einem Atemzug auf einmal käme? Wärst du in der Lage, dieses Übermaß an Erfolg zu meistern? Ich glaube nicht. Wenn ich nochmal von vorn starten müsste, würde ich mich in Geduld üben und mir die folgende Philosophie zu eigen machen: Geduld bei der Arbeit und Erfolg in überschaubaren Portionen.

• Wissen, dass es keine Verfahrensanleitung für Erfolg gibt: Während meiner Zeit in der Corporate Welt habe erfahren, dass für jeden

Arbeitsgang eine Verfahrensanleitung erstellt wurde, die es neuen Mitarbeitern ermöglicht, neue Abläufe zu erlernen und Aufgaben so zu erledigen, wie beschrieben. Verfahrensanleitungen sind sehr praktisch, besonders in großen Unternehmen. Wenn du allerdings selbständig und dabei bist, ein eigenes Unternehmen aufzubauen, gibt es diese Art von Konsistenz nicht und auch keine goldene Formel, mit der sich Erfolg „auf Knopfdruck" einstellt. Es gibt zwar zahlreiche Bücher zum Thema Unternehmensgründung mit Ideen und Empfehlungen, jedoch ist jeder von uns einzigartig in seiner Natur und hat eine andere Sichtweise auf die Welt. Unser Weg ist gleichzeitig ähnlich und anders zugleich. Wir sollten uns daher nicht mit anderen vergleichen, sondern nur mit unserem Selbst von gestern.

• Wissen vertiefen: Dies ist etwas extrem Wichtiges! Man sollte nie aufhören dazu zu lernen und sein Wissen aktuell zu halten und zu vertiefen, auch nicht dann, wenn man bereits Expertenstatus auf einem Gebiet besitzt. Nur durch lebenslanges Lernen kannst du sicherstellen, stets auf dem neuesten Stand zu sein und als Experte langfristig geschätzt zu werden. Fang daher am besten frühzeitig an, Artikel und Bücher in deinem Fachgebiet zu lesen und Seminare zu besuchen, die dir helfen, deine Fähigkeiten als Spezialist auszubauen. Dies gilt insbesondere für den Online-Bereich, da dieser extrem schnelllebig ist.

Was waren deine größten Herausforderungen, um ein Remote-Einkommen zu generieren und wie hast du diese bewältigt?

Ich denke, meine größte Herausforderung bestand darin, mehr sein zu müssen als nur eine Stylistin. Ich würde sogar soweit gehen zu sagen, dass Stylingberatung am Anfang die Tätigkeit war, mit der ich am wenigsten Zeit verbracht habe. Um als virtuelle Stylistin eine erfolgreiche Selbständigkeit aufzubauen, musst du neben deiner Kerntätigkeit als Stylingexpertin in vielen unterschiedlichen Bereichen kompetent sein. Du begegnest gerade zu Anfang jeden Tag neuen Herausforderungen, die einer schnellen Entscheidungsfindung bedürfen. Ich selbst musste innerhalb kürzester Zeit lernen, wie man Marketing für sich betreibt, eine eigene Website aufbaut und betreut, Blog-Artikel verfasst, Interviews gibt, Werbung macht, Fotosessions macht, Videos aufzeichnet, Speaker wird, Autor wird, Verhandlungen führt, u. v. m. Ich habe für mein Business sogar eine spezielle Styling-Software angeschafft und sie mir angeeignet, um meinen Kunden einen noch größeren Mehrwert liefern zu können und mein Geschäft auf professionelle Füße zu stellen. Auch heute lerne ich weiterhin stetig dazu. Ich weiß, dass dieser Lernprozess nie abgeschlossen sein wird. Ich versuche ihn positiv zu betrachten, denn ich bin mir sicher, dass anhaltendes Lernen mich stärker macht und mir hilft, mich weiter zu entwickeln. Über die Zeit habe ich gemerkt, dass man nicht alles selbst machen muss und auch nicht kann. Daher source ich heute bestimmte Tätigkeiten aus und greife auf die Hilfe von Experten zurück.

Wie sieht ein normaler Arbeitstag in deinem Leben als Remote Worker aus? Hast du eine tägliche Routine?

Wenn man mich beim Arbeiten sieht, würde man wahrscheinlich denken, dass mein Arbeitstag ziemlich langweilig ist, da ich meistens vor dem Computer sitze und für mich allein bin. Mein persönliches Empfinden ist jedoch, viel Spaß bei der Arbeit zu haben. Ich genieße meine Arbeit sehr und finde alles, was ich mache, sehr interessant. Dies fängt beim ersten Skype-Meeting mit einem Kunden an, führt über digitale Analysen, die ich für meine Kunden erstelle, um Körperform und Farbschemata zu bestimmen bis hin zum kreativen Prozess, in dem ich eine virtuelle Garderobe für meine Kunden zusammenstelle. Für mich ist jeder Kunde Neuland, das ich betrete und kennenlernen möchte.

Meine Arbeitszeiten sind flexibel und nicht an einen festen Zeitrahmen gebunden. Dieses hohe Maß an Selbstbestimmtheit und Freiheit waren für mich anfangs große Herausforderungen, an die ich mich erst gewöhnen musste. Zu Beginn meiner Tätigkeit als virtuelle Stylistin dachte ich, dass gerade die Freiheit und Selbstbestimmtheit das sind, was ich am meisten mögen würde. Es stellte sich jedoch heraus, dass es in Wahrheit die größten Herausforderungen für mich waren. Ich habe gelernt, dass Freiheit und Selbstbestimmtheit eine viel größere Verantwortung mit sich bringen, als ich es mir jemals vorgestellt habe. Wenn du keinen festen Arbeitgeber hast, der Arbeitszeiten vorgibt und Fristen für Aufgaben festlegt, erfordert dies viel Disziplin und Hingabe von deiner Seite, um dich nicht von anderen Dingen ablenken zu lassen. Kleine Hilfsmittel in diesem Kontext sind Arbeitsergebnisse und der Rückblick auf die eigene Leistung. Du siehst, was du erreicht hast und erhältst wertvolle Impulse für deine weitere Entwicklung. Im Laufe der Zeit habe ich mich selbst sehr gut kennengelernt. Ich habe erkannt, dass es Zeiten am Tag gibt, an denen ich sehr produktiv bin und effizient arbeiten kann und dass es Zeiten gibt, an denen ich mich nur schwer konzentrieren kann. Morgens z. B. bevorzuge ich es zu trainieren und Erledigungen außerhalb des Hauses zu machen. Meine Kunden-Meetings versuche ich daher auf den Nachmittag zu legen. Diese Routine hilft mir sehr. Sie lässt mich zum einen meine produktiven Zeiten optimal nutzen und zugleich kommt sie zeitlich gesehen meinen Kunden entgegen, die zum Großteil in Europa und den USA sitzen.

In der Regel beginnt mein Arbeitstag morgens um 9 Uhr und endet gegen

10 Uhr abends. Es gibt aber auch Tage, an denen ich um 12 Uhr mittags anfange und dann mindestens bis 11 oder 12 Uhr nachts arbeite. Meine Freizeit hält sich in Grenzen und kommt in der Regel zu kurz. Der Grund dafür ist, dass immer etwas zu tun ist und ich es nicht schaffe die anfallende Arbeit in kürzerer Zeit zu erledigen. Wenn ich mal Freizeit habe, dann verbringe ich sie in der Regel aktiv, d. h. ich mache z. B. Reisen oder gehe einer anderen Art von Aktivität nach.

Zum Thema Arbeitsplatz kann ich sagen, dass auch dieser flexibel bei mir ist. Je nachdem, wo ich gerade bin, arbeite ich von zu Hause, von einem nahe gelegenen Café, von einem Park oder von einem Hotel aus (z. B. wenn ich reise). Ich liebe z. B. das Café neben meinem Zuhause. Auch wenn es offiziell kein Coworking Space ist, treffe ich dort jeden Tag viele Leute, die wie ich online arbeiten. Ein anderer Ort, von dem aus ich gern arbeite, sind Flughäfen. Ich weiß, es klingt seltsam, aber aus irgendeinem Grund liebe ich die Atmosphäre auf Flughäfen und das damit verbundene Gefühl. Eine Randbemerkung in diesem Kontext: In der Theorie klingt die Freiheit, dort arbeiten zu können, wo man möchte, sehr gut. Fakt ist jedoch, dass man manchmal mit technischen Schwierigkeiten zu kämpfen hat, z. B. wenn die Internetverbindung während eines Meetings auf einmal weg ist. Dies muss man wissen und sich darauf einstellen, um sich im Ernstfall nicht zu sehr stressen zu lassen.

Was sind die Vor- und Nachteile ortsunabhängiger Arbeit aus deiner Sicht?

Wie jeder andere Beruf hat auch die Arbeit als virtuelle Stylistin seine Vor- und Nachteile. Definitiv von Vorteil ist die Chance, Leute aus der ganzen Welt kennenzulernen und mit ihnen interessante Gedanken austauschen zu können. Ich lerne auf diese Art und Weise verschiedene Menschen und Kulturen kennen. Dies gibt mir Energie und bereichert mein Leben.

Ein weiterer Vorteil ist die Möglichkeit, nach seinem eigenen Rhythmus arbeiten zu können. Wenn du z. B. mittags deinen Hund Gassi führen musst, ist das mit einer Online-Tätigkeit kein Problem. Gleiches gilt für den Fall, dass du ein Kind hast, auf das du aufpassen musst. Zu den Nachteilen. Diese betrachte ich aus der Perspektive einer selbständigen Online-Unternehmerin. Ganz klar auf der Hand liegt die Gefahr vor Einsamkeit. Als jemand der online von Zuhause aus für sich selbst arbeitet, bist du den ganzen Tag allein. Du hast keine Arbeitskollegen, die neben dir sitzen und mit denen du dich austauschen kannst. Ich selbst bin die meiste Zeit so beschäftigt, dass es mir fast gar nicht auffällt. Für den ein oder anderen mag dies aber eine gewisse Herausforderung sein.

Ein zweiter Nachteil betrifft das Thema Freizeit. Insbesondere, wenn man im Online-Beratungsgeschäft arbeitet, kann ein ausreichendes Maß an Freizeit zur Mangelware werden. Die meisten Menschen sind an feste Arbeitszeiten und eine feste Urlaubsregelung gewöhnt. Man hat X Tage Urlaub im Jahr und zwei Tage Wochenende pro Woche. Wenn du jedoch Unternehmer bist, ist dies nur selten so umsetzbar. Zumindest meine eigene Erfahrung zeigt, dass die Einhaltung fester Zeiten und Regelungen nur schwer möglich sind, gerade wenn man online von Zuhause aus arbeitet. Aufgrund der Besonderheit meiner Tätigkeit, Menschen bzgl. ihres Stylings zu beraten, bin ich darüber hinaus hauptsächlich am Wochenende beschäftigt. Hier haben meine Kunden frei und können ein wenig Zeit in sich und ihr Aussehen investieren. Ich als Stylistin muss zurückstecken und habe kein Wochenende. Darüber solltest du dir bewusst sein, wenn du in Erwägung ziehst, als virtueller Stylist zu arbeiten.

Last but not least: Hast du noch weitere hilfreiche Tipps für unsere Leser?

Viele Menschen glauben, dass ein Online-Business kaum Kapital erfordert und schnell Einnahmen abwirft. Das ist jedoch weit entfernt von der Wahrheit. Mein wichtigster Ratschlag wäre daher, keine falschen Erwartungen zu haben und keine schnellen Einnahmen zu erwarten. Aus meiner Erfahrung kann ich sagen, dass das Generieren von Umsatz eine gewisse Zeit braucht. Bei mir hat es ca. 9 Monate gedauert, bis sich meine (ersten) Anstrengungen ausgezahlt haben. Es ist eine Illusion zu denken, dass eine Website und eine Facebook-Seite auf der Stelle eine Vielzahl an Kunden zu dir führen, ohne dass du etwas dafür tun musst. Um erfolgreich zu sein, braucht es Werbung, ein Netzwerk an professionellen Kontakten, eine Gemeinschaft an Followern und wertvollen Content. Wie bei jedem anderen Unternehmen braucht auch ein Online Unternehmen eine gewisse Vorlaufzeit, um Einnahmen zu generieren. Daher ist es ratsam, das Business aus einer Festanstellung heraus aufzubauen und nicht nachdem du bereits gekündigt hast. Den Vollzeitjob kannst du immer noch aufgeben, wenn dein Business anfängt profitabel zu werden. Indem ich dies sage, möchte ich niemanden entmutigen. Ganz im Gegenteil! Ich glaube, jeder von uns besitzt ein Talent, für das andere Menschen bereit sind etwas zu bezahlen. Ich möchte daher jeden ermutigen, es zu versuchen, auch wenn du vielleicht denkst, noch nicht bereit dafür zu sein. Solange du mit Hingabe arbeitest und liebst, was du tust, ist alles möglich.

WOMIT KANNST DU ORTSUNABHÄNGIG GELD VERDIENEN? – EINIGE IDEEN

Beschäftigungsformen: Du kannst entweder als Freelancer für verschiedene Auftraggeber arbeiten, Angestellter einer Firma sein, die es dir ermöglicht ortsunabhängig zu arbeiten, oder du wirst unternehmerisch tätig. Mögliche Arbeit- / Auftraggeber sind z. B. Werbeagenturen, Beauty- und Modemagazine, TV- und Film-Produktionsfirmen, Theater, Designer, Mode- und Modellagenturen, etc. In Kapitel 6 findest du verschiedene Jobportale, die sich auf ortsunabhängiges Arbeiten spezialisiert haben.

Die folgenden Zeilen geben dir ein paar Ideen an die Hand, wie du ortsunabhängig mit diesem Beruf Geld verdienst. Der Abschnitt ist bewusst kurzgehalten, da viele der Ideen bereits in Kapitel 3 angesprochen wurden. Solltest du an der ein oder anderen Stelle den Wunsch nach mehr Inhalt verspüren, blättere einfach nochmal zum Anfang zurück. Nähere Informationen, wie du Themen für Bücher und Online-Kurse findest, erhältst du in Kapitel 5. Schau außerdem gerne auf unserem Blog vorbei, für alle genannten Tools und Ressourcen im Überblick: https://new-work-life.com/portfolio/stylist.

Führe bestimmte Kernaufgaben ortsunabhängig aus

Sieh dir die typischen Aufgaben eines Stylisten an und überlege dir, welche davon du ortsunabhängig ausüben kannst. Kannst du Kunden (z. B. Privatpersonen) über das Internet in Sachen Styling beraten, indem du dir Fotos der Kunden zuschicken lässt und Kommunikationsmedien wie Videotelefonie (z. B. Skype), Web-Konferenz (z. B. FreeConferenceCall), Chat (z. B. Slack), E-Mail (z. B. Gmail) nutzt? Kannst du ortsungebunden Outfits für deine Kunden zusammenstellen, einkaufen und ihnen zur Verfügung stellen, indem du die Outfits online recherchierst, shoppst und an deine Kunden liefern lässt? Kannst du deine Kunden schminken und frisieren ohne dafür vor Ort sein zu müssen, indem du sie entweder an geschätzte Kollegen vor Ort (Friseur und Make-up Artist) weitervermittelst (und eine Provision dafür von deinen Kollegen kassierst) oder ihnen Do-it-yourself Tutorials per Video zukommen lässt? Alternativ könntest du sie auch live anleiten z. B. über Skype Videotelefonie. Vermarkte deine Leistungen über eine eigene Website, über Social Media und über Online-Marktplätze wie z. B. Zalon.de.

Werde kreativ und biete „out of the box" Styling-Angebote an

Schau dich am Markt um und biete etwas an, was es noch nicht (so häufig) gibt. Achte darauf, dass du deine Leistung ortsunabhängig erbringen kannst. Wie wäre es z. B. mit einem Angebot, bei dem du zusammen mit deinem Kunden, ihren oder seinen Kleiderschrank entschlackst und wieder mit neuen Outfits aufbaust. Du könntest dir per Videoübertragung zeigen lassen, was dein Kunde im Kleiderschrank hat, ihn oder sie die Kleidung anprobieren lassen und dann entscheiden, was „ausgemistet" wird und was bleibt. Vorschläge für neue Outfits kannst du deinem Kunden z. B. per E-Mail zukommen lassen und mit ihm oder ihr abstimmen. Hat sich dein Kunde für bestimmte Outfits entschieden, kannst du diese per Online-Shopping einkaufen und an die Adresse deines Kunden schicken lassen. Eine weitere Vermarktungsidee besteht darin, Angebote zu kreieren, die deine Kunden auf spezielle Anlässe vorbereiten wie z. B. auf Bewerbungsgespräche, Geschäftsreisen, Dates, Disco/Feiern, Hochzeiten, etc. Bei einem solchen Angebot lässt du dich von deinem Kunden zum Anlass briefen und wählst darauf basierend ein passendes Outfit und Styling aus. Du kannst dir dabei per Videoübertragung zeigen lassen, welche Kleidungsstücke und Stylingprodukte dein Kunde bereits besitzt und bestellst bei Bedarf neue per Online-Shopping hinzu.

Entwickle und verkaufe Online-Kurse

Wie wäre es z. B. mit einem Kurs, in dem du Frauen oder Männern erklärst, wie sie sich stylisch kleiden. Alternativ kannst du auch einen Kurs zum Thema Make-up oder Haare kreieren, der Interessierten zeigt, wie sie bestimmte Make-up Effekte erzielen oder bestimmte Frisuren selbst machen können. Eine weitere Option besteht darin einen Kurs für angehende Stylisten zu entwerfen. In einem solchen Kurs könntest du erläutern, wie man sein eigenes (virtuelles) Stylisten-Studio eröffnet und Kunden gewinnt.

Biete ein Online-Programm an

Unterstütze Privatpersonen beim Styling (Kleidung, Make-up, Haare, etc.). Du könntest z. B. ein Programm entwickeln, das Teilnehmern des Programmes jeden Tag über einen Zeitraum von X Tagen/Wochen/Monaten ein (individuelles) Outfit oder Styling zusammenstellt. Alternativ könntest du ein Programm entwerfen, das Teilnehmer Schritt für Schritt in Sachen Styling schult, so dass sie am Ende des Programmes selbstbestimmt stylische Outfits für sich zusammenstellen können. Die Programmteilnehmer können sich während des Programmes untereinander in Online-Gruppen über ihre Fortschritte, etc. austauschen sowie Fragen stellen (an dich und untereinander). Das Programm läuft für eine von dir bestimmte Dauer (z. B. für zwei Monate).

Entwickle eine (Mobile) App

Du könntest z. B. eine App kreieren, die als Online-Marktplatz für Beauty und Styling fungiert (ähnlich der amerikanischen App „Glam App"). Stylisten inserieren über die App ihr Angebot (z. B. Stilberatung, Make-up, etc.) und Styling-Interessierte buchen über die App Termine bei den Stylisten. Die in der App gelisteten Stylisten erhöhen über die App ihre Sichtbarkeit. Dafür kannst du eine Provision bei erfolgreicher Vermittlung verlangen. Styling-Interessierte profitieren dahingehend, dass sie einen besseren Überblick über verfügbare Stylisten haben, durch ein Bewertungssystem wissen, welcher Stylist gut in seinem Fach ist und dadurch, dass sie das Styling ganz bequem bei sich zuhause vornehmen lassen können.

Biete an deinem aktuellen Aufenthaltsort „Erlebnisse" an

Dies kann z. B. eine Stylingberatung auf Basis aktueller Trends des jeweiligen Ortes sein.

Setz einen Livestream auf, der dich bei der Produktion neuer Stylings zeigt

Über den Livestream können dir Interessierte wie z. B. Hobby-Podcaster oder andere Professionals bei deiner Arbeit über die Schulter schauen und mit dir chatten. Du kannst ihnen zeigen, wie du Styles für Kunden kreierst, wo du deine Inspiration hernimmst, wo du Kleidung und Accessoirces shoppst, wie du Tutorial-Videos für Hairstylings und Make-up aufnimmst, etc.

Leg ein Profil bei einer Crowdfunding-Plattform an

Lass dich von deinen Fans z. B. auf der Crowdfunding-Plattform Patreon. com finanziell unterstützen.

STARTER TOOLKIT – DAS BRAUCHST DU, UM LOSZULEGEN

Notebook, Smartphone

SOFTWARE:
- Office: z. B. Microsoft Office oder Google Docs
- Kommunikation: z. B. Skype, WhatsApp, Slack, Gmail
- Website / Webshop: z. B. WordPress oder Shopify
- Cloudbasierte Datenspeicherung: z. B. Dropbox oder Google Drive

BÜCHER UND TUTORIALS:
- Buch: „Das Kleiderschrank-Projekt: Systematisch zum eigenen Stil

und zu bewusstem Modekonsum", von Anuschka Rees
- Buch: „Dress Your Best: The Complete Guide to Finding the Style That's Right for Your Body: Complete Guide to Finding the Style That Is Right for Your Body", von Clinton Kelly und Stacy London
- Buch: „How to be a personal stylist", von Kelly Lundberg
- Buch: „The Makeup Artist Handbook: Techniques for Film, Television, Photography, and Theatre", von Gretchen Davis und Mindy Hall
- Tutorial: „Professional Hair and Makeup Artistry. Wedding, fashion and everyday hair & makeup styling", von Fiona Chambers-Clark und Louise Croft, auf Udemy

Detaillierte Informationen zu Tools und Ressourcen, die dir helfen können, ein ortsunabhängiges Einkommen aufzubauen, findest du auf unserem Blog unter: https://new-work-life.com/portfolio/stylist.

4.27 TÄNZER

Als Tänzer nutzt du Bewegung, Körpersprache und Gestik, um einem Publikum eine Geschichte, eine Situation oder ein abstraktes Konzept näherzubringen. Du hast die Möglichkeit unterschiedliche Genres zu tanzen wie etwa Ballett, Straßentanz, zeitgenössischen Tanz oder modernen Bühnentanz. Weiterhin kannst du entscheiden, ob du lieber vor einem Live-Publikum auftreten oder an einer Aufnahme für Fernseh-, Film- oder Musikvideos mitwirken möchtest. Viele Tänzer verfolgen in ihrer Karriere eine Portfolio-Strategie, d. h. sie unterrichten neben der Arbeit als Tänzer Schüler von Tanzschulen oder sie arbeiten als Choreografen.

WAS SIND MÖGLICHE AUFGABEN?
- An Castings und Auswahlprozessen teilnehmen
- Für Aufführungen proben
- Regelmäßiges Tanz- und Fitnesstraining
- An Aufführungen mitwirken, entweder vor einem Live-Publikum oder für Fernseh-, Film- oder Musikvideos
- An Turnieren teilnehmen
- Tanzunterricht für Tanzschüler geben
- Konzepte für Choreografien entwickeln
- Selbstvermarktung und Werbung in eigener Sache

WELCHE AUSBILDUNG BENÖTIGST DU?

Die Berufsbezeichnung Tänzer ist gesetzlich nicht geschützt. Um Tänzer zu werden, benötigst du keine Ausbildung. Als begabter Autodidakt ist ein Quereinstieg möglich. Wer auf eine Ausbildung nicht verzichten möchte, kann diese in der gewünschten Tanzrichtung (z. B. Bühnentanz) an einer privaten oder staatlichen (Hoch-)Schule absolvieren.

WELCHE FÄHIGKEITEN SOLLTEST DU MITBRINGEN?

- Körperlicher Ausdruck
- Disziplin, Ausdauer und Belastbarkeit
- Rhythmusgefühl
- Kreativität
- Teamplayer

UNSER ROLEMODEL FÜR DEN BERUF DES TÄNZERS

Name: Adrian Brambila
Unternehmen: Brambilabong | Unimarketa
Homepage: https://www.brambilabong.com | http://unimarketa.com
Kontakt: adrian@unimarketa.com | YouTube: brambilabong

Adrian ist Tänzer und Unternehmer. Seinen diversen YouTube-Kanälen folgen mehr als 750 Tausend Abonnenten. Auf seinem Kanal zeigt El Tiro, wie sich Adrian dort nennt, verschiedene Tanz Moves, insbesondere Popping und HipHop. Das Tanzen hat er sich selbst beigebracht und hat es während er mit dem Hiphopper T-Pain auf Tourneen gegangen ist, verfeinert.

Neben seinem YouTube-Kanal betreut Adrian vier eigene Onlineshops, unter anderem *Brambilabong*, in denen er insbesondere Kleidung und Gadgets fürs Tanzen verkauft. Zudem betreibt er mit Partnern zusammen eine Online-Marketing Agentur, *Unimarketa*, die ihre Kunden remote betreut.

Als Autodidakt hat Adrian sich nicht nur das Tanzen selbst beigebracht, sondern auch alles in den Bereichen Growth Hacking und Online-Marketing. Seinen College-Abschluss bezeichnet er für seine Arbeit als nicht relevant, jedoch auch nicht als verschwendete Zeit, da er während seiner Zeit am College gute Mentoren hatte, die ihm persönlich weitergeholfen haben. Vor allem haben sie ihm Bücher empfohlen, die sein Denken verändert und sein Handeln geprägt haben. Eines davon ist „Denke nach und werde reich" von Napoleon Hill.

Nach dem Studium hatte Adrian aber auch einen ganz normalen Job. Um zu überleben, hatte er angefangen, in einem Call Center zu arbeiten. Er hat dort Müttern und Vätern mit ihren Rentenplänen geholfen. Allerdings hat er ziemlich schnell festgestellt, dass der Job ihm nicht lag. Diese Erkenntnis hat ihn wiederum dazu motiviert, härter zu arbeiten und seine Zeit damit zu verbringen zu lernen, wie er online ein zusätzliches Einkommen generieren kann.

Er hat immer versucht, seine Arbeit so schnell wie möglich zu erledigen, so dass er bereits um 15 Uhr wieder nach Hause gehen konnte. Die darauffolgenden Stunden hat er dann damit verbracht, verschiedene Dinge auszuprobieren und zu lernen, wie er die Fangemeinde auf seinem YouTube-Kanal ausweiten und Geld damit verdienen konnte.

Seine Familie beschreibt Adrian als jemanden der kreativ und überraschend sei. Dadurch, dass er sein Leben ganz anders lebt als alle anderen Familienmitglieder, sind sie immer wieder fasziniert von seinem schöpferischen Drang und seinem Selbstbewusstsein. Seine Freunde und Familie würden auch jederzeit bestätigen, dass Adrian sich nicht zu schade sei, sich zum Narren zu machen, wenn es sein muss. Schließlich hat er keine Angst davor, was andere über ihn denken.

Während unseres Interviews ist Adrian im mittleren Westen der USA unterwegs, genau genommen in Iowa. Das Interessante an Iowa ist, dass dort vor einigen Jahren seine Reise zu seinem Traum-Lebensstil begonnen hat. In Iowa hat alles seinen Ursprung für ihn, dort hat er alles gelernt und den Schritt in seine Selbständigkeit gewagt. Er ist davon überzeugt, dass wenn er es in den Maisfeldern von Iowa geschafft hat, erfolgreich zu sein, dann kann auch jeder andere es schaffen, sich ein ortsunabhängiges Leben aufzubauen.

INTERVIEW MIT ADRIAN BRAMBILA VON BRAMBILABONG

Wie verdienst du dein Geld als Remote Worker?

Die meisten Einnahmen aus meinem Tanzgeschäft erziele ich über meine Premium-Tutorials. Ich habe eine Reihe von Tutorials, die eine Stunde lang sind und Menschen lehren, auf verschiedene Weise zu tanzen. Sechzig Prozent meines Einkommens aus meinem Tanzgeschäft werden dadurch generiert. Ich verkaufe jeden Monat ziemlich viele Tutorials, durch die sich eine weitere Einnahmequelle ergibt: Affiliate-Marketing. Ich empfehle alles, von Büchern über Kleidung und Musik bis hin zu Kopfhörern.

Meine dritte Einnahmequelle sind Anzeigen und Google Adsense. Aber das ist sehr klein, es sind vielleicht 500 US-Dollar pro Monat. Während der Weihnachtszeit können es auch mal bis zu 1.200 US-Dollar pro Monat sein.

Wie bist du auf die Ideen für deine Produkte gekommen? Hast du eine bestimmte Methodik verfolgt?

Der Prozess war sehr einfach. Ich habe viele kostenlose Tutorials auf YouTube eingestellt und die Leute haben mich gebeten, etwas für sie zu erstellen, das mehr war als das, was ich kostenlos angeboten habe. Also hat mein Publikum mir die Idee gegeben. Zuerst habe ich mich darauf konzentriert kostenlose Inhalte zur Verfügung zu stellen, bis mir meine Follower sagten, dass sie Geld dafür bezahlen würden, wenn ich dieses Premium-Tutorial erstellen würde. Also habe ich mein erstes einstündiges Tutorial erstellt und es gepostet. Gleich am ersten Tag habe ich damit fünfhundert US-Dollar Umsatz gemacht. So habe ich die Ideen für meine Produkte bekommen. Es war nicht sexy, es war sehr einfach. Das Publikum hat mir gesagt, was ich machen soll.

Wie lange hat es gedauert, bis du deine ersten 1.000 Euro an monatlichem Einkommen durch deine ortsunabhängige Arbeit generiert hast?

Als ich mein erstes Produkt auf den Markt gebracht habe, hat es ungefähr drei Monate gedauert, bis ich tausend Euro verdient habe. Mein erstes Produkt waren meine Tanz-Tutorials.

Der Prozess, mein Publikum von meinem allerersten Tanzvideo aus, das jemals auf YouTube hochgeladen wurde, aufzubauen, hat wahrscheinlich zwei Jahre gedauert.

Als ich meinen YouTube-Kanal gestartet und Tanzvideos erstellt habe, wusste ich nicht, dass ich daraus ein Geschäft aufbauen würde. Von der Zeit an, als ich die Idee hatte, ein Produkt zu kreieren bis zu dessen Launch hat es ein paar Monate gedauert. Und dann, als ich es gelauncht hatte, hatte ich 90 Tage später meine ersten tausend US-Dollar Umsatz.

Wie hast du deine ersten Kunden gefunden, mit denen du remote zusammengearbeitet hast?

Alle meine Kunden sind über meinen YouTube-Kanal gekommen.

Wie findest du neue Kunden?

Ich akquiriere meine Kunden organisch. Meine YouTube-Kanäle generieren pro Monat vielleicht eine Million Aufrufe und jeden Tag gibt es

Zehntausende von Menschen, die sich meine Videos ansehen. Sie schauen sich meine kostenlosen Inhalte an und gehen dann weiter, für den Fall, dass sie mehr Informationen haben wollen. Auf diese Weise kommen jeden Tag neue Kunden hinzu.

Was war deine Motivation, ortsunabhängig zu arbeiten?

Als ich das College abgeschlossen hatte, hatte ich keine Ahnung von der Online-Welt. Allerdings sah ich schnell ihre Möglichkeiten.

In der Schule lernt man, wie man für jemand anderen arbeitet und wie man ein guter Angestellter wird. Man lernt jedoch nicht, wie man sein Leben lebt und wie man sein eigenes Geschäft aufbaut.

Als ich mit dem Tanzen begonnen habe, habe ich gleichzeitig ein neues Leben begonnen und Leute getroffen, die ich zuvor nur aus dem Radio kannte. Diese Menschen hatten bisweilen einen Reichtum, der mir völlig fremd war.

Mein Vater war ein Einwanderer aus Mexiko, der immer hart gearbeitet hat. Meine Mutter war arm, als sie aufgewachsen ist und auch sie hat hart gearbeitet. Beide haben ihr Möglichstes getan und es zu etwas gebracht.

Es gibt aber eine Grenze zwischen Menschen, die es durch ihre harte Arbeit zu etwas gebracht haben und Künstlern wie dem Hiphopper T-Pain, der alleine 30 Autos hat.

Als ich mit T-Pain als Tänzer zusammengearbeitet habe, habe ich gesehen, wie er ständig neue Dinge gestartet hat. Er ist ein unglaublicher Unternehmer. Er hat zum Beispiel die Auto-Tune App entwickelt, mit deren Hilfe man seine Stimme mit dem Handy verändern kann. Er macht aber vor allem Musik und produziert Sachen für andere. Ich erinnere mich an einen speziellen Moment, der mich extrem beeindruckt hat: T-Pain hatte einen neuen Song, den er mit Chris Brown zusammen gemacht hat, hochgeladen und innerhalb von ein paar Minuten hatte er bereits ein paar Millionen Downloads. Das Lied kostete 99 Cent und er hat damit innerhalb von wenigen Minuten eine Million Dollar verdient. Als ich das sah, habe ich mich gefragt, wie das möglich ist. Die Erfahrung hat meine Neugier und meinen Wissensdurst geweckt. Ich wollte unbedingt herausfinden, wie das funktioniert. Also habe ich mich auf den Weg gemacht. Der Weg bisher war nicht immer leicht für mich, er war bisweilen steinig und ich musste oft scheitern, um dort anzukommen, wo ich jetzt bin. Aber ich freue mich, sagen zu können, dass mich diese Erfahrungen glücklich gemacht haben und dass ich sehr zufrieden damit bin, was ich bis dato erreicht habe.

Wie hast du deine Remote-Karriere begonnen? Gab es irgendwelche, die dir geholfen haben, ortsunabhängig zu arbeiten?

Ich damit begonnen etwas zu tun, dass ich liebe. Ich liebe es einfach zu tanzen. Als ich angefangen habe, wusste ich viel übers Tanzen. Ich konnte problemlos darüber sprechen, weil ich diese Kunstform und den Sport lebe. Erst habe ich angefangen, Videos zu posten und dann damit begonnen, selbst zu tanzen. Ich habe verschiedene Bewegungen durchgeführt und sie auf Video aufgenommen. Das alles war für mich keine Arbeit, sondern Spaß. Eigentlich habe ich es auch nur deshalb gemacht, weil es mir selbst Freude bereitet hat. Tanzen war und ist einfach meine Leidenschaft.

Heutzutage verbringen Menschen viel Zeit damit, anderen Menschen zu folgen, sie zu beobachten und von ihnen zu lernen. Du denkst vielleicht, dass das was du tust seltsam oder komisch ist. Die Wahrheit ist aber, dass es eine Menge Leute gibt, die Zeit damit verbringen, dir zuzusehen und von dir zu lernen.

Als ich angefangen habe kurze YouTube Tutorials zu veröffentlichen, wusste ich nicht, wie ich sie monetarisieren sollte. Die Leute haben angefangen, sich meine Clips anzuschauen und meinen Kanal zu abonnieren. Daraus hat sich eine kleine Fangemeinde entwickelt.

Und irgendwann haben mir meine Follower gesagt, dass sie meine Art zu tanzen gut fänden, und sie wollten wissen, wie und wo ich es gelernt habe. Sie haben auch gefragt, ob ich zufällig umfangreichere Tutorials hätte. Diese Fragen waren die Initialzündung für mein Unternehmen.

Wenn du etwas wirklich gut kannst und du Freude daran hast, wird es immer Menschen geben, die das gut finden und bereit sind, etwas dafür zu zahlen. Aus meiner Sicht gibt es kein besseres Geschäft als das, bei dem du anderen dein Wissen vermittelst.

Es gibt ein paar Bücher, die mich wirklich beeindruckt haben: „Denke nach und werde reich" von Napoleon Hill und „Die 4-Stunden-Woche" von Tim Ferriss. Das waren die ersten beiden Bücher, die mir geholfen haben, eine neue Perspektive zu finden.

Eigentlich rede ich nicht gerne über „Die 4-Stunden-Woche", aber das Buch war für mich wie ein Erdbeben. Es ist das erste und das bekannteste Buch, das über einen ganz alternativen Lebensstil, der einem auf den ersten Blick unmöglich scheint, unterrichtet. Das Buch zeigt auf, dass es mehr Möglichkeiten gibt, als einen klassischen 9-5 Job zu machen. In der Schule wurde uns zwar beigebracht, dass wir an einem Arbeitsplatz arbeiten müssen, in den wir unsere Zeit investieren müssen. Alle drei Jahre bekommen wir dann eine Beförderung und erklimmen so die Karriereleiter, und das ist unser Leben. „Die 4-Stunden-Woche" ist das erste Buch, das mir eine neue Perspektive gegeben hat, dass dies nicht die einzige Option ist.

Ein Buch, das auch einen großen Einfluss auf meine geistige Haltung hatte, ist „The 10x Rule" von Grant Cardone. Das ist ein wirklich tolles Buch. Ich habe daraus zwei Dinge mitgenommen: Es hat mir gezeigt, dass ich nicht hart genug arbeite und es hat mir gezeigt, wie viel man erreichen und leisten kann, wenn man sich fokussiert.

Das sind meine persönlichen top drei Bücher, wenn man einen ortsunabhängigen Lebensstil beginnen möchte.

Welche drei Dinge würdest du vermeiden, wenn du die Zeit zurückspulen könntest?

Am Anfang habe ich einen großen Fehler gemacht: ich wollte mein Publikum durch den Verkauf von Kleidung monetarisieren. Das erste, woran ich gedacht habe, war: „Ich werde Entwürfe machen und dann werde ich Hunderte von Kleidungsstücken in allen Größen herstellen und meinen Fans verkaufen." Und heute, fünf Jahre später, habe ich immer noch Kisten voll mit dieser Kleidung in der Garage stehen. Ich hätte wesentlich smarter sein sollen und mein Publikum fragen sollen, was es interessant findet und was es sich vorstellen könnte, zu kaufen.

Zudem kannte ich damals noch nicht das Konzept des Dropshippings, bei dem man ein Produkt verkauft, das man gar nicht selbst besitzt. Je nachdem, was es ist, wird das Produkt erst hergestellt, wenn es jemand gekauft hat.

Am Anfang habe ich mehr an mich als an meine Follower gedacht. Das war ein Fehler und absolut falsch. Du musst einfach immer daran denken, was deinen Fans einen Mehrwert bietet. Wenn du die Leute fragst, was sie haben möchten und was sie von dir kaufen würden, dann werden sie es dir sagen. Das heißt noch lange nicht, dass sie dir alles mit hundertprozentiger Wahrscheinlichkeit abkaufen, aber deine Chancen erfolgreich zu sein, sind definitiv höher als wenn du nicht fragst.

Was waren deine größten Herausforderungen, um ein Remote-Einkommen zu generieren und wie hast du diese bewältigt?

Die größte Herausforderung bei meinem organischen Wachstum war die Geschwindigkeit. Wenn du kostenlose Inhalte erstellst und kostenlose Ressourcen anbietest, explodiert dein Geschäft nicht innerhalb eines Tages. Es ist eine Akkumulation. Nachdem ich mein erstes Produkt erstellt hatte, bekam ich am ersten Tag 500 US-Dollar, aber dann brauchte ich 90 Tage, um weitere 500 US-Dollar zu verdienen.

Zu dieser Zeit wusste ich nicht, wie ich Anzeigen schalten sollte, was meiner Meinung nach der schnellste Weg ist, um ein Online-Geschäft auszubauen.

Als ich meine ersten 500 US-Dollar gemacht hatte, fühlte ich mich wie der König der Welt und dann, in der nächsten Woche, wurde mir klar: „Oh, es sind nur fünfhundert Dollar." Es war großartig, aber es war nicht genug. Sobald du anfängst, für dich selbst zu arbeiten, wirst du feststellen, dass sich deine Ziele ändern. Ich erinnere mich, wie glücklich ich war, als ich 500 US-Dollar an einem Tag verdient habe, wenn das jetzt passiert, ist es in Ordnung, aber nicht überragend. Deine Einstellung ändert sich.

Nachdem ich die ersten 1.000 US-Dollar verdient hatte, habe ich versucht herauszufinden, wie man skalieren und schneller wachsen kann. Ich denke, das Tempo meines Geschäftes war sehr langsam und eher wie ein Schneeballeffekt, weil es organisch gewachsen war. Vor fünf Jahren noch bekam ich ein paar hundert Aufrufe am Tag, heute bekomme ich zehntausende. Ein Zitat, das ich oft über Unternehmer höre, ist, dass sie denken, ihr größter Fehler sei es gewesen, nicht früher begonnen zu haben. Dem stimme ich absolut zu. Hätte ich den Kanal bereits begonnen, als ich mit dem Tanzen angefangen habe, dann wäre ich zwei Jahre weiter als ich es heute bin. Aber als ich anfing, hatte ich nicht viel Geld. Also wollte ich nur Dinge schaffen, in die ich meine Zeit investieren musste, statt Geld für Anzeigen auszugeben. Das konnte ich mir nicht leisten. Es hat zwar länger gedauert, aber es hat funktioniert. Grundsätzlich gilt immer, der beste Ort und die beste Zeit für den Start sind hier und jetzt.

Wie sieht ein normaler Arbeitstag in deinem Leben als Remote Worker aus? Hast du eine tägliche Routine?

Es gibt ein Buch, es heißt „Miracle Morning" von Hal Elrod und es hat meinen gesamten Tagesablauf verändert. Früher war ich eine Nachteule, ich war bis drei Uhr nachts wach und habe gearbeitet. Dann habe ich bis irgendwann vormittags geschlafen, selten acht Stunden, zumeist nur maximal fünf. Ich habe mich den gesamten Tag über schläfrig und nie richtig fit gefühlt.

Das Buch hat mir eine ganz neue Perspektive eröffnet. Es hat mich ermutigt, früh aufzustehen. Mittlerweile stehe ich um fünf Uhr morgens auf. Natürlich war das anfänglich schwierig. Ich erinnere mich noch an die erste Nacht, in der ich um fünf Uhr morgens aufgewacht bin, ich dachte ‚verdammt nochmal!', habe den Wecker ausgeschaltet und weitergeschlafen. Aber dann habe ich es immer wieder versucht, und meine Frau hat das auch gemacht, weil es unmöglich ist, morgens eine Routine zu haben, wenn dein Partner im Bett liegen bleibt.

Das Buch empfiehlt dir, als erstes nach dem Aufstehen, Wasser zu trinken. Also trinke ich ein volles Glas Wasser, putze mir die Zähne und gehe dann ins Fitnessstudio. Als ich das erste Mal so früh morgens zu trainieren begann, fühlte es sich furchtbar an. Aber dann, als ich mit meinem Workout fertig war, habe ich mich großartig gefühlt. Mittlerweile finde ich es richtig super. Das Beste daran ist, dass ich um sieben Uhr morgens Sport gemacht habe und geduscht zu Hause bin und immer noch mindestens eine Stunde lang mich in Ruhe auf meine Arbeit konzentrieren kann, bevor das Leben so richtig losgeht und die ersten E-Mails und Anrufe eingehen. Für mich passt es sehr gut, um fünf Uhr aufzustehen, für andere mag drei Uhr besser sein. Ich denke, dass wir als Menschen grundsätzlich mit der Tageszeit gehen sollten, das heißt aufstehen bei Sonnenaufgang und schlafen gehen bei Sonnenuntergang. Heute basiert meine Arbeitsroutine stark darauf. Vor acht Uhr morgens kümmere ich mich schon um die wichtigsten Dinge, die ich tun muss. Ich beantworte E-Mails, helfe Menschen und versuche jeden Tag Inhalte zu erstellen. Heute Morgen zum Beispiel habe ich sechs Videos erstellt. Das habe ich bereits vor acht Uhr erledigt.

Ich arbeite ungefähr drei Mal pro Woche von zu Hause aus und gehe an den anderen zwei Tagen in Coworking Spaces oder Cafés. Das Schöne ist, dass wenn ich mich irgendwo abgelenkt fühle, ich einfach meinen Laptop zuklappen und irgendwo anders hingehen kann.

Was sind die Vor- und Nachteile ortsunabhängiger Arbeit aus deiner Sicht?

Ich liebe den Lebensstil. Es ist ein Traum, es ist absolut ein Traum. Ich habe immer davon geträumt, Vater zu werden und zu Hause bei meinem Kind zu bleiben. Jetzt bleibe ich schon mal zu Hause, auch wenn wir noch keine Kinder haben. Ich liebe dennoch jeden einzelnen Tag. Es ist großartig jeden Tag entscheiden zu können, woran ich arbeiten möchte.

Ich bin gerade erst mit meiner Frau aus Prag zurückgekommen. Wir haben dort Urlaub gemacht und während wir 14 Tage dort waren, habe ich jeden Tag ungefähr 1.000 US-Dollar Profit gemacht. Und dafür habe ich nichts tun müssen. Ich habe nicht gearbeitet, ich habe nichts produziert, ich war nicht am Telefon. Wenn ich sage, nichts tun, meine ich auch nichts.

Das ist das Faszinierende an passivem Einkommen. Du kannst mit deiner Zeit andere Dinge tun und deine zuvor geleistete Arbeit war nicht umsonst. Deine Vorarbeit produziert weiterhin Einkommen und Ergebnisse.

Aus meiner Sicht gibt es nur einen großen Nachteil: ich kann nur sehr schlecht abschalten. In Bezug darauf würde ich sagen, gibt es „Die 4-Stunden-Woche" nicht. Ich könnte mir nie vorstellen, nur vier Stunden pro Woche zu arbeiten. Ich kann mich einfach nicht von meiner Arbeit trennen. Ich arbeite auch an den Wochenenden. Ich arbeite jeden einzelnen

Moment, den ich kann. Das liegt aber vornehmlich an zwei Gründen: Erstens, liebe ich wirklich, was ich tue. Es fühlt sich einfach nicht nach Arbeit an, aber am Ende des Tages arbeite ich. Aber, und das ist der zweite Grund: ich bin die ganze Zeit an meinem Computer und kann mich nicht trennen, weil ich mich meinem Publikum verpflichtet fühle. Die Leute bezahlen Geld für meine Kurse und da kann ich ihnen nicht einfach sagen, dass es Wochenende ist oder ich in Urlaub bin. Das kann ich nicht tun.

Last but not least: Hast du noch weitere hilfreiche Tipps für unsere Leser?

Was ich noch sagen möchte ist, dass heute wahrscheinlich die beste Gelegenheit ist, die wir jemals hatten, um ein Online-Geschäft zu eröffnen und für sich selbst zu arbeiten. Es ist der beste Markt und du kannst lernen wie alles geht, von Menschen wie in diesem Buch. Du kannst online so viele kostenlose Ressourcen finden, die dir weiterhelfen, es ist verrückt. Es geht nicht mehr ums Können, es ist vielmehr eine Frage des Willens. Bist du bereit all deine Zeit, deine Energie und dein Engagement zu investieren, damit es funktioniert?

Dieser Lebensstil ist nicht jedermanns Sache, aber ich denke, man kann sich nicht mehr damit herausreden, dass es sehr schwer sei, es zu tun, weil es in der heutigen Welt wirklich leicht ist. Jetzt geht es mehr darum, ob du tun wirst, was nötig ist, um das zu erreichen. Da draußen sind so viele Menschen, die diesen Weg für uns ebnen. Sie haben die Arbeit und die Unsicherheit in Frage gestellt und es geschafft. Jetzt können wir von diesen Leuten lernen.

Also, wenn es etwas gibt, worüber du nachdenkst, jetzt ist die Zeit dafür, es auszuprobieren und umzusetzen. Es ist bis heute meine beste Geschäftsentscheidung, dass ich den Sprung gewagt habe. Ich bin ständig überrascht, wie schnell die Dinge wachsen und wie viel ich produzieren kann. Wenn ich noch normaler Angestellter wäre, gäbe es so viele Dinge, die ich nie in Frage gestellt hätte. Du hast keine Ahnung, wie viel du tatsächlich produzieren und machen kannst. Es ist einfach faszinierend.

WOMIT KANNST DU ORTSUNABHÄNGIG GELD VERDIENEN? – EINIGE IDEEN

Beschäftigungsformen: Du kannst entweder als Freelancer für verschiedene Auftraggeber arbeiten, Angestellter einer Firma sein, die es dir ermöglicht ortsunabhängig zu arbeiten, oder du wirst unternehmerisch tätig. Mögliche

Arbeit- /Auftraggeber sind z. B. Tanzschulen, Clubs, Cabarets, Kreuzfahrtschiffe, Musiktheater oder öffentliche Tanzeinrichtungen. In Kapitel 6 findest du verschiedene Jobportale, die sich auf ortsunabhängiges Arbeiten spezialisiert haben.

Die folgenden Zeilen geben dir ein paar Ideen an die Hand, wie du ortsunabhängig mit diesem Beruf Geld verdienst. Der Abschnitt ist bewusst kurzgehalten, da viele der Ideen bereits in Kapitel 3 angesprochen wurden. Solltest du an der ein oder anderen Stelle den Wunsch nach mehr Inhalt verspüren, blättere einfach nochmal zum Anfang zurück. Nähere Informationen, wie du Themen für Bücher und Online-Kurse findest, erhältst du in Kapitel 5. Schau außerdem gerne auf unserem Blog vorbei, für alle genannten Tools und Ressourcen im Überblick: https://new-work-life.com/portfolio/taenzer.

Entwickle und verkaufe Online-Kurse
Wie wäre es z. B. mit einem Kurs zum Thema „Tanzschritte für Männer – Wie du auf dem Dancefloor Eindruck schindest" oder du bietest einen Kurs speziell in deiner Lieblingstanzrichtung (z. B. Salsa, Tango, HipHop, Jazz Dance, etc.) an, in dem du Beginnern die Basics des Tanzes beibringst. Darauf aufbauend könntest du weitere Kurse für intermediate und fortgeschrittene Schüler entwickeln und zum Verkauf anbieten.

Denk dir Choreografien aus
Verkaufe die Choreografien online z. B. als Download über eine eigene Website und/oder über Online-Marktplätze für Choreografien. Erstelle deine Choreografien z. B. im Videoformat mit ergänzenden schriftlichen Anweisungen und Erklärungen. Die Anweisungen und Erklärungen können z. B. direkt im Video in Kommentarform untergebracht sein oder als begleitendes PDF-Dokument zur Verfügung gestellt werden. Neben vorgefertigten Choreografien (Stock-Choreografien) kannst du auch maßgeschneiderte Choreografien anbieten, die du nach Kundenwunsch entwickelst.

Biete an deinem aktuellen Aufenthaltsort „Erlebnisse" an
Dies kann z. B. eine Tanzstunde Salsa, Tango, HipHop, etc. sein.

Schreibe ein eBook
Finde ein Thema, das dich interessiert und für das Nachfrage besteht. Du könntest z. B. ein Buch über dein Leben als (virtueller) Tänzer schreiben. Oder du schreibst einen Ratgeber zum Thema Selbstvermarktung und

erklärst anderen Tänzern, wie sie sich erfolgreich vermarkten und Kunden gewinnen. Eine weitere Option wäre ein Buch speziell für Männer, mit dem du Männern Basistanzschritte für die Disco beibringst und ihnen erklärst, welche Tanzschritte Frauen beeindrucken. Letzteres ist auch ein gutes Thema für einen Online-Kurs. Wie genau du Themen findest, kannst du im Kapitel 5 nachlesen.

Werde Agent

Bring suchende Tanzschulen mit qualifizierten Tanzlehrern / Tänzern (aus deinem Netzwerk) zusammen. Verlange dafür eine Provision vom suchenden Unternehmen und/oder dem vermittelten Tanzlehrer / Tänzer. Der Markt an Tänzern ist groß und intransparent, so dass Tanzschulen oftmals nicht wissen, wie sie an geeignetes Personal kommen. Als vermittelnder Agent kannst du sicherstellen, dass eine suchende Tanzschule an einen qualifizierten Tanzlehrer / Tänzer gelangt.

Gründe eine Online Academy

Unterrichte Tanzinteressierte über das Internet. Du könntest z. B. ein Unterrichtsprogramm entwickeln, das Schülern der Academy auf virtuellem Wege, das Tanzen bestimmter Tänze beibringt. Pro Tanzstil könntest du ein eigenständiges Modul entwickeln und dieses jeweils in Beginner, intermediate und fortgeschritten einteilen. Kombiniere dabei Theorie mit praktischen Inhalten und Übungen.

Setz einen Livestream auf, der dich dabei zeigt, wie du als Tänzer online Geld verdienst

Über den Livestream können dir Interessierte wie z. B. Hobby-Tänzer oder andere Professionals bei deiner Arbeit über die Schulter schauen und mit dir chatten. Du kannst ihnen zeigen, wie du Tutorial-Videos zum Erlernen neuer Tänze aufnimmst, wie du Choreografien zusammenstellst, wie du dich fürs Tanzen aufwärmst, etc.

Leg ein Profil bei einer Crowdfunding-Plattform an

Lass dich von deinen Fans z. B. auf der Crowdfunding-Plattform Patreon. com finanziell unterstützen.

STARTER TOOLKIT – DAS BRAUCHST DU, UM LOSZULEGEN

Notebook, Smartphone, Tanzbekleidung

SOFTWARE:
- Office: z. B. Microsoft Office oder Google Docs
- Kommunikation: z. B. Skype, WhatsApp, Slack, Gmail
- Website / Webshop: z. B. WordPress oder Shopify

BÜCHER UND TUTORIALS:
- Buch: „Learning About Dance: Dance as an Art Form and Entertainment", von Ambrosio Nora
- Buch: „Dance Anatomie: Illustrierter Ratgeber für Beweglichkeit, Kraft und Muskelspannung im Tanz", von Jacqui Greene Haas
- Tutorial: Eine Vielzahl an Tutorials für unterschiedliche Tanzstile findest du auf Udemy.com. Um passende Resultate zu finden, gib oben in das Suchfeld auf der Udemy Website den Begriff „dance" ein.

Detaillierte Informationen zu Tools und Ressourcen, die dir helfen können, ein ortsunabhängiges Einkommen aufzubauen, findest du auf unserem Blog unter: https://new-work-life.com/portfolio/taenzer.

HIER FINDEST DU WEITERE INFORMATIONEN

Deutscher Tanzsportverband e.V.: http://www.tanzsport.de

4.28 TECHNISCHER REDAKTEUR

Als Technischer Redakteur bist du darauf spezialisiert, anderen zu erklären, wie bestimmte Geräte (z. B. Elektrogeräte) und Maschinen funktionieren und wie sie eingesetzt werden. Du entwickelst und erstellst technische Dokumentationen (z. B. Bedienungsanleitungen, Installations- und Montageanleitungen und Schulungsunterlagen oder Online-Hilfen) und/oder arbeitest bei der Entwicklung technischer Produkte mit, indem du dich z. B. um Pflichtenhefte, Spezifikationen, Bedieneroberflächen, etc. kümmerst.

WAS SIND MÖGLICHE AUFGABEN?
- Anforderungen des Auftraggebers entgegennehmen
- Technische Dokumentationen konzipieren

- Konzeptvorschläge abstimmen
- Dokumentationen schreiben
- Dokumentationen reviewen lassen und überarbeiten
- Entwicklungsbegleitende Tätigkeiten für technische Produkte wie z. B. Pflichtenhefte schreiben und Bedieneroberflächen mit konzipieren

WELCHE AUSBILDUNG BENÖTIGST DU?

Um als Technischer Redakteur zu arbeiten, solltest du ein breitgestreutes und vor allem technisches Interesse haben. Das Studium des Technikjournalismus ist eine sehr gute Grundlage für den Beruf. Aber auch ein geisteswissenschaftliches, technisches oder ein Journalismus-Studium kann hilfreich sein, um sich das Handwerkszeug anzueignen.

WELCHE FÄHIGKEITEN SOLLTEST DU MITBRINGEN?

- Kommunikationsstärke (verbal und schriftlich)
- Pädagogische und didaktische Fähigkeiten
- Strukturiertheit
- Prozessuales Denken
- Flexibilität

UNSER ROLEMODEL FÜR DEN BERUF DES TECHNISCHEN REDAKTEURS

Name: Ivan Walsh
Unternehmen: Ivan Walsh
Homepage: http://www.ihearttechnicalwriting.com

Ivan ist selbständig als Technischer Redakteur und Inhaber des Blogs *I Heart Technical Writing*. Sein Blog ist eine beliebte Anlaufstelle für Informationen rund ums technische Schreiben, Publizieren und Distribuieren. Im Laufe seiner Karriere hat Ivan als Freelancer für viele (internationale) Unternehmen gearbeitet und für diese technische Dokumente erstellt. Seine Stärken liegen in den Bereichen Bedienungsanleitungen, Online Hilfesysteme, API Dokumentation und White Papers. Zu seinen Kunden gehören Accenture, Allied Irish Bank, Bank of Ireland, Bearing Point, DHL, Disney, Ernst and Young, IBM, Intel, LeasePlan und KPMG. Vor seiner Karriere als Technischer Redakteur hat Ivan Computer Science studiert, das Studium jedoch vorzeitig zugunsten eines Jobangebotes als Programmierer in

London abgebrochen. Aus dem Job als Programmierer wurde aufgrund der wirtschaftlichen Rezession zu jener Zeit ein Job als Technischer Redakteur. Ivan hatte zu dieser Zeit keine Ahnung von der Materie und musste sein Wissen „on the job" aufbauen. Nebenher hat er sich in Eigenregie dem Thema genähert. Irgendwann war er erfahren genug und verließ seinen Arbeitgeber zugunsten einer selbständigen Tätigkeit als Technischer Redakteur. Er verdient ortsunabhängig Geld, indem er seine Expertise als Freelancer anbietet und für Unternehmen technische Dokumentationen in Form von API Programmierungsanleitungen, Konfigurationsanleitungen, ITIL Dokumentation, Hilfesysteme, Systemadministrationsanleitungen, etc. verfasst. Darüber hinaus vertreibt er über seinen Blog Templates für technische Dokumentation zu Themengebieten wie FAQs, Factsheets, Datenblätter, ReadMes, Installationsanleitungen, etc.[46]

WOMIT KANNST DU ORTSUNABHÄNGIG GELD VERDIENEN? – EINIGE IDEEN

Beschäftigungsformen: Du kannst entweder als Freelancer für verschiedene Auftraggeber arbeiten, Angestellter einer Firma sein, die es dir ermöglicht ortsunabhängig zu arbeiten, oder du wirst unternehmerisch tätig. In Kapitel 6 findest du verschiedene Jobportale, die sich auf ortsunabhängiges Arbeiten spezialisiert haben.

Die folgenden Zeilen geben dir ein paar Ideen an die Hand, wie du ortsunabhängig mit diesem Beruf Geld verdienst. Der Abschnitt ist bewusst kurzgehalten, da viele der Ideen bereits in Kapitel 3 angesprochen wurden. Solltest du an der ein oder anderen Stelle den Wunsch nach mehr Inhalt verspüren, blättere einfach nochmal zum Anfang zurück. Nähere Informationen, wie du Themen für Bücher und Online-Kurse findest, erhältst du in Kapitel 5. Schau außerdem gerne auf unserem Blog vorbei, für alle genannten Tools und Ressourcen im Überblick: https://new-work-life.com/portfolio/technischer-redakteur.

Führe bestimmte Kernaufgaben ortsunabhängig aus
Sieh dir die typischen Aufgaben eines technischen Redakteurs an und überlege dir, welche davon du ortsunabhängig ausüben kannst. Kannst du mit

---

46 Quellen: https://www.klariti.com/technical-writing/2009/10/09/can-i-get-a-job-as-a-technical-writer-without-a-degree und https://www.ihearttechnicalwriting.com/technical-writing-services, abgerufen am 05.08.2018.

Kunden, Geschäftspartnern, Kollegen, etc. virtuell kommunizieren, indem du von Kommunikations- und Kollaborationsmedien wie Videotelefonie (z. B. Skype), Web-Konferenz (z. B. FreeConferenceCall), Desktop Sharing (z. B. Skype), Chat (z. B. Slack), E-Mail (z. B. Gmail) Gebrauch machst? Kannst du ortsunabhängig technische Dokumentationen konzipieren und anfertigen? Vermarkte deine Leistungen über eine eigene Website und über Online-Marktplätze wie z. B. Upwork.com, Freelance.de, Twago.de und ggf. Fiverr.com.

Erweitere dein Leistungsspektrum als Technischer Redakteur

Biete zusätzlich zum Erstellen von schriftlicher Dokumentation ebenfalls Dokumentation im Videoformat an. Das Videoformat ist interaktiver und für Endnutzer leichter verständlich als das geschriebene Wort. Daher kann es eine gute Ergänzung zur schriftlichen Dokumentation sein. Wenn du für ein bestimmtes Produkt z. B. eine Bedienungsanleitung geschrieben hast, dann könntest du zusätzlich zum Schriftsatz ein kurzes Video drehen, das die wichtigsten Funktionen sowie die Highlights des Produktes im Videoformat zeigt. Biete deinem Auftraggeber diesen Service einfach mal an. Er hat unter Umständen noch gar nicht an die Möglichkeit gedacht.

Werde Online-Coach und biete virtuelle Coachingstunden an

Coache angehende Technische Redakteure zu Themen wie z. B. Selbständigkeit, Kundenakquise, technisches Schreiben, etc.

Entwickle und verkaufe Online-Kurse

Du könntest z. B. einen Kurs zum Thema „Technisches Schreiben für mobile Endgeräte" entwickeln. Oder du kreierst einen Kurs zum Thema „Technisches Schreiben für Application Program Interfaces (API) – Dokumentation von strukturierten Daten", der technischen Redakteuren beibringt, wie API Dokumentation funktioniert. APIs sind die Schnittstellen zwischen verschiedenen Programmen. Sie definieren, wie Programme miteinander kommunizieren. Die in den APIs enthaltenen strukturierten Daten müssen für Softwareentwickler, die die Programme (weiter)entwickeln, durch entsprechende Dokumentation „übersetzt" werden.

Gründe eine Online Academy

Bilde angehende technische Redakteure aus, ggf. mit Zertifizierung nach erfolgreichem Abschluss der Academy. Die Zertifizierung könnte als eine Art Gütesiegel dienen, denn für den Beruf als technischer Redakteur gibt es keine offizielle Ausbildung. In der Academy gibst du deinen Schülern das nötige Rüstzeug an die Hand, damit sie nach ihrer Ausbildung erfolgreich als technischer Redakteur durchstarten und mit ihren neu erworbenen Kenntnissen Geld verdienen können.

Erstelle Arbeits- und Weiterbildungsmaterialien

Als technischer Redakteur hast du vielleicht schon oft für eine bestimmte Branche (z. B. Gesundheitswesen, Automobil, etc.) gearbeitet und kennst diese daher wie „deine Westentasche". Nutze dieses Wissen und entwickle darauf basierend Arbeits- und Weiterbildungsmaterialien für Menschen, die in der Branche tätig sind. Im Bereich Gesundheitswesen können das z. B. Ärzte, Krankenschwestern, Pfleger, etc. sein. Für diese Zielgruppen könntest du z. B. Checklisten, Inventarlisten, Einsatz-, Projekt- und Budgetpläne, etc. entwickeln. Stelle deine Materialien online als Download gegen Gebühr zur Verfügung und vermarkte sie über eine eigene Website und/oder im Rahmen von Aufträgen, die du als technischer Redakteur (aktuell) durchführst.

Entwickle Arbeitsvorlagen bzw. Templates

Du könntest z. B. Templates zu folgenden Themen entwickeln: Bedienungsanleitungen, Schnellstart Guides, Readme Templates, Installations-Guides, FAQs, Fehlermeldungen, Datenblätter, etc.

STARTER TOOLKIT – DAS BRAUCHST DU, UM LOSZULEGEN

Notebook, Smartphone

SOFTWARE:
- Office: z. B. Microsoft Office oder Google Docs
- Kommunikation: z. B. Skype, WhatsApp, Slack, Gmail
- Website / Webshop: z. B. WordPress oder Shopify
- Schreiben und Publizieren von mehrsprachigen technischen Inhalten: z. B. Adobe Frame Maker
- Erstellung von Inhalten für Leitlinien und Wissensdatenbanken: z. B. Adobe Robo Help oder Madcap Flare

BÜCHER UND TUTORIALS:
- Buch „Pocket Book of Technical Writing for Engineers & Scientists (McGraw-Hill's Best: Basic Engineering Series and Tools)", von Leo Finkelstein
- Buch: „Technical Writing Process: The simple, five-step guide that anyone can use to create technical documents such as user guides,

manuals, and procedures", von Kieran Morgan und Ali McCart

- Buch: „Technische Dokumentation: Praktische Anleitungen und Beispiele", von Dietrich Juhl
- Buch: „The Insider's Guide to Technical Writing", von Krista van Laan
- Tutorial: „Technical Writing: Master Your Writing Career. Technical Writing: How to Become a Profitable, Reliable, and Successful Technical Writer", von Joseph Phillips, auf Udemy

Detaillierte Informationen zu Tools und Ressourcen, die dir helfen können, ein ortsunabhängiges Einkommen aufzubauen, findest du auf unserem Blog unter: https://new-work-life.com/portfolio/technischer-redakteur.

HIER FINDEST DU WEITERE INFORMATIONEN

Tekom – Deutscher Fachverband für technische Kommunikation: http://www.tekom.de

4.29 TRANSKRIPTIONIST

Als Transkriptionist hörst du dir aufgezeichnetes Tonmaterial an und bringst es in Schriftform. Hoher Bedarf an Transkriptionisten besteht vorranging im medizinischen sowie juristischen Bereich. Diese Bereiche erfordern aufgrund ihrer komplexen fachspezifischen Terminologie optimalerweise gewisse Vorkenntnisse der Branche.

WAS SIND MÖGLICHE AUFGABEN?

- Tonaufzeichnungen von Auftraggebern entgegennehmen
- Tonaufzeichnungen abhören und transkribieren bzw. verschriftlichen
- Je nach Erfahrung und Aufgabengebiet Korrekturen am Material vornehmen, z. B. grammatikalische Fehler in der Tonaufzeichnung im Schriftstück verbessern
- Übermittlung des Transkriptes an den Auftraggeber

WELCHE AUSBILDUNG BENÖTIGST DU?

Die Berufsbezeichnung Transkriptionist ist nicht geschützt. Um Transkriptionist zu werden, benötigst du keine spezielle Ausbildung. Von Vorteil sind Erfahrungen in der Medizin- und/oder juristischen Branche, wenn du dich auf Transkriptionen in diesen Bereichen spezialisieren möchtest.

WELCHE FÄHIGKEITEN SOLLTEST DU MITBRINGEN?

- Gute Zuhörereigenschaften
- Gutes sprachliches Verständnis und Sprachgewandtheit
- Kritisches Denkvermögen
- Detailgenauigkeit
- Schnelligkeit

UNSER ROLEMODEL FÜR DEN BERUF DES TRANSKRIPTIONISTEN

Name: Janet Shaughnessy
Unternehmen: Transcribe Anywhere | Zoom Transcription Services
Homepage: https://transcribeanywhere.com | http://www.zoomtranscription.com

Janet ist selbständig und Inhaberin der zwei Firmen *Zoom Transcription Services* und *Transcribe Anywhere*. Mit *Zoom Transcription Service*s bietet sie Audio- und Videotranskriptionsdienstleistungen für Unternehmen und Privatpersonen an. Mit *Transcribe Anywhere* hilft sie angehenden Transkriptionisten eine ortsunabhängige Selbständigkeit aufzubauen. Janet begann ihre Karriere als home-office-basierte Transkriptionistin im Jahr 2007 und war zunächst auf den medizinischen Bereich spezialisiert. Später weitete sie ihr Kompetenzfeld aus und bot ebenfalls juristische und allgemeine Transkription an. Janet verdient als Transkriptionsexpertin online Geld, indem sie über ihre Website https://transcribeanywhere.com Online-Kurse für angehende Transkriptionisten verkauft und über ihre Seite http://www.zoomtranscription.com Transkriptionsdienstleistungen anbietet.[47]

---

47 Quellen: https://transcribeanywhere.com und http://www.zoomtranscription.com, abgerufen am 02.08.2018.

WOMIT KANNST DU ORTSUNABHÄNGIG GELD VERDIENEN? – EINIGE IDEEN

Beschäftigungsformen: Du kannst entweder als Freelancer für verschiedene Auftraggeber arbeiten, Angestellter einer Firma sein, die es dir ermöglicht ortsunabhängig zu arbeiten, oder du wirst unternehmerisch tätig. In Kapitel 6 findest du verschiedene Jobportale, die sich auf ortsunabhängiges Arbeiten spezialisiert haben.

Die folgenden Zeilen geben dir ein paar Ideen an die Hand, wie du ortsunabhängig mit diesem Beruf Geld verdienst. Der Abschnitt ist bewusst kurzgehalten, da viele der Ideen bereits in Kapitel 3 angesprochen wurden. Solltest du an der ein oder anderen Stelle den Wunsch nach mehr Inhalt verspüren, blättere einfach nochmal zum Anfang zurück. Nähere Informationen, wie du Themen für Bücher und Online-Kurse findest, erhältst du in Kapitel 5. Schau außerdem gerne auf unserem Blog vorbei, für alle genannten Tools und Ressourcen im Überblick: https://new-work-life.com/portfolio/transkriptionist.

Übe deine Kerntätigkeit aus
Du kannst deine Kerntätigkeit als Transkriptionist ohne Probleme ortsunabhängig ausüben, denn dein Berufsbild ist virtueller Natur.

Werde Online-Coach und biete virtuelle Coachingstunden an
Coache angehende und etablierte Transkriptionisten zu Themen wie z. B. Selbständigkeit, Home-Office, Selbstorganisation, Zeitmanagement, Kundenakquise, (Online-)Vermarktung, etc. Weitere Inspiration findest du auf der Website von Transkriptionscoach Janet Shaughnessy unter https://transcribeanywhere.com.

Schreibe ein eBook
Finde ein Thema, das dich interessiert und für das Nachfrage besteht. Wie wäre es z. B. mit einem Buch zum Thema Selbständigkeit und Home-Office als Transkriptionist? Du könntest über Vor- und Nachteile, Chancen und Herausforderungen schreiben und erklären, wie man am besten vorgeht, um ein Home-Office basiertes Unternehmen als Transkriptionist aufzubauen. Alternativ kannst du auch ein Buch verfassen, das Anfänger im Transkribieren von Text schult. Du könntest Transkriptionstechniken und -methoden aufzeigen, verschiedene Software zum Transkribieren vorstellen und Empfehlungen aussprechen, etc. Wie genau du Themen findest, kannst du im Kapitel 5 nachlesen.

Bau eine webbasierte Plattform

Auf der Plattform finden Auftraggeber Transkriptionisten. Auftraggeber schreiben auf der Plattform aus, welchen Transkriptionsservice sie benötigen und erhalten darauf basierend Vorschläge für entsprechende Transkriptionisten, die sich auf der Plattform registriert haben. Monetarisieren könntest du die Plattform, indem du den suchenden Unternehmen und/oder den Transkriptionisten eine Vermittlungsgebühr in Rechnung stellst. Ein Beispiel einer bereits bestehenden Plattform in diesem Bereich ist Transkiptwunder (http://transkriptwunder.com). Schau hier nach für mehr Inspiration zum Thema. Entwickler zur technischen Umsetzung der Plattform findest du z. B. auf Upwork.com, Freelancer.com oder Twago.de.

STARTER TOOLKIT – DAS BRAUCHST DU, UM LOSZULEGEN

Notebook, Kopfhörer, ggf. Fusspedale

SOFTWARE:

- Office: z. B. Microsoft Office oder Google Docs
- Kommunikation: z. B. Skype, WhatsApp, Slack, Gmail
- Website / Webshop: z. B. WordPress oder Shopify
- Cloudbasierte Datenspeicherung: z. B. Dropbox oder Google Drive
- Transkription: z. B. Express Scribe oder f4transkript

BÜCHER UND TUTORIALS:

- Buch: „Jump-Start Your Work at Home General Transcription Career: The Fast and Easy Way to Get Started!", von Lisa Mills
- Buch: „Online Geld verdienen mit Transkriptionen: Wie du als allgemeine Schreibkraft durch das Transkribieren von Audio- und Videoaufnahmen von zu Hause aus Geld verdienen kannst (Arbeiten von zuhause, Band 1)", von Benefit Publishers und Andrea Wunder
- Tutorial: „Transcription Skills – Learn Beginning to Advanced Skills. Master the Skills Needed to Professionally Transcribe Any Audio File Accurately and in Less Time", von Chelsea Flint, auf Udemy

Detaillierte Informationen zu Tools und Ressourcen, die dir helfen können, ein ortsunabhängiges Einkommen aufzubauen, findest du auf unserem Blog unter: https://new-work-life.com/portfolio/transkriptionist.

4.30 UX-DESIGNER

Als UX-Designer bist du an der Entwicklung von Websites und Software für bestimmte Zielgruppen und Endbenutzer beteiligt. UX steht für User Experience. Deine Rolle besteht darin, sicherzustellen, dass die „User Experience" derer, die die Websites oder Anwendungen nutzen, so effizient und gut wie möglich ist. Zudem stellst du sicher, dass die Anwendungen für technisch weniger begabte Menschen sinnvoll sind.

WAS SIND MÖGLICHE AUFGABEN?
- Nutzerverhalten auf einer Website / innerhalb einer Applikation oder Mobile App analysieren und User Studies durchführen
- Websites, Mobile Apps und Software bzgl. ihrer Nutzerfreundlichkeit analysieren
- Konzepte für UX-Design entwickeln, um optimale User Experience zu erzielen
- Wireframes, Prototypen, Mockups und Flowcharts vom Ziel-UX-Design anfertigen
- Websites, Mobile Apps und Software re-designen, um sie responsiver zu machen
- Usability-Tests der eigenen Designs durchführen (lassen)

WELCHE AUSBILDUNG BENÖTIGST DU?
Um als UX-Designer zu arbeiten, benötigst du nicht zwingend eine spezielle Ausbildung. Derzeit gibt es nur einen Studiengang an der Technischen Hochschule Ingolstadt. Ein Studium im Design-Bereich ist keine zwingende Voraussetzung, hauptsächlich gilt „learning by doing". Mit einigen Jahren Berufserfahrung als Webdesigner, Webdeveloper oder Programmierer hast du aber sehr gute Voraussetzungen dafür und kannst den Quereinstieg wagen.

WELCHE FÄHIGKEITEN SOLLTEST DU MITBRINGEN?
- Problemlösungsorientiertheit
- Sehr gutes visuelles Bewusstsein
- Kommunikationsstärke
- Kreativität
- Detailorientierung

UNSER ROLEMODEL FÜR DEN BERUF DES UX-DESIGNERS

Name: Daniel Lauding
Unternehmen: Daniel Lauding
Homepage: http://daniellauding.se
Kontakt: daniel@lauding.se | Instagram: daniellauding

Daniel ist Schwede, aber in der Welt zu Hause. Als digitaler Nomade bietet er seine Dienste als selbständiger UX- & UI-Designer an. Seit kurzem ist er auch Mitbegründer eine Fintech Startups für das er sich aktuell des Öfteren in Stockholm aufhält. Allerdings plant er sein Produktteam remote aufzustellen, so dass er wieder reisen kann.

Daniel ist grundsätzlich ein Autodidakt und ist bereits seit seinem 12. Lebensjahr als Frontend-Entwickler und Designer tätig. Er hat früh angefangen mit Adobe Photoshop zu arbeiten und sich via Hyper Island fortgebildet. Wobei sein Fokus dabei mehr auf den Themen Kommunikation und Teamfähigkeit lag. In der Vergangenheit hat Daniel unter anderem als Product Design Consultant bei Spotify in Stockholm, Schweden, gearbeitet.

Freunde und Familie bezeichnen Daniel als geselligen und aufgeschlossenen Menschen, der immer in Bewegung ist und sich fragt, wo er als nächstes hinreisen wird. Zudem haben sie den Eindruck, dass er ständig an neuen, interessanten Projekten arbeitet.

INTERVIEW MIT DANIEL LAUDING IN SEINER ROLLE ALS UX-DESIGNER

Wie verdienst du dein Geld als Remote Worker?
Ich verdiene Geld, indem ich Startups und Softwarefirmen meine Dienste als UX- & UI-Designer anbiete. Ich helfe auch bei der Erstellung von Prototypen und fertige Styleguides für Entwickler an.

Wie hast du deine ersten Kunden gefunden, mit denen du remote zusammengearbeitet hast?
Als ich in die weiterführende Schule ging und Computerspiele (Counter Strike) spielte, habe ich einige Leute kennengelernt, die anfingen,

Online-Geschäfte aufzubauen. Aber mein erster Remote-Vertrag kam durch einen früheren Arbeitgeber aus Amsterdam, den ich als Kunden behalten habe, nachdem ich Amsterdam verlassen hatte.

Wie findest du neue Kunden?

Aufträge finde ich über mein Netzwerk und durch Communities wie Linkedin, Twitter und Dribbble.

Was war deine Motivation, ortsunabhängig zu arbeiten?

Ich erinnere mich noch daran, als ich das erste Mal mit einem Flugzeug geflogen bin. Das war ziemlich spät. Ich war bereits 22 jahre alt, wenn ich mich korrekt erinnere. Jedenfalls war ich davon total begeistert und wollte das öfter erleben. Während meines Studiums war ich bereits selbständig tätig und fand schnell heraus, dass ich meine Arbeit von überall in der Welt aus erledigen kann. Doch bevor ich Vollzeit-Freelancer und Nomade wurde, habe ich, im Rahmen eines Projektes, noch für einen Monat in Singapur gearbeitet. Danach habe ich den Sprung ins ortsunabhängige Arbeitsleben gewagt.

Wie hast du deine Remote-Karriere begonnen? Gab es irgendwelche Tools, die dir dabei geholfen haben, ortsunabhängig zu arbeiten?

Für mich war das Wichtigste, keine Angst zu haben, wenn man eine bestimmte Fähigkeit nicht hat. Der Schlüssel ist, dass man die Dinge tut, learning by doing. Das gilt für viele Dinge, sowohl für das Design als auch für das normale Leben.

Was waren deine größten Herausforderungen, um ein Remote-Einkommen zu generieren und wie hast du diese bewältigt?

Die schwierigste und größte Herausforderung für mich war, mit wenig Wissen in Wirtschaft und Finanzen und Steuern als Selbständiger zu starten und zu verstehen, wie viel man tatsächlich verdienen kann (stündlich/monatlich/...). Mein Rat hier ist, sich einen Buchhalter zu holen oder zumindest einen erfahrenen Sparringspartner.

Wie sieht ein normaler Arbeitstag in deinem Leben als Remote Worker aus? Hast du eine tägliche Routine?

Mein Arbeitstag hängt stark davon ab, in welcher Lebensphase und an welchem Ort ich mich gerade befinde. Meistens sieht es so aus, dass ich um 8 Uhr morgens aufstehe und einen Kaffee trinke. Ab 8:30 Uhr gehe ich für eine Stunde laufen oder mache einen Power Walk. Gegen 10 Uhr gehe ich in ein Café, arbeite meine Slack-Chats und E-Mails ab und plane meine Woche bzw. meinen Tag. Normalerweise beginne ich dann auch mit der Arbeit und versuche mir die Zeit mittels Time Boxing so effizient wie möglich einzuteilen. Gegen 12 Uhr gehe ich Mittagessen oder nehme einen kleinen Snack zu mir. Um 13 Uhr mache ich dann Sport und von 14:30 bis 17 Uhr konzentriere ich mich auf produktive Arbeit. Die restliche Zeit des Tages nutze ich für private Unternehmungen. Während dieser Zeit fallen mir häufig Lösungen und Ideen ein, die ich am nächsten Tag nutzen kann.

Was sind die Vor- und Nachteile ortsunabhängiger Arbeit aus deiner Sicht?

Für mich sind die größten Vorteile, dass ich mich auf Reisen besser motivieren kann und dass ich meinen Zeitplan und meine Arbeitsabläufe selbst gestalten kann. Normalerweise, wenn ich das Gefühl habe, dass ich arbeiten muss, plane ich, irgendwohin zu reisen und während dieser Zeit ein Airbnb zu mieten. Das gibt mir eine Art Frist. Danach belohne ich mich in der Regel mit einem neuen Reiseziel.

Nachteile sind meist ein Mangel an Kollegen, mit denen man sich treffen kann. Und an manchen Orten ist das WiFi schlecht.

Last but not least: Hast du noch weitere hilfreiche Tipps für unsere Leser?

Versuche immer auf dem neuesten Stand der Technik zu sein. Es gibt immer wieder neue Technologien, Methoden und Tools, die man erlernen muss, um vorne dabei zu sein. Die Branche ist unwahrscheinlich schnelllebig und es gibt sehr viele gute Talente auf dem Markt. Außerdem macht das ortsunabhängige Arbeiten viel mehr Spaß, wenn man eine Sache richtig gut kann.

Zudem ist es wichtig, Kontakte zu knüpfen und sich ein Netzwerk aufzubauen. Dafür bietet es sich an, an Veranstaltungen, Konferenzen, und Meetups teilzunehmen und auch andere Digitalnomaden kennenzulernen, z. B. durch WiFi Tribe, die Nomad Cruise oder andere Events.

WOMIT KANNST DU ORTSUNABHÄNGIG GELD VERDIENEN? – EINIGE IDEEN

Beschäftigungsformen: Du kannst entweder als Freelancer für verschiedene Auftraggeber arbeiten, Angestellter einer Firma sein, die es dir ermöglicht ortsunabhängig zu arbeiten, oder du wirst unternehmerisch tätig. Mögliche Arbeit- / Auftraggeber sind z. B. Agenturen für digitale Medien, Web Development Agenturen, Finanzdienstleister, Handelsunternehmen, Telekommunikationsanbieter, etc. In Kapitel 6 findest du verschiedene Jobportale, die sich auf ortsunabhängiges Arbeiten spezialisiert haben.

Die folgenden Zeilen geben dir ein paar Ideen an die Hand, wie du ortsunabhängig mit diesem Beruf Geld verdienst. Der Abschnitt ist bewusst kurzgehalten, da viele der Ideen bereits in Kapitel 3 angesprochen wurden. Solltest du an der ein oder anderen Stelle den Wunsch nach mehr Inhalt verspüren, blättere einfach nochmal zum Anfang zurück. Nähere Informationen, wie du Themen für Bücher und Online-Kurse findest, erhältst du in Kapitel 5. Schau außerdem gerne auf unserem Blog vorbei, für alle genannten Tools und Ressourcen im Überblick: https://new-work-life.com/portfolio/ux-designer.

Übe deine Kerntätigkeit aus
Du kannst deine Kerntätigkeit als UX-Designer ohne Probleme ortsunabhängig ausüben, denn dein Berufsbild ist (zumindest in Teilen) virtueller Natur.

Erweitere dein Leistungsspektrum
Als UX-Designer bist du in der Lage, systematisch Kundendaten von Unternehmen zu erheben und zu analysieren, da du diese als Grundlage für deine UX-Designs benötigst. Mach dir diese Fähigkeit zunutze und biete diese Leistung unabhängig von deiner Leistung als Designer an. Du könntest für externe Auftraggeber z. B. Umfragen zum Käuferverhalten konzipieren und auswerten, ohne dass im Nachgang zwangsläufig eine Designleistung von dir erfolgen muss. Oder du hilfst Auftraggebern durch deine Datenerhebungs- und Analysekompetenz bei bestimmten Marketingentscheidungen weiter.

Designe Website Themes und Templates für Content Management Systeme
Biete deine Designs über eine eigene Website und/oder über entsprechende Online-Marktplätze zum Verkauf an. Folgende Marktplätze könnten für dich u. a. von Interesse sein: Envato Market, Creative Market, Mojo Marketplace und ThemeSnap.

Gestalte Grafiken, Designs, Icons, Vektoren, etc.
Verkaufe sie online über eine eigene Website und/oder über Stockplattformen wie z. B. Shutterstock, Adobe Stock, iStock, Alamy, und 123rf. Zusätzlich kannst du auch Vorlagen für z. B. InDesign, Illustrator oder Adobe

Photoshop, etc. entwerfen und diese über die oben genannten Kanäle zum Verkauf anbieten. Stockplattformen sind Online-Marktplätze, auf denen verschiedene Anbieter Produkte wie Fotos, Bilder, Vektoren, Videos, Audiodateien, Computercode, etc. anbieten. Die erbrachten Produkte werden dabei „auf Lager" produziert, d. h. sie entstehen ohne Beauftragung. Die Produkte auf Stockplattformen können vom Käufer gegen Zahlung einer Lizenzgebühr für vielseitige Zwecke, z. B. für den Einsatz in Film, TV, Radio, etc. eingesetzt werden.

Gründe eine Online Academy
Bilde angehende UX-Designer aus, ggf. mit Zertifizierung nach erfolgreichem Abschluss der Academy. Die Zertifizierung könnte als eine Art Gütesiegel dienen, denn für den Beruf als UX Designer gibt es keine offizielle Ausbildung. In der Academy gibst du deinen Schülern das nötige Rüstzeug an die Hand, damit sie nach ihrer Ausbildung erfolgreich als UX-Designer durchstarten und mit ihren neu erworbenen Kenntnissen Geld verdienen können.

Entwickle und verkaufe Online-Kurse
Wie wäre es z. B. mit einem Kurs zu bestimmter Software, die du für deine Arbeit als UX Designer nutzt? Du könntest eine Software vorstellen und anhand von Praxisbeispielen erklären, wie sie funktioniert. Alternativ könntest du einen Kurs entwickeln, der aufzeigt, wie Nutzerdaten erhoben und ausgewertet werden.

Werde Agent
Bring suchende Unternehmen mit qualifizierten Performance Marketern (aus deinem Netzwerk) zusammen. Verlange dafür eine Provision vom suchenden Unternehmen und/oder dem vermittelten Performance Marketer. Die digitale Welt ist für viele Unternehmen (gerade Mittelständler) immer noch neu. Dementsprechend fehlt diesen Unternehmen das Netzwerk an Branchenexperten. Der Beruf UX-Designer ist nicht geschützt, daher kannst du als vermittelnder Agent sicherstellen, dass ein suchendes Unternehmen an einen qualifizierten Experten gelangt.

STARTER TOOLKIT – DAS BRAUCHST DU, UM LOSZULEGEN

Notebook, Smartphone, Stifte, Zeichenpapier oder Sketchbuch

SOFTWARE:
- Office: z. B. Microsoft Office oder Google Docs

- Kommunikation: z. B. Skype, WhatsApp, Slack, Gmail
- Website / Webshop: z. B. WordPress oder Shopify
- Projektmanagement: z. B. Trello
- User Analyse und Usability-Testing: z. B. App Annie, Survey Monkey, Silverback
- Wireframing, Mockups und Prototyping: z. B. Balsamiq, InVision, Axure, OmniGraffle

BÜCHER UND TUTORIALS:
- Buch: „Praxisbuch Usability und UX: Was jeder wissen sollte, der Websites und Apps entwickelt - Bewährte Methoden praxisnah erklärt", von Jens Jacobsen und Lorena Meyer
- Buch: „Lean UX: Designing Great Products with Agile Teams", von Jeff Gothelf und Josh Seiden
- Buch: „Bottlenecks: Aligning UX Design with User Psychology", von David C. Evans
- Tutorial: „UX & Web Design Master Course: Strategy, Design, Development. Learn how to apply User Experience (UX) principles to your website designs, code a variety of sites, and increase sales!", von Joe Natoli, auf Udemy

Detaillierte Informationen zu Tools und Ressourcen, die dir helfen können, ein ortsunabhängiges Einkommen aufzubauen, findest du auf unserem Blog unter: https://new-work-life.com/portfolio/ux-designer.

HIER FINDEST DU WEITERE INFORMATIONEN

German UPA e.V.: https://www.germanupa.de

4.31 ÜBERSETZER

Als Übersetzer übersetzt du klassischerweise Dokumente bzw. Texte von einer Sprache (bspw. Deutsch) in eine andere (bspw. Englisch). Du kannst natürlich auch als Dolmetscher arbeiten und dann live das gesprochene Wort übersetzen. Dies ist für ortsunabhängiges Arbeiten allerdings schwieriger. Daher konzentrieren wir uns hier auf die Übersetzung von Texten. Als Übersetzer solltest du mindestens zwei Sprachen fließend sprechen.

Von Natur aus geeignet bist du, wenn du bspw. zweisprachig aufgewachsen bist. Da das jedoch nicht auf die Mehrheit der Menschen zutrifft, ist es auch ausreichend, in einer Fremdsprache wörtlich und schriftlich sattelfest zu sein. Im Bestfall hast du ein Zertifikat, dass deine Sprachfähigkeit nachweist.

WAS SIND MÖGLICHE AUFGABEN?

- Texte übersetzen
- Kontext des zu übersetzenden Texts recherchieren
- Übersetzung mit Kunden abstimmen
- Übersetzung überarbeiten

WELCHE AUSBILDUNG BENÖTIGST DU?

Die Berufsbezeichnung Übersetzer ist nicht geschützt. Um Übersetzer zu werden, benötigst du keine spezielle Ausbildung. Hauptsache ist, dass du sehr gute Kenntnisse der Sprache, auf die du dich im Rahmen deiner Übersetzungstätigkeit spezialisieren möchtest, mitbringst. Diese kannst du z. B. im Rahmen einer dualen Erziehung, während langfristiger Auslandseinsätze oder über ein international ausgerichtetes Studium erworben haben. Wer auf eine formelle Ausbildung nicht verzichten möchte, kann an einer Universität oder Fachhochschule Übersetzen studieren oder eine entsprechende Ausbildung zum staatlich geprüften Übersetzer absolvieren.

WELCHE FÄHIGKEITEN SOLLTEST DU MITBRINGEN?

- Interesse an Sprache und unterschiedlichen Themengebieten
- Kommunikationsstärke
- Schnelle Auffassungsgabe
- Sprachgefühl
- Stressresistenz und gutes Zeitmanagement

UNSER ROLEMODEL FÜR DEN BERUF DES ÜBERSETZERS

Name: Berit Kostka
Unternehmen: Berit Kostka Translations
Homepage: https://www.berit-kostka.de

Berit ist selbständige Fachübersetzerin für Deutsch und Englisch. Sie ist spezialisiert auf die Bereiche Biologie, Tourismus und Seefahrt und hilft Unternehmen dieser Branchen beim Eintritt in den deutschen Markt und beim Aufbau einer authentischen Marktpräsenz. Berit übersetzt als deutsche Muttersprachlerin ausschließlich vom Englischen ins Deutsche, weil sie so Redensarten und liguistische Feinheiten besser integrieren kann. Vor ihrer Selbständigkeit hat sie für drei Firmen in der Tourismusindustrie gearbeitet – für ein nord-irländisches Catering-Unternehmen, für ein türkisches Segelcharter-Unternehmen und für einen Hotelbetrieb in Kanada. Von Berufs wegen ist Berit Biologin und hat auf diesem Gebiet 2012 an der Queen's University Belfast sogar einen Doktor erworben. Berit verdient als Übersetzerin ortsunabhängig Geld, indem sie über ihre Website https://www.berit-kostka.de ihre Übersetzungsexpertise anbietet.[48]

WOMIT KANNST DU ORTSUNABHÄNGIG GELD VERDIENEN? – EINIGE IDEEN

Beschäftigungsformen: Du kannst entweder als Freelancer für verschiedene Auftraggeber arbeiten, Angestellter einer Firma sein, die es dir ermöglicht ortsunabhängig zu arbeiten, oder du wirst unternehmerisch tätig. In Kapitel 6 findest du verschiedene Jobportale, die sich auf ortsunabhängiges Arbeiten spezialisiert haben.

Die folgenden Zeilen geben dir ein paar Ideen an die Hand, wie du ortsunabhängig mit diesem Beruf Geld verdienst. Der Abschnitt ist bewusst kurzgehalten, da viele der Ideen bereits in Kapitel 3 angesprochen wurden. Solltest du an der ein oder anderen Stelle den Wunsch nach mehr Inhalt verspüren, blättere einfach nochmal zum Anfang zurück. Nähere Informationen, wie du Themen für Bücher und Online-Kurse findest, erhältst du in Kapitel 5. Schau außerdem gerne auf unserem Blog vorbei, für alle genannten Tools und Ressourcen im Überblick: https://new-work-life.com/portfolio/uebersetzer.

Führe bestimmte Kernaufgaben ortsunabhängig aus
Sieh dir die typischen Aufgaben eines Übersetzers an und überlege dir, welche davon du ortsunabhängig ausüben kannst. Kannst du mit Kunden, Geschäftspartnern, Kollegen, etc. virtuell kommunizieren, indem du von Kommunikations- und Kollaborationsmedien wie Videotelefonie (z. B. Skype), Web-Konferenz (z. B. FreeConferenceCall), Desktop Sharing (z.

---

48 Quellen: https://www.berit-kostka.de/de/uber-mich und https://www.linkedin.com/in/beritkostka, abgerufen am 28.08.2018.

B. Skype), Chat (z. B. Slack), E-Mail (z. B. Gmail) Gebrauch machst? Kannst du ortsunabhängig Texte übersetzen und sie Kunden, Kollegen oder Geschäftspartnern digital (z. B. per E-Mail oder über cloudbasierte Dienste wie z. B. Google Drive) zukommen lassen? Vermarkte deine Leistungen über eine eigene Website und über Online-Marktplätze wie z. B. Proz.com, Smartcat.ai, Upwork.com, Freelance.de, Twago.de.

Entwickle eine (Mobile) App

Du könntest z. B. eine App kreieren, die Menschen bei der Übersetzung von Sprache hilft. Deine App kann sich z. B. an Geschäftsleute, Urlauber, Studenten und Schüler, Sprachlehrer, etc. richten. Je nach Zielgruppe sind unterschiedliche Übersetzungsformate relevant. Geschäftsleute benötigen als Übersetzungsleistung in aller Regel Business Sprache, z. B. Business English. Urlauber dagegen brauchen Alltagsphrasen, die sie für das Einkaufen von Lebensmitteln, an der Bar oder im Gespräch mit Einheimischen verwenden können.

Entwickle und verkaufe Online-Kurse

Wie wäre es z. B. mit einem Kurs für Menschen ohne Vorkenntnis der von dir beherrschten Sprache(n)? Du könntest diesen Menschen z. B. die Basics der Sprache für den Alltag oder für eine Reise in das betreffende Land vermitteln (z. B. „Survival-Deutsch für Reisen und Urlaub"). Basisvokabular, einfache Sätze, Hörverstehen, etc. Oder du machst einen Kurs für Menschen mit dem Wunsch Übersetzer zu werden. Du könntest eine Schritt-für-Schritt Anleitung für diese als Kurs entwerfen. Die Anleitung gibt ihnen Informationen rund um Themen wie z. B. Sprachkenntnis, Übersetzungstechniken, Fachdolmetschen, Landeskunde, Terminologie, Sprachdatenverarbeitung, etc.

Werde Online (Nachhilfe-)Lehrer

Gib Sprachinteressierten privaten Sprachunterricht. Finde Schüler über Online-Vermittlungsportale/-Marktplätze wie z. B. Lingoda.com, Verbling. com, ErsteNachhilfe.de, Italki.com oder GermanOnlineInstitute.com.

Entwickle Unterrichtsmaterial

Biete das Material (Sprach-)Lehrern für ihren Unterricht an. Stell dein Unterrichtsmaterial online als Download gegen Gebühr zur Verfügung. Vermarkte es über eine eigene Website und/oder über Online-Marktplätze für Unterrichtsmaterialien wie z. B. Lehrermarktplatz.de und Lehrerheld.com. Mögliche Materialien könnten z. B. sein: Digitale Arbeitsbücher, Arbeitsblätter, Diktate, Bildkarten, Klassenarbeiten, Leitfäden, etc. zu Themen wie Wortschatz/Vokabular, Grammatik, Sprechen, Hören, Schreiben und Lesen.

STARTER TOOLKIT – DAS BRAUCHST DU, UM LOSZULEGEN

Notebook, Smartphone

SOFTWARE:
- Office: z. B. Microsoft Office oder Google Docs
- Kommunikation: z. B. Skype, WhatsApp, Slack, Gmail
- Website / Webshop: z. B. WordPress oder Shopify
- Computer-assisted Translation (CAT): z. B. Across Language Server, memoq, SDL Trados Studio

BÜCHER UND TUTORIALS:
- Buch: „The Translator Training Textbook: Translation Best Practices, Resources & Expert Interviews", von Adriana Tassini
- Buch: „How to Succeed as a Freelance Translator", von Corinne Mckay
- Buch: „In Other Words: A Coursebook on Translation", von Mona Baker
- Buch: „Überleben als Übersetzer: Das Handbuch für freiberufliche Übersetzerinnen", von Miriam Neidhardt
- Tutorial: „How to be a Successful Freelance Translator. Your guide to earning a living through translation. Use your language skills to create a career", von Robert G., auf Udemy
- Tutorial: „The Business Side to Becoming a Successful Translator. Learn the Necessary Tools to Begin, Enhance and Achieve a Successful Career in the Translation Industry", von Berthine Crèvecoeur West, auf Udemy
- Tutorial: „B Translator", von Barbara Riedel, auf: https://barbaralicious.com/onlinekurs-b-translator

Detaillierte Informationen zu Tools und Ressourcen, die dir helfen können, ein ortsunabhängiges Einkommen aufzubauen, findest du auf unserem Blog unter: https://new-work-life.com/portfolio/uebersetzer.

HIER FINDEST DU WEITERE INFORMATIONEN

Bundesverband der Dolmetscher und Übersetzer (BDÜ): https://bdue.de
Deutscher Verband der freien Übersetzer und Dolmetscher (DVÜD): https://dvud.de

4.32 VIDEOEDITOR

Als Film- und Videoeditor bist du dafür verantwortlich, aufgenommenes Rohmaterial zu einem fertigen Produkt zusammenzustellen, das für die Ausstrahlung geeignet ist. Das Material kann Kamerabilder, Dialoge, Soundeffekte, Grafiken und Spezialeffekte enthalten. Du übernimmst damit eine Schlüsselrolle im Postproduktionsprozess und deine Fähigkeiten haben großen Einfluss auf die Qualität des Endprodukts.

WAS SIND MÖGLICHE AUFGABEN?
- Bild- und Tonmaterial aufbereiten (z. B. auswählen, sortieren, kürzen)
- Bildmaterial schneiden
- Videomaterial bearbeiten, z. B. Effekte integrieren, Belichtung verändern, Übergänge einbauen
- Voiceovers schreiben und ggf. aufnehmen
- Qualität des resultierenden Videos sichern

WELCHE AUSBILDUNG BENÖTIGST DU?
Um als Film- und Videoeditor dein Geld zu verdienen, ist eine entsprechende Ausbildung als Film- und Videoeditor empfehlenswert. Die Ausbildung dauert in der Regel drei Jahre und kann dual absolviert werden. Das bedeutet, dass du sowohl in der Berufsschule, als auch im Ausbildungsbetrieb lernst. Mit Vorkenntnissen und einem gewissen Talent ist ebenfalls ein Quereinstieg möglich.

WELCHE FÄHIGKEITEN SOLLTEST DU MITBRINGEN?
- Detailgenauigkeit
- Technikaffinität
- Kreativität
- Kommunikationsstärke
- Konzentrationsvermögen

Name: Sebastian Fischer
Unternehmen: Video-Hilfe
Homepage: https://www.video-hilfe.de |
https://www.kohlundkarma.de
Kontakt: kontakt@video-hilfe.de | Facebook:
videohilfe | Instagram: video_hilfe

Sebastian ist selbständig als Videoeditor. Mit seiner Firma *Video-Hilfe* hilft er anderen beim Erstellen von Videos und bietet Coaching zur Videoerstellung an. Diese reichen von der Technik bis hin zum Auftreten vor der Kamera. Zudem ist er als Videograph tätig – entweder vor Ort, im Studio (Produktaufnahmen) oder remote für den reinen Videoschnitt (Kurse, Social Media). Sebastian hat als Jugendlicher einen klassischen Handwerksberuf erlernt und danach als Geselle gearbeitet. Als er keine Lust mehr auf seinen erlernten Beruf hatte, ist er in einer Designermöbel-Firma vier Jahre lang die Karriereleiter hochgeklettert. Die Firma ging aufgrund von Missmanagement irgendwann insolvent, so dass Sebastian nach einer Alternative Ausschau halten musste. Er fand diese im Team des zuständigen Insolvenzverwalters, dem er ca. acht Jahre lang angehörte.

Sebastian hatte immer schon ein Faible für Videos. Für ihn lag eine Magie, künstlerische Freiheit und Emotionalität in der Erstellung von Videos. Videos dienten ihm als kreativer Ausgleich zu seinem klassischen Job. So brachte er sich über mehrere Jahre hinweg nebenberuflich die Video- und Bildbearbeitung im Selbststudium bei. Nach seinem Job beim Insolvenzverwalter ging er mit seiner Partnerin für fast ein Jahr nach Südostasien. Hier professionalisierte er seine Passion und gründete seine Firma *Video-Hilfe*.

Auf die Frage, wie Freunde und Familie ihn als Person sehen, antwortet Sebastian: „Sie sehen in mir einen lustigen Typen, der sich zielstrebig und lösungsorientiert in Projekte stürzt, zu seinen Prinzipien steht, immer eine helfende Hand übrighat und Neuem gegenüber offen ist."

Zum Zeitpunkt des Interviews befindet sich Sebastian mitten in der Natur auf dem Land in Deutschland, in einem kleinen Ort in Niedersachsen nahe Göttingen.

INTERVIEW MIT SEBASTIAN FISCHER VON VIDEO-HILFE

Wie verdienst du dein Geld als Remote Worker?
Bei mir sind das Video-Coaching und Video-Dienstleistungen, die ich anbiete. Bestseller sind u. a. ein Video-Training, mit geballtem Wissen zum Thema Video und der Bestimmung persönlicher Ansprüche sowie ein Video-Training, das die Bedienung von Schnittprogrammen am Kunden-PC mit dem Kunden-Projekt erklärt.

Wie bist du auf die Ideen für deine Produkte und Services gekommen? Hast du dabei eine bestimmte Methodik verfolgt?
Wie schon erwähnt, habe ich erstmal kostenlos gearbeitet und dadurch gesehen, wo der Schuh meiner Kunden drückt. Auf die Probleme meiner Kunden habe ich dann meine Produkte ausgerichtet. Mit jedem Kunden optimiere ich mein Angebot weiter. Das hilft meinen Kunden und mir und verbessert meinen Workflow. Es ist schön zu sehen, wenn meine Kunden zufrieden sind und ich ihnen weiterhelfen konnte. Es gibt mir viel Energie.
Kurz gesagt: Problem erkennen, Problem lösen. Klingt einfach, ist es auch. :)

Wie lange hat es gedauert, bis du deine ersten 1.000 Euro an monatlichem Einkommen durch deine ortsunabhängige Arbeit generiert hast?
Die ersten 1.000 Euro hatte ich nach 3 Monaten zusammen. Ein stabiles Einkommen von 1.000 Euro pro Monat habe ich nach 5 Monaten verdient. Es ist wichtig, Bestandskunden aufzubauen und langfristige Projekte zu akquirieren. An letzterem bin ich noch dran. Ein Online-Kurs, der meinen Kunden geballtes Wissen gibt und jederzeit als Nachschlagewerk dient. Ich freue mich schon auf die Umsetzung.

Wie hast du deine ersten Kunden gefunden, mit denen du remote zusammengearbeitet hast?
Meine ersten Kunden entstanden durch meine Hilfsbereitschaft auf Social-Media-Kanälen. Mir fielen Probleme auf, mit denen sich Leute herumschlugen und ich zeigte ihnen die Lösung und bot meine Hilfe an. Am Ende haben mir diese Leute, ohne dass ich sie dazu aufgefordert hätte, Geld für meine Hilfe gegeben. Ein gutes Gefühl und der Keim für meine Geschäftsidee.

Wie findest du neue Kunden?
Meine Hauptmarketing-Mittel sind: Kunden-Empfehlungen in Form

von Mund-zu-Mund-Propaganda und Facebook. In Ergänzung dazu ist es wichtig, dass die eigene Homepage für den berüchtigten ersten Eindruck ordentlich aussieht.

Was war deine Motivation, ortsunabhängig zu arbeiten?

Der Remote-Lifestyle entstand aus dem Anzweifeln des Lebens im Hamsterrad. Raus aus dem alten Zeitstruktur-Karton, hin zu mehr Flexibilität. Nicht jeder Job ist remote ausführbar, aber sofern er es ist, ist es am effektivsten. Alleine der Weg zur Arbeit kostete mich täglich mindestens eine Stunde Zeit und private Termine konnten oft nur vor oder nach der Arbeit wahrgenommen werden. Wenn dann noch Schichten dazukommen, hat man gefühlt noch weniger Freizeit. Dazu verbringen wir mehr Zeit mit unseren Arbeitskollegen, als mit unseren Liebsten und erstere kann man sich nicht aussuchen. Remote bin ich flexibler und kann meine privaten Interessen besser mit meiner Arbeit vereinen #worklifebalance.

Wie hast du deine Remote-Karriere begonnen? Gab es irgendwelche Tools, die dir dabei geholfen haben, ortsunabhängig zu arbeiten?

Es gab verschiedene Einflüsse, die zusammengespielt haben und mich auf dem Weg in die Ortsunabhängigkeit begleitet haben. Unter anderem ein teures Lehr-Programm, das mir am Ende nicht das gab, was ich erwartet hatte, aber zumindest neue Impulse setzte.

Mein erstes Online-Projekt https://www.kohlundkarma.de stellt bisher leider keine verlässliche Einnahmequelle dar, ist vielmehr ein Herzensprojekt von meiner Partnerin und mir. Jedoch war es ein guter Einstieg in die Welt des Online-Business und ein wichtiger Lehrmeister auf dem Weg zum ortsunabhängigen Einkommen.

Wie ich letztlich auf die Idee mit der Video-Hilfe gekommen bin, kann ich gar nicht so genau sagen. Ich war damals zusammen mit meiner Partnerin auf Bali und eines Tages saßen wir zusammen auf der Terrasse, als mir die Idee kam. Ich hatte die letzten Tage über vielen Leuten über das Internet mit ihren Videos geholfen, hatte ihnen Tipps gegeben, wie sie sie verbessern könnten etc. Die Leute waren für meinen Rat so dankbar, dass sie mir Geld anboten. Dann ging alles ganz schnell und ich startete einen professionellen Service für meine Leistungen. Die *Video-Hilfe* wurde geboren. Hierin konnte ich mein Helfersyndrom mit meinem Lösungsfindersyndrom koppeln und baute eine Website auf. Die ersten Kunden ließen nicht lange auf sich warten.

Es ist (gerade am Anfang) wichtig, viele Informationen in sich aufzusaugen und daraus einen eigenen Querschnitt zu ziehen. Dort draußen laufen viele Propheten umher, die alle meinen, die beste Formel für den persönlichen Erfolg zu besitzen. Dabei steckt die beste Formel für Erfolg bereits in jedem von uns drin. Sie zu erkennen, ist die Crux.

Was dir wirklich was bringt:
Bücher, Podcasts, YouTube Tutorials, Netzwerken, Community und das wichtigste: INS TUN KOMMEN, denn da fängt dein eigener Weg an. Fehler gehören zum Wachstum dazu und sind die besten Lehrmeister, deswegen braucht man nicht perfekt sein, um starten zu können, sondern man muss einfach nur STARTEN.

Welche drei Dinge würdest du vermeiden, wenn du die Zeit zurückspulen könntest?

Im Nachhinein finde ich den Gedanken interessant „Was wäre, hätte ich gleich mit der *Video-Hilfe* gestartet?" Aber hey „hätte, hätte, Fahrradkette". Das Leben ist so vielfältig. Ich bin glücklich so wie es sich entwickelt hat. Warum sollte ich rückwirkend etwas ändern?

Rückwirkend würde ich folgende Punkte vermeiden:
1. Nicht gleich denken jedes Hobby/Herzensprojekt kann auch deine Berufung sein. Herzensprojekte können angegangen werden, nachdem eine feste Einnahmequelle besteht.
2. Keinen Fokus haben! Der Tod des Schaffens und deiner täglichen Motivation. Träume groß und breche deine großen Projekte auf kleine täglich schaffbare Aufgaben herunter.
3. Nicht alles alleine machen! Schaffe deine eigene kleine Mastermind-Gruppe mit Gleichgesinnten, pusht und tauscht euch aus. Gemeinsam lässt es sich schneller wachsen.

Was waren deine größten Herausforderungen, um ein Remote-Einkommen zu generieren und wie hast du diese bewältigt?

Die größte Herausforderung ist einen eigenen Kundenkreis aufzubauen. Dies geht nur über: geben, geben, geben und noch mal geben. Hilf hier, gib da einen Tipp und mach dich sichtbar für deine Zielgruppe. Sei professionell und stell sicher, dass du eine gute Internetpräsenz hast.

Wie sieht ein normaler Arbeitstag in deinem Leben als Remote Worker aus? Hast du eine tägliche Routine?

Ich bin Frühaufsteher, habe jedoch auch den Wecker auf 6:00 Uhr stehen, ob in Deutschland oder auf Reisen. Wenn es gut läuft, wird vor dem Frühstück Yoga oder Bodyweight-Training gemacht, geduscht, gefrühstückt, Alltagskleidung angezogen und dann um ca. 8:00 Uhr ist Arbeitsbeginn.

Feierabend ist ca. 17:00-18:00 Uhr. Das klingt jetzt sehr steif und strukturiert, was aber sehr flexibel gehalten wird. Struktur ist mir wichtig. Meine Arbeitsplätze sind mal daheim, mal draußen, mal bei Freunden (die haben einen schönen Balkon …), mal im Café oder in Coworking Spaces. Wenn ich viel von einem Ort arbeite, versuche ich diesen immer wieder zu wechseln. Auch Menschen um einen herum zu haben, hat sich als schöne Abwechslung gezeigt. Selbst bei längeren Wartezeiten wie bei Arztbesuchen oder Ähnlichem zücke ich mein Laptop. Kurz per Handy-Hotspot verbinden. #readytowork

Was sind die Vor- und Nachteile ortsunabhängiger Arbeit aus deiner Sicht?
Vorteile sind für mich: freie Freizeit-, Arbeitszeiteinteilung und Ortsauswahl. Demgegenüber stehen die Nachteile: freie Freizeit-, Arbeitszeiteinteilung und Ortsauswahl – hahaha! Wie schon erwähnt, ist es wichtig, seinen eigenen Weg zu finden. Zu meinem gehört es, Strukturen zu haben, sonst fängt die Arbeit mit dem Aufstehen an und endet mit dem Schlafengehen. Das muss man alles erst lernen und es ist gerade am Anfang mit den vielen Aufgaben einer Selbständigkeit nicht gleich umsetzbar. Aber mit der Struktur kam bei mir auch die entspanntere Selbständigkeit. Die Möglichkeit seine Zeit frei einzuteilen, hat natürlich seine Vor- und Nachteile. Freunde und Familie wittern hier die Möglichkeit jeder Zeit von deiner Hilfe Gebrauch machen zu können. Ich helfe liebend gern und so muss ich aufpassen, dass neben diversen Gefallen, variablen Pausenzeiten, Haushaltsaktivitäten, die man nicht übersehen kann und dem eigenen Schweinehund, das Business ausreichend und angemessen vorangetrieben wird. Zu tun gibt es immer an beiden Fronten; hier den Ausgleich zu schaffen, ist der spannende Balanceakt einer Tätigkeit am heimischen Arbeitsplatz.

Last but not least: Hast du noch weitere hilfreiche Tipps für unsere Leser?
Unsere traditionelle Arbeitsstruktur sollte in jedem Fall überdacht werden. Ich kann nicht mit 15 Jahren entscheiden, was ich mit 30 Jahren machen will. Heutzutage sind Lernmittel überall und jederzeit abrufbar und bieten die Möglichkeit die eigenen Passionen auszuweiten. Wenn man sich darüber hinaus mit Gleichgesinnten umgibt, zeigen sich schnell neue Wege auf. Mehr Probieren statt reines Studieren. Hierdurch lernt man am meisten. Bei mir ist es heute dieser Weg. Wer weiß, welchen Weg ich in 5 Jahre gehen werde. Ist das Leben nicht spannend?
Ich bedanke mich an dieser Stelle für das Interview und wünsche allen

Lesern, dass sie erfolgreich ihren eigenen Weg finden und Passionen Leben können.

WOMIT KANNST DU ORTSUNABHÄNGIG GELD VERDIENEN? – EINIGE IDEEN

Beschäftigungsformen: Du kannst entweder als Freelancer für verschiedene Auftraggeber arbeiten, Angestellter einer Firma sein, die es dir ermöglicht ortsunabhängig zu arbeiten, oder du wirst unternehmerisch tätig. Mögliche Auftrag- / Arbeitgeber sind z. B. Postproduktion-Studios, TV-Studios, Video- und Computerspiele Unternehmen oder Unternehmen mit Videobedarf. In Kapitel 6 findest du verschiedene Jobportale, die sich auf ortsunabhängiges Arbeiten spezialisiert haben.

Die folgenden Zeilen geben dir ein paar Ideen an die Hand, wie du ortsunabhängig mit diesem Beruf Geld verdienst. Der Abschnitt ist bewusst kurzgehalten, da viele der Ideen bereits in Kapitel 3 angesprochen wurden. Solltest du an der ein oder anderen Stelle den Wunsch nach mehr Inhalt verspüren, blättere einfach nochmal zum Anfang zurück. Nähere Informationen, wie du Themen für Bücher und Online-Kurse findest, erhältst du in Kapitel 5. Schau außerdem gerne auf unserem Blog vorbei, für alle genannten Tools und Ressourcen im Überblick: https://new-work-life. com/portfolio/videoeditor.

Führe bestimmte Kernaufgaben ortsunabhängig aus

Sieh dir die typischen Aufgaben eines Film- und Videoeditors an und überlege dir, welche davon du ortsunabhängig ausüben kannst. Kannst du mit Kunden, Geschäftspartnern, Kollegen, etc. virtuell kommunizieren und Anforderungen für ein Video aufnehmen, indem du von Kommunikations- und Kollaborationsmedien wie Videotelefonie (z. B. Skype), Web-Konferenz (z. B. FreeConferenceCall), Desktop Sharing (z. B. Skype), Chat (z. B. Slack), E-Mail (z. B. Gmail) Gebrauch machst? Kannst du Video-Files über internetbasierte Filesharing Dienste wie z. B. WeTransfer empfangen? Kannst du ortsungebunden Videos bearbeiten und die fertigen Resultate mithilfe von Cloud-Diensten wie z. B. Dropbox dem Empfänger zur Verfügung stellen? Vermarkte deine Leistungen über eine eigene Website und über Online-Marktplätze wie z. B. Upwork.com, Freelance.de, Twago.de und ggf. Fiverr.com.

Drehe Videos von Dingen, die aktuell angesagt sind

Prüfe, für welche Formate ein Markt besteht (Landschaften, Menschen, Objekte, etc.) und verkaufe die Aufnahmen sowie das jeweilige Rohmaterial (Footage) online über eine eigene Website und/oder über Stockplattformen wie z. B. Alamy, Adobe Stock, iStock, Pond5 oder Shutterstock. Stockplattformen sind Online-Marktplätze, auf denen verschiedene Anbieter Produkte wie Fotos, Bilder, Vektoren, Videos, Audiodateien, Computercode, etc. anbieten. Die erbrachten Produkte werden dabei „auf Lager" produziert, d. h. sie entstehen ohne Beauftragung. Die Produkte auf Stockplattformen können vom Käufer gegen Zahlung einer Lizenzgebühr für vielseitige Zwecke, z. B. für den Einsatz in Film, TV, Radio, etc. eingesetzt werden.

Entwickle Vorlagen bzw. Templates für die Videopostproduktion

Stell deine Templates online gegen Gebühr zum Download zur Verfügung. Gestalte deine Vorlagen so, dass sie vom Nutzer bei Bedarf flexibel angepasst werden können. Du könntest z. B. Templates zu folgenden Themen entwickeln und verkaufen: Vorlagen für Intros, Transitions/ Überlagerungsgrafiken, Logo Effekte, Motion Graphics, Presets, etc. Vermarkte deine Vorlagen über eine eigene Website und/oder über Online-Marktplätze wie z. B. Adobe Stock, Videohive und Motion Elements.

Biete Online-Seminare an

Mögliche Themen für Online-Seminare sind z. B.: „Video Postproduktion für Beginner – Wie du deine Filme selbst schneidest und professionelle Ergebnisse erzielst" oder „Einführung in die Videosoftware Adobe Premiere Pro."

Biete virtuelles Training für Video-Interessierte und -Professionals an

Ein virtuelles Training ist ein Training, das über das Internet stattfindet und nicht an einen Ort gebunden ist. Hilf auf Abruf bei individuellen Fragestellungen rund um den Videoerstellungs- und Postproduktionsprozess weiter. Du kannst z. B. bestimmte Videosoftware empfehlen oder erklären, bei spezifischen Problemen im Videobearbeitungsprozess weiterhelfen und/oder Beratung rund um die Konzeption (z. B. Aufbau, Dramaturgie etc.) und Vermarktung eines Videos geben. Vermarkte dein Angebot über eine eigene Website und/oder über Online-Marktplätze für Training wie z. B. Coachimo.de und Edudip.com. Nutze für dein virtuelles Training neben dem Telefon Kommunikations- und Kollaborationsmedien wie

Videotelefonie (z. B. Skype), Desktop Sharing (z. B. Skype), Chat (z. B. Slack), E-Mail (z. B. Gmail), etc.

Setz einen Livestream auf, der dich bei der Postproduktion von Videos zeigt

Über den Livestream können dir Interessierte wie z. B. Hobby-Filmemacher oder andere Professionals bei deiner Arbeit über die Schulter schauen und mit dir chatten. Du kannst ihnen bspw. zeigen, wie du Videos schneidest und bearbeitest.

Leg ein Profil bei einer Crowdfunding-Plattform an

Lass dich von deinen Fans z. B. auf der Crowdfunding-Plattform Patreon. com finanziell unterstützen.

Biete an deinem aktuellen Aufenthaltsort „Erlebnisse" an

Dies kann z. B. ein Videokurs sein.

STARTER TOOLKIT – DAS BRAUCHST DU, UM LOSZULEGEN

Notebook, Smartphone

SOFTWARE:

- Office: z. B. Microsoft Office oder Google Docs
- Kommunikation: z. B. Skype, WhatsApp, Slack, Gmail
- Website / Webshop: z. B. WordPress oder Shopify
- Cloudbasierte Datenspeicherung: z. B. Dropbox oder Google Drive
- Videobearbeitung: z. B. Shotcut, iMovie, Final Cut Pro, Adobe Premiere Pro

BÜCHER UND TUTORIALS:

- Buch: „The Digital Filmmaking Handbook: The definitive guide to digital filmmaking", von Mark Brindle
- Buch: "The Art Of The Cut: Editing Concepts Every Filmmaker Should Know", von Greg Keast
- Tutorial: „ULTIMATE VIDEO EDITING. Inspire your audience. Creative video editing techniques used by professionals is taught by a veteran, international award-winning editor.", von Andrew St.Pierre White, auf Udemy
- Tutorial: „The Complete Video Production Bootcamp. Make better videos with the ultimate course on video production, planning,

cinematography, editing & distribution", von Phil Ebiner, William Carnahan, Sam Shimizu-Jones, Video School Online Inc., auf Udemy

Detaillierte Informationen zu Tools und Ressourcen, die dir helfen können, ein ortsunabhängiges Einkommen aufzubauen, findest du auf unserem Blog unter: https://new-work-life.com/portfolio/videoeditor.

HIER FINDEST DU WEITERE INFORMATIONEN

Bundesverband Filmschnitt Editor e.V.: https://bfs-filmeditor.de

4.33 VIDEOPRODUZENT

Als Videoproduzent bist du dafür verantwortlich, Produkte und Dienstleistungen deiner Kunden richtig in Szene zu setzen. Dafür erstellst du mal kürzere, mal längere Videoclips, die nach Fertigstellung sowohl online auf verschiedenen Plattformen bzw. der Firmen-Website laufen als auch möglicherweise im TV ausgestrahlt werden. Zu deinen Aufgaben gehört es auch, ein Budget für das Videoprojekt zu erstellen und darauf zu achten, dass die Produktion innerhalb des geplanten Budgets bleibt.

WAS SIND MÖGLICHE AUFGABEN?
- Videokonzepte entwerfen
- Budget festlegen und verwalten
- Drehorte suchen
- Video produzieren/drehen
- Video Postproduktion, z. B. Schnitt, Musik, etc.

WELCHE AUSBILDUNG BENÖTIGST DU?
Um als Videoproduzent dein Geld zu verdienen, benötigst du nicht zwingend eine klassische Ausbildung. Du kannst dir, vor allem, wenn du als Freelancer arbeiten möchtest, das notwendige Know-how im Selbststudium erarbeiten. Als angestellter Produzent hingegen bietet sich ein Studienabschluss oder eine Ausbildung in folgenden Fächern an: Videoproduktion, Videojournalismus, Kommunikations- oder Medienwissenschaft.

WELCHE FÄHIGKEITEN SOLLTEST DU MITBRINGEN?

- Detailgenauigkeit
- Stressresistenz
- Kreativität
- Ausgezeichnete Kommunikationsfähigkeiten
- Zahlenaffinität und wirtschaftliches Denken

UNSERE ROLEMODELS FÜR DEN BERUF DES VIDEOPRODUZENTEN

Name: Jannis Riebschläger
Unternehmen: Jannis Production | Easy Movie School
Homepage: https://jannisproduction.de | http://easy-movie-school.de
Kontakt: jannis@jannisproduction.de

Jannis ist selbständiger Videoproduzent und betreibt zudem ein eigenes Videoproduktions-Unternehmen, in dem er andere Videographer beschäftigt. Er ist ein echter Quereinsteiger und Autodidakt. Während des Abiturs hatte er bereits einen Reiseblog gestartet, weil er seine Reiseerlebnisse mit anderen teilen wollte. Damals dachte er noch, dass ein Blog der beste Weg dafür sei. Zudem hat er zwei Reisebücher geschrieben.

Allerdings stelte er irgendwann fest, dass ihm das Schreiben nicht so lag und statt ein drittes Buch zu schreiben, hat er sich in der Produktion eines eigenen Reisefilms versucht. Der Film kam sehr gut beim Publikum an und lief deutschlandweit in fast 40 Kinos. So hat er seinen Weg zur Videoproduktion gefunden. Alles, was er dafür brauchte, hat er sich nach und nach selbst angeeignet.

Seine Freunde und Familie bezeichnen Jannis als abenteuerlustig, spontan und ein bisschen verrückt.

Während unseres Interviews ist Jannis im sonnigen Porto, in Portugal auf der Citizen Circle Konferenz mit ganz vielen gleichgesinnten, ortsunabhängigen Unternehmern.

INTERVIEW MIT JANNIS RIEBSCHLÄGER VON JANNIS PRODUCTION UND EASY MOVIE SCHOOL

Wie verdienst du dein Geld als Remote Worker?

Ich habe im Grunde drei verschiedene Services: Ich biete die Produktion von Image-Filmen an, also Werbespots für Facebook-Ads oder für Websites, auf denen sich Leute vorstellen. Ich habe einen Schnitt-Service für YouTube-Videos, der auf Abo-Basis läuft, das heißt, Leute zahlen eine monatliche Pauschale und bekommen dafür Videos geschnitten. Der dritte Service ist, dass ich professionelle Online-Kurse in sehr hoher Qualität produziere, so wie die Masterclasses auf dem amerikanischen Markt.

Die Image-Filme produziere ich in der Regel komplett. Wenn es nicht so aufwendige Projekte sind, drehe ich sie und gebe den Schnitt ab, aber die meisten sind so aufwendig, dass ich sie selbst produziere, weil man einfach die Kunden-Vision genau im Kopf haben muss.

Bei den Online-Kursen ist der Dreh oft individuell und man muss sich an die Gegebenheiten anpassen. Da mache ich den Aufbau, den Dreh und die Betreuung und gebe den Schnitt ab, weil der recht standardisiert ist und viel Zeit in Anspruch nimmt.

Den YouTube Service habe ich komplett outgesourct. Dafür erstelle ich die Corporate Identity mit dem Kunden, schreibe das Briefing für die Editoren und dann habe ich an sich nicht mehr viel damit zu tun.

Ich mache natürlich auch Kreativ-Beratung, da die wenigsten Leute sagen „Genau das möchte ich produzieren". Tatsächlich mach ich das auch ganz gerne für die Leute, die noch nicht so eine klare Idee haben. Viele Kunden orientieren sich an den Videos von anderen und nicht so sehr an ihren Kunden. Der erste Schritt ist immer, dass man sich anschaut für wen produziert werden soll, was das Ziel ist, das mit dem Video erreicht werden soll: Will man eine höhere Reichweite? Will man besser konvertieren? Will man vielleicht die wiederkehrenden User animieren, länger zu bleiben? Entsprechend des Ziels und des verfügbaren Budgets entwickeln wir ein Konzept für das Video.

Einen absoluten Bestseller-Service habe ich nicht. Meine Einnahmen verteilen sich jeweils zu 40 Prozent auf die Produktion von Image-Filmen und den YouTube Service sowie zu 20 Prozent auf die Online-Kurse.

Bei dem YouTube Service habe ich witzigerweise eine ganz andere Zielgruppe als sonst. Ich betreue zwar auch einige Kanäle von digitalen Nomaden, aber der größte Bedarf besteht bei YouTube Beauty-Vloggerinnen. Davon gibt es super viele, die auch sehr gut damit verdienen. Da habe ich plötzlich ein ganz neues Marktsegment erschlossen, ohne dass ich da viel machen musste, weil die sich gegenseitig meine Service-Seite empfehlen. Also, manchmal kommt man auf Zweige, an die man gar nicht gedacht hat, wo aber Bedarf ist. Diese Kanäle werden sehr professionell betrieben, weil es für Markenhersteller sehr interessant ist, sich dort zu präsentieren. Der Großteil der Videos sind Produktvorstellungen, und genau für die ist der Service genau das richtige.

Wie bist du auf die Ideen für deine Produkte und Services gekommen? Hast du dabei eine bestimmte Methodik verfolgt?

Ich bin ein Typ, der vollen Fokus braucht, um nicht auf jede Projekt- und Produktidee einzugehen, weil ich immer zu viele Einfälle habe. Die meisten Projektideen, die ich auch umgesetzt habe, sind Projektideen, die von Kunden kamen. Ich habe so gesehen immer etwas angeboten, wenn der Bedarf bereits vorhanden war. So hat mich jemand, der wusste, dass ich Videos produziere, gefragt, ob ich auch Online-Kurse machen würde.

Allerdings wären die Kosten für den Kunden zu hoch, wenn ich für jedes Video meine übliche Pauschale abrechnen würde. Also habe ich ein neues Angebot entwickelt, das berücksichtigt, dass ich auch mehrere Videos für den Kurs an einem Tag drehen kann.

Oder es sind Leute zu mir gekommen, die meinten, dass sie ihre Videos gerne selbst drehen wollten, weil sie so viele bräuchten, aber Bedarf beim Schnitt hätten. Aus dieser Anfrage habe ich den YouTube Schnitt-Service entwickelt.

Auf die meisten Angebote haben mich also meine Kunden gebracht. Deshalb auch nochmal der Tipp, einfach auf Konferenzen zu gehen und da erstmal zu starten. Die Hauptsache ist, dass man etwas hat, womit man arbeiten kann, sei es ein Blog oder etwas anderes. Und dann muss man wirklich mit den Leuten und der Zielgruppe sprechen, denn von denen bekommt man ganz viel Input und erfährt, wo wirklich Bedarf besteht.

Wie lange hat es gedauert, bis du deine ersten 1.000 Euro an monatlichem Einkommen durch deine ortsunabhängige Arbeit generiert hast?

Für die ersten 1.000 Euro habe ich in etwa zwei Monate gebraucht. Ich hatte ja als erstes einen Reiseblog gestartet und dass zu einer Zeit, als es noch nicht so viele Reiseblogs gab und der Markt nicht so überlaufen war. Ich hatte zwar keine Ahnung davon, wie man Sponsoren findet und so, aber da es nicht so viele Blogs gab, hatte ich zwei Wochen nach meinem Launch bereits Kooperationsanfragen von Neckermann Reisen und Thomas Cook in meinem E-Mail-Postfach. Damals war ich noch als Texter aktiv und die wollten, dass ich für ihre Websites schreibe. Die erste Zahlung habe ich dann, unter Berücksichtigung einer Zahlungsfrist von 90 Tagen, etwa zwei Monate später erhalten. Von daher hatte ich nach zwei Monaten 1.000 Euro auf dem Konto.

Bei der Videoproduktion war es so, dass ich die ersten vier Anfragen bekommen hatte, kurz nachdem ich bei Facebook gepostet hatte, dass ich Videoproduktion mache.

Wie hast du deine ersten Kunden gefunden, mit denen du remote zusammengearbeitet hast?

Die haben mich gefunden. Die Leute, die sich für die Videoproduktion interessieren, sind eben die Leute, die ich von den Konferenzen kenne. Es gibt einfach nichts Besseres als diesen persönlichen Austausch. Da merkt man einfach gleich, ob man auf einer Wellenlänge ist und dieselbe Idee hat. Jemanden persönlich zu kennen, ist einfach das Stärkste.

Wie findest du neue Kunden?

Ich besuche sehr viele Konferenzen, auf denen ich meine Zielgruppe treffe. Es macht mir einfach Spaß, direkt reinzugehen und mit den Leuten in Kontakt zu kommen. Auf diese Weise erfahre ich, was die Leute brauchen und kann mit dem direkten Feedback arbeiten, statt lange an einem Angebot zu basteln, das an der Zielgruppe vorbeigeht.

Wenn man dann erstmal ein paar Kontakte hat, und wirklich einen Service hat, der einen Bedarf abdeckt und den die Leute wirklich wollen, dann wird man auch weiterempfohlen.

Wenn ich auf eine neue Konferenz gehe, halte ich in der Regel auch einen Talk. Wenn ich aber das vierte oder das fünfte Mal dort bin, stehe ich nicht jedes Mal neu auf der Bühne.

Natürlich mache ich auch ein wenig Online-Marketing. Für meine allgemeine Videoproduktionsseite schalte ich beispielsweise Google Ads, um mir Zielgruppen zu erschließen, die ich nicht auf den Konferenzen antreffe.

Meinen Online-Kurs hingegen vermarkte ich durch meine Talks und spiele ihn über Udemy aus. Außerdem kennen ihn viele Leute und empfehlen ihn von sich aus weiter. Das läuft ziemlich gut und dafür muss ich nicht viel Werbung machen.

Empfehlungen sind überhaupt das Beste zur Kundengewinnung. Das ist eine Sache, an die man auch nicht so wahnsinnig verkopft rangehen und alles genau durchplanen muss, weil man am Ende meistens eh komplett andere Kunden hat, als man sich am Anfang vorgestellt hat.

Was war deine Motivation, ortsunabhängig zu arbeiten?

Ich war eigentlich schon immer ein totaler Reisejunkie. Für mich waren immer die Sommerurlaube mit meiner Familie das Highlight des Jahres. In der Zeit waren wir sechs Wochen lang unterwegs, sind gewandert, haben ein bisschen Badeurlaub gemacht und gleichzeitig etwas von Europa gesehen.

Und so habe ich mir dann auch mein Leben nach der Schulzeit vorgestellt, quasi ein endloser Sommerurlaub: durch die Welt reisen, was erleben, was sehen.

Mein erster Ansatz nach dem Abitur war dann einfach zu gucken „Wie kann ich möglichst schnell jede Menge Kohle machen, um dann früh mit der Arbeit fertig zu sein und dann Reisen gehen zu können?" Ich habe dann ein paar Praktika gemacht und gemerkt, dass diese großen Corporates, bei denen man recht viel verdienen kann, mich so verschleißen würden, dass ich mein späteres Rentnerdasein und meine Reisen auch nicht mehr genießen könnte.

Und dann habe ich mir überlegt: „Wie kann ich unterwegs Geld verdienen? Wie kann ich Arbeiten und Reisen kombinieren, um sofort nach der Schule mit dem Lifestyle starten zu können und zu leben wie ich möchte?"

Wie hast du deine Remote-Karriere begonnen? Gab es irgendwelche Tools, die dir dabei geholfen haben, ortsunabhängig zu arbeiten?

Als ich angefangen habe, mich für das Thema zu interessieren, war ich fünfzehn, das muss vor sieben oder acht Jahren gewesen sein. Da gab es noch sehr wenig Literatur zu dem Thema, gerade auf dem deutschsprachigen Markt. Ich habe viel gegoogelt und recherchiert nach „mobil, ortsunabhängig arbeiten" und praktisch nichts gefunden.

Heute gibt es sehr gute Quellen dazu, jede Menge gute Bücher. Trotz des reißerischen Titels würde ich sagen „Reicher als die Geissens" ist ein sehr gutes Buch, wo man einen Überblick über viele verschiedene Bereiche bekommt, die für das Business wichtig sind.

„Wie man Freunde gewinnt", vermittelt viel über Soft-Skills, gerade wenn man ein Unternehmen aufbauen möchte, es zeigt wie man ein Team führt. Das ist auch ein sehr gutes Buch.

Ich selbst habe mich einfach damals über YouTube-Kanäle und Blogs informiert und mir so die Teile über Marketing und Business zusammengesucht, die ich brauchte. Heute würde ich wahrscheinlich einfach einen Online-Kurs dazu buchen, der einen durch alles durchführt. Das gab es damals noch nicht, also musste ich mir im Grunde jeden Teil einzeln zusammensuchen.

Ich habe auch ganz simpel angefangen, ich habe mich zuerst mit der GoPro gefilmt. Mein kompletter Film, der in den Kinos lief, ist auf einer GoPro und auf einem iPhone produziert. Früher oder später kommt man natürlich immer an den Punkt, wo man sagt „Das sieht jetzt irgendwie doof aus", und fragt sich wie man das besser machen könnte. Dann postet man teilweise in Facebook-Gruppen oder wenn man eine konkrete Sache im Kopf hat, wie zum Beispiel, dass das Licht nicht gut aussieht, dann gibt man das mal bei YouTube ein und findet dann immer die Antwort. So habe ich mir das ganze Stück für Stück zusammengesucht, da hatte ich nicht diese eine Anlaufstelle.

Welche drei Dinge würdest du vermeiden, wenn du die Zeit zurückspulen könntest?

Gute Frage. Eigentlich bin ich sehr happy da, wo ich jetzt bin und im Grunde hat mich ja alles hier hingeführt. Von daher würde ich, glaube ich, nichts anders machen.

Allerdings war die Blog-Zeit eine Art Findungsphase und mit der Videoproduktion bin ich jetzt deutlich glücklicher. Den Teil hätte ich eigentlich überspringen können.

Andererseits war der Blog natürlich ein super Tool für den Kontaktaufbau, weil es natürlich erstmal ein Einstieg in diverse Konferenzen war. Auch über die Bücher, die ich veröffentlicht habe, wurde ich zu diversen Digitalnomaden-Konferenzen eingeladen, Talks über Self-Publishing zu halten. Deshalb war es doch ein sehr guter Kontaktaufbauer und hat mir geholfen, Reichweite aufzubauen. Auch, wenn meine Zielgruppe jetzt eine ganz andere ist.

Was waren deine größten Herausforderungen, um ein Remote-Einkommen zu generieren und wie hast du diese bewältigt?

Eine wirkliche Herausforderung würde ich es nicht nennen, aber es hat einige Zeit gedauert, bis ich es geschafft hatte, mich von den Vorstellungen, die ich anfänglich von meinem Business hatte, zu lösen und eben zu schauen, wo wirklich Bedarf ist.

Ich meine, wenn man sich mal über das Thema digitales Nomadentum informiert, landet man früher oder später automatisch auf den ganzen Digitalen-Nomaden-Blogs und schließt schnell daraus, dass man selbst einen Digitalen-Nomaden-Blog führen muss. Allerdings gibt es gleichzeitig schon gefühlt 20.000 Digitale-Nomaden-Blogs, und da sehe ich nicht mehr so den großen Bedarf den 20.001-ten zu machen. Ich glaube, wenn man es schafft, auf das einzugehen, was die Kunden wollen, dann gibt es nur wenige Hürden.

Ich selbst habe mit meinem Angebot ja letztlich auch auf einen Bedarf reagiert. Denn nachdem ich meinen Reisefilm veröffentlicht hatte, haben mich Leute gefragt, ob ich für sie auch ein Video produzieren könnte. Und da mir das Videoprojekt so viel Spaß gemacht hatte – insbesondere so viel mehr Spaß als das Texten –, hatte ich die Motivation, in das Thema richtig tief einzusteigen und mich so fit zu machen, dass ich es als Service anbieten konnte.

Wie sieht ein normaler Arbeitstag in deinem Leben als Remote Worker aus? Hast du eine tägliche Routine?

Normale Arbeitstage gibt es bei mir nicht wirklich, und das ist auch das, was ich an meinem Job so mag. Mal wache ich morgens um fünf in Tansania auf, um bei Sonnenaufgang die Elefanten und Löwen filmen zu können und mal baue ich einen halben Vormittag an einer coolen Kulisse, wo dann nachmittags ein Dreh für eine Corporate ist. Jeder Tag ist anders und das macht mir auch so viel Spaß. Ich habe natürlich auch viel Organisatorisches zu erledigen wie Schnitt, Organisation mit meinen Editoren oder Arbeit an der Firma.

Grundsätzlich wache ich morgens ohne Wecker auf. Ich mag es so lange zu schlafen, bis ich das Gefühl habe, ich habe genau die Portion Schlaf gehabt, die mein Körper gebraucht hat. Danach trinke ich erstmal viel Wasser, um frisch zu werden und gehe eine Runde joggen, wenn es nicht zu spät ist.

Dann checke ich meine E-Mails. Die meisten sagen, man solle auf keinen Fall morgens E-Mails checken, weil es so viel Produktivität nimmt. Mir persönlich gibt es sehr viel Energie, weil die meisten E-Mails, die ich bekomme, sehr positiv sind. Es sind Kunden, die sich über ihre tollen Videos freuen, oder ein Hinweis, dass eine Rechnung bezahlt wurde oder Dinge dieser Art. Mir gibt es immer viel Energie für den Tag und deshalb checke ich meine E-Mails immer gerne als erstes.

Wenn ich dann mit allem durch bin und alles beantwortet habe, mache ich das Postfach zu und widme mich dem Kreativen und dem aufbauenden Part an der Firma und werfe gegen Abend nochmal einen Blick auf meine E-Mails.

Was sind die Vor- und Nachteile ortsunabhängiger Arbeit aus deiner Sicht?

Nachteile würde ich sagen gibt es eigentlich kaum. Größter Nachteil ist, dass viele Leute einfach die falsche Vorstellung vom ortsunabhängigen Arbeiten haben, und sich das wie einen endlosen Urlaub vorstellen, bei dem man herumreist und ab und an mal auf ein paar E-Mails antwortet. Man muss einfach im Kopf haben, dass es tatsächlich Arbeit ist und dass man sich genug Zeit dafür nehmen sollte. Das wird natürlich schwierig, wenn man jeden Tag weiterzieht und auf jede Stadtführung geht. Ich würde also sagen, der größte Nachteil ist, dass der Arbeitsanteil oft unterschätzt wird. Der größte Vorteil ist natürlich diese absolute Selbstbestimmtheit. Die hängt natürlich wiederum von dem Jobmodell ab. Es ist ein Unterschied, ob du angestellt bist, dann hast du nicht ganz so viel Freizeit wie als Freelancer oder wenn du sogar deine eigene Firma hast. Aber du kannst frei auswählen, wo du arbeitest, wann du arbeitest, welche Teile der Arbeit du übernimmst und was du abgibst. Das sind für mich die größten Vorteile.

Last but not least: Hast du noch weitere hilfreiche Tipps für unsere Leser?

Wenn man an Videoproduktion denkt, dann ist das so ein riesengroßer Bereich und es dauert auch sehr lange, sich da einzuarbeiten und es ergibt in meinen Augen auch gar keinen Sinn, in allen Bereichen topfit zu sein.

Wenn du wirklich ortsunabhängig arbeiten möchtest und dir selbst aussuchen willst, wohin du reist und deine Zeit und deinen Lifestyle frei bestimmen möchtest, dann empfehle ich, nicht die komplette Produktion anzubieten, sondern Editor zu werden. Spezialisiere dich auf den Schnitt, denn da gibt es sehr viele Projekte, bei denen dir die Arbeit einfach online über einen Dropbox- oder Google Drive-Ordner zugeschickt werden kann. Du lädst es runter und kannst es schneiden, wo auch immer du gerade bist.

Bei der kompletten Videoproduktion hast du Kunden-Telefonate oder Kunden-Meetings, für die du irgendwohin fliegen musst. Außerdem musst du natürlich immer zum Drehort reisen.

Also wirklich ortsunabhängig ist demnach vor allem der Schnitt. Und auch mit dem Schnitt kann man gutes Geld verdienen. Man muss meines Erachtens nicht alles anbieten.

Name: Henry Willmott
Unternehmen: Henry Willmott
Link: http://indi.wtf
Kontakt: indihank@gmail.com

Henry ist als Videoproduzent und -editor selbständig. Für seine Kunden dreht er unter anderem Imagefilme und übernimmt die Postproduktion von Videomaterial. Henry weiß, wovon er spricht, denn er hat an der Lincoln University in England Film & TV Produktion studiert. Vor einiger Zeit zog es ihn nach Barcelona. Neben seiner Produzentenkarriere studiert er hier nebenbei Soziologie und Integrated Human Rights.

Seine Freunde und Familie bezeichnen Henry als Typen, der alles ein bisschen anders macht als alle anderen. Sie sagen, dass er es liebe, die Regeln zu brechen, und das einfach aus Prinzip.

Auch wenn Henry bereits seit mehr als einem Jahr im schönen Barcelona verweilt, ist er eigentlich nomadisch veranlagt. Für seine Auftragsarbeiten pendelt er gern zwischen London, Amsterdam und Teilen Frankreichs hin und her. Nächster Stopp ist Marokko. Hier möchte er mindestens zwei Monate bleiben.

INTERVIEW MIT HENRY WILLMOTT VON INDI

Wie verdienst du dein Geld als Remote Worker?

Hauptsächlich verdiene ich mein Geld mit Filmemachen und Videoschnitt. Der größte Teil meines Einkommens kommt aus Großbritannien und Deutschland.

Ich bin mit nur 300 Euro und dem Wissen, bei einem Freund auf dem Sofa schlafen zu können, hierher gezogen. Ich habe mir einen Job in einem Café gesucht und nebenbei angefangen, freiberuflich zu arbeiten.

Sechs Monate später konnte ich mich auf meine freiberufliche Arbeit konzentrieren. Ich habe am Anfang sehr häufig kostenlos oder gegen geringe Bezahlung gearbeitet, wodurch sich viele Monate schwierig gestalteten. Es war schwer, Kunden zu finden, die gut bezahlten. Aber durch diese Arbeit habe ich Kontakte zu Menschen und Unternehmen aufbauen und mein Portfolio erweitern können. Es war ein notwendiger Schritt. Aber jetzt, ein gutes Jahr später, ist meine finanzielle Situation stabil. Es kommen gut bezahlte Jobs rein und ich kann tun und lassen was ich will.

Wie hast du deine ersten Kunden gefunden, mit denen du remote zusammengearbeitet hast?

Mein erster und beständigster Kunde war und ist eine britische Marketing Agentur namens „Vidsy". Wie viele meiner anderen Kunden auch, habe ich sie online gefunden. Ich kann jedem, der nach Arbeit sucht, nur raten, in all den Facebook-Gruppen zu schauen, oder in Gruppen, die ähnlich gelagert sind. Diese Methode hat sich für mich als die beste erwiesen, um interessante Angebote und auch Wohngelegenheiten zu finden. Zudem bin ich bei einer ziemlich neuen, aber bereits gut etablierten Website namens „Movidiam" gelistet, um Kunden darüber zu gewinnen. Dafür zahle ich eine Gebühr an die Website.

Was war deine Motivation, ortsunabhängig zu arbeiten?

Ich schätze Freiheit und Kontrolle. Zu arbeiten ist eigentlich eine positive

Sache, aber was ist, wenn die Arbeit keinen Wert hat? Die meiste Arbeit ist im Grunde genommen der Verkauf deiner Zeit für den Gewinn eines anderen. Zweifellos hat jede Arbeit einen erzieherischen Wert. Sie bietet Lektionen, die gelernt werden müssen. Aber ich denke, die meisten Arbeiten lenken uns nur von dem ab, was wir wirklich tun wollen. Alan Watts stellt die Frage: „Was würdest du gerne tun, wenn Geld kein Thema wäre?"

Ich habe diesen Lebensstil gewählt, weil ich die Kontrolle übernehmen wollte. Ich will entscheiden, für wen ich arbeite, für welchen Zweck ich arbeite, und auch, um manchmal einfach nicht zu arbeiten. Ich denke, nicht zu arbeiten kann positiv sein. Man konzentriert sich auf sich selbst und seine Mitmenschen, anstatt auf Geld. Man nimmt sich Zeit, um seinen Sehnsüchten zu folgen.

Wie sieht ein normaler Arbeitstag in deinem Leben als Remote-Worker aus? Hast du eine tägliche Routine?

Ich habe keinen normalen Arbeitstag. Ich konzentriere mich auf das, was für mich Wert hat. Zur Zeit lerne ich die Methoden von Ido Portal in einem Gym hier, das „The Bamboo Body" heißt. Das ist meine oberste Priorität. Während der übrigen Zeit arbeite ich in einem Coworking Space, von zu Hause aus oder in Cafés. Außerdem unternehme ich viel mit Freunden, gehe laufen, lese und koche.

Vor sechs Monaten lag mein Hauptaugenmerk darauf, mein Geschäft aufzubauen und intensiv Ashtanga Yoga zu praktizieren. Mittlerweile haben sich die Dinge geändert und ich versuche, meine Freizeit zu maximieren, damit ich studieren, die Gegend erkunden und reisen kann. An manchen Tagen arbeite ich den ganzen Tag, an anderen gar nicht. Ich mag es, meine Wochen abwechslungsreich und interessant zu gestalten.

Last but not least: Hast du noch weitere hilfreiche Tipps für unsere Leser?

Mehr ist weniger. Weniger zu besitzen und die notwendigen Besitztümer zu verkleinern, macht das Leben besser und das Reisen angenehmer. Minimalismus ist eine großartige Philosophie, die es zu lernen und anzuwenden gilt.

Denjenigen, die sich ums Geld sorgen, empfehle ich, Alternativen zu erforschen. Zum Beispiel ist Containern eine großartige Möglichkeit, Geld zu sparen. Auch Couchsurfing ist eine klasse Option, wenn man auf Reisen ist. Man spart das Geld für eine Unterkunft und lernt zudem wirklich inspirierende Menschen kennen! Eine weitere Möglichkeit, von der man am Anfang seiner Karriere Gebrauch machen kann, ist freiwillige Arbeit für Organisationen, die im Gegenzug eine Unterkunft anbieten.

Es gibt unzählige Möglichkeiten, mit wenig Geld zu überleben, wenn man unterwegs ist. Meistens bedarf es dafür nur der Veränderung der eigenen Wahrnehmung. Umarme also den Nomaden in dir. Er ist ein natürlicher Teil des Menschseins. Mach das, was sich für dich richtig anfühlt, und denk daran, dich ab und zu selbst zu erschrecken.

WOMIT KANNST DU ORTSUNABHÄNGIG GELD VERDIENEN? – EINIGE IDEEN

Beschäftigungsformen: Du kannst entweder als Freelancer für verschiedene Auftraggeber arbeiten, Angestellter einer Firma sein, die es dir ermöglicht ortsunabhängig zu arbeiten, oder du wirst unternehmerisch tätig. Mögliche Auftrag- / Arbeitgeber sind z. B. Unternehmen mit Videobedarf (z. B. Imagefilm), TV-Studios, Video- und Computerspiele Unternehmen, etc. In Kapitel 6 findest du verschiedene Jobportale, die sich auf ortsunabhängiges Arbeiten spezialisiert haben.

Die folgenden Zeilen geben dir ein paar Ideen an die Hand, wie du ortsunabhängig mit diesem Beruf Geld verdienst. Der Abschnitt ist bewusst kurzgehalten, da viele der Ideen bereits in Kapitel 3 angesprochen wurden. Solltest du an der ein oder anderen Stelle den Wunsch nach mehr Inhalt verspüren, blättere einfach nochmal zum Anfang zurück. Nähere Informationen, wie du Themen für Bücher und Online-Kurse findest, erhältst du in Kapitel 5. Schau außerdem gerne auf unserem Blog vorbei, für alle genannten Tools und Ressourcen im Überblick: https://new-work-life.com/portfolio/videoproduzent.

Führe bestimmte Kernaufgaben ortsunabhängig aus

Sieh dir die typischen Aufgaben eines Videoproduzenten an und überlege dir, welche davon du ortsunabhängig ausüben kannst. Kannst du mit Kunden, Geschäftspartnern, Kollegen, etc. virtuell kommunizieren, indem du von Kommunikations- und Kollaborationsmedien wie Videotelefonie (z. B. Skype), Web-Konferenz (z. B. FreeConferenceCall), Desktop Sharing (z. B. Skype), Chat (z. B. z. B. Slack), E-Mail (z. B. Gmail) Gebrauch machst? Kannst du ortsunabhängig Videokonzepte und Videoskripte erstellen? Kannst du die Budgetplanung und -kontrolle für ein Video vornehmen, ohne dabei an einen Ort gebunden zu sein? Oder wie sieht es mit der Postproduktion aus? Musst du hierfür „vor Ort" sein? Vermarkte deine Leistungen über eine eigene Website und über Online-Marktplätze wie z. B. Upwork.com, Freelance.de, Twago.de und ggf. Fiverr.com.

Biete virtuelles Training für Video-Interessierte und -Professionals an

Ein virtuelles Training ist ein Training, das online über das Internet stattfindet und nicht an einen Ort gebunden ist. Hilf auf Abruf bei individuellen Fragestellungen rund um den Videoerstellungs- und Postproduktionsprozess weiter. Du kannst z. B. bestimmte Videosoftware empfehlen oder erklären, bei spezifischen Problemen im Videobearbeitungsprozess weiterhelfen und/oder Beratung rund um die Konzeption (z. B. Aufbau, Dramaturgie etc.) und Vermarktung eines Videos geben. Vermarkte dein Angebot über eine eigene Website und/oder über Online-Marktplätze für Training wie z. B. Coachimo.de und Edudip.com. Nutze für dein virtuelles Training neben dem Telefon Kommunikations- und Kollaborationsmedien wie Videotelefonie (z. B. Skype), Desktop Sharing (z. B. Skype), Chat (z. B. Slack), E-Mail (z. B. Gmail), etc.

Biete Online-Seminare an

Mögliche Themen für Online-Seminare sind z. B.: „Videoproduktion für Beginner – vom Videokonzept zum fertigen Film" oder „Einführung in die Videosoftware Adobe Premiere Pro."

Entwickle und verkaufe Online-Kurse

Wie wäre es z. B. mit einem Kurs zum Thema „Professionelle Videoproduktion mit dem Smartphone" oder einem Kurs zum Thema „Bestseller-Videos konzipieren und produzieren?

Drehe Videos von Dingen, die aktuell angesagt sind

Prüfe, wofür ein Markt besteht (Landschaften, Menschen, Objekte, etc.) und verkaufe die Aufnahmen sowie das jeweilige Rohmaterial (Footage) online über eine eigene Website und/oder über Stockplattformen wie z. B. Alamy, Adobe Stock, iStock, Pond5 oder Shutterstock. Stockplattformen sind Online-Marktplätze, auf denen verschiedene Anbieter Produkte wie Fotos, Bilder, Vektoren, Videos, Audiodateien, Computercode, etc. anbieten. Die erbrachten Produkte werden dabei „auf Lager" produziert, d. h. sie entstehen ohne Beauftragung. Die Produkte auf Stockplattformen können vom Käufer gegen Zahlung einer Lizenzgebühr für vielseitige Zwecke, z. B. für den Einsatz in Film, TV, Radio, etc. eingesetzt werden.

Biete an deinem aktuellen Aufenthaltsort „Erlebnisse" an

Dies kann z. B. ein Videokurs sein.

Leg ein Profil bei einer Crowdfunding-Plattform an
Lass dich von deinen Fans z. B. auf der Crowdfunding-Plattform Patreon.
com finanziell unterstützen.

STARTER TOOLKIT – DAS BRAUCHST DU, UM LOSZULEGEN

Notebook, Smartphone, Videokamera, Stativ

SOFTWARE:
- Office: z. B. Microsoft Office oder Google Docs
- Kommunikation: z. B. Skype, WhatsApp, Slack, Gmail
- Website / Webshop: z. B. WordPress oder Shopify
- Cloudbasierte Datenspeicherung: z. B. Dropbox oder Google Drive
- Videobearbeitung: z. B. Shotcut, iMovie, Final Cut Pro, Adobe Premiere Pro

BÜCHER UND TUTORIALS:
- Buch: „Unternehmensfilme drehen: Business Movies im digitalen Zeitalter", von Wolfgang Lanzenberger und Michael Müller
- Buch: „Film Directing Shot by Shot: Visualizing from Concept to Screen" von Steven D. Katz
- Tutorial: „Professionelle Videos produzieren mit günstigem Equipment - Wie du mit einfachen Mitteln Videos produzierst und damit deine Verkäufe verdoppelst", von Jannis Riebschläger, unter: http:// easy-movie-school.de
- Tutorial: „Professionelle Video-Produktion mit Smartphone und Kamera. Meine Tricks für einfache Video und Kurs-Erstellung für Udemy, YouTube & Co. Ohne Kamera-Erfahrung. Talking head inkl.", von Felix Lemloh, auf Udemy
- Tutorial: „The Complete Video Production Bootcamp. Make better videos with the ultimate course on video production, planning, cinematography, editing & distribution", von Phil Ebiner, William Carnahan, Sam Shimizu-Jones, Video School Online Inc, auf Udemy
- Tutorial: „Filmen mit dem Smartphone. Schnell und einfach Video-Content für Facebook, YouTube und Präsentationen erstellen", von Francis Rafal, auf Udemy

Detaillierte Informationen zu Tools und Ressourcen, die dir helfen können, ein ortsunabhängiges Einkommen aufzubauen, findest du auf unserem Blog unter: https://new-work-life.com/portfolio/videoproduzent.

4.34 VIRTUELLE ASSISTENZ

Als virtuelle Assistenz kümmerst du dich um administrative, technische und/oder kreative Tätigkeiten, die dir von einem Auftraggeber (z. B. Unternehmen und Freiberufler) übertragen werden. Bedingung der Zusammenarbeit ist, dass die übertragenen Tätigkeiten ortsunabhängig ausgeübt werden können. Mögliche Aufgaben können z. B. sein: Korrespondenz, Terminorganisation und Reiseplanung, aber auch Grafikarbeiten, Bildbearbeitung und Websitepflege. Das Aufgabenspektrum ist breit gefächert.

WAS SIND MÖGLICHE AUFGABEN?

- Recherchearbeiten
- Termine planen
- Reisen und Events organisieren
- Audioinhalte transkribieren
- Schriftsätzen übersetzen und/oder lektorieren
- Korrespondenz mit Kunden und Geschäftspartnern
- Präsentationen, Dokumente, Drucksachen, etc. formatieren
- Dokumente erstellen
- Websiteinhalte managen
- Datenerfassung und -pflege
- FiBu-Vorbereitung
- Grafikarbeiten und Bildbearbeitung

WELCHE AUSBILDUNG BENÖTIGST DU?

Die Berufsbezeichnung virtuelle Assistenz ist nicht geschützt. Um virtuelle Assistenz zu werden, benötigst du keine spezielle Ausbildung. Von Vorteil sind sicherlich Erfahrungen im klassischen Assistenz- bzw. Sekretariatsbereich und im Digitalmarketing.

WELCHE FÄHIGKEITEN SOLLTEST DU MITBRINGEN?

- Organisationstalent und gutes Zeitmanagement
- Fähigkeit, unter Druck und mit Zeitvorgabe zu arbeiten
- Strukturiertheit und Zuverlässigkeit
- Hervorragendes Kommunikationsvermögen, sowohl schriftlich als auch mündlich
- Schnelle Auffassungsgabe

UNSER ROLEMODEL FÜR DEN BERUF DES VIRTUELLEN ASSISTENTEN

Name: Vera Ruttkowski
Unternehmen: VERAVA | Fernarbeit.net
Homepage: https://verava.de | https://fernarbeit.net

Vera ist selbständig und arbeitet als Virtuelle Assistentin für verschiedene Kunden. Zusätzlich betreibt sie das VA-Jobportal *Fernarbeit.net* und bietet einen Online-Kurs für den Start in die Virtuelle Assistenz an. Vor ihrer Tätigkeit als Virtuelle Assistentin hat Vera in einer Werbeagentur gearbeitet und parallel dazu ein Abendstudium zur Kommunikationswirtin gemacht, das sie 2002 abgeschlossen hat. Nach ihrer Ausbildung war sie in verschiedenen Werbeagenturen und in einem Unternehmen in der Unternehmenskommunikation beschäftigt, bevor sie im Jahr 2014 eine Auszeit eingelegt und sich kurz darauf selbständig gemacht hat.

Auf die Frage wie Freunde und Familie sie als Person beschreiben würden, sagt Vera: „Ich habe einen Freund gefragt und dieser sagte spontan: ‚Vera ist eine der wenigen Personen, der ich ohne zu Zögern Codes und Zugangsdaten für alle Bereiche meines Lebens anvertrauen würde.' Zusätzlich würden sie mich wohl als introvertiert und humorvoll beschreiben."

Zum Zeitpunkt des Interviews befindet sie sich in Santa Cruz auf der Insel Teneriffa, wo sie ihre neue Heimat gefunden hat.

INTERVIEW MIT VERA RUTTKOWSKI VON VERAVA UND FERNARBEIT.NET

Wie verdienst du dein Geld als Remote Worker?
Ich arbeite als Virtuelle Assistentin und habe ein Jobportal für Virtuelle Assistenten, sowie einen Online-Kurs. Für meine Kunden übernehme ich das Social Media Management, Recherchen, schreibe Texte, beantworte E-Mails und vieles vieles mehr.

Wie bist du auf die Ideen für deine Services gekommen? Hast du dabei eine bestimmte Methodik verfolgt?

Nachdem ich zu Beginn meiner Karriere mit einer Agentur für Virtuelle Assistenten zusammengearbeitet hatte, hatte ich irgendwann das Bedürfnis, eine Online-Plattform zu schaffen, auf der sich Auftraggeber und Assistenten finden können. Auf die Idee für den Online-Kurs bin ich gekommen, weil mich immer mehr Leute gefragt haben, wie man Virtuelle Assistenz wird. So habe ich den Kurs erstellt, um darüber meine Erfahrungen zu teilen.

Wie lange hat es gedauert, bis du deine ersten 1.000 Euro an monatlichem Einkommen durch deine ortsunabhängige Arbeit generiert hast?

Das hat bei mir ein gutes Jahr gedauert. Ich habe in dieser Zeit nebenher Nachhilfe gegeben und Deutsch unterrichtet und mir so mein Leben finanziert. Auch habe ich sehr sparsam gelebt und dadurch langsam aber sicher meine Einnahmen gesteigert.

Wie hast du deine ersten Kunden gefunden, mit denen du remote zusammengearbeitet hast?

Zu Anfang meiner Karriere habe ich mit einer Agentur für Virtuelle Assistenten zusammengearbeitet. Meine ersten eigenen Kunden habe ich dann später auf Veranstaltungen gefunden. Mir haben vor allem Netzwerke und Empfehlungen geholfen, um neue Kunden zu gewinnen.

Wie findest du neue Kunden?

Neue Kunden habe ich bisher fast ausschließlich über Empfehlungen und Networking gefunden. Ich habe gerade am Anfang viele Veranstaltungen besucht und jedem erzählt, was ich anbiete.

Was war deine Motivation, ortsunabhängig zu arbeiten?

Meine Selbständigkeit und der Remote Job kamen eher ungeplant. Ich hatte mir eine sechsmonatige Auszeit genommen und diese auf Teneriffa mit einem Praktikum in einer Sprachschule verbracht. Nachdem die sechs Monate um waren, wollte ich nicht wieder weg von der Insel. So habe ich mit ein paar Umwegen letztlich zur Virtuellen Assistenz gefunden und mich recht spontan, ohne große Vorbereitung, damit selbständig gemacht. Nach einer Weile habe ich angefangen den Vorteil, von überall aus arbeiten zu können, zu nutzen und bin auf Reisen gegangen. Jedoch erst als ich schon recht stabile Einkünfte hatte. Mittlerweile habe ich einige Angebote für Festanstellungen erhalten – aber meine Freiheit möchte ich nicht mehr hergeben.

Wie hast du deine Remote-Karriere begonnen? Gab es irgendwelche Tools; die dir geholfen haben, ortsunabhängig zu arbeiten?

Ich habe meine Karriere als VA über eine Agentur für Virtuelle Assistenten begonnen und mir darüber nach und nach einen eigenen Kundenstamm aufgebaut. Gleichzeitig habe ich viel über ortsunabhängiges Arbeiten gelesen. Vor allem die Bücher von Tim Chimoy fand ich sehr inspirierend und hilfreich.

Welche drei Dinge würdest du vermeiden, wenn du die Zeit zurückspulen könntest?

Was ich anders machen würde, wäre wohl, das Ganze etwas geplanter und strategischer anzugehen. Ich habe alles sehr spontan und ohne große Vorkenntnisse angefangen, habe aber während der Arbeit sehr viel dazugelernt. Das ist einer der großen Vorteile als Virtuelle Assistenz. Je nach Branche der Auftraggeber kann man selbst wahnsinnig viel dazulernen. Zu Beginn meiner Tätigkeit hatte ich von den meisten Tools und Softwareprogrammen keine Ahnung. Mein heutiges Wissen habe ich mir „on the job" und über Tutorials angeeignet.

Was waren deine größten Herausforderungen, um ein Remote-Einkommen zu generieren und wie hast du diese bewältigt?

Als Freelancer ist stets die Herausforderung ein stabiles Einkommen zu generieren. Ich habe mit sehr niedrigen Stundensätzen angefangen und musste so sehr viel arbeiten, um davon leben zu können. Mittlerweile sind meine Stundensätze höher, dennoch habe ich schwankende Einnahmen, da die Auftragslage nicht immer gleich ist. Wichtig ist also immer, Reserven zu haben, um so Auftragstiefs abfangen zu können.

Wie sieht ein normaler Arbeitstag in deinem Leben als Remote Worker aus? Hast du eine tägliche Routine?

Mein Büro ist bei mir zu Hause. Ich arbeite am liebsten von zu Hause aus und nur selten in Coworking Spaces. Auf Reisen natürlich deutlich mehr – auf der Suche nach gutem Internet. Ich bin vormittags am produktivsten und teile mir meinen Tag nach Kunden ein. Ich arbeite also immer fokussiert für einen Kunden und wende mich dann dem nächsten zu. Insgesamt halte ich aber meine Tage gerne flexibel, um auch private Termine wahrnehmen zu können und meinen Arbeitsrhythmus der Tagesform anpassen zu können. Ich schreibe täglich meine ToDo Liste und verschaffe mir morgens und abends einen Überblick über alles, was noch ansteht.

Was sind die Vor- und Nachteile ortsunabhängiger Arbeit aus deiner Sicht?

Ein Vorteil ist in jedem Fall die persönliche Freiheit, seinen Aufenthaltsort frei aussuchen zu können. Zudem kann man meist auch seine Arbeitszeiten relativ frei bestimmen und muss nicht jeden Tag in ein Büro. Nachteil ist die oft schwierige Bürokratie. Gerade für Vielreisende ohne festen Wohnsitz ist es immer noch aufwändig eine gute Lösung zu finden. Ich persönlich arbeite gerne im Home-Office und alleine, kenne aber viele Remote-Arbeiter, denen der soziale Kontakt zu Kollegen fehlt. Das muss man für sich selbst ausprobieren und entsprechende Lösungen finden.

WOMIT KANNST DU ORTSUNABHÄNGIG GELD VERDIENEN? – EINIGE IDEEN

Beschäftigungsformendu kannst entweder als Freelancer für verschiedene Auftraggeber arbeiten, Angestellter einer Firma sein, die es dir ermöglicht ortsunabhängig zu arbeiten, oder du wirst unternehmerisch tätig. In Kapitel 6 findest du verschiedene Jobportale, die sich auf ortsunabhängiges Arbeiten spezialisiert haben.

Die folgenden Zeilen geben dir ein paar Ideen an die Hand, wie du ortsunabhängig mit diesem Beruf Geld verdienst. Der Abschnitt ist bewusst kurzgehalten, da viele der Ideen bereits in Kapitel 3 angesprochen wurden. Solltest du an der ein oder anderen Stelle den Wunsch nach mehr Inhalt verspüren, blättere einfach nochmal zum Anfang zurück. Nähere Informationen, wie du Themen für Bücher und Online-Kurse findest, erhältst du in Kapitel 5. Schau außerdem gerne auf unserem Blog vorbei, für alle genannten Tools und Ressourcen im Überblick: https://new-work-life. com/portfolio/virtuelle-assistenz.

Übe deine Kerntätigkeit aus

Du kannst deine Kerntätigkeit als Virtuelle Assistenz ohne Probleme ortsunabhängig ausüben, denn dein Berufsbild ist (zumindest in Teilen) virtueller Natur. Vermarkte deine Leistungen über eine eigene Website und/ oder über Online-Marktplätze, wie z. B. Fernarbeit.net, My-Vpa, Upwork.com oder Freelancer.com.

Werde Online-Coach und biete virtuelle Coachingstunden an

Coache Berufsanfänger und/oder Berufserfahrene zu Themen wie z. B. Selbständigkeit, Home-Office, Selbstorganisation, Zeitmanagement,

Kundenakquise, Umgang mit schwierigen Kunden, (Online-)Vermarktung, Geschäftsexpansion, etc.

Schreibe ein eBook

Finde ein Thema, das dich interessiert und für das Nachfrage besteht. Wie wäre es z. B. mit einem Roman über das (Arbeits-)Leben einer virtuellen Assistentin („Backstage – Aus dem Leben einer Assistentin")? In solch einem Roman könntest du die Beziehung zwischen Assistenz und Chef thematisieren, technische Herausforderungen/Pannen zum Besten geben und Jobs mit skurriler Note offenlegen. Alternativ kannst du auch einen Ratgeber schreiben, der z. B. das Thema Organisation und Zeitmanagement im Job behandelt („Als virtuelle Assistentin den Überblick behalten – 100 Tools und Ressourcen für bessere Organisation und optimales Zeitmanagement"). Wie genau du Themen findest, kannst du im Kapitel 5 nachlesen.

STARTER TOOLKIT – DAS BRAUCHST DU, UM LOSZULEGEN

Notebook und Smartphone

SOFTWARE:

- Office: z. B. Microsoft Office oder Google Docs
- Kommunikation: z. B. Skype, WhatsApp, Slack, Gmail
- Website / Webshop: z. B. WordPress oder Shopify
- Organisation: z. B. Evernote
- Projektmanagement: z. B. Trello
- Dokumentenablage und -übertragung: z. B. Dropbox oder Google Drive

BÜCHER UND TUTORIALS:

- Buch: „Virtuelle Assistenz: Mit virtuellen Jobs von zu Hause oder unterwegs Geld verdienen", von Doris Hinsberger
- Buch: „So wirst du Virtuelle Assistentin: Jetzt erfolgreich durchstarten!", von Andrea Drexl
- Tutorial: „Als Virtueller Assistent von überall arbeiten", von Vera Ruttkowski, unter https://fernarbeit.net/kurs-als-virtueller-assistent-von-ueberall-arbeiten

Detaillierte Informationen zu Tools und Ressourcen, die dir helfen können, ein ortsunabhängiges Einkommen aufzubauen, findest du auf unserem Blog unter: https://new-work-life.com/portfolio/virtuelle-assistenz.

Bundesverband Sekretariat und Büromanagement e. V.: http://bsboffice.de

4.35 VLOGGER

Als Vlogger bist du Herausgeber eines Video-Blogs. Ein Video-Blog, auch Vlog oder V-Log genannt, ist ein Blog, der auf Videos basiert und entweder über eine Website oder ein Portal wie z. B. YouTube ausgesteuert wird. Ein Video-Blog lebt von regelmäßig neu veröffentlichten Inhalten. Diese können u. a. Themen wie Food, Reise, Fashion, Musik, Fotografie, etc behandeln. In der Regel präsentierst du deine Inhalte auf dem Vlog in einem persönlichen und informellen Stil, der Zuschauer zur Interaktion mit dir animiert.

WAS SIND MÖGLICHE AUFGABEN?

- Ideen für neue Videos generieren
- Inhalte der Videos recherchieren und ausarbeiten
- Inhalte planen und Redaktionspläne erstellen
- Video-Skripte schreiben
- Keywordanalysen durchführen und passende Keywords für Google SEO herausfiltern
- Videos aufnehmen
- Videos bearbeiten und schneiden
- Videos auf deiner Vlog-Website oder bei Plattformen wie z. B. YouTube einstellen und veröffentlichen
- Vlog publik machen und z. B. über Social Media Plattformen, Werbung, E-Mail Marketing, etc. promoten und vermarkten
- Netzwerken mit anderen Vloggern, Interviewpartnern, Presse etc.
- Vlog-Zuschauer zur Interaktion mit dem Vlog motivieren und auf Kommentare der Leser antworten

WELCHE AUSBILDUNG BENÖTIGST DU?

Die Berufsbezeichnung Vlogger ist nicht geschützt. Um Vlogger zu werden, benötigst du keine spezielle Ausbildung. Von Vorteil sind Erfahrungen im Bereich Videoproduktion und -bearbeitung, Online-Marketing und Social Media Management.

WELCHE FÄHIGKEITEN SOLLTEST DU MITBRINGEN?

- Sehr gute Ausstrahlung und kommunikatives Wesen
- Fähigkeit, andere für sich zu gewinnen
- Strukturierte Denkweise und Organisation
- Selbstdisziplin und Durchhaltevermögen
- Guter Netzwerker

UNSER ROLEMODEL FÜR DEN BERUF DES VLOGGERS

Name: Felix von der Laden
Unternehmen: 25MATE GmbH
YouTube Kanäle: DnerMC | spielkindgaming

Felix, der als YouTube Star auch unter den Namen *Spielkind* und *Dner* bekannt ist, ist ein deutscher Vlogger mit eigener Firma *25MATE*. Er ist seit 2011 aktiv und besitzt zwei YouTube-Kanäle, die in Summe mehr als vier Millionen Abonnenten haben. Auf seinem Kanal *DnerMC* berichtet Felix aus seinem Leben. Es geht um Autos, Racing, Technik und ums Reisen. Auf seinem Kanal *Spielkind Gaming* geht es um Videospiele. Felix und die Co-YouTuberin „Kati Karenina" zeigen sich hier regelmäßig dabei, wie sie Videospiele wie z. B. Minecraft spielen und ihr Spiel währenddessen aufzeichnen und kommentieren. Diese Art von Videos läuft auch unter dem Namen „Let's Play Videos" auf YouTube.

Vor seiner YouTube Karriere hat Felix in Lübeck Abitur gemacht und 2013 in Köln ein Studium im Bereich Medienwirtschaft begonnen. Dieses brach er allerdings nach nicht einmal einem Semester ab, um sich gänzlich auf seine YouTube-Kanäle zu konzentrieren.

Geld verdient Felix durch Werbeinnahmen aus seinen Vlogs und Let´s Play Videos. Zudem erzielt er Einnahmen aus Sponsored Videos, die er im Auftrag für Kooperationspartner dreht (z. B. für Unternehmen), über Affiliate-Links, die er unterhalb seiner Videos platziert und über sein eigenes Kleidungslabel. Für sein Label hat Felix einen eigenen Onlineshop aufgebaut, über den er T-Shirts, Pullis, Handyhüllen und Turnbeutel vertreibt.[49]

---

49 Quellen: https://www.YouTube.com/user/DnerMC/about, https://www.YouTube.com/channel/UCbuKwxnPVgjkWhYGtTeFPaw/about und https://de.wikipedia.org/wiki/Felix_von_der_Laden, abgerufen am 29.08.2018.

WOMIT KANNST DU ORTSUNABHÄNGIG GELD VERDIENEN? – EINIGE IDEEN

Beschäftigungsformen: Du kannst entweder als Freelancer für verschiedene Auftraggeber arbeiten, Angestellter einer Firma sein, die es dir ermöglicht ortsunabhängig zu arbeiten, oder du wirst unternehmerisch tätig. In Kapitel 6 findest du verschiedene Jobportale, die sich auf ortsunabhängiges Arbeiten spezialisiert haben.

Die folgenden Zeilen geben dir ein paar Ideen an die Hand, wie du ortsunabhängig mit diesem Beruf Geld verdienst. Der Abschnitt ist bewusst kurzgehalten, da viele der Ideen bereits in Kapitel 3 angesprochen wurden. Solltest du an der ein oder anderen Stelle den Wunsch nach mehr Inhalt verspüren, blättere einfach nochmal zum Anfang zurück. Nähere Informationen, wie du Themen für Bücher und Online-Kurse findest, erhältst du in Kapitel 5. Schau außerdem gerne auf unserem Blog vorbei, für alle genannten Tools und Ressourcen im Überblick: https://new-work-life.com/portfolio/vlogger.

Suche Sponsoren und produziere gesponsorte Videos

Gesponsorte Videos zeichnen sich dadurch aus, dass sie Werbung deines Sponsors bzw. deiner Sponsoren enthalten. Du solltest darauf achten, dass die Produkte und Services deines Sponsors zum Profil deines Podcast passen. Sponsoren können z. B. Hersteller von Produkten wie Kleidung, Elektronik, Anbieter von Software etc. sein. Du kannst entweder selbst nach Sponsoren suchen oder du beauftragst eine Sponsorship Agentur. Wenn du selbst nach einem Sponsor schaust, kannst du folgendermaßen vorgehen, um geeignete Sponsoren zu finden: 1. Schau nach, welche Produkte du für deinen Vlog verwendest und sprich die Hersteller dieser Produkte bzgl. einer Sponsorentätigkeit an. 2. Forsche nach werbenden Unternehmen in deiner Nische. Sprich diese Unternehmen bzgl. einer Sponsorentätigkeit an. 3. Kauf dir Print-Magazine in deiner Nische und schau nach, welche Unternehmen in den Magazinen werben. Sprich diese Unternehmen bzgl. einer Sponsorentätigkeit an.

Arbeite mit Affiliate-Links für deinen Video-Content

Affiliate-Links sind externe Verlinkungen zu bestimmten Produkten oder Services. Überleg dir, welche Produkte und Services du in deinen Videos nennst (weil du sie z. B. gut findest) und platziere unterhalb deiner Videos (im Beschreibungstext) einen Affiliate-Link zum jeweiligen Produkt und/

oder Service. Über den Affiliate-Link haben Besucher deines Vlogs die Möglichkeit, das Produkt oder den Service zu kaufen. Dadurch, dass es ein Affiliate-Link ist, verdienst du bei jedem Kauf eine Provision. Achtung: Achte darauf, dass deine Affiliate-Links zum Inhalt deines Videos passen und du Produkte bzw. Services auswählst, von denen du zu hundert Prozent überzeugt bist und die du ohne Vorbehalte empfehlen kannst.

Verkaufe Merchandising-Produkte über einen eigenen Webshop

Du kannst z. B. Hoodies, T-Shirts, Mützen, Caps, Taschen, Rucksäcke, Kaffeebecher, Handyhüllen, etc. verkaufen. Damit der Verkauf physischer Produkte dich standortmäßig nicht bindet, solltest du den Produktions-, Lagerhaltungs- und Versandprozess auslagern an externe Dienstleister. Es gibt im Internet sogenannte Social-Commerce-Unternehmen wie z. B. Spreadshirt, Shirtee und Merch by Amazon, die dir für bestimmte Produktkategorien alle oben genannten Prozesse abnehmen, so dass du dich ausschließlich um das Design deiner Produkte kümmern musst. Solltest du deine Produkte selbst herstellen lassen wollen (z. B. in Asien) und daher nur einen Dienstleister für Lagerhaltung und Versand benötigen, kannst du von Amazon's Service FBA Gebrauch machen. Für mehr Informationen zu Amazon FBA schau dir das Berufsbild „Amazon FBA Händler" an, das du in Band 3 der Go Remote! Bücherserie findest (Go Remote! für Technik, Zahlen und Organisationstalente)

Biete deine Leistungen externen Auftraggebern an

Unterstütze andere z. B. bei der Postproduktion von Videos, bei der Erstellung von Videoskripten oder beim Online-Marketing. Vermarkte deine Leistungen über eine eigene Website, über deinen Vlog und/oder über Online-Marktplätze wie z. B. Upwork.com, Freelancer.com, Twago.de und ggf. Fiverr.com.

Drehe Videos von Dingen, die aktuell angesagt sind

Prüfe, wofür ein Markt besteht (Landschaften, Menschen, Objekte, etc.) und verkaufe die Aufnahmen sowie das jeweilige Rohmaterial (Footage) online über eine eigene Website und/oder über Stockplattformen wie z. B. Alamy, Adobe Stock, iStock, Pond5 oder Shutterstock. Stockplattformen sind Online-Marktplätze, auf denen verschiedene Anbieter Produkte wie Fotos, Bilder, Vektoren, Videos, Audiodateien, Computercode, etc. anbieten. Die erbrachten Produkte werden dabei „auf Lager" produziert, d. h. sie entstehen ohne Beauftragung. Die Produkte auf Stockplattformen können vom Käufer gegen Zahlung einer Lizenzgebühr für vielseitige Zwecke, z. B. für den Einsatz in Film, TV, Radio, etc. eingesetzt werden.

Entwickle und verkaufe Online-Kurse

Du könntest z. B. einen Kurs für Vlogging-Anfänger entwickeln, der erklärt, wie Vlogging funktioniert. In solch einem Kurs könntest du grundlegende Kenntnisse vermitteln und Tipps (für z. B. bessere Videoqualität, mehr Sichtbarkeit, Aufbau einer Followerschaft, etc.) an die Hand geben. Alternativ könntest du auch einen Kurs zu bestimmter Vlogging-Software machen. Hier könntest du die Software in einem ersten Schritt erklären und in einem zweiten Schritt anhand von Praxisbeispielen und -übungen schulen.

Leg ein Profil bei einer Crowdfunding-Plattform an

Lass dich von deinen Fans z. B. auf der Crowdfunding-Plattform Patreon. com finanziell unterstützen.

Werde YouTube Partner

Binde Werbeanzeigen in deine Videos ein. Dafür musst du dich für das YouTube Partnerprogramm bewerben. Wirst du aufgenommen, kannst du Werbeanzeigen vor, in und nach deinen Videoclips schalten und damit Geld verdienen. Viele YouTuber entscheiden sich in diesem Kontext für Anzeigenclips, die nach kurzer Dauer vom Nutzer übersprungen werden können. Aber auch andere Werbeformate sind möglich wie z. B. Overlay Anzeigen oder gesponsorte Infokarten. Um YouTube Partner werden zu können, musst du bestimmte Voraussetzungen erfüllen: Erstens musst du mindestens 1.000 Abonnenten für deinen Kanal und zweitens mindestens 4.000 Stunden Videomaterial pro Jahr vorweisen können. Gerade zu Beginn deiner Karriere dürfte dies schwerfallen. Die Werbeeinnahmen bei YouTube richten sich nach der Anzahl an Videoaufrufen und fallen proportional betrachtet sehr gering aus, d. h. du brauchst sehr (!) viele Videoaufrufe, um auch nur ansatzweise 100 Euro zu verdienen. Aus diesen Gründen solltest du dich zu Beginn deiner Karriere als Vlogger auf andere Einnahmequellen als auf Werbung konzentrieren.

STARTER TOOLKIT – DAS BRAUCHST DU, UM LOSZULEGEN

Notebook, Smartphone mit sehr guter Kamera (z. B. iPhone), Selfie-Stick, Stativ, Mikrofon, Belichtungsequipment

SOFTWARE:

- Office: z. B. Microsoft Office oder Google Docs
- Kommunikation: z. B. Skype, WhatsApp, Slack, Gmail

- Website / Webshop: z. B. WordPress oder Shopify
- Cloudbasierte Datenspeicherung: z. B. Dropbox oder Google Drive
- Videobearbeitung: z. B. Shotcut, iMovie, Final Cut Pro, Adobe Premiere Pro
- Content planen und managen: z. B. Hootsuite oder Buffer

BÜCHER UND TUTORIALS:
- Buch: „Play!: Das Handbuch für YouTuber. Alles für Deinen perfekten YouTube-Kanal: Channels planen, Videos drehen, Reichweite bekommen, Geld verdienen", von Christine Henning
- Tutorial: „Video-Blogging: Bei YouTube & Co. mit Bloggen Geld verdienen", von Thor Alexander, auf Udemy
- Tutorial: „Professionelle Video-Produktion mit Smartphone und Kamera - Meine Tricks für einfache Video und Kurs-Erstellung für Udemy, YouTube & Co. Ohne Kamera ohne Erfahrung", von Felix Lemloh, auf Zudem

Detaillierte Informationen zu Tools und Ressourcen, die dir helfen können, ein ortsunabhängiges Einkommen aufzubauen, findest du auf unserem Blog unter: https://new-work-life.com/portfolio/vlogger.

HIER FINDEST DU WEITERE INFORMATIONEN

Der Bloggerclub e.V.: https://www.bloggerclub.de

4.36 WEBDESIGNER

Als Webdesigner gestaltest und konzipierst du Websites für Privatpersonen und Unternehmen. Du entwickelst kreative Ideen, die du in ein Website-Konzept überführst und visualisierst. Sobald das Design final ist, setzt du es mithilfe eines Webdevelopers oder – sofern du über Programmierkenntnisse verfügst – selbst in Form einer Website um.

WAS SIND MÖGLICHE AUFGABEN?
- Kundenanforderungen aufnehmen
- Kunden bzgl. Zielgruppen Targeting beraten, d. h. eine Strategie entwickeln, die aufzeigt, wie die Zielgruppe des Kunden am besten

erreicht werden kann

- Gewünschte „Message" des Designs mit dem Kunden abstimmen
- Website-Konzept unter Berücksichtigung von Corporate Identity (CI) erstellen
- Entwürfe der einzelnen Website-Seiten (Mockups) anfertigen und dem Kunden präsentieren
- Feedback zu Mockups einholen und in Entwürfen verarbeiten
- Finales Webdesign erstellen
- Sofern Umsetzung der Website erfolgt: Domainname der Website registrieren, Hosting der Website organisieren, Content Management Systeme (CMS) auswählen und einbinden, Website-Elemente programmieren, Search Engine Optimization (SEO), Inhalte der Website Korrektur lesen, Code debuggen, Website-Funktionalitäten testen, etc.
- Zusammenarbeit mit Grafikdesignern und Webprogrammierern

WELCHE AUSBILDUNG BENÖTIGST DU?

Die Berufsbezeichnung Webdesigner ist gesetzlich nicht geschützt. Um Webdesigner zu werden, benötigst du keine spezielle Ausbildung. Von Vorteil ist eine Ausbildung oder ein Studium im Bereich Design und/oder Programmierung. Weiterbildungen zum Webdesigner findest du u. a. bei ILS, SGK oder der Hamburger Akademie.

WELCHE FÄHIGKEITEN SOLLTEST DU MITBRINGEN?

- Kreativität und Interesse an Design
- Gutes Kommunikationsvermögen
- Analytische Denkweise
- Fähigkeit, sich selbst und seine Arbeit zu vermarkten
- Detailgenauigkeit

UNSER ROLEMODEL FÜR DEN BERUF DES WEBDESIGNERS

Name: Bartek Wiak
Unternehmen: Bartek Wiak
Homepage: https://bartekwiak.com
Kontakt: mail@bartekwiak.com

Bartek hat Elektrotechnik an der Technischen Universität Warschau studiert, bevor er sich entschloss sein Studium aufzugeben und stattdessen lieber als Software-Tester zu arbeiten. Er machte einen guten Job und dementsprechend Karriere. Nachdem er zwei Jahre lang als Tester gearbeitet hatte, wurde er zum Teamleiter befördert. Grundsätzlich ein guter Job, doch er erfüllte ihn nicht dauerhaft, so dass er irgendwann Webdesign für sich entdeckte und sich als Freelancer selbständig machte.

Auf die Frage, was Freunde und Familie über ihn als Person sagen, hofft Bartek, dass es etwas in der Richtung „Cooler Typ und toller Freund mit Esprit und einem großen Herz" ist.

Während unseres Interviews hielt sich Bartek in Warschau auf, doch er plante bereits sein nächstes tropisches Abenteuer, wie er es nannte, für den kommenden Winter.

INTERVIEW MIT BARTEK WIAK IN SEINER ROLLE ALS WEBDESIGNER

Wie verdienst du dein Geld als Remote Worker?

Ich entwerfe und entwickle Websites, Blogs und E-Commerce-Shops. Ich optimiere auch bereits erstellte Websites. Ich mache dort Änderungen, behebe Probleme und mache Back-End-Cleanups.

Ich biete auch Wartungspläne für eine monatliche Gebühr an. Diese Pläne beinhalten die allgemeine Pflege einer Website, um sicherzustellen, dass die Website immer aktualisiert, schnell und frei von Viren ist.

Wie lange hat es gedauert, bis du deine ersten 1.000 Euro an monatlichem Einkommen durch deine ortsunabhängige Arbeit generiert hast?

Wenn ich den Zeitpunkt zugrunde lege, an dem ich begonnen habe, zu hundert Prozent nomadisch zu leben, habe ich ungefähr zwei Jahre gebraucht, um meine ersten tausend Euro zu verdienen.

Wenn ich die Zeit mit einrechne, in der ich noch einen festen Bürojob hatte und gelernt habe, was ich als Lernzeit bezeichne, dann habe ich drei Jahre gebraucht.

Allerdings spreche ich nicht von „diesem einen Monat", in dem ich es irgendwie geschafft habe, tausend Euro zu verdienen (was sicherlich früher geschehen ist), sondern von einem stetigen Einkommen in dieser Höhe, das ich jeden Monat hatte.

Wie hast du deine ersten Kunden gefunden, mit denen du remote zusammengearbeitet hast?

Mein erster Kunde hat mich gefunden. Eine Freundin eines Freundes begann einen Blog aufzubauen und sie brauchte Hilfe beim Webdesign. Wir kannten uns und eines Tages erhielt ich eine E-Mail von ihr mit dem Titel „Bitte hilf mir". Und sie ist bis heute meine Kundin.

Wie findest du neue Kunden?

Es mag komisch klingen, aber ich glaube nicht, dass ich jemals Marketing für mich betrieben habe. Meine Kunden finden mich normalerweise über Empfehlungen von Freunden oder von Kunden oder über Websites, die ich vorher erstellt habe.

Was war deine Motivation, ortsunabhängig zu arbeiten?

Es war ein großes Verlangen nach persönlicher Freiheit, das mich dazu bewogen hat, ortsunabhängig zu arbeiten. Eigentlich war es keine Motivation, auch keine Wahl. Es war ein Muss. Nennen wir es eine Berufung. Ich hatte keine Wahl.

Nachdem ich ein paar Jahre in einem Bürojob gearbeitet hatte, konnte ich mich – selbst wenn es mir dabei ziemlich gut ging – nicht vorstellen, dass ich das für die nächsten 30 Jahre oder länger machen würde. Ich erinnere mich daran, dass ich eines Tages eine E-Mail von einem Freund bekommen habe. Er reiste in diesem Moment durch Asien. Und in dieser E-Mail beschrieb er seine Reise, was er kürzlich gesehen hatte, wie das aktuelle Inselleben für ihn war. Er schickte auch einige Bilder von wunderschönen Landschaften, Stränden, blauem Meer und Palmen. Als ich diese E-Mail las, habe ich mir meine Umgebung angeschaut: ein normales Büro, weiße Wände, Leute vor ihren Computern, und ich dachte mir: „Auf keinen Fall werde ich mein ganzes Leben lang so leben, wenn es so viel zu sehen und zu erleben gibt." Ich wurde krank und müde von dieser klassischen Zeiteinteilung, von 9 bis 17 Uhr zu arbeiten, fünf Tage die Woche. Aus meiner Sicht ist das eine moderne Form der Sklaverei. Ich denke, wir sind auf dieser Erde, um viel mehr zu sein als Sklaven.

Wie hast du deine Remote-Karriere begonnen? Gab es irgendwelche Tools, die dir dabei geholfen haben, ortsunabhängig zu arbeiten?

Ich habe ein polnisches Mädchen kennengelernt, das für ein paar Jahre mit einem Rucksack die Welt bereiste (wir trafen uns in Warschau). Bevor ich sie traf, waren 95% meines sozialen Umfeldes Menschen, die in ihren

9-to-5-Jobs arbeiteten (mit ein paar Ausnahmen, aber zu denen hatte ich nicht so viel Kontakt). Das Mädchen arbeitete an einem Projekt in Polen und brauchte Hilfe mit ihrer Website. Ich dachte mir „hmm, ich bin ein Tech-Typ, ich kann ihr wahrscheinlich helfen", und das tat ich auch.

Im Laufe des nächsten Jahres habe ich ein paar Websites für sie erstellt und mir dabei selbst beigebracht, wie man Websites ohne Vorkenntnisse über Webdesign und -entwicklung erstellt. Dabei habe ich allen meinen Freunden viele dumme Fragen gestellt, wirklich grundlegende Fragen. Keine Tutorials, keine Kurse, keine Bücher. Nur ein anständiger IQ und ein analytischer Verstand. Wann immer ich ein Problem hatte, wann immer ich nicht wusste, wie ich etwas tun sollte, habe ich Google oder einen meiner Freunde gefragt, der in diesem Bereich etwas Erfahrung hatte. Nach einem Jahr dachte ich mir „ok, ich kenne einige Grundlagen. Vertraue dem Prozess. Die Kunden werden schon kommen". Also habe ich meinen Job gekündigt und ein One-Way-Ticket nach Hawaii gekauft.

Welche drei Dinge würdest du vermeiden, wenn du die Zeit zurückspulen könntest?

Es war nicht alles eitel Sonnenschein. Die ersten zwei Jahre waren ziemlich hart. Ich habe viel freiwillige Arbeit geleistet, um Kosten zu sparen, und ich habe während meiner Freizeit online gearbeitet. Aber ich würde nichts ändern. Es ist alles Teil meiner Reise und dank dieser Zeit habe ich sehr viel über mich selbst und über die Welt gelernt.

Aber eines möchte ich dir sagen: Hab keine Angst davor, deine Preise zu erhöhen, wenn deine Fähigkeiten wachsen und du dich unterbezahlt fühlst. Ich habe zu lange für wenig Geld gearbeitet, weil ich Angst hatte, dass ich meine Kunden verlieren würde, wenn ich meine Preise erhöhen würde. Hab keine Angst, kontrolliere dein Leben.

Wie sieht ein normaler Arbeitstag in deinem Leben als Remote Worker aus? Hast du eine tägliche Routine?

Ich habe keinen typischen Arbeitstag. Ich habe gelernt, mit dem Flow zu gehen und ein gesundes Gleichgewicht zwischen dem, was ich machen möchte und dem, was ich machen muss, zu bewahren. Im Allgemeinen bin ich morgens am produktivsten. Während dieser Zeit habe ich beobachtet, dass mein Produktivitätslimit ungefähr fünf Stunden beträgt. Nach fünf Stunden Arbeit fällt meine Leistungsfähigkeit ab, ich werde müde und abgelenkt. Ich möchte also meine Arbeit eher früh am Tag erledigen, damit ich mich nachmittags und abends entspannen kann. Vieles hängt aber auch von dem Ort ab, an dem ich mich gerade befinde.

Da ich jetzt in Warschau bin, beginne ich meinen Tag normalerweise mit Sport (Stretching / Calisthenics oder Schwimmen). Dann arbeite ich. Manchmal arbeite ich den ganzen Tag, manchmal schalte ich meinen Laptop nach ein paar Stunden aus und treffe mich mit einem Freund oder verbringe etwas Zeit in der Natur, um meinen Akku wieder aufzuladen.

Wenn ich irgendwo bin, wo es Wellen gibt, hat Surfen meine oberste Priorität und ich versuche, zwischen meinen Surf-Sessions zu arbeiten und Kontakte zu knüpfen.

Was sind die Vor- und Nachteile ortsunabhängiger Arbeit aus deiner Sicht?

Aus meiner Sicht ist der größte Vorteil die Freiheit, die man genießt. Jeden Tag kannst du tun, was du willst. Dies betrifft auch dein Leben. Du kannst überall auf der Welt sein, wo du sein möchtest.

Wenn du deine Ruhe haben möchtest, kannst du von zu Hause aus arbeiten oder wandern gehen. Wenn du Leute um dich herum haben willst, kannst du in ein Café oder in einen Coworking Space gehen. Du kannst arbeiten wann du willst, morgens, tagsüber oder nachts, es liegt ganz bei dir. Du kannst Sport treiben, wann immer dir danach ist, denn es gibt keinen Chef, der es dir verbietet. Ehrlich gesagt, sehe ich keine Nachteile darin, ortsunabhängig zu sein. Du kannst dein Leben so gestalten, wie es dir gefällt.

Wobei, einen Nachteil kann ich doch nennen. Wenn du als digitaler Nomade permanent unterwegs bist, kannst du sehr einsam werden.

Manchmal habe ich mich einsam und müde von zu schnellem Reisen und zu oft wechselnden Orten gefühlt. Es hat mich angestrengt, immer wieder neue Orte zu entdecken und nicht an Orte zurückzukehren, an denen ich schon einmal war. Es kann auch sehr anstrengend sein, jede Woche neue Kontakte zu knüpfen. Mit der Zeit habe ich mir zwei, drei Orte in der Welt herausgesucht, die ich wirklich sehr gerne mag, an denen ich mich Zuhause fühle und wo ich Freunde habe. Ich bewege mich frei zwischen diesen Orten und besuche sie, wann immer ich möchte. Meines Erachtens erlebt man die genannten Nachteile nur als digitaler Nomade. Ich ziehe es vor, mich als „ortsunabhängig" zu bezeichnen.

Last but not least: Hast du noch weitere hilfreiche Tipps für unsere Leser?

Folge deinem Herzen. Wenn du dir selbst zuhörst und tust, was du tief im Inneren fühlst, ist es gut für dich – das Universum wird dir schon helfen.

WOMIT KANNST DU ORTSUNABHÄNGIG GELD VERDIENEN? – EINIGE IDEEN

Beschäftigungsformen: Du kannst entweder als Freelancer für verschiedene Auftraggeber arbeiten, Angestellter einer Firma sein, die es dir ermöglicht ortsunabhängig zu arbeiten, oder du wirst unternehmerisch tätig. Mögliche Auftrag- / Arbeitgeber sind z. B. Agenturen, Unternehmen, Freelancer, Startups, Blogger, Privatpersonen. In Kapitel 6 findest du verschiedene Jobportale, die sich auf ortsunabhängiges Arbeiten spezialisiert haben.

Die folgenden Zeilen geben dir ein paar Ideen an die Hand, wie du ortsunabhängig mit diesem Beruf Geld verdienst. Der Abschnitt ist bewusst kurzgehalten, da viele der Ideen bereits in Kapitel 3 angesprochen wurden. Solltest du an der ein oder anderen Stelle den Wunsch nach mehr Inhalt verspüren, blättere einfach nochmal zum Anfang zurück. Nähere Informationen, wie du Themen für Bücher und Online-Kurse findest, erhältst du in Kapitel 5. Schau außerdem gerne auf unserem Blog vorbei, für alle genannten Tools und Ressourcen im Überblick: https://new-work-life. com/portfolio/webdesigner.

Übe deine Kerntätigkeit aus
Du kannst deine Kerntätigkeit als Webdesigner ohne Probleme ortsunabhängig ausüben, denn dein Berufsbild ist virtueller Natur.

Erweitere dein Leistungsspektrum
Verkaufe deinen Webdesign-Kunden zusätzlich zu deiner Webdesign-Leistung das Hosting für ihre Website. Dies kannst du entweder als Wiederverkäufer (Reseller) oder als Affiliate eines Hosting-Anbieters tun. Als Wiederverkäufer kaufst du von einem Hosting-Anbieter ein Hosting Paket und verkaufst es an deine Kunden weiter. Dies tust du, indem du auf den Preis des Hosting-Anbieters einen Betrag X aufschlägst. Als Affiliate empfiehlst du deinen Kunden einen bestimmten Anbieter und erhälst von diesem beim Kauf eines Hosting-Paketes durch deinen Kunden eine Provision. Folgende Hosting-Anbieter haben Affiliate-Programme im Einsatz: Strato, All-inkl.com, 1 und 1, Domainfactory und viele mehr.

Designe Website Themes und Templates für Content Management Systeme
Biete deine Designs über eine eigene Website und/oder über entsprechende Online-Marktplätze zum Verkauf an. Folgende Marktplätze könnten für

dich u. a. von Interesse sein: Envato Market, Creative Market, Mojo Marketplace und ThemeSnap.

Gestalte Grafiken, Designs, Icons, Vektoren, etc.

Verkaufe diese online über eine eigene Website und/oder über Stockplattformen wie z. B. Shutterstock, Adobe Stock, iStock, Alamy, und 123rf. Zusätzlich kannst du auch Vorlagen für z. B. InDesign, Illustrator oder Adobe Photoshop, etc. entwerfen und diese über die oben genannten Kanäle zum Verkauf anbieten. Stockplattformen sind Online-Marktplätze, auf denen verschiedene Anbieter Produkte wie Fotos, Bilder, Vektoren, Videos, Audiodateien, Computercode, etc. anbieten. Die erbrachten Produkte werden dabei „auf Lager" produziert, d. h. sie entstehen ohne Beauftragung. Die Produkte auf Stockplattformen können vom Käufer gegen Zahlung einer Lizenzgebühr für vielseitige Zwecke, z. B. für den Einsatz in Film, TV, Radio, etc. eingesetzt werden.

Programmiere eigene Software, Apps, App-Komponenten

Entwickle z. B. Komponenten für Registrierung und Login / Zahlung / Verschlüsselung / Forms / Maps, Games und/oder Code für verschiedene Applikationen und/oder Devices und vertreibe deine Programmierungen online über eine eigene Website (z. B. auf Basis von Elopage.com, einem Content Management System für digitale Produkte) und/oder über Online-Plattformen wie z. B. Steam, Fantero, Envato Market, Codester oder Codeclerks. Du kannst deine Programmierungen entweder als Lizenzmodell vertreiben oder du entscheidest dich für den klassischen Verkauf, bei dem du alle Rechte an den Käufer abtrittst.

Schreibe ein eBook

Finde ein Thema, das dich interessiert und für das Nachfrage besteht. Wie wäre es z. B. mit einem Buch zum Thema „Kundenakquise als selbständiger Webdesigner – Wie ich neue Klienten gewinne und eine Stammkundschaft aufbaue" oder einem Buch zum Thema „Die 10 größten Fallstrike im Webdesign – worauf Sie achten sollten und was Sie unbedingt vermeiden müssen"? Wie genau du Themen findest, kannst du im Kapitel 5 nachlesen.

Leg ein Profil bei einer Crowdfunding-Plattform an

Lass dich von deinen Fans z. B. auf der Crowdfunding-Plattform Patreon.com finanziell unterstützen.

STARTER TOOLKIT – DAS BRAUCHST DU, UM LOSZULEGEN

Notebook, Smartphone, Stifte, Zeichenpapier oder Sketchbuch

SOFTWARE:

- Office: z. B. Microsoft Office oder Google Docs
- Kommunikation: z. B. Skype, WhatsApp, Slack, Gmail
- Website / Webshop: z. B. WordPress oder Shopify
- Projektmanagement: z. B. Trello
- Cloudbasierte Datenspeicherung: z. B. Dropbox oder Google Drive
- Bildbearbeitung: z. B. Adobe Photoshop oder Gimp (kostenlos)
- Wireframing, Mockups und Prototyping: z. B. Balsamiq, InVision, Axure, OmniGraffle
- Farbpalletten und Farbgebung: z. B. Colorzilla und Adobe Kuler

BÜCHER UND TUTORIALS:

- Buch: „Website-Konzeption und Relaunch: Das Handbuch für die Praxis. Konzepte entwickeln, Seiten optimieren, Besucher begeistern", von Sebastian Erlhofer und Dorothea Brenner
- Buch: „Webdesign: Das Handbuch zur Webgestaltung", von Martin Hahn
- Buch: „Praxisbuch Usability und UX: Was jeder wissen sollte, der Websites und Apps entwickelt – Bewährte Methoden praxisnah erklärt", von Jens Jacobsen und Lorena Meyer
- Buch: „Running A Web Design Business From Home: How To Find and Keep Good Clients and Make Money with Your Home Business", von Rob Cubbon
- Tutorial: „UX & Web Design Master Course: Strategy, Design, Development - Learn how to apply User Experience (UX) principles to your website designs, code a variety of sites, and increase sales!", von Joe Natoli, auf Udemy
- Tutorial: „Ultimate Web Designer & Developer Course: Build 23 Projects! Become a Full-Stack Developer – Learn Everything from Design to Front & Back-End Programming", von Brad Hussey, Code College, auf Udemy

Detaillierte Informationen zu Tools und Ressourcen, die dir helfen können, ein ortsunabhängiges Einkommen aufzubauen, findest du auf unserem Blog unter: https://new-work-life.com/portfolio/webdesigner.

4.37 WERBETEXTER

Als Werbetexter schreibst du Texte für Werbe- und Marketingzwecke von Dritten, z. B. Unternehmen. Die von dir verfassten Werbetexte haben zum Ziel, die Leser der Texte zu bestimmten Handlungen zu veranlassen, z. B. gewisse Produkte eines Unternehmens zu kaufen. Du entwickelst Werbe- und Marketingkonzepte für bestimmte Werbemittel und/oder Kampagnen und verfasst Texte für z. B. Websites, Blogs, Broschüren, Kataloge, Magazine, Werbeanzeigen, Slogans, etc.

WAS SIND MÖGLICHE AUFGABEN?
- Auftraggeber zu den Zielen und Anforderungen (Zielgruppe, Budget, etc.) der gewünschten Werbe- / Marketingmaßnahme befragen
- Informationen zum Auftraggeber einholen und recherchieren, z. B. Branche, Kundschaft, Unternehmenssprache, Vision etc.
- Ideen für Werbe- / Marketingmaßnahme entwickeln
- Konzept für Werbe- / Marketingmaßnahme ausarbeiten und mit dem Auftraggeber abstimmen
- Zielgerichtete Werbetexte auf Basis des entwickelten Konzeptes verfassen und dem Auftraggeber vorstellen
- Zusammenarbeit mit weiteren Kreativteams wie z. B. Produkt-, Grafikdesign, etc.
- Texte editieren und lektorieren

WELCHE AUSBILDUNG BENÖTIGST DU?
Die Berufsbezeichnung Werbetexter ist nicht geschützt. Um Werbetexter zu werden, benötigst du keine spezielle Ausbildung. Hilfreich ist u. U. eine Weiterbildung zum Werbetexter. Angebote für Weiterbildungen findest du z. B. hier: ILS oder Texterschmiede.

WELCHE FÄHIGKEITEN SOLLTEST DU MITBRINGEN?
- Kreativität
- Schnelles Entwickeln von neuen Ideen
- Sprachliches Geschick
- Fähigkeit unter engen Vorgaben zu arbeiten
- Fähigkeit, sich in andere hineinversetzen zu können

UNSER ROLEMODEL FÜR DEN BERUF DES WERBETEXTERS

Name: Nina Virtuoso
Unternehmen: La Nina - Copywriter Entusiasta | Diventa Scrittore - Ghostwriting and Editing (Randbemerkung: Diventa Scrittore Srl firmiert künftig ggf. unter neuem Namen)
Homepage: https://www.la-nina.it | http://diventascrittore.com
Kontakt: info@la-nina.it | info@diventascrittore.com

Nina ist Werbetexterin mit eigenem Unternehmen, das sie zusammen mit ihrer Geschäftspartnerin Maddalena betreibt. Ihre Karriere als Copywriterin hat sie vor ein paar Jahren als Freelancerin begonnen. Vor ihrer Karriere als Werbetexterin hat Nina Interkulturelle Kommunikation studiert und ihr Studium 2006 erfolgreich abgeschlossen. Danach hat sie eine Zeitlang als Kommunikations- und Marketingmanager für verschiedene Einkaufszentren in Italien gearbeitet.

Auf die Frage wie Familie und Freunde sie als Person beschreiben würden, antwortet Nina: „Ich denke, dass sie mich als kreative und leidenschaftliche Person sehen, die niemals aufgibt, selbst dann nicht, wenn es schwierig wird. Da viele meiner Freunde und Verwandten meinen aktuellen Lebensstil nicht so richtig verstehen, würden sie mich wohl auch als eine Träumerin bezeichnen, die die Bestrebung hat, etwas Schönes und Sinnvolles aus ihrem Leben zu machen."

Zum Zeitpunkt des Interviews befindet sich Nina auf Bali, wo sie seit mehr als einem Jahr zusammen mit ihrem Partner Giuseppe lebt. Auf Bali wird sie vermutlich noch eine Weile bleiben und dann nach Europa umsiedeln.

INTERVIEW MIT NINA VIRTUOSO VON LA NINA UND DIVENTA SCRITTORE

Wie verdienst du dein Geld als Remote Worker?

Ich verdiene Geld damit, qualitativ hochwertige Inhalte für Websites, Blogs und Newsletter zu verfassen. Das ist meine Haupt-Einnahmequelle.

Wie bist du auf die Ideen für deine Services gekommen? Hast du eine bestimmte Methodik verfolgt?

Ich habe meine Freelancer-Karriere damit begonnen, Texte für die Tourismusbranche zu schreiben. Nachdem ich drei Jahre durch die Welt gereist war, dachte ich, dass dies die beste Wahl sein würde. Hier wusste ich Bescheid und fühlte mich selbstbewusst. Nach einiger Zeit merkte ich jedoch, dass es sehr viel Wettbewerb in der Branche gab. Mir wurde bewusst, dass es schwer sein würde, hier erfolgreich zu werden. Ich musste folglich alternative Themenfelder und Branchen finden, über die ich schreiben konnte, und meine Skills entsprechend ausbauen. Ich versuchte einen Blick aus der Vogelperspektive auf mich zu werfen und blickte zurück auf meinen früheren Job als Kommunikations- und Marketingmanagerin für Einkaufszentren in Italien. Dieser Job – so erkannte ich schnell – hat mir Wissen in verschiedenen Bereichen verschafft. Ich habe Wissen im Bereich Branding, Massenkommunikation, Freizeit, Unterhaltung, Shopping, Storytelling und Werbung aufgebaut. Diese Erkenntnis und die Erfahrung, meinen alten Job neu zu entdecken, war für mich als Texterin der entscheidende Wendepunkt.

Wie lange hat es gedauert, bis du deine ersten 1.000 Euro an monatlichem Einkommen durch deine ortsunabhängige Arbeit generiert hast?

Ich habe rund drei Monate gebraucht, um meine ersten 1.000 Euro zu verdienen und war über die Kürze der Zeit sehr erstaunt. Man bekommt ständig zu hören, dass es unmöglich ist, mit Texten Geld zu verdienen. Ich habe jedoch bewiesen, dass das nicht der Wahrheit entspricht. Als ich ein bisschen Erfahrung gesammelt und meinen Weg ins Texten gefunden hatte, fing mein Einkommen an, kontinuierlich anzusteigen. Ich bin davon überzeugt, dass grundsätzlich jeder Erfolg haben kann, der etwas gut kann und Kunden einen Mehrwert bietet.

Wie hast du deine ersten Kunden gefunden, mit denen du remote zusammengearbeitet hast?

Ich habe meinen ersten bezahlten Texterauftrag von einem SEO-Experten bekommen, dem ich damals folgte, um von ihm zu lernen. Er kannte mich und wusste, dass ich neu in der Branche war und Kunden suchte. Durch Zufall ergab sich, dass einer seiner Kunden einen günstigen SEO-Texter suchte. Lange Rede, kurzer Sinn: Er fragte mich, ob ich Interesse an dem Auftrag hätte und ich sagte zu. Letzten Endes ergab sich daraus eine Zusammenarbeit, die in etwa ein Jahr andauerte. Zwischenzeitlich hatte ich ebenfalls ein Profil auf der Freelancerplattform Upwork.com angelegt und bot dort meinen Schreibservice an. Auch eine sehr wichtige Erfahrung für mich. Über Upwork.com lernte ich, wie ich meine Skills am besten verkaufe und was ich tun muss, um mich von Wettbewerbern auf der Plattform abzugrenzen.

Wie findest du neue Kunden?

In der Vergangenheit habe ich viel Zeit und Energie investiert, um eine gute Beziehung zu meinen Kunden aufzubauen. Ich bezeichne mich selbst auch als „Copywriter Entusiasta", was soviel heißt wie „Copywriterin mit Begeisterung". Bei meiner Arbeit versuche ich immer mein Bestes zu geben. Mund-zu-Mund Propaganda ist mein wichtigster Vermarktungskanal, den ich nutze, um neue Kunden zu gewinnen. Neben Copywriting und Texten fürs Web biete ich mit meiner Firma zudem Ghostwriting an. Für das Ghostwriting ist hauptsächlich meine Geschäftspartnerin Maddalena verantwortlich. Eine Geschäftspartnerin wie Maddalena zu finden, die sehr erfahren im Texten ist und meine Vision und Begeisterung fürs Leben teilt, war ein echter Wendepunkte für mich – sowohl für mein Leben als auch für meine Karriere.

Was war deine Motivation, ortsunabhängig zu arbeiten?

Nachdem ich mehr als acht Jahre für eines der größten Unternehmen in Italien gearbeitet hatte, habe ich eines Tages festgestellt, dass es dort für mich nichts mehr zu lernen und beizutragen gab. Eine bittere Erkenntnis. Ich fühlte mich nutzlos, sowohl im Hinblick auf mich selbst als auch für meine Firma. Ich kannte jeden Prozess und jede Aufgabe im Unternehmen. Alles war Routine. Jedoch war dieser Mangel an Inspiration nicht das Hauptproblem, das mich belastete. Vielmehr plagte mich das Gefühl, meinem Unternehmen im Rahmen meiner Möglichkeiten keinen Mehrwert mehr liefern zu können. Ich fühlte mich wie gefangen in einem Käfig ohne Ziel vor Augen – weder für mich als Person noch für meine Firma. Ich erinnere mich noch heute an diesen Tag zurück. Es war der 9. Juni 2014. Ein Montag. Drei Tage zuvor hatte ich an den Jahrestagsfeierlichkeiten eines Einkaufszentrums teilgenommen, bei dessen Eröffnung ich federführend gewesen war. All meine Kollegen waren sehr zufrieden mit der Entwicklung des Einkaufszentrums. Ich allerdings konnte den Enthusiasmus nicht teilen und dem Ganzen nichts abgewinnen. Ich sah keine Zukunft mehr für mich. Nichts, was für mich in irgendeiner Weise noch herausfordernd und interessant sein könnte. Ich fühlte mich verloren.

Als ich an diesem Tag nach Hause ging, sagte ich zu meinem Partner Giuseppe: „Warum beenden wir nicht einfach unser altes Leben und beginnen ein neues? Ein Leben, das uns zufrieden macht und erfüllt. Wäre es nicht großartig, um die Welt zu reisen und herauszufinden, ob wir in der

Lage sind, ein Leben zu führen, das wirklich zu uns passt?" Nachdem ich diese Worte ausgesprochen hatte, fing ich an, mir Fragen zu stellen. Was würde passieren, wenn ich etwas verpasse, nur weil ich denke, nicht gut genug zu sein? Was, wenn ich sterbe, ohne über all die Dinge Bescheid zu wissen, in denen ich gut bin?

Das Ende vom Lied: Sechs Monate später packten wir unsere zwei Rucksäcke und verabschiedeten uns Richtung Buenos Aires. Unser Ziel war es herauszufinden, welche Fähigkeiten wir besaßen und welche Möglichkeiten sich uns auftun würden.

Wie hast du deine Remote-Karriere begonnen? Gab es irgendwelche Tools, die dir dabei geholfen haben, ortsunabhängig zu arbeiten?

Ganz zu Anfang habe ich nach Menschen gesucht, die so tickten wie ich und ebenfalls ein neues Leben beginnen wollten. Ich studierte ihre Geschichten und lernte, vor welchen Herausforderungen sie standen. Damals suchte ich nach Gleichgesinnten, die mich verstehen würden, denn ich fühlte mich einsam und isoliert mit meinen Gedanken. Nachdem mir klar wurde, dass es viele Menschen wie mich gab, die mit denselben Problemen zu kämpfen hatten, ging es mir besser. Ich dachte mir: Ich bin nicht allein und wenn es so viele Menschen gibt, die ihr Leben verändern wollen, warum sollte ich es dann nicht auch versuchen.

Als ich die anfänglichen Probleme von Einsamkeit und Isolation in den Griff bekommen hatte, fing ich an nach meinen Stärken zu forschen. Ich suchte nach Leuten, die ähnliche Fähigkeiten, wie ich sie meinte zu haben, besaßen und lernte von ihnen. Ich lernte, wie man sich selbst vermarktet, welche Services man anbieten kann und was mich zu einem Experten auf meinem Gebiet macht. Nach einem Jahr „Trial and Error" fand ich heraus, dass meine große Stärke im Schreiben und Fotografieren liegt. Ich wusste bereits zuvor, dass ich gut schreiben kann, jedoch bekam ich von allen Seiten zu hören, dass ich kein Geld mit Texten verdienen würde. Aus diesem Grund führte mich mein Weg zunächst über meine zweitgrößte Leidenschaft, die Fotografie. Zusätzlich zur Fotografie bot ich Videobearbeitung an. Nach ein paar Monaten im Job wurde mir jedoch klar, dass ich mich ausrüstungsmäßig professioneller aufstellen musste, um langfristig Erfolg zu haben. Zwar hatte ich damals bereits ein paar langfristige Projekte akquirieren können, jedoch beschloss ich aufgrund der notwendigen Investitionen in Equipment zurück zu meinen Wurzeln, zum Schreiben, zu kehren und etwas mehr Vertrauen in mich selbst zu haben.

Nachdem ich das Schreiben als meinen Hauptgeschäftszweig auserkoren hatte, verbrachte ich meine Tage mit Lernen, Lernen, Lernen. Während ich lernte, schloss ich mich verschiedenen Facebook-Communities an, in denen es um Web-Writing, Content-Management und SEO ging. Außerdem las ich jede Menge eBooks und fing an, den wichtigsten Personen der Branche zu folgen – über ihre Websites und ihre Facebook-Seiten. Nachdem ich der Meinung war, genug Fachwissen in mich aufgesogen zu haben, bot ich meinen Schreibservice externen Dritten an. Für etwa ein Jahr arbeitete ich pro bono an mehreren Projekten. Über meine Pro-bono-Arbeit schaffte ich es, einen entsprechenden Erfahrungsschatz aufzubauen und Referenzen für mein Portfolio zu sammeln, was sehr wichtig ist, wenn man neu im Geschäft ist.

Was waren deine größten Herausforderungen, um ein Remote-Einkommen zu generieren und wie hast du diese bewältigt?

Meine größte Sorge war es am Anfang, dass Kunden mir nicht vertrauen würden. Ich stellte mir Fragen wie: Wie können Kunden mir als Werbetexterin vertrauen, wenn ich nicht vor Ort bin und sie mich nie persönlich kennenlernen? Wie schaffe ich es, eine vertrauensvolle Beziehung zu meinen Kunden aufzubauen, wenn sie mich nie in Persona gesehen haben? Eine Weile schlug ich mich mit Fragen wie diesen herum, bis ich auf einmal die Lösung sah: Wenn ich Kunden meinen Schreibservice kostenlos anböte und sie ihn risikolos ausprobieren könnten, wäre die Wahrscheinlichkeit hoch, dass 90% von ihnen mit meiner Leistung zufrieden sein würden. Um Vertrauen aufzubauen, musste ich also nichts anderes tun, als meine Leistung zu einem sehr günstigen Tarif anzubieten, der den Leuten nicht weh tat. Auf diese Weise könnten Kunden meine Inhalte auf Qualität prüfen und das notwendige Vertrauen zu mir aufbauen. Diese Vorgehensweise hat bei mir bis heute immer gut funktioniert.

Wie sieht ein normaler Arbeitstag in deinem Leben als Remote Worker aus? Hast du eine tägliche Routine?

Ich habe keine festen Arbeitszeiten, es kann jedoch gut sein, dass ich zehn Stunden pro Tag arbeite. Die Anzahl meiner Kunden steigt stetig an und ich versuche hinterherzukommen. Ich bin daher immer gut beschäftigt und arbeite wirklich hart. Zurzeit beschäftige ich mich mit dem Aspekt der Teamarbeit in meinem Unternehmen. Über Teamarbeit möchte ich sicherstellen, dass wir unsere Qualitätsstandards einhalten.

Was meinen Arbeitsplatz anbelangt, arbeite ich gerne von Zuhause aus. Zuhause bin ich in meinen eigenen Räumlichkeiten und kann ganz für mich sein. Mein Partner Giuseppe und ich haben eine gemütliche Villa auf Bali gemietet. Sie ist traumhaft schön. Hier finde ich Inspiration und Entspannung und habe das Gefühl, eine gute Work-Life-Balance zu haben. Nachdem ich nun mehr als drei Jahre auf Reisen bin, macht es mir nichts aus, für eine Weile hart zu arbeiten. Gleichzeitig versuche ich meine Tage zu genießen und das Beste aus ihnen herauszuholen. Das bedeutet für mich, ab und an ein Sprung in den Pool oder eine entspannte Rollerfahrt in den Sonnenuntergang dieser wunderbaren Insel, begleitet von ein paar Pausen hier und da.

Wenn es um Erfolg im Geschäft geht, ist eines meiner Geheimnisse mein Partner Giuseppe. Ohne seine Unterstützung und Hilfe hätte ich es wahrscheinlich nicht bis hierher geschafft. Er unterstützt mich bei jedem Schritt, den ich gehe und steht mir zur Seite. Er ist der Hausmann bei uns und kümmert sich um alles, was den Haushalt betrifft. Er liebt es zu kochen und bereitet die leckersten Speisen zu. Unter anderem macht er Gerichte wie hausgemachte Papayamarmelade, italienische Focaccia und Pizza. Immer wenn ich eine Pause von der Arbeit brauche, den Duft seines Essens rieche und die Schönheit, die uns umgibt sehe, fühle ich die Energie und spüre neue Kraft. Es bringt mich zurück ins Gleichgewicht, das so wichtig für uns alle ist.

Was sind die Vor- und Nachteile ortsunabhängiger Arbeit aus deiner Sicht?

Um ehrlich zu sein, sehe ich keine Nachteile in Bezug auf Remote-Arbeit. Bevor ich angefangen habe, ortsunabhängig zu arbeiten, habe ich viele Jahre mein Leben an meinen Arbeitsalltag angepasst und es um ihn herum organisiert. Heute bin ich froh, endlich die Freiheit zu besitzen, dies nicht mehr tun zu müssen. Ich arbeite so viel, wie ich möchte und von wo ich möchte, genieße die Beziehung mit meinem Partner und unser schönes Zuhause auf Bali. Dieses unglaubliche Gefühl von Freiheit ist für mich so großartig, dass ich einfach keine Nachteile, sondern nur die Vorteile ortsunabhängiger Arbeit sehe. Folglich absolut kein Grund, sich zu beschweren.

Last but not least: Hast du noch weitere hilfreiche Tipps für unsere Leser?

Mein Rat wäre, zunächst die eigenen Stärken herauszufinden und dann festzustellen, wonach Leute suchen. Du kannst in tausend verschiedenen Dingen gut sein, wenn jedoch niemand nach dem sucht, was du anbietest, wirst du nie Erfolg haben. Finde daher heraus, was Menschen brauchen und überlege dir, inwiefern du darauf basierend eine Leistung anbieten kannst, die besser ist, als die deiner Wettbewerber. Zusammengefasst lautet mein Rat: Kenne deine größten Stärken, liefere deinen Kunden Qualitätsarbeit, halte sie während eines gemeinsamen Projektes auf dem Laufenden und zeige ihnen, wer du bist. Jeder Kunde ist anders und es ist deine Einzigartigkeit, die dich von Millionen von Mitbewerbern abgrenzt.

WOMIT KANNST DU ORTSUNABHÄNGIG GELD VERDIENEN? – EINIGE IDEEN

Beschäftigungsformen: Du kannst entweder als Freelancer für verschiedene Auftraggeber arbeiten, Angestellter einer Firma sein, die es dir ermöglicht ortsunabhängig zu arbeiten, oder du wirst unternehmerisch tätig. In Kapitel 6 findest du verschiedene Jobportale, die sich auf ortsunabhängiges Arbeiten spezialisiert haben.

Die folgenden Zeilen geben dir ein paar Ideen an die Hand, wie du ortsunabhängig mit diesem Beruf Geld verdienst. Der Abschnitt ist bewusst kurzgehalten, da viele der Ideen bereits in Kapitel 3 angesprochen wurden. Solltest du an der ein oder anderen Stelle den Wunsch nach mehr Inhalt verspüren, blättere einfach nochmal zum Anfang zurück. Nähere Informationen, wie du Themen für Bücher und Online-Kurse findest, erhältst du in Kapitel 5. Schau außerdem gerne auf unserem Blog vorbei, für alle genannten Tools und Ressourcen im Überblick: https://new-work-life. com/portfolio/werbetexter.

Führe bestimmte Kernaufgaben ortsunabhängig aus

Sieh dir die typischen Aufgaben eines Werbetexters an und überlege dir, welche davon du ortsunabhängig ausüben kannst. Kannst du mit Kunden, Geschäftspartnern, Kollegen, etc. virtuell kommunizieren und sie beraten, indem du von Kommunikations- und Kollaborationsmedien wie Videotelefonie (z. B. Skype), Web-Konferenz (z. B. FreeConferenceCall), Desktop Sharing (z. B. Skype), Chat (z. B. Slack), E-Mail (z. B. Gmail) Gebrauch machst? Kannst du ortsunabhängig Konzepte für Werbetexte entwickeln und diese Kunden digital (z. B. per E-Mail oder über cloudbasierte Dienste wie z. B. Google Drive) zukommen lassen oder im Rahmen einer Web-Konferenz pitchen? Kannst du dich mit anderen Kreativteams über das Internet (z. B. über Dienste wie z. B. Slack oder Trello) abstimmen? Vermarkte deine Leistungen über eine eigene Website und über Online-Marktplätze wie z. B. Upwork.com, Freelance.de, Twago.de, Fiverr.com, Textbroker.de, Content.de oder Clickworker.de.

Schreibe ein eBook

Finde ein Thema, das dich interessiert und für das Nachfrage besteht. Wie wäre es z. B. mit einem Buch zum Thema Werbetexten für Beginner? In solch einem Buch könntest du einen Überblick über das Werbetexten geben und grundlegende Fähigkeiten vermitteln. Alternativ könntest du auch ein Buch verfassen, das primär die psychologischen Aspekte des Werbetextens beleuchtet. Das Buch könnte darlegen, wie die menschliche Psyche das Kaufverhalten steuert und welche Implikationen sich daraus für das Werbetexten ergeben. Wie genau du Themen findest, kannst du im Kapitel 5 nachlesen.

Werde Online-Coach und biete virtuelle Coachingstunden an
Coache Berufsanfänger und/oder Berufserfahrene zu Themen wie z. B. Selbständigkeit, Home-Office, & lbstorganisation, Z itmanagement, Kundenakquise, Umgang mit schwierigen Kunden, (online) Vermarktung, Geschäftsexpansion, etc.

Entwickle und verkaufe Online-Kurse
Wie wäre es z. B. mit einem Kurs zum Thema „Werbetexten fürs Web"? Du könntest einen Kurs zum Thema Facebook Werbeanzeigen entwikkeln („Copywriting-Strategien für Facebook-Anzeigen – So ziehst du die Aufmerksamkeit von Facebook Nutzern auf deine Werbeanzeige") oder du kreierst einen Kurs, der sich mit dem Thema Web-Headlines befasst („Headlines, die zünden – So animierst du Website-Besucher zum Weiterlesen").

Leg ein Profil bei einer Crowdfunding-Plattform an
Lass dich von deinen Fans z. B. auf der Crowdfunding-Plattform Patreon. com finanziell unterstützen.

STARTER TOOLKIT – DAS BRAUCHST DU, UM LOSZULEGEN

Notebook, Smartphone

SOFTWARE:
* Office: z. B. Microsoft Office oder Google Docs
* Kommunikation: z. B. Skype, WhatsApp, Slack, Gmail
* Website / Webshop: z. B. WordPress oder Shopify
* Projektmanagement: z. B. Trello
* Synonyme finden: z. B. Openthesaurus
* Brainstormingsoftware: z. B. MindMeister

BÜCHER UND TUTORIALS:
* Buch: „Scientific Advertising", von Claude Hopkins
* Buch: „The Irresistible Offer: How to Sell Your Product or Service

in 3 Seconds or Less", von Mark Joyner
- Buch: „Persuasive Copywriting: Using Psychology to Engage, Influence and Sell", von Andy Maslen
- Buch: „Breakthrough Copywriting: How to Generate Quick Cash with the Written Word", von David Garfinkel
- Tutorial: „Copywriting - Become a Freelance Copywriter, your own boss - Build a successful freelance copywriting business - turn basic writing skills into a paycheck", von Len Smith und Sean Kaye, auf Udemy

Detaillierte Informationen zu Tools und Ressourcen, die dir helfen können, ein ortsunabhängiges Einkommen aufzubauen, findest du auf unserem Blog unter: https://new-work-life.com/portfolio/werbetexter.

HIER FINDEST DU WEITERE INFORMATIONEN

Bundesverband professioneller Werbetexter Deutschland e. V.: https://www.bpwd.de
Texterverband e. V.: https://www.texterverband.de

5. PRODUKTIDEEN ENTWICKELN

„Alles auf der Welt kommt auf einen gescheiten Einfall und auf einen festen Entschluss an." – Johann Wolfgang von Goethe

Grundsätzlich ist das Entwickeln von Produkt- und Dienstleistungsideen keine „Rocket Science". Es ist zumeist eine Sache von Kreativität und Einfallsreichtum, kann aber auch sehr strukturiert vonstattengehen. Im Rahmen unserer Arbeit an diesem Buch und im Austausch mit unseren Rolemodels haben wir festgestellt, dass es bestimmte Herangehensweisen für die Entwicklung von Produkt- und Dienstleistungsformaten gibt. In diesem Kapitel wollen wir dir zeigen, wie du vorgehen kannst, um unterschiedliche Formate zu entwickeln, mit denen du ortsunabhängig Geld verdienen kannst.

Ein gutes Mittel, um ortsunabhängig Geld zu verdienen ist der Verkauf von Wissen (wie bereits in Kapitel 3 veranschaulicht). Deines Wissens. Das funktioniert unter anderem sehr gut mithilfe von Büchern und Online-Kursen. Diese Produkte sind beliebig skalierbar und stellen gleichzeitig ein passives Einkommen dar. Passives Einkommen ist als Gegenteil von aktivem Einkommen zu betrachten. Während man aktives Einkommen verdient, indem man Arbeitszeit eins zu eins gegen Geld eintauscht, ist passives Einkommen von der eingesetzten Arbeitszeit entkoppelt. Du investierst eine bestimmte Zeit in die Erstellung eines Produktes und verdienst dann zeitunabhängig am Verkauf des Produktes. Während der Verkaufsphase musst du entweder gar keine Zeit mehr investieren oder nur verhältnismäßig wenig. Das Zeitinvest ist per se unabhängig davon, wie viele Einheiten des Produktes du verkaufst. Egal, ob du 10 oder 100 oder aber 1.000 Einheiten verkaufst, die Zeit, die du investierst, bleibt die gleiche.

Schauen wir es uns an einem konkreten Beispiel an. Nehmen wir an, du bist passionierter Angler. Du weißt, zu welcher Jahres- und Tageszeit der Fisch am besten beißt, welche Köder am besten funktionieren und so weiter. Du entscheidest aufgrund deiner Kenntnisse, einen Angelkurs anzubieten. Andere Menschen sollen von deiner Expertise lernen können. Der Kurs soll vor Ort an deinem „Heimat-Weiher" stattfinden, wo du immer angelst. Du setzt einen Termin für den Kurs fest, kaufst Ausrüstung für fünf Teilnehmer und erstellst ein paar Lernmaterialien. Zum angesetzten Termin triffst du dich mit den Teilnehmern des Kurses an deinem

„Heimat-Weiher" und gibst im Rahmen des Kurses einen Tag lang – von früh bis abends – dein Wissen an die Teilnehmer weiter. Das ist eine super Sache. Du lernst neue Menschen kennen und hast viel Spaß mit ihnen. Einziges Manko: Du kannst den Kurs nicht skalieren und kein passives Einkommen aus ihm generieren. Die maximale Anzahl an Teilnehmern liegt bei fünf Personen. Dieses Kontingent hast du voll ausgeschöpft. Willst du mehr Teilnehmer bedienen, musst du einen zweiten Kurs ansetzen, folglich mehr Zeit investieren. Ein zweiter Kurs würde dir ermöglichen, insgesamt zehn Teilnehmer auszubilden. Was aber, wenn du 50 oder 100 Menschen beibringen willst, wie man angelt? Das wären 10 bzw. 20 Kurse, die du veranstalten müsstest. Du stellst fest, dass du dazu gar nicht die Zeit hast.

Wie wäre es vor diesem Hintergrund, einen Online-Kurs zu erstellen, der Menschen beibringt, wie man angelt und Fische fängt? Das hätte den Vorteil, dass du einmal Zeit investierst und dann zeitunabhängig Geld mit deinem Kurs verdienst. Die Teilnehmeranzahl für deinen Kurs ist unbeschränkt und du kannst ihn so vielen Interessenten anbieten, wie du möchtest, ohne dass es dich mehr Zeit kosten würde.

Um einen Online-Kurs zu erstellen, machst du fast alles so, wie du es auch für den vor-Ort-Kurs an deinem „Heimat-Weiher" gemacht hast. Du erstellst Unterrichtsmaterialien und gehst mit deiner Ausrüstung zum Weiher. Während du für den vor-Ort-Kurs Ausrüstung für alle Teilnehmer besorgen musstest, benötigst du für den Online-Kurs nur deine eigene. Bist du am Weiher angekommen, nimmst du jeden deiner Schritte, die du durchläufst, um Fische zu fangen, auf Video auf und erklärst deine Vorgehensweise so, als wenn du zu Teilnehmern vor Ort sprechen würdest. Danach lädst du deinen Online-Kurs auf eine Online-Lernplattform wie z. B. Udemy hoch und stellst ihn dort zum Verkauf zur Verfügung. Über Plattformen wie Udemy können Millionen von Interessenten auf deinen Kurs zugreifen und ihn kostenpflichtig erwerben. Du erstellst den Kurs ein einziges Mal und kannst ihn ohne zusätzlichen Zusatzaufwand unendlich oft verkaufen.

Das ist nur ein Beispiel dafür, wie du passives Einkommen aufbauen kannst. Ähnlich verhält es sich mit Büchern. Einmal geschrieben, kannst du dein Buch auf einer eigenen Website oder auf Online-Marktplätzen (z. B. Amazon) veröffentlichen und es verkaufen. Ein Buch lässt sich wie ein Online-Kurs beliebig skalieren.

Online-Kurse und Bücher eignen sich folglich sehr gut, um passives Einkommen aufzubauen. Wie aber findest du passende Themen für einen Online-Kurs oder ein Buch? Themen, die dich interessieren und für die eine Nachfrage am Markt besteht? Grundsätzlich gilt: Überlege dir, welche Interessen und Hobbies du hast und worin du gut bist bzw. wo du Stärken besitzt. Schau dann, wie du anderen mit deinen Fähigkeiten weiterhelfen kannst:

- Welches Problem kannst du für andere lösen?
- Was kannst du anderen geben, was ihnen Mehrwert bietet?

Vielleicht sind in der Vergangenheit schon einmal Menschen auf dich zugekommen und haben bei dir Rat gesucht? Ist das der Fall, ist es ein guter Indikator dafür, dass andere Menschen dich in einer bestimmten Sache als Experten wahrnehmen. Das könnte ein Ansatzpunkt für mögliche Themen für ein Buch oder einen Online-Kurs sein.

Solltest du über kein spezielles Hobby verfügen und keine Ahnung haben, worin du gut bist oder wie du anderen Menschen mit deinem Wissen einen Mehrwert bieten kannst, besteht eine weitere Möglichkeit darin, auf spezielle Tools zurückzugreifen. Nachfolgend findest du eine Auswahl möglicher Tools, die du nutzen kannst, um Themen für deine Produkte zu finden.

5.1 AMAZON BESTSELLER-LISTEN

Zu finden unter: https://www.amazon.de/gp/bestsellers

Amazon ist einer der weltweit führenden Online-Marktplätze und Millionen Menschen besuchen ihn tagtäglich, um einzukaufen. Die Produktpalette von Amazon reicht von Accessoires über Kleidung und Kosmetik bis zu Tierbedarf, Elektronik und Büchern. Aufgrund der Vielzahl an Menschen, die täglich dort einkaufen, ist Amazon ein guter Spiegel für Markttrends. Amazon weiß, welche Produkte sich gut verkaufen und was am Markt angesagt ist. Dieses Wissen gibt die Plattform unter anderem in seinen Bestseller-Listen preis. Eine Bestseller-Liste ist eine produktkategorie-basierte Auflistung der Produkte, die am häufigsten über Amazon verkauft wurden. Sie zeigen die hundert am häufigsten verkauften Produkte in einer Produktkategorie im aktuellen Zeitraum.

Nicht nur, aber vor allem wenn du gerne schreibst, ist es für dich sinnvoll, die aktuellen Amazon Bestseller-Listen zu durchsuchen und dort aktuelle Thementrends ausfindig zu machen. Besonders interessant wird dieses Vorgehen, wenn du den Blick über den nationalen Tellerrand hinaus wagst und schaust, was zum Beispiel in den USA gerade angesagt ist. Behalte also nicht nur die deutschen, sondern auch die internationalen Bestseller-Listen im Auge. Die Bestseller-Listen von Amazon.com findest du unter: https:// www.amazon.com/gp/bestsellers.

Eine weitere Möglichkeit, Amazons Bestseller-Listen für dich zu nutzen, besteht darin, die gelisteten Bestseller in ein anderes Produktformat zu übertragen, z. B. in einen Online-Kurs. Gerade im Sachbuchbereich ist das eine sehr gute Option, da nicht alle Menschen gerne ein Buch lesen, sondern vielleicht das Videoformat bevorzugen und sich darüber einem Thema nähern möchten.

5.2 AMAZON-SUCHE

Zu finden unter: https://www.amazon.de

Eine weitere Möglichkeit, die du nutzen kannst, um Themen für ein Buch oder einen Online-Kurs zu finden, besteht darin, Suchbegriffe in die Amazon-Suchleiste einzugeben. Amazon schlägt dir auf Basis deiner Eingaben automatisch Suchphrasen vor (über das sich öffnende Dropdown-Menü), die von Amazon Besuchern häufig in die Suchmaske eingegeben werden. Nutze diese Informationen, um mögliche Themen für ein Produkt abzuleiten. Damit du maximalen Mehrwert aus dieser Methode ziehst, hier ein paar Dinge, die du dabei beachten solltest:

1. Melde dich zuerst von deinem Amazon-Konto ab, solltest du eingeloggt sein.
2. Lösche dann deine Browser-Cookies, damit Amazon dich nicht erkennt. Denn jedes Mal, wenn du die Seite von Amazon besuchst, merkt sich die Plattform deine Anwesenheit und deine Suchanfragen.
3. Wenn du die Cookies gelöscht hast, rufe die Amazon-Seite auf und wähle in der Suchleiste links eine Kategorie aus, in diesem Fall „Bücher".

Als nächstes fängst du ganz langsam an, Wörter in die Suchmaske einzugeben. Ganz wichtig: Buchstabe für Buchstabe, ein Wort nach dem anderen.

Die Amazon-Suche funktioniert so, dass sie auf Buchstabenbasis jeweils andere Suchphrasen vorschlägt.

Im Folgenden ein konkretes Beispiel: Wir geben in das leere Feld der Suchmaske als erstes Wort das Wort „Hunde" (natürlich ohne Anführungszeichen) ein, weil wir uns für Hunde interessieren. Sobald wir „Hunde" eingegeben haben, erscheint im Dropdown-Menü die automatisch durch Amazon generierte Suchphrase „Hundeerziehung Bücher". Das klingt doch schon recht interessant. Also klicken wir diese Suchphrase an und lassen uns die Ergebnisse anzeigen. Ein kurzer Blick zeigt uns, dass es insgesamt 72 Suchergebnisseiten auf Amazon zu dieser Suchphrase gibt. Das ist nicht gerade überschaubar und dementsprechend keine Nische, die vielversprechend ist. Das Thema „Hundeerziehung" ist jedoch grundsätzlich interessant. Deshalb geben wir als nächstes „Hundeerziehung" in die Suchmaske ein und erhalten „Hundeerziehung für Kinder" als automatisch vorgeschlagene Suchphrase. Hier gibt es nur noch elf Seiten mit Ergebnissen und ein erster Blick zeigt, dass hier nicht alle Ergebnisse der Kategorie richtig zugeordnet sind. Bereits das an zweiter Position in den Suchergebnissen gelistete Buch hat nichts mehr mit Kindern zu tun. Von den insgesamt 16 Treffern, passen sieben nicht zur Suchanfrage. Auf den nachfolgenden Seiten sieht es noch schlechter aus. Das liegt allerdings nicht daran, dass die Amazon-Suche die falschen Bücher „herausgesucht" hat, sondern vielmehr daran, dass das Angebot zur Suchphrase „Hundeerziehung für Kinder" sehr überschaubar ist. Demnach gibt es hier ggf. eine Marktnische, die noch das eine oder andere Produkt vertragen könnte. Das heißt jetzt nicht, dass du sofort anfangen sollst, ein Buch zum Thema „Hundeerziehung für Kinder" zu schreiben. Wir wollten anhand dieses Beispiels vielmehr die Vorgehensweise erläutern, wie du mithilfe der Amazon-Suche Themen generierst.

5.3 UDEMY

Zu finden unter: https://www.udemy.com

Udemy ist eine Internetplattform für Online-Kurse. Du kannst über die Plattform Online-Kurse zu verschiedenen Themen und Themengebieten kaufen sowie Kurse zum Verkauf anbieten. Udemy ist mit ca. 65.000 Kursen und 15 Mio. Kursteilnehmern eine der führenden Online-Lernplattform weltweit.

Die Website von Udemy verfügt wie die von Amazon über eine Suchleiste. Wie bei Amazon gibst du einzelne Suchbegriffe langsam in die

Maske ein und Udemy schlägt dir auf Basis deiner Eingaben automatisch die häufigsten Suchanfragen dazu vor. So findest du im Handumdrehen heraus, was häufig auf der Plattform gesucht wird und wo Potenzial liegt. Zuvor loggst du dich, wie bei Amazon auch, aus deinem Udemy Account (solltest du einen haben) aus und löschst deinen Cookie-Cache, um keine „verfälschten" Ergebnisse zu bekommen.

Wenden wir uns nun noch einmal dem Beispiel mit der „Hundeerziehung" zu. Unsere Suche auf Amazon hat ergeben, dass dieser Begriff alleinstehend zu viele relevante Suchergebnisse liefert, um interessant zu sein. Wie verhält es sich jedoch auf Udemy? Gibt es hier ebenso viele „Treffer" oder hat das Thema „Hundeerziehung" möglicherweise Potenzial für einen Online-Kurs? Wir geben den Begriff „Hundeerziehung" in die Udemy-Suche ein und finden heraus, dass es in deutscher Sprache nur einen einzigen Kurs zu dem Thema gibt (Stand Juni 2018). Geben wir den Begriff auf Englisch ein („dog training"), stellen wir fest, dass es zahlreiche Kursangebote mit zum Teil tausenden von Abonnenten und Rezensionen gibt. Das könnte ein Hinweis darauf sein, dass hier eine Marktlücke besteht, die du mit einem weiteren deutschsprachigen Kurs bedienen könntest.

Mach dir anderssprachige Märkte (z. B. den englischsprachigen Markt) zunutze; schau, was dort funktioniert und überleg dir, wie du daraus ein Angebot für den deutschsprachigen Markt schaffen könntest. Durchstöbere das Udemy-Kursangebot und lass dir dabei ausschließlich englischsprachige Kurse anzeigen. Wenn du dabei ein interessantes Kursangebot findest (Stichwort: Viele Kursabonnenten und viele positive Bewertungen), dann vergleiche es mit den Angeboten in deutscher Sprache. Möglicherweise gibt es hier entweder noch keins oder aber nur sehr wenig Angebot.

Solltest du der Meinung sein, dass deutschsprachige Kurse überflüssig sind, weil heutzutage jeder Englisch spricht, überlege dir Folgendes: Wenn dir zu einem Thema, in dem du dich nicht auskennst und das womöglich mit der Verwendung von Fachbegriffen einhergeht, ein Kurs auf Englisch und ein Kurs auf Deutsch zur Verfügung steht, für welchen entscheidest du dich? Hand aufs Herz, die meisten von uns würden wohl den deutschsprachigen Kurs wählen, weil sie wüssten, dass sie hier in jedem Fall alles verstehen würden.

5.4 GOOGLE SUGGEST

Zu finden unter: https://www.google.de

Google Suggest funktioniert über die Suchleiste bei Google. Das Prinzip ist ähnlich wie bei Amazon und Udemy, nur dass sich Google Suggest auf die globale Google-Suche bezieht. Du tippst einen Suchbegriff bzw. verschiedene Suchwörter langsam in die Google Suchleiste ein und Google schlägt dir automatisch in einem Dropdown-Menü die am häufigsten zu deinen eingegebenen Wörtern gesuchten Suchphrasen vor. Der Terminus „suggest" heißt nämlich nichts anderes als „vorschlagen".

Bevor du loslegst, loggst du dich aus deinem Google Konto aus und löschst deinen Browserverlauf, damit Google bei der Ausgabe der Suchphrasen nicht auf dein historisches Suchverhalten Bezug nehmen kann.

5.5 GOOGLE KEYWORD PLANNER

Zu finden unter: https://adwords.google.com/um/signin?hl=de_DE -> Tools -> Keyword Planner

Der Google Keyword-Planner ist ein hilfreiches Tool, weil er unter anderem die durchschnittlichen monatlichen Suchanfragen für definierte Suchbegriffe anzeigen kann. Du gibst bestimmte Suchbegriffe (einzelne Wörter oder Suchphrasen) in das Tool ein und erhältst innerhalb kurzer Zeit Informationen zur Anzahl der Suchanfragen für den Suchbegriff, nebst einer Auflistung ähnlicher Suchbegriffe. Zudem werden dir Wettbewerbsdaten für einen Suchbegriff zur Verfügung gestellt. Anhand dieser kannst du erkennen, wie begehrt ein Suchbegriff oder eine Suchphrase für Werbezwecke auf Google ist.

Grundsätzlich kannst du den Keyword Planner auf verschiedene Art und Weise für deine Zwecke konfigurieren. Du kannst dir z. B. eine Auswertung der Suchanfragen auf Länderbasis anzeigen lassen (z. B. wie häufig wurde der Begriff „Hundeerziehung" in Deutschland gesucht?) oder für einzelne Gebiete oder Orte (z. B. wie häufig wurde der Begriff „Hundeerziehung" in Berlin gesucht?). Weiterhin kannst du den Zeitraum festlegen, innerhalb dessen gesucht werden soll, z. B. im letzten Jahr, im letzten Monat oder in der letzten Woche.

Was die Auswertung der Suchanfragen angeht, bekommst du in der Regel keine exakten Angaben. Vielmehr erhältst du Bandbreitenwerte von 100 bis 1.000, 1.000 bis 10.000, 100.000 bis 1 Million, usw. Da du zunächst nur ein erstes Gespür für die Relevanz deiner Idee bekommen möchtest, reicht das aus. Erweitere deine Suchphrase um weitere relevante Suchbegriffe, um spezifischer zu werden und mehr in eine Nische zu gehen. Das Suchvolumen mag vielleicht kleiner ausfallen, jedoch ist häufig der Wettbewerb nicht so stark. Verwende z. B. die Suchphrase „Ratgeber Hundeerziehung und Kinder". Oder noch besser „Ratgeber Hundeerziehung und Kinder kaufen". Wenn du feststellst, dass diese Suchphrase zum Beispiel 10.000 bis 100.000 Mal pro Monat gesucht wird, kannst du daraus ableiten, wie gut sich ein Buch oder ein Online-Kurs zu diesem Thema verkaufen ließe.

5.6 GOOGLE TRENDS

Zu finden unter: https://trends.google.de/trends

Um allgemeine Entwicklungen abzufragen, bietet dir Google Trends eine sehr gute und übersichtliche Möglichkeit. Du kannst mit dem Tool die Popularität bestimmter Suchbegriffe im Zeitverlauf analysieren. Damit deine Analyse möglichst aussagekräftig ist, kannst du verschiedene Parameter festsetzen. Du kannst z. B. das Land definieren, auf das sich die Analyse beziehen soll („Wie haben sich die Suchanfragen zum Suchbegriff „Hundeerziehung" in Deutschland entwickelt?"), den Zeitraum für die Analyse bestimmen („Wie haben sich die Suchanfragen zum Suchbegriff „Hundeerziehung" in den letzten 4 Jahren/ in den letzten 12 Monaten/ im letzten Quartal entwickelt?") oder das Suchspektrum vorgeben („Wie haben sich die Suchanfragen zum Suchbegriff „Hundeerziehung" auf Google Shopping/ in der Google Bildersuche/ in der YouTube-Suche entwickelt?").

Zum besseren Verständnis findest du im Folgenden einen Screenshot der Analyse für den Suchbegriff „Hundeerziehung", die wir durchgeführt haben (Stand März 2018). Als Parameter haben wir „Suchanfragen weltweit", „letzte 12 Monate" und „Suche im gesamten Web" definiert. Im Ergebnis zeigt sich ein volatiles Interesse an der Thematik auf recht hohem Niveau, mit positivem Trend.

Interesse im zeitlichen Verlauf ⑦   ⬇ ⟨⟩ ⪠

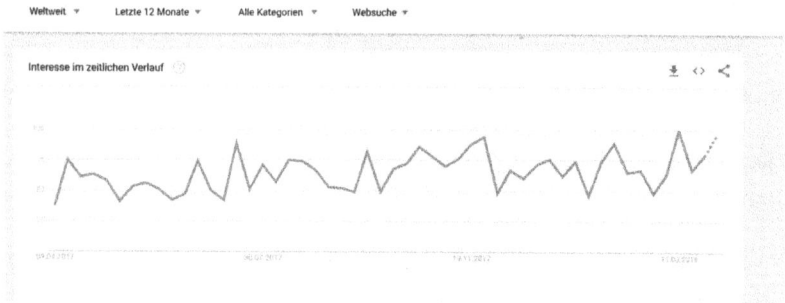

Quelle: https://trends.google.de, Stand März 2018

Wenn du weiter unten im Ergebnis schaust, informiert dich Google Trends über ähnliche Suchanfragen im Kontext „Hundeerziehung": Hundeerziehung online, Hundeerziehung leicht gemacht, Hundeerziehung Tipps und YouTube Hundeerziehung.

Ähnliche Suchanfragen ⑦   Zunehmend ▾   ⬇ ⟨⟩ ⪠

1   hundeerziehung online   + 300%

2   hundeerziehung leicht gemacht   + 70%

3   hundeerziehung tipps   + 60%

4   youtube hundeerziehung   + 60%

Quelle: https://trends.google.de, Stand März 2018

5.7 GOOGLE CORRELATE

Zu finden unter: https://www.google.com/trends/correlate

Ein weiteres Google Tool, das du nutzen kannst, um Themen für Bücher und Online-Kurse zu finden, ist Google Correlate. Während Google Trends das Suchvolumen und den Suchtrend für Suchbegriffe und Suchphrasen innerhalb einer bestimmten Zeit ausweist, nennt Google Correlate Suchbegriffe, die im Zeitablauf vom Suchvolumen her miteinander korrelieren.

Schauen wir uns das Ganze des besseren Verständnisses wegen anhand eines konkreten Beispiels an. Wir nehmen wieder unseren Suchbegriff „Hundeerziehung" und geben diesen in Google Correlate ein. Als Suchparameter geben wir an, dass sich die Abfrage auf „Deutschland" beziehen soll. Als Darstellungsart wählen wir „weekly time series". Nun suchen wir nach Korrelationen.

Quelle: https://www.google.com/trends/correlate/search?e=hundeerziehung&t=weekly&p=de, Stand 21.08.2018

Als Resultat unserer Abfrage erhalten wir die Begrifflichkeiten „Partnersuche", „Irfanview", „Freeware", „Productions", usw. als korrelierende Suchbegriffe. Die resultierenden Begriffe scheinen in keinem inhaltlichen Zusammenhang mit dem von uns eingegebenen Suchbegriff „Hundeerziehung" zu stehen. Allen Begrifflichkeiten ist jeweils ein Korrelationskoeffizient mit einem Wert zwischen 0,93 und 0,95 vorangestellt. Der Korrelationskoeffizient spiegelt die Stärke einer Korrelation wider. Je höher er ist (maximal kann er 1,0 betragen), desto größer ist der Zusammenhang. Der Zusammenhang bezieht sich dabei nicht auf die Verwandtschaft der Begrifflichkeiten untereinander, sondern auf das Suchvolumen

351

zweier Begriffe im Zeitverlauf. Liegt ein hoher Korrelationskoeffizient vor, heißt das, dass der eingegebene Suchbegriff, in unserem Fall „Hundeerziehung", im Zeitverlauf ähnlich häufig gesucht wurde wie die Begriffe „Partnersuche", „Irfanview", „Freeware", „Productions", usw. Je stärker die Korrelation, desto ähnlicher das Suchvolumen zweier Begriffe in einem bestimmten Zeitraum.

Wie kannst du die Ergebnisse, die dir Google Correlate liefert, nun für die Themenfindung für dein Buch oder deinen Online-Kurs nutzen? Google Correlate hilft dir weiter, wenn es dein primäres Ziel ist, ein Produkt zu schaffen, dass sich, unabhängig von einem bestimmten Thema, gut verkauft. Du bist breit aufgestellt, was die Wahl deines Themas anbelangt und vielseitig interessiert? Gut. Dann kannst du Google Correlate dazu nutzen, häufig im Netz gesuchte Wörter zu finden, um diese als Inspiration für ein potenzielles Thema zu verwenden. Starte damit, einen ersten Begriff zu finden, der häufig online gesucht wird. Dafür kannst du z. B. Google Suggest und den Google Keyword Planner nutzen. Hast du einen häufig gesuchten Begriff identifiziert, gibst du diesen in Google Correlate ein und findest darauf basierend weitere Begriffe, die ein ähnlich hohes Suchvolumen in einem bestimmten Zeitraum aufweisen und somit ggf. Potenzial als Thema für dein Buch oder deinen Online-Kurs haben. Im Unterschied zum oben genannten Google Keyword Planner gibt Google Correlate nicht nur Suchbegriffe aus, die mit deinem Suchbegriff ähnlich sind, sondern auch Suchbegriffe, die in keinem inhaltlichen Zusammenhang mit ihm stehen, also vollkommen entkoppelt sind. Die Nutzung von Google Correlate zur Themenfindung ist insbesondere dann sinnvoll, wenn dein initialer Suchbegriff bereits häufig für Produkte verwendet wurde und du nach Alternativen suchst, ohne dabei auf einen bestimmten thematischen Bereich festgelegt zu sein.

5.8 ANSWER THE PUBLIC

Zu finden unter: https://answerthepublic.com

Eine weitere interessante Alternative zur Themenfindung ist die Plattform „Answer the Public". Hier bekommst du nicht nur einzelne Wortvorschläge, sondern auch Fragen, die von Suchenden in die Suchmaschinen Google und Bing eingegeben wurden. Dabei handelt es sich immer um die klassischen W-Fragen und weitere Kombinationen. Zum besseren Verständnis im Folgenden ein paar Fragen, die erscheinen, wenn du das

Suchwort „Hundeerziehung" eingibst (vgl. auch Abbildung unten): „Wann fängt Hundeerziehung an?", „Warum ist Hundeerziehung wichtig?", „Welche Hundeerziehung ist die beste?" und so weiter.

Neben Fragestellungen erhältst du über „Answer the Public" Vergleiche und Präpositionen, die Suchmaschinennutzer im Zusammenhang mit deinem Suchwort in die Suche eingegeben haben. Für das Beispiel „Hundeerziehung" sind das unter anderem die Vergleiche: „Hundeerziehung **gleich** Kindererziehung", „Hundeerziehung Rüde **oder** Hündin" oder „Hundeerziehung mit Halsband **oder** Geschirr". Unter Präpositionen finden sich unter anderem die Suchphrasen: „Hundeerziehung **nach** Biss", „Hundeerziehung **mit** System" und „Hundeerziehung **ohne** Worte".

Leider liefert das Tool keine Zahlen zum Suchvolumen der Wortkombinationen und Suchphrasen. Daher kannst du keine unmittelbaren Schlüsse auf die Relevanz der Begrifflichkeiten ziehen. Das ist jedoch kein Problem, denn du kannst die bereits bekannten Optionen, z. B. den Google Keyword Planner, dafür nutzen und dich so einem potenziell interessanten Thema Schritt für Schritt annähern.

Quelle: https://answerthepublic.com/reports/67db1594-07ce-4004-bb9b-1bbe859c80ae, Stand 21.08.2018

6. ARBEIT FINDEN

„Dem Geist sind keine Grenzen gesetzt außer denen, die wir als solche anerkennen." – Napoleon Hill

6.1 JOBBÖRSEN FÜR FREELANCER UND AUFTRAGSARBEIT

In diesem Kapitel möchten wir dir ein paar Jobbörsen an die Hand geben, die explizit für Freelancer und Auftragsarbeit entwickelt wurden (auch wenn wir bemüht sind, ein umfangreiches Portfolio anzubieten, erheben wir keinen Anspruch auf Vollständigkeit).

Als Freelancer kannst du die Börsen nutzen, um Kunden zu akquirieren. Du kannst in den Börsen nach geeigneten Projekten suchen oder dich von Unternehmen über dein Profil finden lassen. Auch hier gilt: nicht jede Börse ist für jeden geeignet, sondern die Entscheidung für eine Börse muss immer in Abhängigkeit von der eigenen Marketingstrategie und Zielgruppe erfolgen.

Weiterhin listet nicht jede Börse die gleiche Art von Tätigkeiten und Projekten. So hat eine Börse z. B. ein enges Spektrum an angebotenen Tätigkeiten (z. B. nur Entwickler-, Designer- und Finance-Jobs) und eine andere Börse ein sehr breites Angebot. Gleiches gilt für das Thema Ortsunabhängigkeit. Einige Börsen listen ausschließlich Remote-Arbeit (z. B. Fiverr), andere sowohl Remote-Arbeit als auch vor-Ort-Projekte (z. B. Upwork).

UPWORK
https://www.upwork.com
Jobkategorien:
- IT Programmierung
- Design
- Texten
- Admin Support
- Marketing
- Buchhaltung
- Beratung
- Customer Service
- Data Science und Analytics
- Ingenieurwesen und Architektur
- Recht

und viele mehr

FIVERR

https://www.fiverr.com

Jobkategorien:

- Grafik und Design
- Digitales Marketing
- Texten und Übersetzung
- Video und Animation
- Musik und Audio
- IT Programmierung und Tech
- Business
- Fun und Lifestyle

FREELANCER MAP

https://www.freelancermap.de

Jobkategorien:

- IT Programmierung
- Grafik
- Content und Medien
- IT Infrastruktur
- Beratung und Management
- SAP
- Ingenieurwesen

TWAGO

https://www.twago.de

Jobkategorien:

- IT Entwicklung
- Design und Medien
- Vertrieb und Marketing
- Unternehmenservices
- Übersetzung
- Texten

und viele mehr

FREELANCER.COM

https://www.Freelancer.com

Jobkategorien:

- Design, Kunst, Medien
- Finanzen, Versicherung, Recht
- IT und Entwicklung
- Management, Unternehmen, Strategie

- Technik, Ingenieurwesen
- Einkauf, Handel, Logistik
- Forschung, Wissenschaft, Bildung
- Marketing, Vertrieb, Kommunikation
- Sprachen, Dienstleistung, Soziales

DNX JOBS
https://www.dnxjobs.de
Jobkategorien:
- General Management
- Audio und Videoproduktion
- Community Management
- Content
- Customer Service
- Design
- Event Management
- Finanzen und Accounting
- HR
- IT und Programmierung
- Online-Marketing
- Produktmanagement
- Verkauf
- Social Media
- Übersetzung
- Virtuelle Assistenz

PROJEKTWERK
https://www.projektwerk.com/de
Jobkategorien:
- Architektur
- Engineering
- Fashion
- Consulting
- IT
- Medien
- Gesundheitswesen

FREELANCER-OESTERREICH.AT
https://www.freelancer-oesterreich.at
Jobkategorien:
- Consulting

- Coaching
- Datenanalyse
- Event Management
- Finanzen
- Video/Foto
- Grafikdesign
- Ingenieurwesen
- Architektur
- IT
- Kommunikationsdesign
- PR/Kommunikation
- Texter
- Trainer
- Webdesign

und vieles mehr

XING PROJEKTE

https://projectsinfo.xing.com

Jobkategorien:

- IT und Softwareentwicklung
- Ingenieurwesen und Technik
- Marketing und Werbung
- Beratung / Consulting
- Vertrieb und Handel
- Finanzen, Rechnungswesen und Controlling
- Forschung, Lehre und Entwicklung
- Projektmanagement
- Gesundheit, Medizin und Soziales
- Produktion und Handwerk
- Prozessplanung und Qualitätssicherung
- Grafik, Design und Architektur
- Personalwesen und HR
- Administration, Sachbearbeitung und Verwaltung
- Einkauf, Materialwirtschaft und Logistik
- Management und Unternehmensentwicklung
- PR, Öffentlichkeitsarbeit und Journalismus
- Recht
- Customer Service und Kundenbetreuung

DAS AUGE
https://dasauge.de/jobs
Jobkategorien:
- Design und Grafikdesign
- Fotografie
- Multimedia
- Werbung

FREELANCE- MARKET.DE
https://www.freelance-market.de
Jobkategorien:
- Architektur
- Beratung
- Coaching
- Eventmanagement
- Entwicklungshilfe
- Finanzen
- Fotografie
- Grafikdesign
- Immobilien
- Ingenieurwesen
- IT
- Marketing
- Produktdesign
- Psychologie
- Recht
- Sprache
- Texter
- Video

und viele mehr

EXPERTLEAD
https://www.expertlead.com/de/apply
Jobkategorien:
- Blockchain
- IT Entwicklung
- Design
- Online-Marketing

SIMPLY HIRED

https://www.simplyhired.com

Jobkategorien:
- Accounting
- Medizin
- Vertrieb
- Customer Care
- Marketing
- Administration
- IT Entwicklung
- Projektmanagement
- Finanzen
- Recht
- Design
- Architektur
- Ingenieurwesen

und viele mehr

WE WORK REMOTELY

https://weworkremotely.com

Jobkategorien:
- Design
- IT Entwicklung
- Customer Support
- Texte
- Marketing
- Management

und einige mehr

DIGITALNOMAD-JOBFINDER.COM

http://digitalnomad-jobfinder.com

Jobkategorien:
- Design
- IT Entwicklung
- Customer Support
- Texte
- Marketing
- Management

und einige mehr

GURU
https://www.guru.com
Jobkategorien:
- IT Programmierung
- Design und Kunst
- Texten und Übersetzung
- Verkauf und Marketing
- Ingenieurwesen und Architektur
- Sekretariat und Administration
- Business und Finanzen
- Recht

TOPTAL
https://www.toptal.com
Jobkategorien:
- IT Programmierung
- Design
- Finanzen

FACEBOOK-GRUPPE: Digital Nomad Jobs: Remote Job Opportunities
https://www.facebook.com/groups/remotejobsfordigitalnomads
Jobkategorien:
- es handelt sich hierbei um eine Facebook-Gruppe
- es sind unterschiedliche Job-Kategorien verfügbar
- Job-Kategorien sind nicht filterbar. Jobangebote erscheinen im üblichen Facebook Stream einer Gruppe

FACEBOOK-GRUPPE: Remote Work & Jobs for Digital Nomads
https://www.facebook.com/groups/remotework.digitalnomads
Jobkategorien:
- es handelt sich hierbei um eine Facebook-Gruppe
- es sind unterschiedliche Job-Kategorien verfügbar
- Job-Kategorien sind nicht filterbar. Jobangebote erscheinen im üblichen Facebook Stream

FACEBOOK-GRUPPE: Remote & Travel Jobs
https://www.facebook.com/groups/RemoteTravelJobs
Jobkategorien:
- es handelt sich hierbei um eine Facebook-Gruppe

- es sind unterschiedliche Job-Kategorien verfügbar
- Job-Kategorien sind nicht filterbar. Jobangebote erscheinen im üblichen Facebook Stream
- die Facebook-Gruppe ist mit der Jobbörse https://pangian.com verknüpft

6.2 GELD VERDIENEN ALS ANGESTELLTER – SO FINDEST DU ARBEITGEBER

Remote arbeiten zu wollen, heißt nicht zwingend selbständig sein zu müssen. Mittlerweile gibt es zahlreiche Firmen, sowohl im Start-up als auch im etablierten Bereich, die auf ortsunabhängiges Arbeiten setzen. Da ist zum Beispiel *Automattic*, für die unsere Rolemodels Yanir and Simon arbeiten. *Automattic* ist die Firma hinter WordPress und wurde im August 2005 von Matthew Mullenweg als Webentwicklungsunternehmen gegründet.

In fünf Finanzierungsrunden sammelte die Firma 317,3 Millionen US-Dollar an Venture Capital ein. In der letzten Finanzierungsrunde, im Mai 2014, wurde das Unternehmen auf einen Wert von 1,16 Milliarden US-Dollar geschätzt. Zum Zeitpunkt der Entstehung dieses Buches hat das Unternehmen weltweit 717 Mitarbeiter.

Ein weiteres Beispiel für ein etabliertes Remote-Unternehmen ist die Firma *Inpsyde GmbH*. Inpsyde ist die größte WordPress Agentur auf dem deutschen Markt und wurde im Jahr 2006 von Alexander Frison (heutiger COO der Firma) und Heinz Rohé (heutiger CEO der Firma) gegründet. Im Fokus steht die Entwicklung von Lösungen im Zusammenhang mit dem Open Source Content Management System WordPress, d. h. Plugins, Websites, Themes, Templates, etc. *Inpsyde* beschäftigt heute um die 32 Mitarbeiter (Stand Januar 2018), die alle zu hundert Prozent remote arbeiten. Den Grund dafür beschreibt Mitgründer und COO Alexander Frison wie folgt:

„... We're able to hire people all around the world, not only within a certain area. (...) we as the founders already live in different places and have the possibility to find the best WordPress developer all over Germany or worldwide. Location shouldn't be a boundary to work at Inpsyde."[50]

---

50 Alexander Frison von Inpsyde im Interview mit Remote.co: https://remote.co/company/inpsyde-gmbh, abgerufen am 04.07.2018.

*(Übersetzung Zitat: „Wir sind in der Lage, Leute von überall auf der Welt einzu-
stellen, nicht nur aus einer bestimmten Gegend. (...) wir als Gründer leben schon
an verschiedenen Orten und haben [durch Remote Work] die Möglichkeit, die
besten WordPress Entwickler in ganz Deutschland und weltweit zu finden. Der
Standort sollte keine Hemmschwelle sein, um bei Inpsyde zu arbeiten.")*

Um den Zusammenhalt der Mitarbeiter innerhalb der Firma zu stärken,
findet mindestens einmal im Jahr ein persönliches Team-Meeting ohne
Internet oder Computer statt. Hierbei wird Wert auf eine gute Zeit mit-
einander gelegt. Es stehen weniger die Arbeit, als vielmehr Geselligkeit und
Spaß im Vordergrund. Neben regelmäßigen Team-Meetings treffen sich
Mitarbeiter von *Inpsyde* zudem häufiger auf sog. WordCamps in Europa
und Deutschland. WordCamps sind informelle Konferenzen zum Thema
WordPress, die von der WordPress Community organisiert werden.

Die Firma *komoot GmbH* aus Deutschland setzt ebenfalls auf ein ortsunabhängiges Arbeitsmodell. Als Anbieter einer Outdoor-Navigations App für Wanderer
und Biker wurde das Unternehmen im Jahr 2010 von Markus Hallermann
(heutiger CEO), Jonas Spengler (heutiger CTO) und vier weiteren Gründern
ins Leben gerufen. Mittlerweile zählt die Firma rund 30 Mitarbeiter (Stand
November 2017) und arbeitet seit Anfang 2017 komplett remote. Die komoot
App gehört mit ca. vier Millionen Nutzern zu den beliebtesten Outdoor Apps
am Markt und wurde mehrfach von Apple und Google als eine der besten Apps
des Jahres prämiert. Sie richtet sich speziell an Outdoorliebhaber und hilft diesen,
ihre Routen zu planen. Mitgründer Jonas Spengler begründet die Umstellung
des Unternehmens auf Remote Work im Interview mit Xing wie folgt:

„Ein Büro ist kein Garant für effizientes und zufriedenes Arbeiten.
(...) Dass alle Mitarbeiter in einem Büro sitzen müssen, sehen wir
nicht mehr als so zeitgemäß an. (...) Für uns als Firma ergeben sich
die Vorteile, dass wir die Mitarbeiter überall anwerben können,
d. h. wir sind nicht beschränkt auf Leute, die in Berlin wohnen
oder in Berlin wohnen wollen. Wir haben quasi einen globalen
Talentpool, aus dem wir schöpfen können. Und das schlägt sich
von Recruiting-Seite so nieder, dass wir wahnsinnige Nachfrage
nach unseren Stellen haben und natürlich jetzt viel bessere Leute
sourcen können. Der zweite Vorteil des Unternehmens ist so eine
Retention-Geschichte. Das bedeutet, dass Mitarbeiter, deren Le-
benssituation sich verändert, das Unternehmen nicht verlassen,
um beispielsweise mit der Frau nach München zu ziehen, (...)
sondern einfach im Unternehmen bleiben. Und dann bleibt auch

das Wissen im Unternehmen und man hat keine Fluktuation von Key-Knowledge Personen, die man normalerweise hat, wenn man sagt, jeder muss immer vor Ort sein."[51]

Ein Beispiel für ein weiteres Remote-Unternehmen ist die Firma *Buffer*. *Buffer* wurde im Jahr 2010 von Joel Gascoigne und zwei weiteren Personen gegründet und besitzt heute mehr als 80 Mitarbeiter (Stand Mai 2017), die remote über die Welt verteilt arbeiten. Geld verdient das Unternehmen mit der gleichnamigen Software, die Nutzer beim Social Media Account Management und bei der Terminierung von Social Media Beiträgen unterstützt. Mit mehr als 60.000 Kunden verdiente das Unternehmen im Jahr 2017 mehr als 15 Millionen US-Dollar. *Buffer* ist seit seiner Gründung im Jahr 2010 ortsunabhängig aufgestellt und Remote Work formt einen wichtigen Bestandteil der Unternehmenskultur. Public Relations Manager Hailley Griffis nennt folgende Gründe für die Wahl des ortsunabhängigen Arbeitsmodells:

„We want our team to be free to choose the place on earth where they feel happiest and most productive. We have teammates that stay at home with their kids, or who travel and work from a RV (Recreational Vehicle). This freedom to choose where to live and work has both brought us incredible teammates from around the world, and given us a naturally self-motivated team. Another huge benefit to remote work for Buffer is the ability to have our customer advocacy team and our engineering team in various time zones. From Vancouver to Sri Lanka, we nearly always have someone online for when a customer might need help. The main reason this is important for us is that it's a part of our vision at Buffer to set the bar for high quality customer service and being able to respond to people quickly has been a major advantage there."[52]

(Übersetzung Zitat: „Wir wollen, dass unsere Teammitglieder denjenigen Ort auf der Welt wählen können, an dem sie sich am glücklichsten und produktivsten fühlen. Wir haben Kollegen, die zu Hause bei ihren Kindern bleiben oder mit einem Wohnmobil reisen und darin arbeiten. Die Freiheit zu wählen, wo man leben und arbeiten möchte, hat unglaubliche Teammitglieder aus der ganzen

---

51 Jonas Spengler im Interview mit Xing Talk unterwegs: https://www.xing.com/news/articles/arbeiten-ohne-buro-warum-wir-auf-feste-arbeitsplatze-verzichten-1067159, abgerufen am 04.07.2018.
52 Hailley Griffis gegenüber der London School of Economics: http://blogs.lse.ac.uk/businessreview/2017/08/30/buffer-why-we-abolished-the-office-and-became-a-fully-remote-team, abgerufen am 04.07.2018.

Welt zu uns geführt und hat ein auf natürliche Weise selbstmotiviertes Team ge-
schaffen. Ein weiterer großer Vorteil von Remote-Arbeit ist die Möglichkeit, unser
Kundenberatungsteam und unser Entwicklungsteam in verschiedenen Zeitzonen
zu haben. Von Vancouver bis Sri Lanka ist fast immer jemand online, wenn ein
Kunde Hilfe braucht. Der Hauptgrund, warum dies für uns wichtig ist, besteht
darin, dass es Teil unserer Vision bei Buffer ist, den Maßstab für qualitativ hoch-
wertigen Kundenservice zu setzen, und die Möglichkeit zu haben, schnell auf
Leute reagieren zu können, war dabei ein großer Vorteil.")

Zur Stärkung des Team-Zusammenhaltes und zum persönlichen Kennenlernen der Kollegen veranstaltet Buffer jährliche Retreats an unterschiedlichen Orten rund um den Globus.

Vorreiter im Bereich Remote Work ist die USA. Dementsprechend hoch ist
auch die Dichte an Unternehmen, die auf ortsunabhängiges Arbeiten setzen.
Die Firma *Automattic*, wie oben beschrieben, ist eine davon. Zwei weitere
prominente Beispiele sind die Unternehmen *FlexJobs* und *Trello*. *FlexJobs*
wurde im Jahr 2007 von Sara Sutton Full (heutige CEO) gegründet und ist
eine Internet-Jobbörse, die sich auf flexible Jobs spezialisiert hat. Die Börse
hilft Jobsuchenden dabei, Remote Work und Freelance Jobs zu finden, indem sie entsprechende Jobs vorselektiert und für Jobsuchende auf der Plattform bereitstellt. *FlexJobs*, das heute um die 94 Mitarbeiter (Stand Juli 2018)
beschäftigt und zu hundert Prozent remote arbeitet, entstand aus der Not der
Gründerin heraus. Sara Sutton Full war damals schwanger mit ihrem ersten
Sohn und auf der Suche nach einem Job, der es ihr ermöglichte, flexibel
von zuhause aus zu arbeiten. Schnell stellte sie fest, dass das kein leichtes
Unterfangen war und gründete daraufhin *FlexJobs*. Auf die Frage, warum ihr
Unternehmen seit jeher remote aufgestellt ist, antwortet sie wie folgt:

„I think our model of providing a flexible workforce for employees
is much more sustainable than traditional work models in many
ways. (...) Everyone on our team works remotely from home of-
fices, and almost all positions have schedule flexibility. There are
only a few positions, like client services, which have set hours to
make sure the phones are covered. We all have lives outside of
work, and I don't make them choose between their lives or their
work. You have more loyalty from employees if you work that way.
It's really a win-win."[53]

---

53 Sara Sutton Fell im Interview mit LearnVest auf themuse: https://www.themuse.com/advice/
sara-sutton-fell-why-i-founded-flexjobs , abgerufen am 04.07.2018.

(Übersetzung Zitat: „Ich denke, das Modell Mitarbeiter als flexible Arbeits-kräfte einzusetzen ist in vielerlei Hinsicht viel nachhaltiger als traditionelle Arbeitsmodelle. (...) Jeder in unserem Team arbeitet remote vom Home-Office aus, und fast alle Positionen haben flexible Arbeitszeiten. Es gibt nur wenige Stellen, wie z. B. den Kundenservice, die feste Arbeitszeiten haben, um sicher-zustellen, dass das Telefon bedient wird. Wir alle haben ein Leben außerhalb der Arbeit, und ich lasse Mitarbeiter nicht zwischen ihrem Leben oder ihrer Arbeit wählen. Du erfährst mehr Loyalität von Mitarbeitern, wenn du auf diese Weise arbeitest. Es ist wirklich eine Win-Win-Situation.“)

Trello, das 2011 von Joel Spolsky und Michael Pryor (heutiger CEO) ins Leben gerufen wurde und die gleichnamige Projektmanagement-Software Trello vertreibt, ist sowohl remote als auch office-basiert: ca. 40 Prozent der heute rund 100 Mitarbeiter des Unternehmens (Stand Januar 2018) arbeiten aus dem New Yorker Büro der Firma und ca. 60 Prozent ortsun-abhängig. Generell steht es jedem Mitarbeiter frei, seinen Arbeitsplatz zu wählen, sei es das New Yorker Büro, ein Coworking Space oder das Home-Office. Die Software Trello ist ein web-basiertes Kollaborationstool für Teams, das aus Karten, Listen und Boards besteht. Konzipiert ist die Software als Freemium-Angebot, d. h. sie ist in der Basisversion für Nutzer gratis und wird mit steigendem Funktionsumfang kostenpflichtig. Das Kollaborationstool ist am Markt sehr beliebt und besitzt mittlerweile über 19 Millionen Nutzer (Stand Januar 2017) und einen Firmenwert in Höhe von 425 Millionen US-Dollar (Stand März 2017). Die Gründe, warum *Trello* auf Remote Work setzt, erklärt Stella Garber, Product Marketing Lead bei *Trello*, wie folgt:

> „Allowing remote work is an essential element of our ability to hire the very best people, regardless of where they happen to live, in or-der to build the best possible product. Having a remote workforce gives us the ability to have the most talented workers, and also the ability to focus on productivity. Being in an office means being surrounded by distractions, whereas remote teams can focus on getting projects done. It also empowers people to get work done at times when they are the most productive – not necessarily a 9-5 schedule for a lot of people."[54]

(Übersetzung Zitat: „Remote-Arbeit zu ermöglichen, ist ein wesentliches

---

54 Stella Garber im Interview mit Remote.co: https://remote.co/company/trello, aufgerufen am 04.07.2018.

Element, wenn es darum geht, die besten Leute einzustellen, unabhängig davon, wo sie gerade wohnen, um darauf basierend das bestmögliche Produkt zu bauen. Durch unsere remote Ausrichtung können wir die talentiertesten Mitarbeiter für uns gewinnen und unser Handeln auf Produktivität ausrichten. In einem Büro zu sein, bedeutet von Ablenkungen umgeben zu sein, wogegen Remote Teams sich darauf konzentrieren können, Projekte fertigzustellen. Zudem gibt es Menschen die Chance, ihre Arbeit zu den Zeiten zu erledigen, in denen sie am produktivsten sind – das entspricht für Viele nicht unbedingt einem 9-5 Uhr Job.")

Einmal im Jahr veranstaltet *Trello* ein firmenweites Unternehmens-Retreat, bei dem die Belegschaft der Firma in Persona an einem Ort zusammenkommt, um zu brainstormen, zu relaxen und zu socialisen. Das jährliche Retreat soll Mitarbeitern des Unternehmens die Möglichkeit geben, ihre Kollegen persönlich kennenzulernen und darüber Kollaboration und Produktivität im Unternehmen steigern.

Das sind nur einige Beispiele von Remote-Unternehmen. Neben den genannten Firmen gibt es zahlreiche weitere Arbeitgeber, die das Modell des ortsunabhängigen Arbeitens verfolgen, Tendenz steigend. Das können sowohl Firmen sein, die zu hundert Prozent remote aufgestellt sind, als auch Unternehmen, die in Teilen remote arbeiten (wie z. B. *Trello*).

Um Remote-Arbeitgeber zu finden, kannst du von spezialisierten Online-Stellenbörsen bzw. Jobportalen Gebrauch machen. Davon gibt es im Internet mittlerweile eine ganze Reihe. Sie sind zumeist für den englischsprachigen Markt entwickelt worden (Voraussetzung ist daher, dass du Englisch sprichst), aber es gibt auch einige deutschsprachige Börsen. Im Folgenden findest du eine Auflistung von Stellenbörsen, die für dich interessant sein könnten (Achtung: Die Liste ist nicht abschließend).

Jobbörsen für Remote Work im Anstellungsverhältnis

REMOTE.CO
https://remote.co
Jobkategorien:
* Accounting
* Customer Service
* Design
* IT Entwicklung
* HR

- Gesundheitswesen
- Marketing
- Texten
- Projektmanagement
- Qualitätssicherung
- Vertrieb
- Lehrer
- Transkription
- Virtuelle Assistenz
- Redaktion

und einige mehr

REMOTE OK
https://remoteok.io
Jobkategorien:
- IT Entwicklung
- Design
- Customer Support
- Marketing
- Non-Tech
- Unterrichten

FLEXJOBS
https://www.flexjobs.com
Jobkategorien:
- Accounting
- Finanzen
- Administration
- Kunst
- Business Development
- Customer Care
- Kommunikation
- IT
- Beratung
- Redaktion
- Erziehung und Training
- Ingenieurwesen
- Entertainment
- Event Management
- Grafikdesign
- HR

- Recht
- Versicherung

und viele mehr

WE WORK REMOTELY

https://weworkremotely.com

Jobkategorien:

- Design
- IT Entwicklung
- Customer Support
- Texte
- Marketing
- Management

und einige mehr

REMOTIVE

https://remotive.io

Jobkategorien:

- IT
- Lehre
- HR
- Support
- Vertrieb
- Produkt Management
- Marketing
- Ingenieurwesen

VIRTUAL VOCATIONS

https://www.virtualvocations.com

Jobkategorien:

- Account Management
- Accounting
- Administration
- Beratung
- Redaktion
- Lehre
- Ingenieurwesen
- Fundraising
- Finanzen
- Gesundheitswesen
- IT Entwicklung

- Design
- Recht
- Versicherung

und vieles mehr

JOBSPRESSO

https://jobspresso.co

Jobkategorien:
- Design
- IT Entwicklung
- Marketing
- Projekt Management
- Vertrieb
- Support
- Texten und einige mehr

WORKING NOMADS

https://www.workingnomads.co

Jobkategorien:
- IT Entwicklung
- Management
- Marketing
- System Administration
- Design
- Vertrieb
- Customer Service
- Texten
- Beratung
- Finanzen
- HR
- Administration
- Lehre
- Gesundheitswesen
- Recht

OUTSOURCELY

https://www.outsourcely.com

Jobkategorien:
- Design und Multimedia
- IT Entwicklung
- Mobile Applications

- Content
- Administration
- Customer Service
- Vertrieb und Marketing
- Business Services

DNX JOBS

https://www.dnxjobs.de
Jobkategorien:
- General Management
- Audio und Videoproduktion
- Community Management
- Content
- Customer Service
- Design
- Event Management
- Finanzen und Accounting
- HR
- IT und Programmierung
- Online-Marketing
- Produktmanagement
- Verkauf
- Social Media
- Übersetzung
- Virtuelle Assistenz

EUROPE REMOTELY

https://europeremotely.com
Jobkategorien:
- IT Entwicklung
- Design
- DevOps
- Support
- Marketing
- Vertrieb

WORK N SURF

http://www.worknsurf.de
Jobkategorien:
- IT Entwicklung
- Marketing

- Übersetzung
- Grafikdesign
- Online-Marketing
- DevOps
- Data Science
- Fotografie
- Vertrieb
- Redaktion
- Texten und viel mehr

SKIP THE DRIVE
https://www.skipthedrive.com
Jobkategorien:
- Buchhaltung und Steuern
- Account Management
- Business Development
- Customer Care
- Dateneingabe
- Ingenieurwesen
- Finanzen
- HR und Recruiting
- Informatik und IT
- Versicherungswesen
- Marketing
- Projektmanagement
- Qualitätssicherung
- Vertrieb

und viele mehr

FACEBOOK-GRUPPE: Digital Nomad Jobs: Remote Job Opportunities
https://www.facebook.com/groups/remotejobsfordigitalnomads
Jobkategorien:
- es handelt sich hierbei um eine Facebook-Gruppe
- es sind unterschiedliche Job-Kategorien verfügbar
- Job-Kategorien sind nicht filterbar. Jobangebote erscheinen im üblichen Facebook Stream

FACEBOOK-GRUPPE: Remote Work & Jobs for Digital Nomads
https://www.facebook.com/groups/remotework.digitalnomads
Jobkategorien:

- es handelt sich hierbei um eine Facebook-Gruppe
- es sind unterschiedliche Job-Kategorien verfügbar
- Job-Kategorien sind nicht filterbar. Jobangebote erscheinen im üblichen Facebook Stream

FACEBOOK-GRUPPE: Remote & Travel Jobs
https://www.facebook.com/groups/RemoteTravelJobs
Jobkategorien:

- es handelt sich hierbei um eine Facebook-Gruppe
- es sind unterschiedliche Job-Kategorien verfügbar
- Job-Kategorien sind nicht filterbar. Jobangebote erscheinen im üblichen Facebook Stream
- die Facebook-Gruppe ist mit der Jobbörse https://pangian.com verknüpft

HILFREICHE ÜBERSICHT REMOTE-FREUNDLICHER UNTER-NEHMEN
https://remoteintech.company
Jobkategorien:

- es handelt sich um eine filterbare Microsite mit einer Liste an internationalen (Tech-) Unternehmen, die entweder hundert Prozent oder zumindest in Teilen remote arbeiten.
- alle Unternehmen in der Liste sind mit ihrer Website verlinkt, so dass du direkt auf den Seiten der Unternehmen nach Jobvakanzen suchen bzw. dich initiativ bewerben kannst.

DANKE

„Keine Schuld ist dringender, als die, Dank zu sagen." – Marcus
Tullius Cicero

Als wir angefangen haben, dieses Buch zu schreiben, wussten wir nicht,
wo uns dieses Vorhaben hinführen würde. Wir hatten keine Ahnung, wie
viel Aufwand, Zeit, Schweiß und Tränen wir investieren würden. Auch
der Umfang war uns gänzlich unbekannt. Wir hatten einfach die Idee, ein
Buch zu schreiben – nun sind es drei geworden – in dem man nicht nur
die üblichen Jobs findet, mit denen man ortsunabhängig Geld verdienen
kann, sondern auch Berufe, von denen man es nicht unbedingt erwartet
hätte. Ein großer Dank geht daher an all unsere Rolemodels, die uns allein
durch ihr Dasein inspiriert haben und die uns darüber hinaus noch die
Tür zu ihrem Leben einen Spalt weit geöffnet und uns damit einmalige
Einsichten gewährt haben. Danke Peer, Matt, Walter, Shate', Brittany,
Katharina, Sebastian, Karin, Annette, Maggi, Esther, Theresa, Ramona,
Jessica, Inga, Jacques, Gordon, Julia, Anna-Lena, Thomas, Tia, Adrian,
Daniel, Jannis, Vera, Bartek, Nina, Henry und Johanna!

Ohne euch wäre unsere Arbeit nur halb so viel wert.

Außerdem danken wir allen, die uns bei der Entstehung unseres Buches
geholfen und uns in unterschiedlicher Weise unterstützt haben, sei es mit
Ideen und Kommentaren, mit Obdach, aufmunternden oder kritischen
Worten. In aller erster Linie wollen wir natürlich unseren Eltern danken,
die uns zeitweise bei sich haben wohnen lassen und immer an uns geglaubt
haben. Danke!

Auch unseren Freunden, die uns immer wieder Denkanstöße gegeben
haben oder uns einfach mal durch eine nette Ablenkung aus unserer Ar-
beitsblase befreit haben sind wir zu Dank verpflichtet und kommen diesem
gerne nach. Danke Bella, Christopher, Franzi B., Franzi G., Jan, Jenny,
Kai, Linda, Marcel und Martin, dass ihr mit uns gefiebert und uns unterstützt habt.

Last but not least gebührt ein ganz großer Dank unserer Lektorin Ramona.
Sie ist der heimliche Star unseres Buches und hat uns die Augen geöffnet,
warum ein Buch unbedingt lektoriert werden muss. Ohne sie hätten wir
nie diese Buchserie so herausgebracht, wie sie nun vorliegt. Ramona hat

genau die richtige Mischung an Kritik und Aufmunterung gefunden, um uns immer neu anzuspornen und das Beste aus uns herauszuholen. Gemeinsam mit Ramona danken wir auch ihrem Lebensgefährten Uli, der gegen Ende ebenfalls mit an Bord des Projektes war und uns mit seinem Wissen unterstützt hat. Jeder für sich alleine ist toll und gemeinsam sind sie grandios. Wir danken ihnen und wünschen ihnen für den Aufbau ihres Verlages *Wenn nicht jetzt* alles Gute und viel Erfolg und hoffen, dass wir auch zukünftig wieder zusammenarbeiten.

Durch Ramona sind wir auf unsere Grafikdesignerin Marie aufmerksam geworden, der wir für die Gestaltung eines wunderbaren Covers und den Satz dieses Buches danken. Ohne sie wäre unser Werk nur halb so hübsch anzuschauen.

Trotz noch so gründlicher Überlegung, mag es sein, dass wir den ein oder anderen in unserer Aufzählung vergessen haben. Das ist alles andere als böse Absicht. Wir danken natürlich auch unseren Gastgebern, die uns rund um die halbe Welt in ihren Häusern und Wohnungen aufgenommen haben und uns einen Platz zum Arbeiten gegeben haben. Hier denken wir insbesondere an sehr produktive und gleichzeitig tolle Zeiten bei Kate in Melborune, Karli und Stefano in Sydney und Gideon in Kapstadt zurück.

Vor euch allen verneigen wir uns in Demut, wohl wissend, dass ohne euch unsere Arbeit nicht möglich gewesen wäre. Wir danken euch von Herzen.

LITERATUR UND LINKS

„Zwar weiß ich viel, doch möcht' ich alles wissen." – Johann Wolfgang von Goethe

AUTOREN

Alexander Frison von Inpsyde im Interview mit Remote.co: https://remote.co/company/inpsyde-gmbh, abgerufen am 04.07.2018.

Alexander Mas und Amanda Pallais: Valuing Alternative Work Arrangements, in American Economic Review 2017, 107(12): https://pubs.aeaweb.org/doi/pdfplus/10.1257/aer.20161500, abgerufen am 16.08.2018.

Amber Keefer: What Percentage of Expenses Should Payroll Be?, auf Chron.com: https://smallbusiness.chron.com/percentage-expenses-should-payroll-be-30772.html, abgerufen am 16.08.2018.

Anna Hart: Living and working in paradise: the rise of the 'digital nomad', in The Telegraph am 17.05.2015: https://www.telegraph.co.uk/news/features/11597145/Living-and-working-in-paradise-the-rise-of-the-digital-nomad.html?curator=NODESK, abgerufen am 13.03.2018.

Barry Kim: Top 27 Productivity Hacks of 2018, auf Inc.com am 30.11.2017: https://www.inc.com/larry-kim/these-24-productivity-tips-will-help-you-start-off-2018-right.html, abgerufen am 07.04.2018.

Benjamin Dürr: Neues Gesetz in den Niederlanden: Ich will Heimarbeit - du darfst, auf Spiegel Online am 14.04.2015: http://www.spiegel.de/karriere/home-office-niederlande-garantieren-heimarbeit-per-gesetz-a-1028521.html, abgerufen am 29.03.2018.

Bettina Levecke: Sieben Tricks für mehr Elan bei der Arbeit, auf Welt.de am 18.05.2015: https://www.welt.de/gesundheit/psychologie/article141062193/Sieben-Tricks-fuer-mehr-Elan-bei-der-Arbeit.html, abgerufen am 06.04.2018.

Dyfed Loesche: Wenige Deutsche arbeiten im Homeoffice, auf Statista.de am 26.01.2018: https://de.statista.com/infografik/12699wenige-deutsche-arbeiten-im-homeoffice, abgerufen am 22.08.2018.

Eugen Epp in: Generation Y und Arbeit: Geld und Karriere? Wir wollen Zeit!, vom 02.08.2017 unter: https://www.stern.de/neon/generation-y--wir-wollen-nicht-geld-und-karriere--wir-wollen-zeit--7562658.html, abgerufen am 20.08.2018.

Hailley Griffis gegenüber der London School of Economics: http://blogs.lse.ac.uk/businessreview/2017/08/30/buffer-why-we-abolished-the-office-and-became-a-fully-remote-team, abgerufen am 04.07.2018.

Heather Boushey unnd Sarah Jane Glynn: There Are Significant Business Costs to Replacing Employees, Center for American Progress am 16.11.2012: https://www.americanprogress.org/wp-content/uploads/2012/11/CostofTurnover.pdf, abgerufen am 16.08.2018.

Isabell Prophet: Homeoffice: 8 Tipps für mehr Produktivität, auf t3n.de am 26.05.2017: https://t3n.de/news/homeoffice-8-tipps-produktivitaet-824442, abgerufen am 07.04.2018.

Jonas Spengler im Interview mit Xing Talk unterwegs: https://www.xing.com/news/articles/arbeiten-ohne-buro-warum-wir-auf-feste-arbeitsplatze-verzichten-1067159, abgerufen am 04.07.2018.

Juliane Petrich und Bastian Pauly in: Jedes dritte Unternehmen bietet Arbeit im Homeoffice an, vom 02.02.2017 unter: https://www.bitkom.org/Presse/Presseinformation/Jedes-dritte-Untershynehmen-bietet-Arbeit-im-Homeshyoffice-an.html, abgerufen am 20.08.2018.

Kim Rixecker: Digitale Nomaden: Die 5 Top-Berufe für ortsunabhängiges Arbeiten, auf t3n am 14.08.2017: https://t3n.de/news/digitale-nomaden-5-top-berufe-847120, abgerufen am 13.03.2018.

Liane von Billerbeck im Interview mit Andreas Matzarakis auf Deutschlandfunk Kultur: http://www.deutschlandfunkkultur.de/wetter-was-ist-die-optimale-temperatur.1008.de.html?dram:article_id=361398, abgerufen am 10.04.2018.

Louisa Lagé: Telearbeit - Das Home-Office macht nicht nur produktiv, auf Wirtschafts Woche Online am 16.05.2017, unter: https://www.wiwo.de/erfolg/telearbeit-das-home-office-macht-nicht-nur-produktiv/19808462.html, abgerufen am 20.08.2018.

Mandy Kaur, Kaleb Oney, Joseph Chadbourne, Kayli Bookman und Benjamin Beckman: An Analysis of the Factors which Effectively Attract College Graduates, The University of Akron, Frühjahr 2018: http://ideaexchange.uakron.edu/cgi/viewcontent.cgi?article=1581&context=honors_research_projects, abgerufen am 16.08.2018.

Mascha Will-Zocholl: Die Verlockung des Virtuellen. Reorganisation von Arbeit unter Bedingungen der Informatisierung, Digitalisierung und Virtualisierung, in Arbeits- und Industriesoziologische Studien, Jahrgang 9, Heft 1, April 2016, S. 25-42: https://www.researchgate.net/profile/Mascha_Will-Zocholl/publication/301681920_Die_Verlockung_des_Virtuellen_Reorganisation_von_Arbeit_unter_Bedingungen_der_Informatisierung_Digitalisierung_und_Virtualisierung/links/5721b99e08aea92aff8b323a/Die-Verlockung-des-Virtuellen-Reorganisation-von-Arbeit-unter-Bedingungen-der-Informatisierung-Digitalisierung-und-Virtualisierung.pdf, abgerufen am 13.03.2018.

Melanie Pinola: Save the Environment by Working from Home, auf Lifewire.com am 25.05.2018: https://www.lifewire.com/how-telecommuting-is-good-for-the-environment-2378101, abgerufen am 16.08.2018.

Nicholas Bloom: To Raise Productivity, Let More Employees Work from Home, in Havard Business Review (Januar-Februar Ausgabe 2014): https://stayinthegame.net/wp-content/uploads/2018/04/HBR-To-Raise-Productivity-Let-More-Employees-Work-from-Home.pdf, abgerufen am 16.08.2018.

Olli Seppänen, William J Fisk, David Faulkner: Cost Benefit Analysis of the Night - Time Ventilative Cooling in Office Building, Lawrence Berkeley National Laboratory, Juni 2003: https://indoor.lbl.gov/sites/default/files/lbnl-53191.pdf, abgerufen am 06.08.2018.

Ricky Ribeiro: Fathers of Technology: 10 Men Who Invented and Innovated in Tech, 14.06.2012: https://biztechmagazine.com/article/2012/06/fathers-technology-10-men-who-invented-and-innovated-tech, abgerufen am 18.08.2018.

Sara Sutton Fell im Interview mit LearnVest auf themuse: https://www.themuse.com/advice/sara-sutton-fell-why-i-founded-flexjobs, abgerufen am 04.07.2018.

Sebastian Kühn: Was Geo-Arbitrage ist und wie du es für dich nutzen kannst, auf Wirelesslife.de am 23.12.2016: https://wirelesslife.de/geo-arbitrage, abgerufen am 28.04.2018.

Stella Garber im Interview mit Remote.co: https://remote.co/company/trello, aufgerufen am 04.07.2018.

Steve Crabtree: Well-Being Lower Among Workers With Long Commutes - Back pain, fatigue, worry all increase with time spent commuting, am 30.08.2010 auf Gallup.com: https://news.gallup.com/poll/142142/wellbeing-lower-among-workers-long-commutes.aspx, abgerufen am 16.08.2018.

Timothy Ferriss: Die 4-Stunden-Woche: Mehr Zeit, mehr Geld, mehr Leben, 2008: https://www.amazon.de/Die-4-Stunden-Woche-Mehr-Zeit-Leben/dp/3548375960

Tina Groll: DGB fordert Recht auf Arbeit von zu Hause, auf Zeit Online am 30.04.2018: https://www.zeit.de/wirtschaft/2018-04/homeoffice-arbeitnehmer-recht-dgb-annelie-buntenbach, abgerufen am 17.08.2018.

Tobias Chmura: Schadstoffe vermeiden - Homeoffice statt Pendeln, in Bayerischer Rundfunk am 26.02.2018: https://www.br.de/nachrichten/schadstoffe-vermeiden-homeoffice-statt-pendeln-100.html, abgerufen am 23.03.2018.

Tsugio Makimoto und David Manners: Digital Nomad, 1997: https://www.amazon.de/Digital-Nomad-Tsugio-Makimoto/dp/0471974994

WEITERE LINKS

Artikel: Is Remote Working Healthier? auf der Seite Remote: https://remote.com/learn/is-remote-working-healthier, abgerufen am 16.08.2018.

Artikel: Von wegen Schlafmangel - Warum Sie in ein Mittagstief fallen und was Sie dagegen tun können, auf Focus Online am 04.08.2017: https://www.focus.de/gesundheit/videos/von-wegen-schlafmangel-warum-sie-in-ein-mittagstief-fallen-und-was-sie-dagegen-tun-koennen_id_7436385.html, abgerufen am 23.08.2018.

Biografie von Jack Nilles auf: https://www.jala.com/jnmbio.php, abgerufen am 18.08.2018.

Definition Digitaler Nomade auf Wikipedia:
https://de.wikipedia.org/wiki/Digitaler_Nomade, abgerufen am 23.08.2018.

Definition Parkinsonsche Gesetze auf Wikipedia: https://de.wikipedia.
org/wiki/Parkinsonsche_Gesetze, abgerufen am 04.04.2018.

Definition Eisenhower-Prinzip auf Wikipedia: https://de.wikipedia.org/
wiki/Eisenhower-Prinzip, abgerufen am 21.08.2018.

Definition Prokrastination auf Wikipedia: https://de.wikipedia.org/wiki/
Prokrastination, abgerufen am 07.04.2018.

Evaluierung der persönlichen Leistungskurve, bei Universität Duisburg-
Essen: https://www.uni-due.de/edit/selbstmanagement/uebungen/ue3_6.
html, abgerufen am 04.04.2018.

Evaluierung der persönlichen Leistungskurve, bei Onmeda: (https://www.
onmeda.de/selbsttests/eule_oder_lerche.html, abgerufen am 04.04.2018.

Gallup Studie: State of the American Workplace, aus dem Jahr 2017
unter: https://news.gallup.com/reports/199961/7.aspx, S. 150, abgerufen
am 19.08.2018.

Gallup-Studie: State of the American Workplace - Employee Engagement Insights For U.S. Business Leaders: http://www.gallup.com/file/
services/176708/State_of_the_American_Workplace_20Report_202013.
pdf, abgerufen am 16.08.2018.

Umfrage „CoSo Cloud survey" von Committee of Sponsoring Organizations of the Treadway Commission (CoSo): https://www.cosocloud.com/
press-release/connectsolutions-survey-shows-working-remotely-bene-
fits-employers-and-employees, abgerufen am 16.08.2018.

United Nations Development Programme: Human Development Reports:
http://hdr.undp.org/en/countries/profiles/AUS, abgerufen am 12.04.2018.

ZUM GUTEN SCHLUSS

Wir hoffen, dass wir dir mit diesem Buch geholfen haben. Im Bestfall hast du einen Beruf für dich gefunden, der dich interessiert und den du ortsunabhängig ausüben kannst. Alternativ hast du dich inspirieren lassen und erfahren, wie du in deinem jetzigen Beruf remote arbeiten kannst.

Da wir nicht nur ans ortsunabhängige Arbeiten, sondern auch an ein gegenseitiges Unterstützen und Helfen glauben, haben wir eine exklusive Facebook-Gruppe erstellt, die nur über diesen Link und nur für Leser unserer Bücher erreichbar ist: https://www.facebook.com/groups/409001326302676. In der Gruppe beantworten wir deine Fragen rund ums Thema Remote-Work, Berufsfindung und Geld verdienen. Zudem planen wir eine Interviewserie mit weiteren inspirierenden Remote-Arbeitern. Also: Tritt ein und sei gespannt!

Wenn du darüber hinaus noch mehr Input zum Thema ortsunabhängiges Arbeiten haben möchtest, schau gerne auf unserem Blog https://new-work-life.com vorbei. Wir werden hier regelmäßig frische Inhalte für dich posten.

Hat dir unser Buch gefallen und du hast Freunde, Verwandte oder Arbeitskollegen, die sich ebenfalls für Remote-Work interessieren, dann freuen wir uns über eine Weiterempfehlung. Sollte in diesem Band kein interessanter Job für sie dabei sein, werden sie vielleicht in einem der anderen Bücher unserer Buchreihe fündig, die da wären: „GO REMOTE! für Soziale und Kommunikative" und „GO REMOTE! für Technik, Zahlen und Organisationstalente".

Du hast eine soziale Ader und liebst es, mit Menschen umzugehen? Andere schätzen an dir deine offene und kommunikative Art? Du hilfst gerne weiter und wirst auch öfters mal um Rat gefragt? Ganz egal, wo genau deine Stärken liegen – dieses Buch ist für dich!

„GO REMOTE! für Soziale und Kommunikative" ist Band 2 der dreiteiligen „GO REMOTE!"-Serie, die dir zeigt, wie du deinen Traum von der beruflichen Ortsunabhängigkeit erfolgreich in die Tat umsetzt und endlich ein selbstbestimmtes Leben beginnst. Der vorliegende Band richtet sich speziell an Menschen, die ein hohes Maß an Sozialkompetenz besitzen und dieses gerne in ihre Arbeit einbringen möchten.

Wähle aus über 35 Berufen deinen Traumjob aus und lerne, wie du damit ortsunabhängig Geld verdienst. Lass dich von Menschen inspirieren, die bereits den Remote-Lifestyle leben und hol dir wertvolle Tipps und Insights aus erster Hand. In über 30 exklusiven Interviews erfährst du, wie diese Menschen angefangen haben, womit sie ihr Geld verdienen und wie lange sie gebraucht haben, um ihre ersten ortsunabhängigen 1.000 Euro einzunehmen. Das nötige Rüstzeug um direkt in deinem Wahlberuf loszulegen, bekommst du in Form eines Starter-Toolkits an die Hand. Dieses enthält sorgfältig selektierte Tools, Ressourcen und Tutorials für deinen Berufseinstieg in die Ortsunabhängigkeit.

**Erhältlich bei Amazon als Ebook und Print
sowie auf www.wnj-verlag.de**

Zahlen und Technik sind deine Welt? Programmiersprachen und Big Data die Realität, in der du lebst? Oder bist du eher der kaufmännische Typ, der nichts mehr liebt, als zu rechnen, zu analysieren und zu organisieren? Ganz egal, wo deine Stärken liegen – dieses Buch ist für dich!

„GO REMOTE! für Technik, Zahlen und Organisationstalente" ist Band 3 der dreiteiligen „GO REMOTE!"-Serie, die dir zeigt, wie du deinen Traum von der beruflichen Ortsunabhängigkeit erfolgreich in die Tat umsetzt und endlich ein selbstbestimmtes Leben beginnst. Der vorliegende Band richtet sich speziell an Menschen, die technisch versiert oder kaufmännisch orientiert sind.

Wähle aus über 35 Berufen deinen Traumjob aus und lerne, wie du damit ortsunabhängig Geld verdienst. Lass dich von Menschen inspirieren, die bereits den Remote-Lifestyle leben und hol dir wertvolle Tipps und Insights aus erster Hand. In 25 exklusiven Interviews erfährst du, wie diese Menschen angefangen haben, womit sie ihr Geld verdienen und wie lange sie gebraucht haben, um ihre ersten ortsunabhängigen 1.000 Euro einzunehmen. Das nötige Rüstzeug um direkt in deinem Wahlberuf loszulegen, bekommst du in Form eines Starter-Toolkits an die Hand. Dieses enthält sorgfältig selektierte Tools, Ressourcen und Tutorials für deinen Berufseinstieg in die Ortsunabhängigkeit.

Erhältlich bei Amazon als Ebook und Print
sowie auf www.wnj-verlag.de

»Auszeit Storys – 11 inspirierende Geschichten über den Aufbruch zu einer längeren Reise«

»So eine Reise war ja auch schon immer mein Traum, aber ich könnte das ja nicht, weil …«
Diesen Satz haben Ramona und Uli sehr oft gehört, als sie von ihren Plänen, ein Jahr lang mit dem Wohnmobil durch Europa zu reisen, erzählten.
Was bringt Menschen dazu, dann doch den Mut aufzubringen, ihre Komfortzone zu verlassen und sich eine längere Auszeit zu gönnen, um sich auf das große Abenteuer Reisen einzulassen? Dieser Frage wollten die beiden auf den Grund gehen und haben einige Langzeitreisende interviewt.

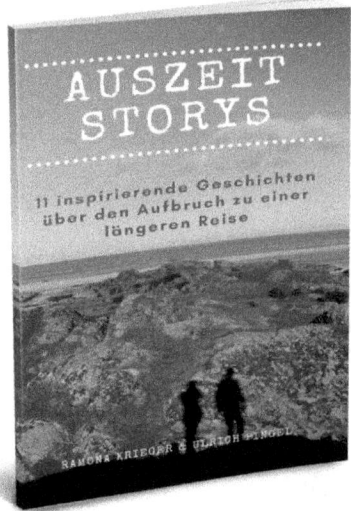

Herausgekommen sind elf wunderschöne, sehr persönliche und offene Erfahrungsberichte, die zeigen, dass es aus den unterschiedlichsten Situationen heraus machbar ist, eine solche Reise zu unternehmen. Das Buch soll ewigen Haderern konkrete Fragen beantworten und dadurch anspornen, den Schritt endlich zu wagen. Grenzen gibt es nur in unseren Köpfen – alles ist möglich!

>>Bestellbar als Taschenbuch und eBook unter www.auszeit-storys.de <<

Auszeit Storys, 132 Seiten, ISBN 978-1973513308

»Holy Bearshit – Eine Abenteuerreise auf der Suche nach den letzten Bären Europas«

Der Lebenskünstler Sirius träumt davon, einmal einem Bären zu begegnen. Er streicht seinen Camper grün an, tauft ihn Bearhunter und macht sich mit seinem Kumpel Mohammad zu einem abenteuerlichen Roadtrip auf, um in Europas Wäldern nach Bären zu suchen. Der Zufall wird zum unfehlbaren Navigationssystem auf ihrer kuriosen Reise voller verrückter Situationen, skurriler Begegnungen und wilder Naturerfahrungen. Eine unglaubliche Verkettung der Ereignisse nimmt ihren Lauf …
Witzig und leichtfüßig geschrieben, unterhält »Holy Bearshit« und bringt die Leser zum Schmunzeln. Gleichzeitig zeichnet sich die Geschichte jedoch durch subtile Tiefgründigkeit aus und regt zum Nachdenken über unseren bedenklichen Umgang mit der Natur an – ohne dabei den moralischen Zeigefinder zu erheben.

Texthäppchen aus Holy Bearshit
Nachdem Wolfi und Dana sich wieder beruhigt hatten, spazierten wir durch den Wald. Bald kamen wir zu einem vom Wind zusammengewürfelten Riesenmikadohaufen aus Fichten. Dort setzten wir uns auf einen mit Moospolster überzogenen Stamm. Auf dem Waldsofa drehte ich eine feierliche Zigarette, die wir brüderlich rauchten. Als die Stimmung besinnlich und bedeutungsschwanger genug war, leitete ich meinen Expeditionsrekrutierungsantrag ein.
»Mo, hast du eigentlich schon mal einen Bären gesehen, der nicht im Fernsehen oder im Zoo war?«
»Nein, nur mal einen Fuchs.«
»Nicht schlecht. Aber so ein Bär, das wär doch schon mal was anderes als ein Fuchs, oder?«

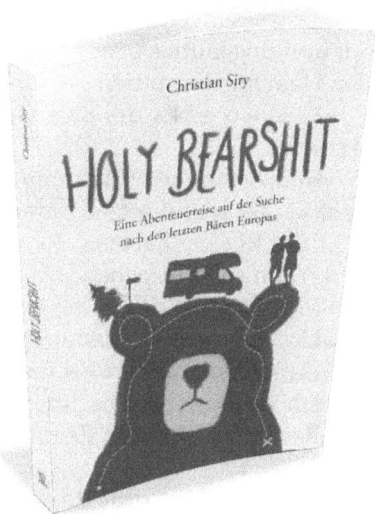

»Das wär ein bisschen größer, seltener und aufregender als ein Fuchs, definitiv.«

»Jetzt stell dir mal vor: Du, ich, Dana und Wolfgang alone into the wild. Mit meinem Bus on the road to somewhere far away. The smell of a great adventure in unseren ungepflegten Bärten. Lonesome travelers auf Bärensuche ...«

»Hmm, hört sich really like a good time an.«

Kurzes Schweigen im Walde. Ein Habicht tauchte aus dem Nichts auf und flog lautlos über unsere Köpfe. Wir konnten den Luftzug in den Haarspitzen spüren.

»Und wo gibt's die Bären?«, fragte Mo, dem Habicht nachblickend.

»Keine Ahnung. Wir fahren einfach immer unseren Riesenkünstlernasen nach und setzen darauf, dass wir im rechten Moment den richtigen Riecher haben.«

»Wann soll's losgehen?«

»In ein paar Wochen.«

»Hört sich echt verdammt gut an.«

»Dann denk mal drüber nach.

»Ich werde drüber nachdenken.«

»Beeil dich bitte mit dem Denken und sag mir Bescheid, sobald du es weißt.«

Wie in Zeitlupe drückte er die Zigarette auf der Borke aus.

»Okay. Ich bin dabei!«

Wir schlugen ein und klopften uns auf die Oberarme.

»Aller hopp!«, wie der Pfälzer so schön sagt.

»Aller hopp!«, sprach auch der Muselmann.

»Mehr Infos unter www.holy-bearshit.de«

**ISBN: 9783947824038, 215 Seiten,
erschienen im Wenn Nicht Jetzt-Verlag**